KB211198

엑스포지멘터리

사도행전 II

Acts

엑스포지멘터리 사도행전 II

초판 1쇄 발행 2023년 5월 15일
2쇄 발행 2023년 5월 18일

지은이 송병현

펴낸곳 도서출판 이엠
등록번호 제25100-2015-000063
주소 서울시 강서구 공항대로 220, 601호
전화 070-8832-4671
E-mail empublisher@gmail.com

내용 및 세미나 문의 스타선교회: 02-520-0877 / EMail: starofkorea@gmail.com / www.star123.kr
Copyright ⓒ 송병현, 2023, *Print in Korea*.
ISBN 979-11-86880-99-9 93230

「이 도서의 국립중앙도서관 출판시 도서목록(CIP)은 서지정보유통지원시스템 홈페이지(http://seoji.nl.go.kr)와 국가자료공동목록시스템(http://www.nl.go.kr/kolisnet)에서 이용하실 수 있습니다. (CIP제어번호:CIP2015000753)」

엑스포지멘터리

사도행전 II

Acts

| 송병현 지음 |

EXPOSItory comMENTARY

EM Exposi
Mentary

예수 그리스도의 생명의 복음

송병현 교수님이 오랫동안 연구하고 준비한 엑스포지멘터리 주석 시리즈를 출간할 수 있도록 인도해 주신 여호와 하나님께 감사와 영광을 돌립니다. 함께 수고한 스타선교회 실무진들의 수고에도 격려의 말씀을 드립니다.

많은 주석이 있지만 특별히 엑스포지멘터리 주석이 성경을 하나님의 완전한 계시로 믿고 순종하려는 분들에게 위로와 감동을 주었으면 하는 바람입니다. 단지 신학을 학문적으로 풀어내어 깨달음을 주는 수준이 아니라 성경을 통해 하나님의 세미한 음성을 들을 수 있도록 돕는 역할을 했으면 좋겠습니다. 예수 그리스도가 내 안에 내가 예수 그리스도 안에 있는 신앙으로 하나님의 말씀에 순종하는 사람을 길러내는 일에도 기여할 수 있기를 바랍니다.

우리 백석총회와 백석학원(백석대학교, 백석문화대학교, 백석예술대학교, 백석대학교평생교육신학원)의 신학적 정체성은 개혁주의생명신학입니다. 개혁주의생명신학은 성경의 가르침과 개혁주의 신학을 계승해, 사변화된 신학을 반성하고, 회개와 용서로 하나 되며, 예수 그리스도께서 주신 영적 생명을 회복하고자 하는 신앙 운동입니다. 그리하여 성령의 도우심으로 삶의 모든 영역에서 예수 그리스도의 주권을 실현함으로써 오직 하나님께 영광을 돌리고, 나눔운동과 기도성령운동을 통해 자신과 교회와 세상을 변화시키는 실천 운동입니다.

송병현 교수님은 백석대학교 신학대학원에서 20여 년 동안 구약성경을 가르쳐 왔습니다. 성경 신학자로서 구약을 가르치면서도 기회가 있을 때마다 선교지를 방문해 선교사들을 교육하는 일을 게을리하지 않았습니다. 엑스포지멘터리 주석 시리즈는 오랜 선교 사역을 통해 알게 된 현장을 고려한 주석이라는 점에서 참으로 의미가 있습니다. 그만큼 실용적입니다. 목회자와 선교사님들뿐 아니라 모든 성도가 별다른 어려움 없이 쉽게 읽을 수 있습니다. 개혁주의생명신학이 추구하는 눈높이에 맞는 주석으로서 말씀에 대한 묵상과 말씀에서 흘러나오는 적용을 곳곳에서 만날 수 있습니다. 그래서 성경을 하나님의 말씀으로 믿고 고백하는 사람이라면 궁금했던 내용을 쉽게 배울 수 있고, 설교와 성경 공부를 하는 데도 도움을 받을 수 있습니다. 이번 구약 주석의 완간과 신약 주석 집필의 시작이 예수 그리스도의 생명의 복음을 온 세상에 전하려는 모든 분에게 도움이 되기를 바라는 마음으로 이 책을 추천합니다.

2021년 9월

장종현 목사 | 대한예수교장로회(백석) 총회장·백석대학교 총장

한국 교회를 향한 아름다운 섬김

우리 시대를 포스트모던 시대라고 합니다. 절대적 가치를 배제하고 모든 것을 상대화하는 시대입니다. 이런 시대를 살아가면서 목회자들은 여전히 변하지 않는 절대적인 계시의 말씀인 성경을 들고 한 주간에도 여러 차례 설교하도록 부름을 받습니다. 그런가 하면 진지한 평신도들도 날마다 성경을 읽고 해석하며 삶의 마당에 적용하도록 도전을 받고 있습니다.

이런 시대 속에서 우리는 전통적인 주석과 강해를 종합하는 도움을 기다리고 있었습니다. 저는 이러한 시대적 요청에 송병현 교수가 꼭 필요한 응답을 했다고 믿습니다. 그것이 구약 엑스포지멘터리 전권 발간에 한국 교회가 보여 준 뜨거운 반응의 이유였다고 믿습니다.

물론 정교하고 엄밀한 주석을 기대하거나 혹은 전적으로 강해적 적용을 기대한 분들에게는 이 시리즈가 다소 기대와 다를 수도 있을 것입니다. 그러나 목회 현장에서 설교의 짐을 지고 바쁘게 살아가는 설교자들과 날마다 일상에서 삶의 무게를 감당하며 성경을 묵상하는 성도들에게 이 책은 시대의 선물입니다.

저는 저자가 구약 엑스포지멘터리 전권을 발간하는 동안 얼마나 자신을 엄격하게 채찍질하며 이 저술을 하늘의 소명으로 알고 치열하게 그 임무를 감당해 왔는지 지켜보았습니다. 그리고 그 모습에 큰 감동을 받았습니다. 그렇기에 다시금 신약 전권 발간에 도전하는 그에게 중보 기도와 함께 진심 어린 격려의 박수를 보내고 싶습니다.

구약 엑스포지멘터리에 추천의 글을 쓰며 말했던 것처럼 이는 과거 박윤선 목사님 그리고 이상근 목사님에 이어 한국 교회를 향한 아름다운 섬김으로 기억될 것입니다. 더불어 구약과 신약 엑스포지멘터리 전권을 곁에 두고 설교를 준비하고 말씀을 묵상하는 주님의 종들이 하나님 말씀 안에서 더욱 성숙해 한국 교회의 면류관이 되기를 기도합니다.

이 참고 도서가 무엇보다 성경의 성경 됨을 우리 영혼에 더 깊이 각인해 성경의 주인 되신 주님을 높이고 드러내는 일에 존귀하게 쓰이기를 축복하고 축원합니다. 제가 그동안 이 시리즈로 받은 동일한 은혜가 이 선물을 접하는 모든 분에게 넘치기를 기도합니다.

2021년 1월

이동원 목사 | 지구촌 목회리더십센터 대표

신약 엑스포지멘터리 시리즈를 시작하며

지난 10년 동안 구약에 관해 주석 30권과 개론서 4권을 출판했다. 이 시리즈의 준비 작업은 미국 시카고 근교에 자리한 트리니티복음주의 신학교(Trinity Evangelical Divinity School)에서 목회학석사(M. Div.)를 공부할 때 시작되었다. 교수들의 강의안을 모았고, 좋은 주석으로 추천받은 책들은 점심을 굶어가며 구입했다. 덕분에 같은 학교에서 구약학 박사(Ph. D.) 과정을 마무리하고 한국으로 올 때 거의 1만 권에 달하는 책을 가져왔다. 지금은 이 책들 대부분이 선교지에 있는 여러 신학교에 가 있다.

신학교에서 공부할 때 필수과목을 제외한 선택과목은 거의 성경 강해만 찾아서 들었다. 당시 트리니티복음주의신학교가 나에게 참으로 좋았던 점은 교수들의 신학적인 관점의 폭이 매우 넓었고, 다양한 성경 과목이 선택의 폭을 넓혀 주었다는 점이다. 세계적으로 유명한 구약과 신약 교수들의 강의를 들으면서도 내 마음 한구석은 계속 불편했다. 계속 "소 왓?"(So what?, "그래서 어쩌라고?")이라는 질문이 나를 불편하게 했다. 그들의 주옥같은 강의로도 채워지지 않는 부분이 있었기 때문이다.

　주석은 대상에 따라 학문적 수준이 천차만별인 매우 다이내믹한 장르다. 평신도들이 성경 말씀을 쉽게 이해하도록 돕기 위해 출판된 주석들은 본문 관찰에 대한 가장 기본적인 내용과 쉬운 언어로 작성된다. 나에게 가장 친숙한 예는 바클레이(Barclay)의 신약 주석이다. 나는 고등학생과 대학생 시절에 바클레이가 저작한 신약 주석 17권으로 큐티(QT)를 했다. 신앙생활뿐 아니라 나중에 신학교에 입학할 때도 많은 도움이 되었다.

　평신도들을 위한 주석과는 대조적으로 학자들을 위한 주석은 당연히 말도 어렵고, 논쟁적이며, 일반 성도들이 몰라도 되는 내용을 참으로 많이 포함한다. 나는 당시 목회자 양성을 위한 목회학석사(M. Div.) 과정을 공부하고 있었기 때문에 성경 강해를 통해 설교와 성경 공부를 인도하는 데 도움이 될 만한 강의를 기대했다. 교수들의 강의는 학문적으로 참으로 좋았다. 그러나 그들이 가르치는 내용을 성경 공부와 설교에는 쉽게 적용할 수 없다는 생각이 들었다. 이러한 필요가 채워지지 않았기 때문에 계속 "소 왓"(So what?)을 반복했던 것이다.

　그때부터 자료들을 모으고 정리하며 나중에 하나님이 기회를 주시면 목회자들의 설교와 성경 공부에 실질적인 도움을 줄 수 있는 주석을 출판하겠다는 꿈을 품었다. 그러면서 시리즈 이름도 '엑스포지멘터리' (exposimentary=expository+commentary)로 정해 두었다. 그러므로 『엑스포지멘터리 시리즈』는 20여 년의 준비 끝에 10년 전부터 출판을 시작한 주석 시리즈다. 2010년에 첫 책인 창세기 주석을 출판할 무렵, 친구인 김형국 목사에게 사전에도 없는 'Exposimentary'를 우리말로 어떻게 번역하면 좋겠냐고 물었다. 그는 우리말로는 쉽게 설명할 수 없는 개념이니 그냥 영어를 소리 나는 대로 표기해 사용하라고 조언했다. 이렇게 해서 엑스포지멘터리 시리즈 주석이 탄생하게 되었다.

　지난 10년 동안 많은 목회자가 이 주석들로 인해 설교가 바뀌고 성경 공부에 자신감을 얻었다고 말해 주었다. 참으로 감사한 일이다. 나는 학자들을 위해 책을 쓰는 것이 아니라, 목회자들을 위해 주석을 집필하고 있다. 그래서 목회자들이 알아야 할 정도의 학문적인 내용과 설교 및 성경 공부에 도움이 될 만한 실용적인 내용이 균형을 이룬 주석을 출판하기 위해 노력하고 있다. 또한 학문적으로 높은 수준의 주석을 추구하지 않기 때문에 구약을 전공한 내가 감히 신약 주석을 집필할 생각을 했다. 나의 목표는 은퇴할 무렵까지 마태복음부터 요한계시록까지 신약 주석을 정경 순서대로 출판하는 것이다. 이 책으로 도움을 받은 독자들이 나를 위해 기도해 준다면 참으로 감사하고 영광스러운 일이 될 것이다.

2021년 1월 방배동에서

시리즈 서문

"너는 50세까지는 좋은 선생이 되려고 노력하고, 그 이후에는 좋은 저자가 되려고 노력해라." 내가 미국 시카고 근교에 위치한 트리니티복음주의신학교(Trinity Evangelical Divinity School) 박사 과정을 시작할 즈음에 지금은 고인이 되신 스승 맥코미스키(Thomas E. McComiskey)와 아처(Gleason L. Archer) 두 교수님이 주신 조언이다. 너무 일찍 책을 쓰면 훗날 아쉬움이 많이 남는다며 하신 말씀이었다. 박사 학위를 마치고 1997년에 한국에 들어와 신학대학원에서 가르치기 시작하면서 나는 이 조언을 마음에 새겼다. 사실 이 조언과 상관없이 당시에 곧장 책을 출판하기는 불가능한 일이었다. 중학생이었던 1970년대 중반에 캐나다로 이민 가서 20여 년 만에 귀국해 우리말로 강의하는 일 자체가 그당시 나에게 매우 큰 도전이었던 만큼, 책을 출판하는 일은 사치로 느껴질 뿐이었다.

세월이 지나 어느덧 선생님들이 말씀하신 쉰 살을 눈앞에 두었다. 1997년에 귀국한 후 지난 10여 년 동안 나는 구약 전체에 대한 강의안을 만드는 일을 목표로 삼았다. 나 자신에게 동기를 부여하기 위해 몸담고 있는 신대원 학생들에게 매 학기 새로운 구약 강해 과목을 개설해 주었다. 감사한 것은 지혜문헌을 제외한 구약 모든 책의 본문 관찰을 중심으로 한 강의안을 13년 만에 완성할 수 있었다는 점이다. 앞으로 수년에 거쳐 이 강의안들을 대폭 수정해 매년 2-3권씩을 책으로 출판하려 한다. 지혜문헌은 잠시 미루어 두었다. 시편 1권(1-41편)에 대해 강의안을 만든 적이 있는데, 본문 관찰과 주해는 얼마든지 할 수 있었지만 무언가 아쉬움이 남았다. 삶의 연륜이 가미되지 않은 데서 비롯된 부족함이었다. 그래서 지혜문헌에 대한 주석은 예순을 바라볼 때쯤 집필하기로 했다. 삶을 조금 더 경험한 후로 미루어 둔 것이다. 아마도 이 시리즈가 완성될 즈음이면, 자연스럽게 지혜문헌에 대한 책을 출판할 때가 되지 않을까 싶다.

이 시리즈는 설교를 하고 성경 공부를 인도해야 하는 중견 목회자들과 평신도 지도자들을 마음에 두고 집필한 책이다. 나는 이 시리즈의 성향을 'exposimentary'('해설주석')이라고 부르고 싶다. Exposimentary라는 단어는 내가 만든 용어다. 해설/설명을 뜻하는 'expository'라는 단어와 주석을 뜻하는 'commentary'를 합성했다. 대체로 expository는 본문과 별 연관성이 없는 주제와 묵상으로 치우치기 쉽고, commentary는 필요 이상으로 논쟁적이고 기술적일 수 있다는 한계를 의식해 이러한 상황을 의도적으로 피하고 가르치는 사역에 조금이나마 실용적이고 도움이 되는 교재를 만들기 위해 만들어낸 개념이다. 나는 본문의 다양한 요소와 이슈들에 대해 정확하게 석의하면서도 전후 문맥과 책 전체의 문형(文形, literary shape)을 최대한 고려해 텍스트의 의미를 설명하고 우리 삶과 연결하고자 노력했다. 또한 히브리어 사용은 최소화했다.

이 시리즈를 내놓으면서 감사할 사람이 참 많다. 먼저, 지난 25년 동안 내 인생의 동반자가 되어 아낌없는 후원과 격려를 해 준 아내 임우민에게 감사한다. 아내를 생각할 때마다 참으로 현숙한 여인(cf. 잠 31:10-31)을 배필로 주신 하나님께 감사할 뿐이다. 아빠의 사역을 기도와 격려로 도와준 지혜, 은혜, 한빛에게도 고마운 마음을 표한다. 평생

기도와 후원을 아끼지 않는 친가와 처가 친척들에게도 감사하다는 말을 전하고 싶다. 항상 옆에서 돕고 격려해 주는 평생 친구 장병환·윤인옥 부부에게도 고마움을 표하며, 시카고 유학 시절에 큰 힘이 되어 주신 이선구 장로·최화자 권사님 부부에게도 이 자리를 빌려 평생 빚진 마음을 표하고 싶다. 우리 가족이 20여 년 만에 귀국해 정착할 수 있도록 배려를 아끼지 않으신 백석학원 설립자 장종현 목사님에게도 감사드린다. 우리 부부의 영원한 담임 목자이신 이동원 목사님에게도 고마움을 표하고 싶다.

2009년 겨울 방배동에서

감사의 글

스타선교회의 사역에 물심양면으로 헌신해 오늘도 하나님의 말씀이 온 세상에 선포되는 일에 기쁜 마음으로 동참하시는 백영걸, 정진성, 장병환, 임우민, 정채훈, 강숙희 이사님들께 감사의 마음을 전하고 싶습니다. 이사님들의 헌신이 있기에 세상이 조금 더 살맛 나는 곳이 되고 있습니다. 온 세상이 코로나19의 억압으로부터 조금씩 자유로워지고 있습니다. 여호와 라파께서 우리에게 일상으로 돌아가는 축복을 주시고, 투병 중인 정채훈 이사님을 온전히 낫게 하실 것을 믿습니다.

2022년 겨울 을씨년스러운 방배동에서

일러두기

엑스포지멘터리(exposimentary)는 '해설/설명'을 뜻하는 엑스포지토리 (expository)와 '주석'을 뜻하는 코멘터리(commentary)를 합성한 단어다. 본 문의 뜻과 저자의 의도와는 별 연관성이 없는 주제와 묵상으로 치우치 기 쉬운 엑스포지토리(expository)의 한계와 필요 이상으로 논쟁적이고 기술적일 수 있는 코멘터리(commentary)의 한계를 극복해 목회 현장에 서 가르치고 선포하는 사역에 실질적으로 도움을 주는 새로운 장르다. 본문의 다양한 요소와 이슈에 대해 정확하게 석의하면서도 전후 문맥 과 책 전체의 문형(文形, literary shape)을 최대한 고려해 텍스트의 의미를 설명하고 성도의 삶과 연결하고자 노력하는 설명서다. 엑스포지멘터 리는 다음과 같은 원칙을 바탕으로 인용한 정보를 표기한다.

1. 참고문헌을 모두 표기하지 않고 선별된 참고문헌으로 대신한다.
2. 출처를 표기할 때 각주(foot note) 처리는 하지 않는다.
3. 출처는 괄호 안에 표기하되 페이지는 밝히지 않는다.
4. 여러 학자가 동일하게 해석할 때는 모든 학자를 표기하지 않고 일 부만 표기한다.

5. 한 출처를 인용해 설명할 때 설명이 길어지더라도 문장마다 출처를 표기하지 않는다.
6. 본문 설명을 마무리하면서 묵상과 적용을 위해 "이 말씀은…"으로 시작하는 문단(들)을 두었다. 이 부분만 읽으면 잘 이해되지 않는 것들도 있다. 그러나 본문 설명을 읽고 나면 이해가 될 것이다.
7. 본문을 설명할 때 유대인들의 문헌과 외경과 위경에 관한 언급을 최소화한다.
8. 구약을 인용한 말씀은 장르에 상관없이 가운데 맞춤으로 정렬했으며, NAS의 판단 기준을 따랐다.

주석은 목적과 주된 대상에 따라 인용하는 정보의 출처와 참고문헌 표기가 매우 탄력적으로 제시되는 장르다. 참고문헌 없이 출판되는 주석도 있고, 각주가 전혀 없이 출판되는 주석도 있다. 또한 각주와 참고문헌 없이 출판되는 주석도 있다. 엑스포지멘터리 시리즈는 이 같은 장르의 탄력적인 성향을 고려해 제작된 주석이다.

선별된 약어표

개역	개역한글판
개역개정	개역개정판
공동	공동번역
새번역	표준새번역 개정판
현대	현대인의 성경
아가페	아가페 쉬운성경
BHS	Biblica Hebraica Stuttgartensia
ESV	English Standard Version
KJV	King James Version
LXX	Septuaginta
MT	Masoretic Text
NAB	New American Bible
NAS	New American Standard Bible
NEB	New English Bible
NIV	New International Version
NIRV	New International Reader's Version

NRS	New Revised Standard Bible
TNK	Jewish Publication Society Tanakh
AB	Anchor Bible
ABCPT	A Bible Commentary for Preaching and Teaching
ABD	The Anchor Bible Dictionary, 6 vols. Ed. by D. N. Freedman. New York, 1992
ABR	Australian Biblical Review
ABRL	Anchor Bible Reference Library
ACCS	Ancient Christian Commentary on Scripture
ANET	The Ancient Near Eastern Texts Relating to the Old Testament. 3rd ed. Ed. by J. B. Pritchard. Princeton: Princeton University Press, 1969
ANETS	Ancient Near Eastern Texts and Studies
ANTC	Abingdon New Testament Commentary
AOTC	Abingdon Old Testament Commentary
ASTI	Annual of Swedish Theological Institute
BA	Biblical Archaeologist
BAR	Biblical Archaeology Review
BAR	Biblical Archaeology Review
BBR	Bulletin for Biblical Research
BCBC	Believers Church Bible Commentary
BCL	Biblical Classics Library
BDAG	A Greek—English Lexicon of the New Testament and Other Early Christian Literature, 3rd ed. Ed. by Bauer, W., W. F. Arndt, F. W. Gingrich, and F. W. Danker. Chicago, 2000
BECNT	Baker Exegetical Commentary on the New Testament

BETL	Bibliotheca Ephemeridum Theoloicarum Lovaniensium
BETS	Bulletin of the Evangelical Theological Society
BibOr	Biblia et Orientalia
BibSac	Bibliotheca Sacra
BibInt	Biblical Interpretation
BR	Bible Reseach
BRev	Bible Review
BRS	The Biblical Relevancy Series
BSC	Bible Student Commentary
BST	The Bible Speaks Today
BT	Bible Translator
BTB	Biblical Theology Bulletin
BTC	Brazos Theological Commentary on the Bible
BV	Biblical Viewpoint
BZ	Biblische Zeitschrift
BZNW	Beihefte zur Zeitschrift für die neutestamentliche Wissenschaft
CB	Communicator's Bible
CBC	Cambridge Bible Commentary
CBQ	Catholic Biblical Quarterly
CBQMS	Catholic Biblical Quarterly Monograph Series
CGTC	Cambridge Greek Testament Commentary
CurBS	Currents in Research: Biblical Studies
CurTM	Currents in Theology and Missions
DJG	Dictionary of Jesus and the Gospels. Ed. by J. B. Green, S. McKnight, and I. Howard Marshall. Downers Grove, 1992
DNTB	Dictionary of New Testament Background. Ed. by C. A. Evans and S. E. Porter. Downers Grove, 2000

DPL	Dictionary of Paul and His Letters. Ed. by G. F. Hawthorne, R. P. Martin, and D. G. Reid. Downers Grove, 1993
DSB	Daily Study Bible
ECC	Eerdmans Critical Commentary
ECNT	Exegetical Commentary on the New Testament
EDNT	Exegetical Dictionary of the New Testament. Ed. by H. Balz, G. Schneider. Grand Rapids, 1990−1993
EvJ	Evangelical Journal
EvQ	Evangelical Quarterly
ET	Expository Times
FCB	Feminist Companion to the Bible
GTJ	Grace Theological Journal
HALOT	The Hebrew and Aramaic Lexicon of the Old Testament. Ed. by L. Koehler and W. Baumgartner. Trans. by M. E. J. Richardson. Leiden, 1994−2000
Hist. Eccl.	Historia ecclesiastica (Eusebius)
HNTC	Holman New Testament Commentary
HTR	Harvard Theological Review
IB	Interpreter's Bible
IBS	Irish Biblical Studies
ICC	International Critical Commentary
IDB	Interpreter's Dictionary of the Bible
ISBE	The International Standard Bible Encyclopedia. 4 vols. Ed. by G. W. Bromiley. Grand Rapids, 1979−88
JAAR	Journal of the American Academy of Religion
JBL	Journal of Biblical Literature
JESNT	Journal for the Evangelical Study of the New Testament

JETS	Journal of the Evangelical Theological Society
JQR	Jewish Quarterly Review
JRR	Journal from the Radical Reformation
JSNT	Journal for the Study of the New Testament
JSNTSup	Journal for the Study of the New Testament Supplement Series
JTS	Journal of Theological Studies
LABC	Life Application Bible Commentary
LB	Linguistica Biblica
LCBI	Literary Currents in Biblical Interpretation
LEC	Library of Early Christianity
Louw-Nida	Greek-English Lexicon of the New Testament: Based on Semantic Domains, 2nd ed., 2 vols. By J. Louw, and E. Nida. New York, 1989
LTJ	Lutheran Theological Journal
MBC	Mellen Biblical Commentary
MenCom	Mentor Commentary
MJT	Midwestern Journal of Theology
NAC	New American Commentary
NCB	New Century Bible
NIB	The New Interpreter's Bible
NIBC	New International Biblical Commentary
NICNT	New International Commentary on the New Testament
NICOT	New International Commentary on the Old Testament
NIDNTT	The New International Dictionary of New Testament Theology. Ed. by C. Brown. Grand Rapids, 1986
NIDNTTE	New International Dictionary of New Testament Theology and Exegesis. 2nd Ed. by Moisés Silva. Grand Rapids, 2014

NIDOTTE	New International Dictionary of Old Testament Theology and Exegesis. Ed. by W. A. Van Gemeren. Grand Rapids, 1996
NIGTC	New International Greek Testament Commentary
NIVAC	New International Version Application Commentary
NovT	Novum Testamentum
NovTSup	Novum Testamentum Supplements
NSBT	New Studies in Biblical Theology
NTL	New Testament Library
NTM	New Testament Message
NTS	New Testament Studies
PBC	People's Bible Commentary
PNTC	Pillar New Testament Commentary
PRR	The Presbyterian and Reformed Review
PSB	Princeton Seminary Bulletin
ResQ	Restoration Quarterly
RevExp	Review and Expositor
RR	Review of Religion
RRR	Review of Religious Research
RS	Religious Studies
RST	Religious Studies and Theology
RTR	Reformed Theological Review
SacP	Sacra Pagina
SBC	Student's Bible Commentary
SBJT	Southern Baptist Journal of Theology
SBL	Society of Biblical Literature
SBLDS	Society of Biblical Literature Dissertation Series
SBLMS	Society of Biblical Literature Monograph Series

SBT	Studies in Biblical Theology
SHBC	Smyth & Helwys Bible Commentary
SJT	Scottish Journal of Theology
SNT	Studien zum Neuen Testament
SNTSMS	Society for New Testament Studies Monograph Series
SNTSSup	Society for New Testament Studies Supplement Series
ST	Studia Theologica
TBT	The Bible Today
TD	Theology Digest
TDOT	Theological Dictionary of the Old Testament. 11 vols. Ed. by G. J. Botterweck et al. Grand Rapids, 1974–2003
TDNT	Theological Dictionary of the New Testament. Ed. by G. Kittel and G. Friedrich. Trans. by G. W. Bromiley. 10 vols. Grand Rapids, 1964–1976
Them	Themelios
TJ	Trinity Journal
TNTC	Tyndale New Testament Commentaries
TS	Theological Studies
TT	Theology Today
TTC	Teach the Text Commentary Series
TWBC	The Westminster Bible Companion
TWOT	R. L. Harris, G. L. Archer, Jr., and B. K. Waltke (eds.), Theological Wordbook of the Old Testament, 2 vols. Chicago: Moody, 1980
TynBul	Tyndale Bulletin
TZ	Theologische Zeitschrift
USQR	Union Seminary Quarterly Review

VE	Vox Evangelica
VT	Vetus Testament
WBC	Word Biblical Commentary
WBCom	Westminster Bible Companion
WCS	Welwyn Commentary Series
WEC	Wycliffe Exegetical Commentary
WTJ	The Westminster Theological Journal
WUNT	Wissenschafliche Untersuchungen zum Neuen Testament und die Kunde der älteren Kirche
WW	Word and World
ZNW	Zeitschrift für die neutestamentliche Wissenschaft

차례

선별된 참고문헌

(Select Bibliography)

Adams, S. L. *Social and Economic Life in Second Temple Judea*. Louisville, KY: Westminster John Knox, 2014.

Alexander, L. C. A. *Acts in Its Ancient Literary Context: A Classicist Looks at the Acts of the Apostles*. New York: T. & T. Clark, 2005.

Allison, D. C. *The Historical Christ and the Theological Jesus*. Grand Rapids: Eerdmans, 2009.

Anderson, K. L. *But God Raised Him from the Dead: The Theology of Jesus' Resurrection in Luke-Acts*. Milton Keynes: Paternoster, 2006.

Arrington, F. L. *The Acts of the Apostles: An Introduction and Commentary*. Peabody, MA: Hendrickson, 1988.

Aune, D. E. *Prophecy in Early Christianity and the Ancient Mediterranean World*. Grand Rapids: Eerdmans, 1983.

_____. *The New Testament in Its Literary Environment*. Philadelphia: Westminster, 1987.

Baird, W. *History of New Testament Research: From Jonathan Edwards to Rudolf Bultmann*. Minneapolis: Augsburg Fortress, 2003.

Barclay, W. *The Acts of the Apostles*. DSB. Edinburgh: Sint Andrew, 1976.

Barrett, C. K. *Luke the Historian in Recent Study*. London: Epworth, 1961.

_____. *A Critical and Exegetical Commentary on the Acts of the Apostles*. 2 vols. ICC. Edinburgh: T. & T. Clark, 1994−98.

Baur, F. C. *Paul Apostle of Jesus Christ: His Life and Works, His Epistles and Teachings*. 2 vols. Trans. by E. Zeller. London: Williams & Morgate, 1846. Repr., Peabody, MA: Hendrickson, 2003.

Beale, G. K.; B. L. Gladd. *The Story Retold: A Biblical-Theological Introduction to the New Testament*. Downers Grove, IL: InterVarsity Press, 2020.

Beasley−Murray, G. R. *Baptism in the New Testament*. Grand Rapids: Eerdmans, 1962.

Béchard, P. *Paul outside the Walls: A Study of Luke's Socio-Geographical Universalism in Acts 14:8-20*. Rome: Editrice Pontificio Istituto Biblico, 2000.

Bird, M. F. *Jesus and the Origin of the Gentle Mission*. London: T&T Clark, 2006.

_____. "New Testament Theology Re−Loaded: Integrating Biblical Theology and Christian Origins." TynBul 60(2009): 265−91.

Blaiklock, E. M. *The Acts of the Apostles*. TNTC. Grand Rapids: Eerdmans, 1959.

Blomberg, C. L. "The Law in Luke−Acts." JSNT 22(1984): 53−80.

_____. *Making Sense of the New Testament: Three Crucial Questions*. Grand Rapids: Baker, 2004.

Bock, D. L. *Acts*. BECNT. Grand Rapids: Baker, 2007.

Bock, D. L.; M. Glasser. *The Gospel According to Isaiah 53: Encountering the Suffering Servant in Jewish and Christian Theology*. Grand Rapids: Kregel, 2012.

Bockmuehl, M. *Seeing the Word: Refocusing New Testament Study*. Grand Rapids: Baker, 2006.

Bond, H. *Jesus, A Very Brief History*. London: SPCK, 2017.

Bonhoeffer, D. *Discipleship*. Trans. by B. Green and R. Krauss. Minneapolis: Fortress, 2001.

Bonz, M. P. *The Past as Legacy: Luke-Acts and Ancient Epic*. Minneapolis: Fortress, 2000.

Brandon, S. G. F. *Jesus and the Zealots*. New York: Scribner's, 1967.

Brawley, R. L. *Luke-Acts and the Jews: Conflict, Apology, and Conciliation*. Atlanta: Scholars Press, 1987.

_____. *Centering on God: Method and Message in Luke-Acts*. Louisville: Westminster/John Knox, 1990.

Brown, R. E. *The Community of the Beloved Disciple: The Life, Loves, and Hates of an Individual Church in New Testament Times*. New York: Paulist, 1979.

_____. *An Introduction to the New Testament*. New York: Doubleday, 1997.

Bruce, F. F. *The Speeches in the Acts of the Apostles*. London: Tyndale, 1942.

_____. "Is the Paul of Acts the Real Paul?" BJRL 58(1976): 282–305.

_____. *New Testament History*. Garden City, New York: Doubleday & Company, 1980.

_____. *The Book of the Acts: The English Text with Introduction, Exposition and Notes*. Rev. ed. NICNT. Grand Rapids: Eerdmans, 1988.

_____. *The Canon of Scripture*. Downers Grove, IL: InterVarsity Press, 1988.

Buckwalter, H. D. *The Character and Purpose of Luke's Christology*. Cambridge: Cambridge University Press, 1996.

Bultmann, R. *Theology of the New Testament*. 2 vols. Trans. by K. Grobel. New York: Charles Scribner's Sons, 1951.

Burkitt, F. C. *Christian Beginnings*. London: University of London Press, 1924.

Byrskog, S. *Story as History—History as Story: The Gospel Tradition in the Context of Ancient Oral History*. Leiden: Brill, 2002.

Cadbury, H. J. *The Making of Luke-Acts*. London: Macmillan, 1927.

_____. *The Book of Acts in History*. London: Black, 1955.

Caird, G. B.; L. D. Hurst. *New Testament Theology*. Oxford: Clarendon, 1994.

Calvin, J. *Calvin's Commentaries. The Acts of the Apostles 1-13*. Trans. by J. W. Fraser & W. J. G. McDonald. *The Acts of the Apostles 14-28*. Trans. by J. W. Fraser. Grand Rapids: Eerdmans, 1965–66.

Capper, B. "The Palestinian Cultural Context of Earliest Christian Community of Goods." Pp. 323–356 in *The Book of Acts in Its Palestinian Setting*. Ed. by R. J. Bauckham. Grand Rapids: Eerdmans, 1995.

Carrington, P. *The Primitive Christian Calendar*. Cambridge: Cambridge University Press, 1952.

Carroll, J. T. *Response to the End of History: Eschatology and Situation in Luke-Acts*. Atlanta: Scholars Press, 1988.

Carson, D. A., ed. *Teach Us To Pray*. Grand Rapids: Baker, 1990.

Carson, D. A.; Moo, D. J.; Morris, L., eds. *An Introduction to the New*

Testament. Grand Rapids: Zondervan, 1992.

Carson, D. A.; P. T. O'Brien; M. A. Seifrid, eds. *Justification and Variegated Nomism,* Vol. 1: The Complexities of Second Temple Judaism. Grand Rapids: Baker, 2001.

Carter, C. W.; R. Earle. *The Acts of the Apostles.* Grand Rapids: Zondervan, 1973.

Carter, W. *The Roman Empire and the New Testament: An Essential Guide.* Nashville: Abingdon, 2006.

Cassidy, R. J. *Society and Politics in the Acts of the Apostles.* Maryknoll, NY: Orbis, 1987.

Chrysostom, Saint. "Homilies on the Acts of the Apostles." *A Select Library of the Nicene and Post-Nicene Fathers of the Christian Church.* Vol. 11. Ed. by P. Schaff. Grand Rapids: Zondervan, 1989rep.

Clements, R. *The Church That Turned the World Upside Down.* Cambridge: Crossway, 1992.

Conzelmann, H. *The Theology of St. Luke.* New York: Harper & Row, 1960.

_____. *The Acts of the Apostles.* Hermeneia. Trans. by J. Limburg, A. T. Kraabel, and D. H. Juel. Philadelphia: Fortress, 1987.

Cosgrove, C. H. "The Divine *dei* in Luke–Acts: Investigations into Lukan Understanding of God's Providence." NovT 26 (1984): 168–90.

Crossan, J. D. *The Historical Jesus: The Life of a Mediterranean Jewish Peasant.* San Francisco: Harper, 1991.

Cullman, O. *The Christology of the New Testament.* Philadelphia: Westminster Press, 1959.

Culy, M. M.; M. C. Parsons. *Acts: A Handbook on the Greek Text.* Waco:

Baylor University Press, 2003.

Cunningham, S. *"Through Many Tribulations": The Theology of Persecution in Luke-Acts.* Sheffield: Sheffield Academic Press, 1997.

Daube, D. *The New Testament and Rabbinic Judaism.* London: University of London Press, 1956.

Davis, S.; D. Kendall; G. O'Collins, ed. *The Resurrection: An Interdisciplinary Symposium on the Resurrection of Jesus.* Oxford: Oxford University Press, 1997.

De Boer, E. A. *The Gospel of Mary: Beyond a Gnostic and a Biblical Mary Magdalene.* New York: Continuum, 2005.

De Waard, J. *A Comparative Study of the Old Testament Text in the Dead Sea Scrolls and in the New Testament.* Leiden: E. J. Brill, 1965.

deSilva, D. A. *An Introduction to the New Testament: Context, Methods and Ministry Formation.* Downers Grove, IL: InterVarsity Press, 2004.

Derrett, J. D. M. *Law in the New Testament.* London: Dartman, Longman & Todd, 1970.

Dibelius, M. *Studies in the Acts of the Apostles.* Trans. by M. Ling. London: SCM, 1956.

Dickerson, P. L. "The New Character Narrative in Luke—Acts and the Synoptic Problem." JBL 116 (1997): 291–312.

Dix, G. *Jew and Greek: A Study in the Primitive Church.* London: Dacre, 1953.

Dodd, C. H. *The Apostolic Preaching and Its Developments.* London: New York: Harper, 1964rep.

Dunn, J. D. G. *Jesus and the Spirit: A Study of the Religious and Charismatic Experience of Jesus and the First Christians as Reflected in the New Testament.* London: SCM, 1975.

33

_____. *Unity and Diversity in the New Testament: An Inquiry into the Character of Earliest Christianity*. Philadelphia: Westminster Press, 1977.

_____. *The Acts of the Apostles*. Valley Forge, PA: Trinity International Press, 1996.

_____. *New Testament Theology: An Introduction*. Nashville: Abingdon, 2009.

_____. *Beginning from Jerusalem*. Grand Rapids: Eerdmans, 2009.

Dupont, J. *The Sources of Acts: The Present Position*. Trans. by K. Pond. New York: Herder and Herder, 1964.

_____. *The Salvation of the Gentiles: Essays on the Acts of the Apostles*. New York: Paulist, 1979.

Ehrhardt, A. *The Acts of the Apostles: Ten Lectures*. Manchester: Manchester University Press, 1969.

Esler, P. *Community and Gospel in Luke-Acts: The Social and Political Motivations of Lucan Theology*. Cambridge: Cambridge University Press, 1987.

Evans, C. A., ed. *Encyclopedia of the Historical Jesus*. New York: Routledge, 2008.

Evans, C. A.; J. A. Sanders. *Luke and Scripture: The Function of Sacred Tradition in Luke-Acts*. Minneapolis: Fortress, 1993.

Faw, C. E. *Believers Church Bible Commentary: Acts*. Scottdale, PA: Herald, 1993.

Fee, G. D. *The First Epistle to the Corinthians*. NICNT. Grand Rapids: Eerdmans, 1987.

Ferguson, E. *Backgrounds of Early Christianity*. Grand Rapids: Eerdmans, 1987.

Fernando, A. *Acts*. NIVNAC. Grand Rapids: Zondervan, 1998.

Filson, F. V. *Three Critical Decades: Studies in the Book of Acts*. Richmond, VA: John Knox Press, 1969.

Finegan, J. *Handbook of Biblical Chronology: Principles of Time Reckoning in the Ancient World and Problems of Chronology in the Bible*. Rev. ed. Peabody, MA: Hendrickson, 1998.

Fitzmyer, J. A. *The Acts of the Apostles: A New Translation with Introduction and Commentary*. AB. New York: Doubleday & Company, 1998.

Foakes—Jackson; F. J.; K. Lake, eds. *The Beginnings of Christianity: The Acts of the Apostles*. 5 vols. Grand Rapids: Baker, 1979rep.

Fornara, C. H. *The Nature of History in Ancient Greece and Rome*. Berkeley: University of California Press, 1983.

France, R. T. *Jesus and the Old Testament*. Grand Rapids: Baker, 1982.

Fuller, M. E. *The Restoration of Israel: Israel's Regathering and the Fate of the Nations in Early Jewish Literature and Luke-Acts*. Berlin: De Gruyter, 2006.

Funk, R. W., R. W. Hoover, Jesus Seminar. *The Five Gospels: What Did Jesus Really Say? The Search for Authentic Words of Jesus*. San Francisco: HarperOne, 1996.

Gaebelein, A. C. *The Acts of the Apostles: An Exposition*. New York: Our Hope, 1912.

Garland, R. *Introducing New Gods: The Politics of Athenian Religion*. London: Duckworth, 1992.

Gasque, W. W. *A History of the Interpretation of the Acts of the Apostles*. Peabody, MA: Hendrickson, 1989.

Gaventa, B. R. *From Darkness to Light: Aspects of Conversion in the New Testament*. Philadelphia: Fortress, 1986.

_____. *The Acts of the Apostles*. Nashville: Abingdon, 2003.

Gehring, R. *House Church and Mission: The Importance of Household Structures in Early Christianity*. Peabody, MA: Hendrickson, 2004.

Gill, D. W. J.; C. Gempf, eds. *The Book of Acts in Its Graeco-Roman Setting*. Grand Rapids: Eerdmans, 1994.

Gooding, D. *True to the Faith: A Fresh Approach to the Acts of the Apostles*. London: Hodder & Stoughton, 1990.

Green, J. "Salvation to the Ends of the Earth: God as the Saviour in the Acts of the Apostles." Pp. 83–106 in *Witness to the Gospel: The Theology of Acts*. Ed. by I. H. Marshall, and D. Peterson. Grand Rapids: Eerdmans, 1998.

Green, J. B., J. K. Brown, N. Perrin, eds. *Dictionary of Jesus and the Gospels*, 2nd ed. Downers Grove, IL: InterVarsity Press, 2013.

Gundry, R. H. *A Survey of the New Testament*. Rev. ed. Grand Rapids: Zondervan, 1981.

Guthrie, D. *New Testament Introduction*. Downers Grove, IL: InterVarsity Press, 1970.

_____. *New Testament Theology*. Downers Grove, IL: InterVarsity Press, 1981.

Haenchen, E. *The Acts of the Apostles: A Commentary*. Trans. by B. Noble et al. Philadelphia: Westminster, 1971.

Hanson, R. P. C. *The Acts*. Oxford: Clarendon, 1967.

Harnack, A. *Luke the Physician: The Author of the Third Gospel and the Acts of the Apostles*. Trans. by J. R. Wilkinson. London: Williams & Norgate, 1907.

_____. *The Acts of the Apostles*. Trans. by J. R. Wilkinson. London: Williams & Norgate, 1909.

_____. *The Date of Acts and of the Synoptic Gospels*. Trans. by J. R. Wilkinson. London: Williams & Norgate, 1911.

Harris, M. J. *Jesus as God: The New Testament Use of Theos in Reference to Jesus*. Grand Rapids: Baker, 1992.

Harrison, E. F. *Interpreting Acts: The Expanding Church*. Grand Rapids: Zondervan, 1986.

Hays, R. B. *The Moral Vision of the New Testament: Community, Cross, New Creation, A Contemporary Introduction to New Testament Ethics*. San Francisco: HarperOne, 1996.

Hedrick, C. W. "Paul's Conversion/Call: A Comparative Analysis of the Three Reports in Acts." JBL 100 (1981): 415−32.

Hemer, C. J. *The Book of Acts in the Setting of Hellenistic History*. Ed. by C. H. Gempf. Tübingen: Mohr Sebeck, 2001rep.

Hengel, M. *Judaism and Hellenism*. 2 vols. Trans. by J. Bowden. Philadelphia: Fortress, 1974.

_____. *Crucifixion in the Ancient World and the Folly of the Message of the Cross*. Philadelphia: Fortress, 1977.

_____. *Acts and the History of Earliest Christianity*. London: SCM, 1979.

_____. *Between Jesus and Paul: Studies in the Earliest History of Christianity*. Trans. by J. Bowden. Philadelphia: Fortress, 1983.

Hengel, M.; M. Schwemer. *Paul between Damascus and Antioch: The Unknown Years*. Louisville: Westminster, 1997.

Hengstenberg, E. W. *Christology of the Old Testament, abridged edition*. Grand Rapids: Kregel, 1970.

Hill, C. C. *Hellenists and Hebrews: Reappraising Division within the Earliest Church*. Minneapolis: Fortress, 1992.

Hoehner, H. W. *Chronological Aspects of the Life of Christ*. Grand Rapids: Zondervan, 1977.

Hooker, M. *Jesus and Servant*. London: SPCK, 1959.

House, H. W. *Chronological and Background Charts of the New Testament*. Grand Rapids: Zondervan, 1981.

Hurtado, L. W. *Lord Jesus Christ: Devotion to Jesus in Earliest Christianity*. Grand Rapids: Eerdmans, 2003.

Isaksson, A. *Marriage and Ministry in the New Testament*. Lund: Gleerup, 19965.

Jeffers, J. S. *The Graeco-Roman World of the New Testament: Exploring the Background of Early Christianity*. Downers Grove, IL: InterVarsity Press, 1999.

Jeremias, J. *Jerusalem in the Time of Jesus*. Trans. by F. H. and C. H. Cave. Philadelphia: Fortress, 1969.

Jervell, J. *Luke and the People of God*. Minneapolis: Augsburg, 1972.

_____. *The Theology of the Acts of the Apostles*. Cambridge: Cambridge University Press, 1996.

_____. *Die Apostelegeschichte*. Göttingen: Vandenhoeck & Ruprecht.

Jewett, P. "Mapping the Route of Paul's 'Second Missionary Journey' from Dorylaeum to Troas." TynBul 48 (1997): 1–22.

Johnson, L. T. *The Acts of the Apostles*. SacPag. Collegeville, MN: Liturgical, 1992.

Judge, E. A. *Social Distinctives of the Christians in the First Century: Pivotal Essays*. Peabody, MA: Hendrickson, 2007.

Keck, L. E.; J. L. Martyn, eds. *Studies in Luke-Acts*. Nashville: Abingdon, 1966. Repr. Philadelphia: Fortress, 1980.

Kee, H. C. *Good News to the Ends of the Earth: The Theology of Acts*. Valley Forge, PA: Trinity International Press, 1990.

_____. "The Transformation of the Synagogue after 70CE." NTS 36

(1990): 1−24.

_____. *To Every Nation Under Heaven: The Acts of the Apostles.* Valley Forge, PA: Trinity International Press, 1997.

Keener, C. S. *The IVP Bible Background Commentary: New Testament.* Downers Grove, IL: InterVarsity Press, 1993.

_____. *The Historical Christ of the Gospels.* Grand Rapids: Eerdmans, 2009.

Kelly, J. N. D. *Early Christian Doctrines.* London: A. & C. Black, 1977.

Kennedy, G. A. *New Testament Interpretation through Rhetorical Criticism.* Chapel Hill, NC: University of North Carolina Press, 1984.

Kern, P. H. "Paul's Conversion and Luke's Portrayal of Character in Acts 8−10." TynBul 54 (2003): 63−80.

Kilgallen, J. J. *The Stephen Speech: A Literary and Redactional Study of Acts 7,2-52.* Rome: Pontifical Biblical Institute Press, 1976.

Kistemaker, S. J. *Exposition of the Acts of the Apostles.* Grand Rapids: Baker, 1990.

Klauck, H. J. *The Religious Context of Early Christianity: A Guide to Greco-Roman Religions.* Trans. by B. McNeil. Edinburgh: T. & T. Clark, 2000.

_____. *Magic and Paganism in Early Christianity: The World of the Acts of the Apostles.* Minneapolis: Fortress, 2003.

Kümmel, W. G. *Introduction to the New Testament.* Trans. by H. C. Kee. Nashville: Abingdon, 1975.

Ladd, G. E. *A Theology of the New Testament.* Grand Rapids: Eerdmans, 1974.

Larkin, W. J. *Acts.* IVPNTC. Downers Grove, IL: InterVarsity Press, 1995.

Le Cornu, H.; J. Shulam. *A Commentary on the Jewish Roots of Acts*. 2 vols. Jerusalem: Academon, 2003.

Le Donne, A. *The Historical Jesus: What Can We Know and How Can We Know It?* Grand Rapids: Eerdmans, 2011.

Leithart, P. J. *Deep Exegesis: The Mystery of Reading Scripture*. Waco: Baylor University Press, 2009.

Lenski, R. C. H. *The Interpretation of the Acts of the Apostles*. Minneapolis: Augsburg. Reprint of 1934 ed.

Lentz, J. C. *Luke's Portrait of Paul*. Cambridge: Cambridge University Press, 1993.

Levinskaya, I. A. *The Book of Acts in Its Diaspora Setting*. Grand Rapids: Eerdmans, 1996.

Levinsohn, S. H. *Textual Connections in Acts*. Atlanta: Scholars Press, 1987.

Lierman, J. *The New Testament Moses: Christian Perceptions of Moses and Israel in the Setting of Jewish Religion*. Tübingen: Mohr Sebeck, 2004.

Lightfoot, J. B. *The Apostolic Fathers*. 5 vols. London: Macmillan, 1869–85.

Litwak, K. D. *Echoes of Scripture in Luke-Acts: Telling the History of God's People Intertextually*. New York: T. & T. Clark, 2005.

Llewelyn, S. R. "The Use of Sunday for Meetings of Believers in the New Testament." NovT 43 (2001): 205–23.

Lohfink, G. *The Conversion of St. Paul: Narrative and History in Acts*. Chicago: Franciscan Herlad, 1976.

Longenecker, R. N. *Paul, Apostle of Liberty*. New York: Harper & Row, 1964. Repr., Grand Rapids: Baker, 1976.

_____. *The Christology of Early Jewish Christianity*. Grand Rapids: Baker,

1981.

_____. *Biblical Exegesis in the Apostolic Period*. Grand Rapids: Eerdmans, 1999.

_____. "Acts." Pp. 663-1102 in *The Expositor's Bible Commentary Revised Edition*. Vol. 10. Grand Rapids: Zondervan, 2007.

Luther, M. *Luther's Works*. 15 vols. Ed. & Trans. by J. J. Pelikan and H. T. Lehmann. St. Louis: Concordia, 1955-60.

Maddox, R. *The Purpose of Luke-Acts*. Edinburgh: T. & T. Clark, 1982.

Mallen, P. *The Reading and Transformation of Isaiah in Luke-Acts*. New York: T. & T. Clark, 2008.

Manson, T. W. *The Sayings of Jesus*. London: SCM, 1949.

Marguerat, D. *The First Christian Historian: Writing the "Acts of the Apostles."* Trans. by K. McKinney, G. J. Laughery, R. Bauckham. Cambridge: Cambridge University Press, 2002.

Marshall, I. H. *The Acts of the Apostles: An Introduction and Commentary*. TNTC. Downers Grove, IL: InterVarsity Press, 1980.

Marshall, I. H.; D. Petersen, eds. *Witness to the Gospel: The Theology of Acts*. Grand Rapids: Eerdmans, 1998.

Martin, F., ed. *Acts*. Downers Grove, IL: InterVarsity Press, 1998.

Matson, D. L. *Household Conversion Narratives in Acts: Pattern and Interpretation*. Sheffield: Sheffield Academic Press, 1996.

McKelvey, R. J. *The New Temple: The Church in the New Testament*. Oxford: Oxford University Press, 1969.

McKnight, S. *Turning to Jesus: The Sociology of Conversion in the Gospels*. Louisville: John Knox Press, 2002.

Meeks, W. A. *The Prophet King*. Leiden: E. J. Brill, 1967.

Meier, J. P. *A Marginal Jew: Rethinking the Historical Jesus: The Roots of the*

Problem and the Person. New York: Doubleday, 1991.

Menzies, R. P. *The Development of Early Christian Pneumatology with Special Reference to Luke-Acts*. Sheffield: JSOT Press, 1991.

Merida, T. *Christ-Centered Exposition Exalting Jesus in Acts*. Nashville, TN: Broadman & Holman, 2017.

Metzger, B. A *Textual Commentary on the Greek New Testament*. 2nd ed. New York: United Bible Societies, 1994.

Meyer, B. F. *Critical Realism and the New Testament*. Allison Park, PA: Pickwick, 1989.

Miller, J. B. F. *Convinced that God Had Called Us: Dreams, Visions, and the Perception of God's Will in Luke-Acts*. Leiden: E. J. Brill, 2007.

Miller, R. J. *The Jesus Seminar and Its Critics*. Salem, OR: Polebridge Press, 1999.

Mitchell, S. *Anatolia: Land, Men, and Gods in Asia Minor*. Oxford: Oxford University Press, 1995.

Moessner, D. P. "Paul in Acts: Preacher of Eschatological Repentance to Israel." NTS 34 (1989): 96−104.

Moore, T. S. "To the End of the Earth: The Geographical and Ethnic Universalism of Acts 1:8 in Light of Isaianic Influence on Luke." JETS 40 (1997): 389−99.

Moule, C. F. D. *The Phenomenon of the New Testament*. London: SCM, 1967.

──────. *An Idiom Book of New Testament Greek*. 2nd ed. Cambridge: Cambridge University Press, 1959.

Moulton, J. H.; W. F. Howard; N. Turner. *A Grammar of New Testament Greek*. 4 vols. Edinburgh: T&T Clark, 1908.

Motyer, J. A. *The Prophecy of Isaiah*. Downers Grove, IL: InterVarsity

Press, 1993.

Munk, J. *The Acts of the Apostles*. Garden City, New York: Doubleday & Company, 1967.

Murphy—O'Connor, J. *St. Paul's Ephesus: Texts and Archaeology*. Collegeville, MN: Liturgical Press, 2008.

Noack, B. "The Day of Pentecost in Jubilees, Qumran, and Acts." ASTI 1 (1962): 73–95.

Ogilvie, L. J. *The Communicator's Commentary: Acts*. Dallas: Word, 1983.

Oswalt, J. N. *The Book of Isaiah*. 2 vols. NICOT Grand Rapids: Eerdmans, 1986, 1998.

O'Brien, P. T. "Prayer in Luke–Acts: A Study in the Theology of Luke." TynBul 24 (1973): 113–16.

_____. "Mission, Witness, and the Coming of the Spirit." BBR 9 (1999): 203–14.

O'Neill, J. C. *The Theology of Acts in Its Historical Setting*. London: SPCK, 1961.

O'Toole, R. F. *Acts 26, the Christological Climax of Paul's Defense*. Rome: Pontifical Biblical Institute Press, 1978.

_____. *The Unity of Luke's Theology: An Analysis of Luke-Acts*. Wilmington, DE: M. Glazier, 1984.

Padilla, O. *The Speeches of Outsiders in Acts: Poetics, Theology and Historiography*. Cambridge: Cambridge University Press, 2008.

Pao, D. W. *Acts and the Isaianic New Exodus*. Tübingen: Mohr Sebeck, 2000.

Parsons, M. C. *Body and Character in Luke and Acts: The Subversion of Physiognomy in Early Christianity*. Grand Rapids: Baker, 2006.

_____. *Acts*. Grand Rapids: Baker, 2008.

Parsons, M. C.; R. I. Pervo. *Rethinking the Unity of Luke and Acts*. Minneapolis: Fortress, 1990.

Pelican, J. *Acts*. Grand Rapids: Brazos, 2005.

Penner, T. *In Praise of Christian Origins: Stephen and the Hellenists in Lukan Apologetic Historiography*. London: T. & T. Clark, 2004.

Pervo, R. I. *Acts: A Commentary*. Hermeneia. Philadelphia: Fortress, 2008.

_____. *Profit with Delight: The Literary Genre of the Acts of the Apostles*. Philadelphia: Fortress, 1987.

_____. "Direct Speech in Acts and the Question of Genre." JSNT 28 (2006): 285–307.

Peterson, D. G. *The Acts of the Apostles*. Grand Rapids: Eerdmans, 2009.

Polhill, J. B. *Acts*. NAC. Nashville, TN: Broadman, 1992.

Porter, S. E. *Verbal Aspect in the Greek of the New Testament, with Reference to Tense and Mood*. New York: Peter Lang, 1989.

_____. *Idioms of the Greek New Testament*. Sheffield: Almond Press, 1992.

_____. *The Paul of Acts: Essays in Literary Criticism, Rhetoric, and Theology*. Tübingen: Mohr Sebeck, 1999.

Powell, M. A. *What Are They Saying About Acts?* New York: Paulist, 1991.

Praeder, S. M. "Acts 27:1–28:16: Sea Voyages in Ancient Literature and the Theology of Luke–Acts." CBQ 46 (1984): 683–706.

_____. "The Problem of First Person Narration in Acts." NovT 29 (1987): 193–218.

Rackham, R. B. *The Acts of the Apostles: An Exposition*. Grand Rapids: Baker, 1978rep.

Ramsay, W. M. *The Bearing of Recent Discovery on the Trustworthiness of the New Testament*. London: Hodder & Stoughton, 1915.

Rapske, B. M. *The Book of Acts and Paul in Roman Custody*. Grand Rapids: Eerdmans, 1994.

Ravens, D. *Luke and the Restoration of Israel*. JSNTSup. Sheffield: Sheffield Academic Press, 1995.

Reinhardt, W. "The Population Size of Jerusalem and the Numerical Growth of the Jerusalem Church." Pp. 237−265 in *The Book of Acts in Its First Century Setting*, Vol. 4. Ed. by R. Bauckham et al. Grand Rapids: Eerdmans, 1995.

Ridderbos, H. N. *The Speeches of Peter in the Acts of the Apostles*. London: Tyndale, 1962.

Riesner, R. *Paul's Early Period: Chronology, Mission Strategy, Theology*. Grand Rapids: Eerdmans, 1998.

Robinson, A. B.; R. W. Wall. *Called to Be Church: The Book of Acts for a New Day*. Grand Rapids: Eerdmans, 2006.

Robinson, J. A. T. *Redating the New Testament*. Philadelphia: Westminster Press, 1976.

_____. *Twelve More New Testament Studies*. London: SCM, 1984.

Rothschild, C. K. *Luke-Acts and the Rhetoric of History*. Tübingen: Mohr Sebeck, 2004.

Rousseau, J. J.; R. Arav. *Jesus and His World: An Archaeological and Cultural Dictionary*. Minneapolis: Fortress, 1995.

Rowe, C. K. *World Upside Down: Reading Acts in the Graeco-Roman Age*. Oxford: Oxford University Press, 2009.

Sanders, E. P. *Jesus and Judaism*. Philadelphia: Fortress, 1985.

Sanders, J. T. *The Jews in Luke-Acts*. Philadelphia: Fortress, 1987.

Schnabel, E. J. *Early Christian Mission*. 2 vols. Downers Grove, IL: InterVarsity Press, 2004.

_____. *Paul the Missionary: Realities, Strategies, and Methods*. Downers Grove, IL: InterVarsity Press, 2008.

_____. *Acts*. ZECNT. Grand Rapids: Zondervan, 2012.

Schreiner, T. R. *Handbook on Acts and Paul's Letters*. Grand Rapids: Baker, 2019.

Seccombe, D. P. *Possessions and the Poor in Luke-Acts*. Linz, Austria: Fuchs, 1982.

Shauf, S. *Theology as History, History as Theology: Paul in Ephesus in Acts 19*. Berlin: De Gruyter, 2005.

Shelton, J. B. *Mighty in Word and Deed: The Role of the Holy Spirit in Luke-Acts*. Peabody, MA: Hendrickson, 1991.

Shepherd, W. H. *The Narrative Function of the Holy Spirit as a Character in Luke-Acts*. Atlanta: Scholars Press, 1994.

Sherwin-White, A. N. *The Roman Citizenship*. Oxford: Oxford University Press, 1939.

_____. *Roman Society and Roman Law in the New Testament*. Winona Lake, IN: Eisenbrauns, 2000rep.

Siker, J. S. *Disinheriting the Jews: Abraham in Early Christian Controversy*. Louisville, KY: Westminster John Knox Press, 1991.

Skinner, M. L. *Locating Paul: Places of Custody as Narrative Settings in Acts 21-28*. Atlanta: Society of Biblical Literature, 2003.

Sleeman, M. *Geography and the Ascension Narrative in Acts*. Cambridge: Cambridge University Press, 2009.

Smallwood, E. M. *The Jews under Roman Rule*. Leiden: E. J. Brill, 1976.

Smith, J. *The Voyage and Shipwreck of Paul*. 4th ed. London: Longman & Green, 1880.

Soards, M. L. *The Speeches in Acts: Their Content, Context, and Concerns*.

Louisville: Westminster/John Knox, 1994.

Spencer, F. S. *The Portrait of Philip in Acts: A Study of Roles and Relations.* JSNTSup. Sheffield: Sheffield Academic Press, 1992.

_____. *Acts.* Readings: A New Biblical Commentary. Sheffield: Sheffield Academic Press, 1997.

_____. *Journeying through Acts: A Literary-Cultural Reading.* Peabody, MA: Hendrickson, 2004.

Squires, J. T. *The Plan of God in Luke-Acts.* Cambridge: Cambridge University Press, 1993.

Stanton, G. N. *Jesus of Nazareth in the New Testament Preaching.* Cambridge: Cambridge University Press, 1974.

Stein, R. H. *Jesus the Messiah.* Downers Grove, IL: InterVarsity Press, 1996.

Stendahl, K. *Paul Among Jews and Gentiles.* Philadelphia: Fortress, 1976.

Stenschke, C. W. *Luke's Portrait of Gentiles prior to Their Coming to Faith.* Tübingen: Mohr Sebeck, 1999.

Stott, J. R. W. *The Message of Acts.* BST. Downers Grove, IL: InterVarsity Press, 1990.

Strauss D. F. *The Life of Jesus Critically Examined.* Trans. by G. Eliot. London: SCM, 1973.

Strauss, M. L. *The Davidic Messiah in Luke-Acts: The Promise and Its Fulfillment in Luke's Christology.* Sheffield: Sheffield Academic Press, 1995.

Stronstad, R. *The Charismatic Theology of St. Luke.* Peabody, MA: Hendrickson, 1984.

Sweeney, J. P. "Stephen's Speech (Acts 7:2-53): Is It as 'Anti-temple' as Is Frequently Alleged?" TJ 23 (2002): 185-210.

Tajra, H. W. *The Trial of St. Paul: A Juridical Exegesis of the Second Half of the Acts of the Apostles.* Tübingen: Mohr Sebeck, 1989.

Talbert, C. H. *Reading Acts: A Literary and Theological Commentary on the Acts of the Apostles.* Rev. ed. Macon: Smyth, 2005.

Tannehill, R. C. *The Acts of the Apostles. The Narrative Unity of Luke-Acts: A Literary Interpretation.* Vol. 2. Minneapolis: Fortress, 1994.

_____. "Israel in Luke–Acts: A Tragic Story." JBL 104 (1985): 69–85.

Theissen, G. *The Miracle Stories of the Early Christian Tradition.* Trans. by F. McDonagh. Philadelphia: Fortress, 1983.

Theissen, G.; A. Merz. *The Historical Jesus: A Comprehensive Guide.* Minneapolis: Fortress, 1997.

Tiede, D. *Prophecy and History in Luke-Acts.* Philadelphia: Fortress, 1980.

Thiselton, A. C. *Thiselton on Hermeneutics: Collected Works with New Essays.* Grand Rapids: Eerdmans, 2006.

Torrey, C. C. *The Composition and Date of Acts.* Cambridge, MA: Harvard University Press, 1916.

Trebilco, P. "Paul and Silas—'Servants of the Most High God.'" JSNT 36 (1989): 51–73.

_____. "Asia." Pp. 291–362 in *The Book of Acts in Its Graeco-Roman Setting.* Ed. by D. W. J. Gill and C Gempf. Grand Rapids: Eerdmans, 1994.

Turner, M. M. B. *Power from on High: The Spirit in Israel's Restoration and Witness in Luke-Acts.* Sheffield: Sheffield Academic Press, 1996.

Turner, N. *Grammatical Insights into the New Testament.* New York: Bloomsbury Academic, 2015.

Twelftree, G. H. *Jesus the Miracle Worker.* Downers Grove, IL: InterVarsity Press, 1999.

_____. *In the Name of Jesus: Exorcism among Early Christians.* Grand Rapids: Baker, 2007.

Tyson, J. B. *Marcion and Luke-Acts: A Defining Struggle.* Columbia: University of South Carolina Press, 2006.

Unnik, W. C. van. "The 'Book of Acts' the Confirmation of the Gospel." NovT 4(1960–61): 26–59.

VanderKam, J. C. *From Joshua to Caiaphas: High Priests after the Exile.* Minneapolis: Fortress, 2004.

Vanhoozer, K. J. *Is There A Meaning in This Text? The Bible, the Reader, and the Morality of Literary Knowledge.* Grand Rapids: Zondervan, 1998.

Veilhauer, P. "On the Paulinism of Acts." Pp. 33–50 in *Studies in Luke-Acts: Essays Presented in Honor of Paul Schubert.* Ed. by L. E. Keck and J. L. Martyn. Nashville: Abingdon, 1966.

Vermes, G. *Jesus the Jew: A Historian's Reading of the Gospels.* Philadelphia: Fortress, 1973.

_____. *The Religion of Jesus the Jew.* Minneapolis: Fortress, 1993.

Vos, C. S. de. "Finding a Charge That Fits: The Accusation against Paul and Silas at Philippi (Acts 16.19–21). JSNT 74 (1999): 51–63.

Walaskay, P. W. *Acts.* WBCom. Louisville: Westminster/John Knox, 1998.

Walker, P. W. *Jesus and the Holy City: New Testament Perspectives on Jerusalem.* Grand Rapids: Eerdmans, 1996.

Walker, W. T. "Urban Legends: Acts 10:1–11:18 and the Strategies of Greco–Roman Foundation Narratives." JBL 120 (2001): 77–99.

Wall, R. W. *The Acts of the Apostles. Pp. 1-368 in The New Interpreter's Bible: A Commentary in Twelve Volumes.* Vol. 10. Nashville: Abingdon,

2002.

Wallace, D. B. *Greek Grammar beyond the Basics: An Exegetical Syntax of the New Testament*. Grand Rapids: Zondervan, 1996.

_____. *The basics of New Testament Syntax: An Intermediate Greek Grammar*. Grand Rapids: Zondervan, 2000.

Weatherly, J. A. *Jewish Responsibility for the Death of Jesus in Luke-Acts*. JSNTSup. Sheffield: JSOT Press, 1994.

Weaver, J. B. *Plots of Epiphany: Prison-Escape in Acts of the Apostles*. Berlin: De Gruyter, 2004.

Wedderburn, A. J. M. "Traditions and Redaction of Acts 2:1-13." JSNT 55 (1994): 27-54.

Weiss, J. *Earliest Christianity: A History of the Period AD 30-150*. 2 vols. Gloucester, MA: Smith, 1970.

Weissenrieder, A. *Images of Illness in the Gospel of Luke: Insights of Ancient Medical Texts*. Tübingen: Mohr Sebeck, 2003.

Wenham, G. J. "The Theology of Unclean Food." EQ 53 (1981): 6-15.

Wenk, M. *Community-Forming Power: The Socio-Ethical Role of the Spirit in Luke-Acts*. Sheffield: Sheffield Academic Press, 2000.

Wilkins, M. J. *Following the Master: A Biblical Theology of Discipleship*. Grand Rapids: Zondervan, 1992.

Williams, D. J. *Acts*. NIBC. Peabody, MA: Hendrickson, 1990.

Willimon, W. H. *Acts*. Interpretation. Atlanta: John Knox, 1988.

Wilson, S. G. *The Gentiles and the Gentile Mission in Luke-Acts*. Cambridge: Cambridge University Press, 1973.

_____. *Luke and the Law*. Cambridge: Cambridge University Press, 1983.

Winter, B. W.; A. D. Clarke, eds. *The Book of Acts in Its Ancient Literary*

Setting. Grand Rapids: Eerdmans, 1993.

Witherington, B. *The Jesus Quest: The Third Search for the Jew of Nazareth.* Downers Grove, IL: InterVarsity Press, 1995.

_____. *The Acts of the Apostles: A Socio-Rhetorical Commentary.* Grand Rapids: Eerdmans, 1998.

Wrede, W. *The Messianic Secret.* Trans. by J. C. G. Greig. Cambridge: James Clarke & Company, 1971.

Wright, A. *Christianity and Critical Realism: Ambiguity, Truth, and Theological Literacy.* New York: Routledge, 2013.

Wright, N. T. *The New Testament and the People of God.* Christian Origins and the Question of God 1. London: SPCK, 1992.

_____. *Jesus and Victory of God.* Christian Origins and the Question of God 2. Minneapolis: Fortress, 1996.

_____. *The Resurrection of the Song of God.* Minneapolis: Fortress, 2003.

_____. *Scripture and the Authority of God: How To Read the Bible Today.* New York: HarperOne, 2011.

Wright, N. T.; M. F. Bird. *The New Testament in Its World: An Introduction to the History, Literature, and Theology of the First Christians.* Grand Rapids: Zondervan Academic, 2019.

Wuest, K. S. *The Practical Use of the Greek New Testament.* Chicago: Moody Press, 1982.

Yamauchi, E. M. *New Testament Cities in Western Asia Minor: Light from Archaeology on Cities of Paul and the Seven Churches of Revelation.* Eugene, OR: Wipf & Stock, 2003rep.

Zeisler, J. A. "The Name of Jesus in the Acts of the Apostles." JSNT 4 (1979): 28–41.

Zeller, E. *The Contents and Origin of the Acts of the Apostles, Critically Inves-*

tigated. 2 vols. Trans. by J. Dare. London: Williams & Norgate, 1875−76.

Zerwick, M. *A Grammatical Analysis of the Greek New Testament*. 5th ed. Trans. by M. Grosvenor. Rome: Biblical Institute Press, 1996.

Zwiep, A. W. *The Ascension of the Messiah in Lukan Christology*. Leiden: E. J. Brill, 1997.

_____. *Judas and the Choice of Matthias: A Study on Context and Concern of Acts 1:15-26*. Tübingen: Mohr Sebeck, 2004.

4. 이고니온 선교(14:1-7)

[1] 이에 이고니온에서 두 사도가 함께 유대인의 회당에 들어가 말하니 유대와 헬라의 허다한 무리가 믿더라 [2] 그러나 순종하지 아니하는 유대인들이 이방인들의 마음을 선동하여 형제들에게 악감을 품게 하거늘 [3] 두 사도가 오래 있어 주를 힘입어 담대히 말하니 주께서 그들의 손으로 표적과 기사를 행하게 하여 주사 자기 은혜의 말씀을 증언하시니 [4] 그 시내의 무리가 나뉘어 유대인을 따르는 자도 있고 두 사도를 따르는 자도 있는지라 [5] 이방인과 유대인과 그 관리들이 두 사도를 모욕하며 돌로 치려고 달려드니 [6] 그들이 알고 도망하여 루가오니아의 두 성 루스드라와 더베와 그 근방으로 가서 [7] 거기서 복음을 전하니라

본 텍스트가 언급하는 이고니온과 루스드라와 더베는 서로 가까운 곳에 위치해 있으며 모두 로마 제국의 갈라디아주(州)에 속했다. 발의 먼지를 털고 비시디아 안디옥을 떠난 바울과 바나바는 로마 사람들이 만든 상업 도로인 세바스테 도로(Via Sebaste)를 따라 남서쪽으로 150㎞를 여행해 이고니온에 도착했다(1a절, cf. Witherington).

로마 사람들은 해발 1,040m 고산 지대 중앙에 있는 '이고니온'(Ἰκόνιον, Iconium)을 이 지역을 통치하는 중심지로 삼았다(Schnabel). 물이 많고 날씨가 좋아 '소아시아의 다메섹'(the Damascus of Asia Minor)으로 불리기도 했다(Ramsay). 이곳의 유대인 공동체가 어떠했는지에 대해서는 별로 알려진 바가 없다(Le Cornu & Shulam). 이고니온의 높이는 해발 1,100m에 위치했던 비시디아 안디옥과 비슷했다. 주요 도로들이 이고니온 주변을 지났기 때문에(cf. Fernando, Longenecker) 비시디아 안디옥처럼 이곳에도 여러 문화권에서 온 사람들이 살고 있었다(Bock). 튀르키예(Türkiye, 터키)의 남쪽에 있는 이 도시는 오늘날 콘야(Konya)로 불린다

(Longenecker).

개역개정은 바울과 바나바가 이고니온에 도착한 뒤 함께 유대인의 회당에 들어가 말했다고 하는데(1a절), '함께'(κατὰ τὸ αὐτὸ, together)를 더 정확하게 해석하면 '항상 하던 대로'(as usual)다(NIV, NRS). 누가는 그들이 함께 회당에 들어갔다는 것보다, 그들이 회당에 들어가 평소에 하던 대로 늘 전하던 복음을 전했다는 사실을 강조하고자 한다(Longenecker, Schnabel). 그들은 이미 가는 곳마다 먼저 회당에 들어가 복음을 전했다(13:5, 14). 이번에도 이고니온에 도착한 그들은 평소에 전하던 복음을 그대로 전한 것이다.

개역개정은 바울과 바나바를 '두 사도'라고 하는데, 헬라어 사본에는 없는 말이다. 3절에서도 그들을 가리켜 '두 사도'라 하는데, 이 또한 사본에는 없는 말이다. 헬라어 사본에서 바울과 바나바가 사도로 불리는 곳은 4절이다. 1절과 3절이 주어를 직접적으로 밝히지 않기 때문에 명확하게 하기 위해 개역개정에서 '두 사도'를 삽입한 것이다. 누가는 14:14에서 바나바를 한 번 더 사도라 칭한다.

그들이 전한 복음에 대한 반응이 뜨거웠다(1b절). 유대인과 헬라인 중 허다한 무리가 믿었다. '허다한 무리'(πολὺ πλῆθος)는 신약에서 단 세 차례 사용되는 표현이며, 사도행전에서는 이곳이 유일하다(cf. 막 3:7; 눅 23:27). 이 도시에서 유대인과 이방인을 가리지 않고 참으로 많은 사람이 예수님을 구주로 영접했다. 주님을 영접한 헬라인들은 바울이 회당에서 선포한 메시지를 듣고 믿게 된 개종자들과 경건한 자들이거나(Bock) 혹은 바울과 바나바가 도시 곳곳을 다니며 선포한 말씀을 듣고 믿은 이들로, 지금까지 유대교와 전혀 상관없는 삶을 산 헬라인들일 수 있다(Schnabel). 누가가 이 모두를 의미하는 것으로 해석해도 괜찮다.

그러나 복음을 들은 모든 사람이 바울과 바나바가 선포한 메시지를 반긴 것은 아니었다. 적대적으로 대하는 자도 많았다. 복음을 부인한 유대인들이다(2절; cf. 13:50; 14:19; 17:5-9). 누가는 그들이 취한 행

동을 한 개의 분사와 두 개의 동사로 묘사한다: (1)순종하지 않았다
(ἀπειθήσαντες), (2)선동했다(ἐπήγειραν), (3)악감을 품게 했다(ἐκάκωσαν).
모두 다 불순종과 죄를 묘사하는 단어다. 하나님의 복음 전파를 방해
하는 사람들은 하나님을 모르는 이방인이 아니라 스스로 하나님을 가
장 잘 안다고 자부하는 유대인들이다. 자신들만 믿지 않았다면 그나마
조금 나았을 텐데, 그들은 이방인들의 마음을 선동해 형제들에게 악감
을 품게 했다(2b절). '악감을 품다'(κακόω)는 남을 해하기 위해 마음에 독
기를 품는다는 뜻이다(BDAG). '형제들'(τῶν ἀδελφῶν)은 바울과 바나바
가 전한 복음을 영접해 그리스도인이 된 사람들이다(Schnabel). 유대인
들이 믿지 않은 이방인들을 선동해 이방인 중 그리스도인이 된 사람들
을 비난하고 핍박하게 한 것이다.

두 사도는 유대인들의 방해에도 아랑곳하지 않고 그곳에 오래 머물
며 주를 힘입어 담대히 말씀을 선포했다(3a절). '오래'(ἱκανὸν χρόνον)와
'담대히 말했다'(παρρησιαζόμενοι, 분사) 콤비는 사도들이 이고니온에 몇
달간 머물며 담대하게 복음을 선포했음을 암시한다(Schnabel). 바울과
바나바가 유대인들의 온갖 반발과 저항을 견뎌 내면서 계속 이곳에 머
물며 가르친 것은 복음 선포와 양육에 대한 강력한 의지의 표현이었다
(Witherington).

사도들이 유대인들의 핍박을 견디며 이렇게 사역할 수 있었던 것은
주님이 그들에게 힘을 북돋아 주셨을 뿐 아니라('주를 힘입어') 그들의 손
으로 표적과 기사를 행하셨기 때문이다. 성전이 있는 예루살렘에서 수
많은 기적을 행하신 성령이 아주 멀리 떨어져 있는 이방인의 땅 이고
니온에서도 온갖 표적과 기사로 사도들의 사역에 함께하셨다. 사도들
은 하나님의 도우심을 힘입어 주님의 은혜의 말씀, 곧 메시아 예수의
삶과 죽음과 부활을 통해 유대인뿐 아니라 이방인도 구원하신다는 사
실에 대해 증언했다.

유대인의 형제들(그리스도인들)에 대한 '음해 공작'이 계속되자 이고니

온 사람들이 두 파로 갈라졌다. 유대인을 따르는 자들과 바울과 바나바를 따르는 자들로 나누어진 것이다(4절). 예수님이 자신은 평화를 주러 온 것이 아니라 칼을 주러 왔다고 하신 말씀이 실감 난다: "내가 세상에 화평을 주러 온 줄로 생각하지 말라 화평이 아니요 검을 주러 왔노라 내가 온 것은 사람이 그 아버지와, 딸이 어머니와, 며느리가 시어머니와 불화하게 하려 함이니 사람의 원수가 자기 집안 식구리라"(마 10:34-36). 이고니온이 그리스도의 복음으로 인해 둘로 나뉘었다. 그리스도인들은 하나님을 사랑하지만, 세상은 하나님을 미워하기 때문에 그리스도인들도 미워한다.

누가는 이 구절에서 바울과 바나바를 '사도들'(τοῖς ἀποστόλοις)이라며 처음으로 바나바에게 '사도'(ἀπόστολος)라는 호칭을 사용한다. 이미 언급한 것처럼 개역개정은 1절과 3절에서 의미를 확실하게 하고자 바울과 바나바를 가리켜 '두 사도'라는 말을 사용하지만, 헬라어 사본에는 없는 말이다(cf. 새번역, 공동, NIV, NRS). 누가는 14:14에서 한 번 더 바나바를 바울과 함께 '사도들'(ἀπόστολοι)이라고 부를 것이다. 그는 '사도'를 예수님과 3년간 함께 지냈던 열두 제자보다 더 넓은 의미로 사용하고 있다. 바울은 예수님이 이방인에게 말씀을 전하는 자로 친히 세우셨으며(9:15), 바나바는 예루살렘 교회가 안디옥 교회로 파송했다(11:22). 이후 안디옥 교회는 바울과 바나바를 선교사로 파송했다(13:3-4). 그러므로 바나바는 교회가 선교사로 파송한 사람이라는 의미에서 '사도'로 불린다(Barrett, Fitzmyer).

유대인들이 자신들을 지지하는 이방인들과 힘을 합해 사도들을 해하려고 했다(5a절). 또한 도시가 소란스러워지는 것을 싫어하는 관리들도 유대인 편에 섰다. 그들은 두 사도를 모욕하며 돌로 치려고 달려들었다(5b절). '모욕하다'(ὑβρίζω)는 신체적인 해를 가한다는 뜻이다(Bock). 유대인들이 사도들을 돌로 치려고 하는 것은 거짓 선생으로 생각하기 때문이다. 유대인들에게 동조하는 이방인들은 이 이슈가 유대교에 관한 것이라고 생각한다. 그들은 이 도시에 뿌리내리고 살아온 유대인들을 지지하는 차원에서 얼마 전부터 도시에 나타나 유대교의 교리와 다른 가르침을 전파하며 주민들 사이에 분란을 야기하는 사도들을 응징해야 한다고 생각한다. 두 선교사는 신학적 이슈를 제시했는데, 유대인 무리는 정치적인 음모로 답하고 있다(Wall).

그러한 음모를 알게 된 두 사도는 곧바로 루가오니아 지역에 있는 루스드라와 더베와 근방으로 가서 복음을 전했다(6-7절). 나중에 바울과 바나바가 모교회인 안디옥으로 돌아가는 길에 이고니온에 들려 성도들을 위로하고 격려하는 것으로 보아 이들은 도시에 몇 달간 머물며 교회를 세웠다(cf. 14:21-23). 사도들이 도시를 급히 떠났다고 해서 성도들을 버린 것이 아니다. 그들은 떨어져 있는 동안에도 계속 성도들을 위해 기도하며 다시 만날 때를 간절히 소망했다.

복음을 전하다가 위협을 느끼면 신속하게 그곳을 떠나 다른 곳에 가서 복음을 전하는 것도 복음을 땅끝까지 전파하려는 하나님의 뜻에 부합한다. 복음은 한곳에 머무는 것보다 계속 '땅끝'을 향해 전진해야 하기 때문이다. 복음을 받은 사람들은 그들이 사는 지역에 복음을 전파하는 일이 그들 자신의 몫이라는 사실을 깨달아야 한다.

루스드라(Λύστρα, Lystra)는 이고니온에서 남서쪽으로 30km 떨어진 곳으로(Bock), 로마 황제 아우구스투스(Caesar Augustus)가 주전 5년에 이곳을 갈라디아 지역의 요새화된 도시 중 가장 동쪽 도시로 삼았다(Longenecker). 더베(Δέρβη, Derbe)는 루스드라에서 150km 동쪽에 있는 도시다(Schnabel). 이 도시들 주변은 대부분 시골이었고, 사람들은 대부분 교육을 전혀 받지 못했다(Longenecker). 산에 굴을 파고 사는 사람도 많았다(Bock). 대체로 치안이 좋지 않았으며, 로마의 지배와 법을 잘 따르지 않는 곳이었다. 그러므로 사도들이 이고니온에서 이 지역으로 이동한 것은 문명이 매우 발전된 도시에서 거의 발달되지 않은 원시적 사회로 간 것으로, 당시 이방인들의 생활 수준에 대한 스펙트럼을 보여 준다고 할 수 있다(Bock). 루스드라는 디모데의 고향이다(16:1).

이 말씀은 복음이 때로는 분란을 야기한다고 한다. 그럴 수밖에 없는 것이 세상 사람 모두 하나님을 사랑하는 것은 아니기 때문이다. 오히려 성경은 세상이 하나님을 미워한다고 한다. 그러므로 그들 중 하나님을 사랑하는 그리스도인이 생겨나면 나머지 사람들이 오히려 그를 괴롭히고 핍박한다. 대부분 가정에서 예수님을 처음 믿게 된 사람이 거쳐야 하는 과정이기도 하다. 우리는 핍박하는 자들을 미워해서는 안 된다. 그들은 우리 형제이고 자매이기 때문이다. 오히려 그들을 위해 기도하며 언젠가 자비로우신 하나님이 그들을 구원해 주시길 간절히 사모해야 한다.

유대인들의 음모를 알게 된 사도들은 이번에도 도망한다. 그러나 이고니온을 급히 떠난 것이 그들의 사역이 실패했음을 의미하지는 않는다. 이곳에는 교회가 굳건히 서 있다(cf. 14:21-23). 하나님의 관점에서는 그들의 도망이 오히려 복음이 더 빠르게, 더 많은 곳에 전파되는 계기가 되었다. 우리의 삶과 사역에서는 모든 것이 합하여 선을 이룬다.

V. 아나톨리아(12:25-15:35)
   A. 첫 번째 선교 여행(12:25-14:28)

---

5. 루스드라와 더베 선교(14:8-21a)

[8] 루스드라에 발을 쓰지 못하는 한 사람이 앉아 있는데 나면서 걷지 못하게 되어 걸어 본 적이 없는 자라 [9] 바울이 말하는 것을 듣거늘 바울이 주목하여 구원 받을 만한 믿음이 그에게 있는 것을 보고 [10] 큰 소리로 이르되 네 발로 바로 일어서라 하니 그 사람이 일어나 걷는지라 [11] 무리가 바울이 한 일을 보고 루가오니아 방언으로 소리 질러 이르되 신들이 사람의 형상으로 우리 가운데 내려오셨다 하여 [12] 바나바는 제우스라 하고 바울은 그 중에 말하는 자이므로 헤르메스라 하더라 [13] 시외 제우스 신당의 제사장이 소와 화환들을

가지고 대문 앞에 와서 무리와 함께 제사하고자 하니 [14] 두 사도 바나바와 바울이 듣고 옷을 찢고 무리 가운데 뛰어 들어가서 소리 질러 [15] 이르되 여러분이여 어찌하여 이러한 일을 하느냐 우리도 여러분과 같은 성정을 가진 사람이라 여러분에게 복음을 전하는 것은 이런 헛된 일을 버리고

천지와 바다와

그 가운데 만물을 지으시고

살아 계신 하나님께로

돌아오게 함이라 [16] 하나님이 지나간 세대에는 모든 민족으로 자기들의 길들을 가게 방임하셨으나 [17] 그러나 자기를 증언하지 아니하신 것이 아니니 곧 여러분에게 하늘로부터 비를 내리시며 결실기를 주시는 선한 일을 하사 음식과 기쁨으로 여러분의 마음에 만족하게 하셨느니라 하고 [18] 이렇게 말하여 겨우 무리를 말려 자기들에게 제사를 못하게 하니라 [19] 유대인들이 안디옥과 이고니온에서 와서 무리를 충동하니 그들이 돌로 바울을 쳐서 죽은 줄로 알고 시외로 끌어 내치니라 [20] 제자들이 둘러섰을 때에 바울이 일어나 그 성에 들어갔다가 이튿날 바나바와 함께 더베로 가서 [21a] 복음을 그 성에서 전하여 많은 사람을 제자로 삼고

이 이야기는 바울과 바나바가 도시에 도착한 다음에 회당에 갔다는 말을 하지 않는다(cf. 8, 21절). 회당에 갔다는 말이 없는 것은 이번이 처음이다. 이 지역에는 유대인이 별로 살지 않아 회당이 없었을 수도 있다(Longenecker). 시간이 지날수록 사도들이 직접 이방인에게 복음을 선포하는 일이 많아진다.

루스드라에 도착한 두 사도는 태어날 때부터 걸어 본 적이 없는, 곧 평생 발을 쓰지 못하는 사람을 만났다. 그는 앉아 있었다고 하는데, 주변에 회당이나 신전이 있다는 설명은 없다. 그러므로 그는 도시의 한가운데 있는 광장(agora)에서 구걸하고 있었던 것으로 보인다(Schnabel). 당시 헬라 문화권 도시에는 중앙에 넓은 광장이 있었다. 물건을 사

고팔거나 철학자들이 연설하는 곳으로 사용되는 장소였다(Le Cornu & Shulam).

바울은 그가 일어나 걷도록 치료해 주었다(8-9절). 예수님이 행하신 기적(눅 5:17-26)을 생각나게 한다. 제자들이 스승이 하신 일을 따라 하고 있다. 또한 예루살렘 성전 앞에서 베드로와 요한이 행한 기적(3:1-8)과도 다음과 같은 점에서 비슷하다(Fernando, Longenecker, cf. 3:2-10): (1)태어날 때부터 걷지 못함(8절; cf. 3:2), (2)바울이 그를 주목하여 쳐다봄(9절; cf. 3:4, 베드로-요한 이야기에서는 환자가 주목하여 사도들을 쳐다봄), (3)나을 만한 믿음이 있음(9절: cf. 3:16), (4)곧바로 일어나 걸음(10절; cf. 3:8), (5)사도들이 사람들의 관심을 하나님께 돌림(15절; cf. 3:12). 이 일이 일어난 때는 성령이 오순절에 제자들에게 임한 지 거의 20년이 되어 가는 시점이지만, 성령은 여전히 왕성하게 사역하신다. 또한 성령은 세상이 끝나는 날까지 우리와 함께하시며 우리의 삶과 사역을 인도하실 것이다. 언제든 필요하면 기적도 베푸실 것이다.

바울은 그에게 구원받을 만한 믿음이 있는 것을 보고 그를 치료했다고 하는데(9b절), 무엇을 기준으로 어떻게 이러한 사실을 알아냈을까? 물론 성령이 바울에게 계시해 주었다고 할 수도 있겠지만, 누가는 이 사람이 바울이 말하는 것을 들었다고 한다(9a절). 바울은 헬라어와 아람어(히브리어)밖에 구사하지 못한다. 그러므로 이날 헬라어로 복음을 선포했을 것이다. 그렇다면 이 사람은 자기 모국어인 루가오니아 방언(11a절)뿐 아니라 헬라어도 알았다(Schnabel). 그는 바울의 설교를 듣는 동안 심경에 변화가 왔고(Wall), 사도는 그의 얼굴을 보고 이러한 변화를 의식했다. 바울은 선지자의 안목을 지녔던 것이다(Bock). 이 사람이 받은 '구원'(σωθῆναι)은 평생 걸을 수 없던 장애에서 해방된 일이다. 또한 그가 복음을 듣고 믿음이 생긴 것으로 보아 이날 예수님을 영접해 영생도 얻었을 것이다.

바울은 이 사람에게 구원받을 만한 믿음이 있는 것을 보고 그에게 큰 소리로 일어서라고 했다(10a절). 그랬더니 그가 일어나 걸었다! 그는 만일 자기가 꿈을 꾸고 있다면, 그 꿈이 영원히 깨지 않기를 바라며 쉬지 않고 걸어 다녔다. 얼마나 기쁘고 감격스러웠겠는가! 그리스도의 복음은 항상 사람의 영혼만을 구원하는 것이 아니라, 신체적인 속박에서 해방시켜 주기도 한다.

바울이 기적을 행한 곳이 도시의 광장이었으므로 많은 사람이 이 일을 목격했다(11a절). 그들은 평생 한 번도 걸어보지 못한 사람이 뛰어다니는 것을 보고 참으로 놀라 루가오니아 방언으로 소리를 지르며 "신들이 사람의 형상으로 우리 가운데 내려오셨다"라고 했다(11b절). '루가오니아 방언'(Λυκαονιστὶ)은 누가가 이 책에서 헬라어(cf. 21:37)와 히브리어/아람어(cf. 21:40; 22:2; 26:14) 외에 이름으로 언급하는 유일한 언어다(Schnabel).

그리스-로마 문화에서는 신(들)이 나타나면 사람들이 소리를 지르며 신들을 환영했다(Strelan, cf. Bock). 루스드라 사람들은 바울과 바나바가 신이라고 생각한 것이다. 당시 사람들은 신들이 종종 인간 세상을 찾아와 사람들을 치료해 준다고 생각했다(Le Cornu & Shulam). 이곳에서 벌어진 일도 그중 하나라고 생각한 것이다.

사람들이 바울과 바나바를 가리켜 신이라 하는데도 사도들이 곧바로 뭐라고 하지 않은 것은 그들이 사도들이 모르는 이 지역 방언으로 말했기 때문이다. 알렉산더 대왕이 소아시아를 정복한 주전 334년 이후 헬라어가 이 지역의 통용어(lingua franca)가 된 것은 사실이지만, 아직도 각 지역민들은 조상 대대로 사용하던 고유 언어를 사용했다(Longenecker). 바울은 문명인인 헬라 사람들뿐 아니라 문명의 혜택을 별로 받지 못한 야만인들(barbarian)에게도 복음을 전한 것이다(Schnabel, cf. 롬 1:14; 골 3:11).

루스드라 사람들은 바나바를 제우스라 하고, 바울은 헤르메스라 했다(12절). 제우스는 그리스 신화에서 가장 높은 신이며, 구름과 천둥을 다스리는 신이다. 당시 갈라디아 사람들이 가장 많이 숭배하는 신이었다(Béchard). 헤르메스는 제우스의 아들 신이며, 산 사람이 사는 지역과 죽은 사람이 사는 지역의 경계선을 마음대로 드나들며 메시지를 전하는 전령이다. 그러므로 헤르메스는 신들과 인간들 사이의 중재자로 활동하기도 한다(Schnabel). 루스드라에서 헤르메스가 동행하는 제우스 신의 조각과 비문이 발굴되기도 했다(Boring, Marshall). 사람들이 바나바를 제우스라 한 것은 바나바가 바울보다 나이가 더 많았기 때문이다. 또한 복음을 선포하는 바울이 제우스인 바나바의 전령(말을 전하는 자)인 헤르메스이며, 아버지 신이 하고자 하는 말을 대신 선포하는 역할을 하고 있다고 생각했다.

　루스드라 사람들이 루가오니아 방언으로 두 사도가 신이라고 외치는 것은 그들이 숭배하던 신 가운데 '파파스'(Pappas)와 '멘'(Men)에 대한 전설과 연관이 있는 것으로 보인다(Béchard, cf. Barrett, Longenecker, Schnabel, Wall). 해당 전설에 따르면 파파스와 멘이 이 지역에 있는 여러 집을 찾아다니며 하룻밤 재워 달라고 부탁했지만, 아무도 그들의 청을 들어주지 않았다. 그러다가 드디어 빌레몬(Philemon)과 바우키스(Baucis)라는 나이 지긋한 부부가 이 신들을 집으로 맞아들였다. 그들의 집은 초라했고 가진 것이 많지 않았지만, 손님을 극진히 대접했다. 감동한 신들은 그들의 낡은 집을 황금빛 지붕과 대리석 기둥으로 이루어진 제우스 신의 신전으로 변화시켰고, 이 부부를 신전의 제사장으로 세웠다. 신들을 냉대한 이들에게는 벌을 내려 그들의 집을 모두 파괴했다(Béchard).

　루스드라 사람들은 이번에도 이 두 신이 찾아온 것으로 생각했다(Béchard). 그러므로 같은 실수를 반복하지 않겠다는 의미에서 이처럼 열렬히 바울과 바나바를 환영했다. 그들의 '환영식'은 여기서 끝나지 않았고, 잠시 후에는 시외 제우스 신당의 제사장이 소와 화환을 가지고 대문 앞에 와서 무리와 함께 제사하고자 했다(13절). 루스드라 성문에서 얼마 떨어지지 않은 곳에 제우스 신을 숭배하는 신전이 있었는데, 이 신전의 제사장이 두 사도에게 소를 제물로 바치기 위해 찾아온 것이다(Béchard). 그러므로 '대문'(πυλών)은 제우스 신전으로 들어가는 문일 수도 있지만, 신전에서 가장 가까이 있는 루스드라성의 문을 가리킨다(cf. 새번역, 공동, NIV).

소는 당시 가장 귀한 제물로 여겨졌으며(Le Cornu & Shulam), 제사장은 루스드라를 찾은 가장 위대한 신인 제우스와 헤르메스에게 바치려고 이 귀한 짐승을 끌고 왔다. '화환'(στέμμα)은 머리에 쓰는 관이며 나뭇가지로 만들었다(Schnabel). 제우스 신전에서 온 제사장은 이 화관을 사람들에게 씌워 줄을 서게 한 후 바울과 바나바를 모시고 신전까지 행진할 계획이었다. 그러므로 많은 화관을 가져왔다. 이 행렬에는 일반인 외에도 짐승 잡을 칼을 담은 자루를 든 자, 물동이를 든 자, 향을 태우는 그릇을 든 자, 플루트를 연주하는 악사들이 함께 있었을 것이다(Béchard).

그동안 사람들이 루가오니아 방언으로 말했기 때문에 무슨 일이 벌어지고 있는지 알지 못했던 바울과 바나바가 드디어 상황을 파악했다. 그들은 곧바로 옷을 찢으며 무리 가운데 뛰어들어 소리 지르며 그들이 하고자 하는 일을 막았다(14절). 옷을 찢는 것은 유대인들이 망언을 들었을 때 취하는 행동이다. 사도들은 옷을 찢으며 슬픔과 경악을 금치 못한다(Keener). 그들은 두로와 시돈 사람들이 헤롯이 말하는 것을 듣고 마치 신의 목소리를 들은 것 같다고 했을 때 헤롯이 보인 반응과 질적으로 다른 반응을 보인다(cf. 12:22-23). 교만해서 마치 자기가 신이나 되는 것처럼 생각했던 헤롯은 심판하시는 하나님의 벌을 받아 죽을 만했다.

누가가 두 사도 중 바나바를 먼저 언급하는 것은 13:13 이후 처음이다. 아마도 사람들이 바울이 아니라 바나바를 제우스라고 생각했기 때문일 것이다. 두 사도는 사람들에게 "어찌하여 이런 일을 하느냐?"라고 물었다(15a절). 지금 하고 있는 일(사도들에게 제물을 드리며 예배하려는 일)을 당장 멈추라는 뜻이다(Haenchen). 그러면서 자신들도 그들과 같은 성정을 가진 사람이라고 했다(15b절). '같은 성정'(ὁμοιοπαθής)은 본질/속성(nature)이 같다는 뜻이다(BDAG). 그들과 사도들은 모두 같은 인간이며, 자신들은 절대 그들보다 더 우월한 속성을 가진 자가 아니라는 뜻이다.

사도들이 그들에게 복음을 전하는 것은 이 헛된 일을 버리고 천지와 바다와 그 가운데 만물을 지으시고 살아 계신 하나님께 돌아오게 하기 위해서다(15절). 바울은 자신이 그리스도의 복음을 들고 이 먼 곳까지 와서 선포하는 이유를 확실하게 밝힌다. 듣는 이들에게 창조주 하나님을 알게 하기 위해서다. 하나님은 천지와 바다와 그 안에 있는 모든 것을 지으신 분이다(cf. 출 20:11; 시 146:6). 그러므로 땅에나 바다에나 하늘에나 하나님이 창조하지 않으신 것이 없다. 여호와는 모든 만물을 창조하신 유일하신 창조주이시다. 하늘의 별들과 행성들을 신으로 숭배했던 헬라 사람들에게는 매우 도전적인 세계관이라 할 수 있다.

어떻게 하면 이 사람들도 바울이 전하는 창조주 하나님을 섬길 수 있는가? 그들이 먼저 '헛된 일들'(τῶν ματαίων)을 버려야 한다. 바울은 그들이 제우스 신을 숭배하는 것과 사도들에게 제물을 바치려 한 일을 포함해 그들의 모든 종교와 종교 행위를 헛된 일이라고 한다. '헛된 일'(μάταιος)은 '게으름, 공허, 무익함, 쓸모없음, 무력함, 진실이 없음'(idle, empty, fruitless, useless, powerless, lacking truth)을 뜻하는 매우 광범위한 의미를 지닌 단어다(BDAG). 구약에서는 우상 숭배를 비하하는 데 사용되는 표현이다(Longenecker, cf. 레 17:7; 왕상 16:13, 26; 왕하 17:15; 사 2:20; 30:7; 렘 2:5; 8:19; 겔 8:10). 살아 계신 하나님과 어떠한 생기도 없는 우상들이 참으로 강력한 대조를 이룬다(Fitzmyer).

바울은 지금이야말로 그들이 창조주 하나님을 알기에 가장 좋은 때라고 한다. 과거에는 하나님이 모든 민족이 원하는 대로 행하도록 방임하셨다(16절). '방임하다'(ἐάω)는 '용납하다, 내버려두다'라는 뜻이다

(BDAG). 과거에는 하나님이 이스라엘을 제외한 세상 모든 민족이 무슨 일을 하든지, 무엇을 신으로 숭배하든지 관여하지 않고 내버려 두셨다. 그렇다고 창조주 하나님이 그들에게 어떠한 증언도 하지 않으셨다는 뜻은 아니다(17a절). 하나님은 하늘로부터 비를 내리시고, 결실기를 주시는 선한 일을 통해 자신이 이 모든 것을 주관하고 다스리는 하나님이라는 것을 증언하셨다(17b절). 다만 사람들이 깨닫지 못한 것뿐이다.

창조주 하나님이 비를 주시고 계절의 순환(결실기)도 주신 것은 하나님을 모르는 민족이라 할지라도 결실기에 거두어들인 곡식을 음식으로 먹고 기뻐하며 만족스러운 삶을 살게 하기 위해서였다(17c절; cf. 창 8:22; 시 4:7; 145:15-16; 147:8-9). 바울은 신학자들이 '보편/일반 은총'(general revelation)이라고 하는 진리에 관해 말하고 있다. 하나님은 믿는 자와 믿지 않는 자를 차별하지 않으시고 모든 사람에게 햇빛도 주시고 비도 주신다. 이처럼 하나님이 모든 사람에게 내려 주시는 은혜를 보편 은총이라 한다(Bock, Bruce, cf. 출 20:11-12; 왕상 16:2, 13, 26; 왕하 17:15; 시 146:6; 사 20-41장; 렘 2:5; 8:19).

보편 은총이 하나님에 대해 자세하게 증언하지는 않지만, 관심 있게 보는 사람들은 보편 은총을 통해 하나님의 속성에 대해 어느 정도 알 수 있다: "이는 하나님을 알 만한 것이 그들 속에 보임이라 하나님께서 이를 그들에게 보이셨느니라 창세로부터 그의 보이지 아니하는 것들 곧 그의 영원하신 능력과 신성이 그가 만드신 만물에 분명히 보여 알려졌나니 그러므로 그들이 핑계하지 못할지니라"(롬 1:19-20).

바울이 자신을 예배하려고 하는 사람들에게 한 스피치는 참으로 짧다(cf. 15-17절). 그럼에도 불구하고 그리스도의 복음을 전파하러 온 사람이 예수님에 관해 한마디도 하지 않는 것이 다소 이상해 보일 수도 있다. 그러나 그렇지 않다. 그는 다급한 상황에서 이스라엘의 하나님 여호와와 그의 아들 예수님이 누구인지는 전혀 알지 못하지만, 창조주는 알 만한 사람들에게 창조주의 사역을 이해시키고 있다.

보편 은총은 이방인에게 전하는 복음의 서문으로 효과적이다 (Williams). 바울은 우상을 숭배하는 루스드라 사람들에게 그들의 신앙 대상을 하나님으로 바꿀 것을 요구한다(Bock, cf. 눅 1:16-17; 행 3:19; 17:25-26). 다음 단계는 창조주의 아들로 오신 예수 그리스도에 대해 증언하는 일이다. 지금 바울은 구약이나 유대교에 대해 아는 바가 전혀 없는 사람들에게 복음을 선포하기 위한 기초 작업을 하고 있다고 할 수 있다. 만일 그가 유대인들에게 스피치했다면 곧바로 메시아 예수님에 대해 증언했을 것이다.

바울은 자신도 그들과 같은 속성을 지닌 사람이며, 오직 예배를 받으실 이는 한 분이신 창조주시라며 겨우 그들을 말렸다(18절). 사도들은 하나님과 그분의 말씀에 대해 전혀 모르고 미신과 우상 숭배에 빠진 루스드라 사람들을 보면서 자신들이 이곳에서 할 일이 참으로 많다고 생각했을 것이다. 선교사들은 항상 이런 마음으로 사역에 임해야 한다. 그래야 열심히 또한 성실하게 사역할 수 있다.

제우스와 헤르메스 해프닝이 있고 난 뒤 어느 정도 시간이 흐른 것으로 보인다. 안디옥과 이고니온에 사는 유대인들이 바울과 바나바가 루스드라에서 복음을 전파하고 있다는 소식을 듣고 쫓아왔다. 이고니온은 30㎞ 떨어져 있으니 그럴 수도 있겠다 싶지만, 비시디아 안디옥에서 루스드라까지는 거의 200㎞ 거리다(Schnabel). 이들은 바울과 바나바의 사역을 방해하고 그들을 해하기 위해 이 먼 길을 쫓아왔다(19a절). 이 사람들의 열정도 대단하다. 바울은 과거에 이들처럼 열정적으로 그리스도인들에게 저질렀던 일을(cf. 9:1-2) 생각하며 참으로 안타까워했을 것이다.

이 사람들은 기독교를 그들의 위대한 선생이자 지혜자인 가말리엘이 지향하던 태도와 전혀 다르게, 곧 자신들의 무지함과 무식함에 따라 매우 폭력적으로 대한다. 그들 생각에 유대교와 기독교는 절대 같은 종교가 아니며, 기독교는 망해야 한다. 유대교에 대한 그리스도인들의 생각도 같다. 그리스도께서 세운 기독교는 흥해야 하며, 그를 핍박한 유대교는 쇠해야 한다.

안디옥과 이고니온에서 온 유대인들은 루스드라 사람들을 충동해 바울을 돌로 치게 했다(19b절). 바울과 바나바가 루스드라에 도착해 회당을 찾아가지 않는 것으로 보아 이곳에 회당은 없지만, 소수의 유대인이 살고 있던 것으로 보인다(Schnabel). 만일 유대인이 하나도 없었다면 루스드라 사람들이 외부에서 온 유대인들의 말을 듣고 바울을 유대인의 방식대로 돌로 치지는 않았을 것이기 때문이다.

바울이 의식을 잃고 쓰러지자 죽은 줄로 알고 성 밖(시외)으로 끌어내 버렸다(19c절; cf. 갈 6:17; 고후 11:25; 딤후 3:11). 바울은 유대인들의 충동에 넘어가 그를 향해 던지는 루스드라 사람들의 돌을 맞으며 무슨 생각을 했을까? 그들을 참으로 사랑해서 이 먼 곳까지 와서 복음을 전했고, 그동안 그들 가운데 여러 사람을 전도해 하나님의 백성이 되게 했는데 말이다. 게다가 처음에 그가 이 성에 도착했을 때, 그들은 마치 신이 찾아온 것처럼 바울을 환영하지 않았던가! 말로 표현할 수 없는 고통과 수치가 바울의 삶을 엄습했을 것이다.

누가는 바울에게 이런 일이 일어나는 동안 바나바가 어디에 있었는지, 무엇을 하고 있었는지 어떠한 언급도 하지 않는다. 주로 복음을 전하는 사람은 둘 중 바울이었기 때문에 유대인들은 바울만 제거하면 된다고 생각했을 것이다. 게다가 두 사람을 한꺼번에 죽이는 것은 그들에게도 부담스러운 일로 느껴졌을 것이다. 그래서 바울과 바나바를 떼어 놓고 일을 저지른 것으로 보인다.

루스드라 사람들이 연고 없는 사람의 시신을 가져다가 내버리듯 바울을 성 밖에 버리고 돌아갔다. 제자들이 의식이 없는 바울의 시신(몸)을 둘러섰다. 이 사람들은 바울이 루스드라에 와서 전도해 그리스도인으로 세우고 양육한 사람들이다. 아마도 그들은 바울의 시신을 둘러선 채 울며 기도했을 것이다.

그들이 얼마나 기도했을까? 바울이 살아났다! 그에게 어떠한 일도 이겨 낼 힘이 있어서가 아니라, 그 무엇으로도 막을 수 없는 믿음과 복음에 대한 열정이 그를 살려냈다(Wall). 그리스도께서 자기 종을 살리셨다! 살아난 바울과 함께 성안으로 들어간 제자들의 마음은 어떠했을까?

예수님이 바울에 대해 아나니아에게 하신 말씀이 생각난다: "그가 내 이름을 위하여 얼마나 고난을 받아야 할 것을 내가 그에게 보이리라"(9:16). 학자 중에는 바울이 고린도후서 12:7에서 말하는 '육체에 가시'가 루스드라에서 돌에 맞아 죽다 살아난 후 평생 지니게 된 후유증으로 보는 이가 많다(cf. Fitzmyer, Longenecker, Schnabel). 상당히 설득력 있는 추측이다. 죽을 정도로 맞았으니 어떤 후유증이 생기지 않았겠는가! 이번 일은 바울에게 평생 몸에 지니고 다니는 '그리스도의 흔적'을 남겼다. 앞으로도 그는 주님을 위해 많은 고난을 받을 것이다.

바울은 제자들이 보는 앞에서 일어나 루스드라성으로 다시 들어갔다가 이튿날 바나바와 함께 더베로 갔다(20절). 더베(Δέρβη, Derbe)는 루스드라에서 150㎞ 동쪽에 있었다(Schnabel). 그들은 더베로 가기 위해 세바스테 도로(Via Sebaste)를 따라 달리산도스(Dalisandos), 고딜레소스(Kodylessos), 포살라(Posala), 이리스트라(Ilistra), 라란다(Laranda)를 거쳐 가며 전도했을 것이다(Schnabel). 더베는 이번 선교 여행 지역 중 가장 동쪽에 있는 도시다. 더베와 루스드라와 이고니온은 소아시아 중앙의 삼각 지역을 형성했다(Bock).

사도들은 더베에서도 많은 사람을 전도해 제자로 삼았다(21a절). 핍박과 박해는 절대 복음의 전진을 막지 못한다. 복음을 선포하는 이들이 사역을 그만둘 수 없기 때문이다. 바울과 바나바는 얼마 전 루스드라에서 복음을 전하다가 죽을 고비를 넘겼다. 그런데 이곳에 와서 많은 열매를 보니 새로운 힘이 솟아났다.

기독교 사역은 중독성이 매우 강하다. 한 번 시작하면 끊을 수가 없다. 아무리 어렵고 힘들어도 한 죄인이 하나님께 돌아오는 것을 보거나, 성도가 주님 안에서 성장하는 것을 경험하면 새 힘과 의지와 용기가 생겨 더 열정적으로 사역에 임하게 한다. 하나님도 이런 사역자들과 함께하시며 도우신다.

이 말씀은 선교가 무엇인지, 혹은 어떠해야 하는지를 보여 준다. 선교는 복음을 선포하고 제자들을 세우는 것이다. 바울과 바나바는 가는 곳마다 그리스도의 복음을 선포하고, 영접한 사람들을 예수님을 사랑하고 섬기는 제자들로 세웠다. 오늘날 교회가 이 땅에 존재하는 이유가 바로 이것이다. 우리는 열심히 복음을 선포하고 영접한 사람들을 하나님의 제자로 세워야 한다. 예수님은 우리에게 이런 일을 땅끝까지 가서 세상 끝 날까지 하라고 하셨다(마 28:19-20).

믿음은 듣는 것에서 시작된다. 사도들이 루스드라에 도착해 만난 걷지 못하던 자는 바울이 선포하는 복음에 귀를 기울였다. 그는 복음을 듣고 심경에 변화를 받았다. 바울은 그에게 구원받을 만한 믿음이 있다고 판단해 하나님께 그를 낫게 하는 기적을 구했다. 이처럼 놀라운 하나님의 역사는 그 사람이 바울의 말(복음)에 귀를 기울인 데서 시작되었다. 믿음은 듣는 데서 시작된다. 그러므로 우리는 되도록 많은 사람에게 복음을 말해야 한다.

전도와 선교가 때로는 엄청난 고난을 동반하기도 한다. 바울은 돌에 맞아 죽다시피 했다가 살아났다. 우리는 그리스도의 고난에 동참할 준비가 된 삶을 살고 있는가? 아직 그렇지 않아도 괜찮으니 죄책감을 느낄 필요는 없다. 그러나 계속 기도하고 찬송해야 한다. 그리스도의 고난에 기쁨으로 동참할 믿음과 용기를 달라고 기도하고 찬송하다 보면 언젠가는 우리가 변해 꿈이 이뤄지지 않겠는가!

하나님은 이번에도 사도들의 고난을 사용해 더 많은 사람이 복음을 접하게 하셨다. 바울과 바나바는 고난으로 인해 루스드라에 더 머물 수 없어서 더베로 갔다. 그곳으로 갔더니 수많은 '준비된 영혼'이 기다리고 있었다. 그러므로 그들은 더베에서도 많은 사람을 제자로 삼았다. 루스드라에 계속 머물렀다면 경험하지 못했을 축복이다.

> V. 아나톨리아(12:25-15:35)
> A. 첫 번째 선교 여행(12:25-14:28)

6. 안디옥으로 돌아옴(14:21b-28)

[21b] 루스드라와 이고니온과 안디옥으로 돌아가서 [22] 제자들의 마음을 굳게 하여 이 믿음에 머물러 있으라 권하고 또 우리가 하나님의 나라에 들어가려면 많은 환난을 겪어야 할 것이라 하고 [23] 각 교회에서 장로들을 택하여 금식 기도 하며 그들이 믿는 주께 그들을 위탁하고 [24] 비시디아 가운데로 지나서 밤빌리아에 이르러 [25] 말씀을 버가에서 전하고 앗달리아로 내려가서 [26] 거기서 배 타고 안디옥에 이르니 이 곳은 두 사도가 이룬 그 일을 위하여 전에 하나님의 은혜에 부탁하던 곳이라 [27] 그들이 이르러 교회를 모아 하나님이 함께 행하신 모든 일과 이방인들에게 믿음의 문을 여신 것을 보고하고 [28] 제자들과 함께 오래 있으니라

만일 두 사도가 안디옥으로 가는 가장 빠른 길을 택하고자 했다면, 더베에서 곧바로 타우루스 산악 지대(Taurus range)를 통해 길리기아로 가면 된다(Polhill, Witherington). 그러므로 두 사도가 왔던 길을 되돌아 먼 길을 가는 것은 아마도 타우루스 산악 지역이 바울이 다소에 머물며 이미 복음을 전했던 지역이라 굳이 이 여정 중에 들릴 필요를 느끼지 못했거나(Longenecker, cf. 9:30, 11:25), 혹은 이번 여정에서 세운 교회들을 되돌아볼 필요가 있어서였을 것이다. 그들은 현재 머물고 있는 고산 지역에서 다시 밤빌리아의 해안가로 내려가야 한다(Polhill). 그들이 왔던 길을 되돌아가 출발지인 안디옥에 이르는 경로는 다음과 같다.

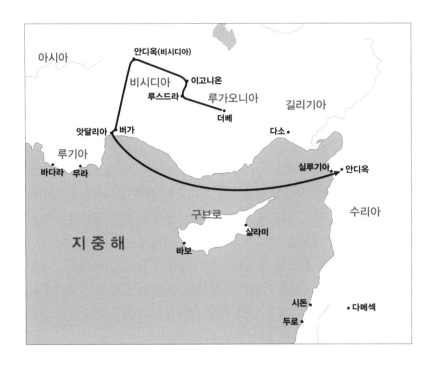

바울과 바나바는 더베를 기점으로 왔던 길을 돌아가기 위해 루스드라와 이고니온과 안디옥으로 갔다(21b절). 세 도시 모두 두 선교사에게 매우 위험한 곳이다. 바울은 루스드라에서 돌에 맞아 죽을 고비를 넘기고 도망했다(14:20). 바울과 바나바는 이고니온 사람들이 그들을 돌로 쳐 죽이려는 음모를 알고 도망했고(14:5-6), 비시디아 안디옥에서는 박해를 받고 쫓겨 났다(13:50). 그러므로 두 사도가 이 도시들을 다시 방문한 것은 조용히 최대한 비밀리에 찾아가 더는 공개적으로 전도하지 않고 이미 그리스도인이 된 사람들만 만나 격려하고 떠난 것을 의미한다. 안디옥은 비시디아 안디옥을 뜻하며, 더베에서 330km 떨어진 곳으로 최소한 열하루 길이다(Schnabel).

누가는 바울과 바나바가 돌아가는 길에 이 세 도시를 들러 네 가지 일을 했다고 한다. 첫째, 두 사도는 제자들의 마음을 굳게 했다(22a절).

71

두려움과 떨림은 그리스도인 주변에 항상 도사리고 있는 유혹이다. 더욱이 새로 예수님을 영접한 상황에서 말씀과 믿음으로 양육해 줄 지도자가 없을 때는 더욱더 그렇다. 바울과 바나바는 하나님을 잘 알지 못하는 지체들을 남겨둔 채 쫓겨나거나, 생명의 위협을 느껴 그들이 사는 도시에서 도망쳐 나왔다. 그러므로 두 사람이 돌아가는 길에 불안해하고 두려워하는 성도들의 마음을 굳게 하는 일은 매우 중요했다.

둘째, 바울과 바나바는 성도들에게 믿음에 머물러 있으라고 권고했다(22b절). 만일 이 이방인 성도들이 유대교에 관해 조금이라도 알았더라면 하나님을 믿는 믿음에 머물러 있는 것이 무엇을 의미하는지 어느 정도 쉽게 이해했을 것이다. 그러나 이 지역에는 유대인이 별로 살지 않았기 때문에 이방인 성도들은 하나님을 믿는 믿음에 머무는 것이 무엇을 의미하는지 쉽게 이해하지 못했을 것이다. 믿음에 머물러 있는 것이 무엇을 의미하는지에 대한 가장 확실한 가르침은 예수님이 들려주신 포도나무와 가지 비유다.

> 나는 참포도나무요 내 아버지는 농부라 무릇 내게 붙어 있어 열매를 맺지 아니하는 가지는 아버지께서 그것을 제거해 버리시고 무릇 열매를 맺는 가지는 더 열매를 맺게 하려 하여 그것을 깨끗하게 하시느니라 너희는 내가 일러준 말로 이미 깨끗하여졌으니 내 안에 거하라 나도 너희 안에 거하리라 가지가 포도나무에 붙어 있지 아니하면 스스로 열매를 맺을 수 없음 같이 너희도 내 안에 있지 아니하면 그러하리라 나는 포도나무요 너희는 가지라 그가 내 안에, 내가 그 안에 거하면 사람이 열매를 많이 맺나니 나를 떠나서는 너희가 아무 것도 할 수 없음이라 사람이 내 안에 거하지 아니하면 가지처럼 밖에 버려져 마르나니 사람들이 그것을 모아다가 불에 던져 사르느니라 너희가 내 안에 거하고 내 말이 너희 안에 거하면 무엇이든지 원하는 대로 구하라 그리하면 이루리라(요 15:1-7).

셋째, 사도들은 "우리가 하나님의 나라에 들어가려면 많은 환난을 겪어야 할 것"이라고 가르쳤다(22c절). '환난들'(θλίψεων)은 삶에서 직접 경험하는 고통을 뜻한다(Bruce, cf. 롬 8:17; 빌 1:28-30; 살전 3:3; 살후 1:5; 딤후 2:11). 또한 종말에 하나님 나라에 들어가기 바로 전에 우리가 견뎌야 할 최종적인 고난이다(Bock, 마 24:7-29; 막 9:47; 13:7-24; 눅 18:25; 21:9-26; 요 3:5; 롬 8:12-25). 성도에게는 지금도 고난이 있고, 앞으로도 거쳐야 할 최종적인 고난이 있다. 그러므로 성도의 삶에서는 '고난이 없으면 영광도 없다'(No Cross, No Crown, cf. 눅 24:26).

'많은'(πολλῶν)은 양보다는 다양성을 강조하는 단어다(Alexander, cf. 약 1:2). 우리가 하나님의 나라에 들어가려면 이런 환난, 저런 고난 등 여러 가지 다양한 환난을 겪어야 한다는 뜻이다. 사람이 각자 다른 것처럼 각자가 경험하게 될 고난도 다르다. '하나님 나라'(τὴν βασιλείαν τοῦ θεοῦ)는 사도행전에서 대체로 '하나님이 계획하고 진행하시는 모든 일'을 의미하지만, 이곳에서는 우리가 죽어서 입성하는 하늘나라를 의미한다(Barrett, Bock, cf. 눅 21:5-36).

넷째, 바울과 바나바는 각 교회에서 장로들을 택하여 금식 기도하며 그들이 믿는 주께 그들을 위탁했다(23절). 예루살렘 교회는 이미 장로들을 세웠다(11:30). 그러나 이방인 교회에 장로들을 세우는 것은 처음이다. 사도들이 이 교회들을 이끌어 갈 장로들을 세움으로써 예루살렘에 있는 유대인을 중심으로 형성된 교회와 이 지역에 세워진 이방인을 중심으로 세워진 교회들이 동등한 자격과 지위에 서게 되었다. 어떤 이들은 누가가 이 이야기에서 바울과 바나바가 장로들을 세웠다고 하는 것을 두고 훗날 교회의 리더십 필요가 가중되면서 바울이 장로들을 지도자로 세웠다는 이야기에서 비롯된 시대착오적인(anachronism) 발상이라고 한다. 그러나 이미 예루살렘 교회에도 장로들이 있었다(11:30). 그러므로 별 설득력 없는 주장이다(Wall). 사도들은 장로들을 금식과 기도로 세웠다(cf. 1:24-25; 6:6; 10:9-16; 13:2-3; 14:23). 비록 자신들이 그

들을 장로로 지목했지만, 하나님이 그들을 리더로 택하여 세우시고 그
들의 사역을 축복하시기를 바란 것이다.

사도들은 장로들을 지도자로 세운 교회들을 그들이 믿는 주님께 의
탁했다(Bock). 새로 시작된 이방인 교회들은 예수님을 주로 믿는다. 지
도자들만큼이나 일반 성도들도 주님의 보호와 인도하심이 필요하다는
고백이다. 또한 믿음은 바울과 바나바의 이번 선교 여행의 중심 테마
다(Bock, cf. 13:8, 12, 39, 41, 48; 14:1, 9, 22-23). 다음 장에서 전개될 예루
살렘 공의회에서도 믿음이 핵심 주제다. 그리스도에 대한 믿음이 있는
이방인에게 구약 율법을 지키게 할 것인가가 주제이기 때문이다. 그
러므로 이 섹션은 다음 이야기를 준비하는 역할을 한다고 할 수 있다
(Johnson, cf. 15:9, 11).

두 사도는 루스드라와 이고니온과 안디옥에 세워진 교회에서 위 네
가지 사역을 마친 후 비시디아 지역 가운데로 지나서 밤빌리아에 있
는 버가로 갔다(24-25a절). 비시디아 안디옥에서 버가까지는 280㎞다
(Schnabel). 버가는 로마 제국에서 세 번째로 큰 수리아 안디옥(Syrian
Antioch) 다음으로 큰 도시이며, 그곳에는 1만 4,000명이 앉을 수 있는
스타디움(극장)이 있었다(Schnabel).

사도들은 버가에서 말씀을 전했다(25a절). 버가는 고산 지대에 있는
비시디아 안디옥으로 가는 길이 시작되는 곳이다. 바울과 바나바는 배
에서 내려 이 도시를 거쳐 갔지만(cf. 13:13), 이곳에서 복음을 전파했다
는 말은 없었다. 일부 학자가 주장하는 것처럼 바울이 말라리아를 앓
았기 때문에 최대한 빨리 고산 지대로 가고자 했다면, 돌아가는 길에
해변에서 별로 멀지 않은 버가에서 복음을 전하고 있는 일이 이해가
된다. 바울이 말라리아에서 다 나았다는 뜻이다.

바울과 바나바는 버가에서 15㎞ 떨어진 앗달리아로 내려갔다(25b절).
앗달리아('Αττάλεια, Attalia)는 밤빌리아 지역의 주요 항구일 뿐 아니라,
내륙에 있는 도시 버가의 항구라 할 수 있다(Schnabel). 그러므로 그들이

바보에서 배를 타고 버가로 왔을 때(13:13)에도 이 항구를 거쳤다. 그들은 앗달리아에서 배를 타고 그들을 파송한 수리아 안디옥으로 돌아왔다(26절). 앗달리아에서 안디옥까지는 480㎞ 뱃길이었다.

안디옥에 있는 모교회로 돌아온 두 선교사는 기독교 교회 역사상 첫 선교 보고를 했다(27절). 베드로도 고넬료에게 세례를 준 일을 예루살렘 교회에 보고한 적이 있지만(11장), 그때는 선교 보고라기보다는 그가 이방인과 함께 먹은 일에 대해 문제를 제기한 사람들 앞에서 자신의 입장을 대변한 것이었다.

바울이 바나바와 함께 안디옥 교회의 파송을 받아 1차 선교 여행을 한 뒤 안디옥으로 돌아오기까지 방문한 도시들을 정리하면 다음과 같다(Bock).

도시	지역
안디옥	수리아
살라미	구브로
바보	구브로
버가	밤빌리아
안디옥	비시디아
이고니온	루가오니아
루스드라	루가오니아
더베	루가오니아
이고니온	루가오니아
안디옥	비시디아
버가	밤빌리아
앗달리아	밤빌리아
안디옥	수리아

이 도시들을 지도에 표시하면 다음과 같다.

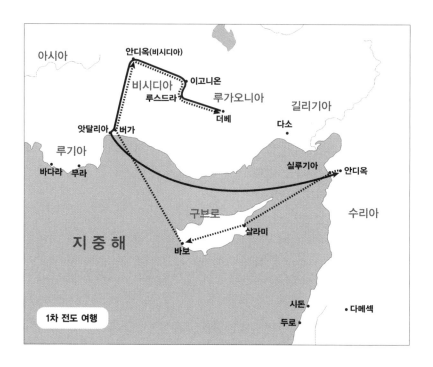

이렇게 하여 하나님이 이방인들에게 믿음의 문을 여신 일이 안디옥 교회에 보고되었다. '믿음의 문'(θύραν πίστεως)은 바울이 전도와 선교와 연관해 즐겨 쓰는 표현이다(Witherington, cf. 고전 16:9; 골 4:3). 안디옥 교회 성도들이 보고를 받고 얼마나 기뻐했을까! 사도들은 제자들(그리스 도인들)과 함께 안디옥 교회에 오래 있었다(28절). 아마도 가르치고 양육하는 일에 전념했을 것이다.

이 말씀은 전도와 선교에서 가장 중요한 것은 믿음 생활의 지속성이라고 한다. 바울과 바나바는 복음을 전하던 여러 도시에서 쫓겨나고 도망했기 때문에 그 도시로 다시 돌아가는 것은 생명을 건 모험이나 다름없었다. 그러나 그들은 개의치 않고 이 도시들을 방문해 장로들을 세웠다. 교회와 성도들이 그리스도 안에서 굳건하게 믿음을 지키며 함께 신앙생활을 할 여건을 마련해 준 것이다. 전도와 선교는 복음을 제시하는 일로 끝나는 것이 아니다. 영접한 사람들의 믿음이 성장하도록 양육과 보살핌으로 이어져야 한다.

하나님이 세상에서 어떤 일을 하고 계시는지 가장 쉽고 확실하게 볼 수 있는 일은 선교와 전도다. 안디옥 교회는 바울과 바나바를 선교사로 파송한 뒤 참으로 놀라운 보고를 받았다. 하나님이 이방인에게 믿음의 문을 여시고, 구원받은 이들을 통해 교회를 세우셨다는 것이다! 이처럼 흥분되고 신나는 소식은 선교사를 파송하지 않고는 접할 수 없다. 선교와 전도에 투자할수록 교회는 하나님이 하시는 일을 더 확실하게 목격할 수 있다.

기독교 리더십에서는 경력보다는 영성이 더 중요하다. 바울과 바나바는 돌아오는 길에 각 교회에 장로들을 리더로 세웠다. 오늘날로 말하자면 그들은 신앙 경력이 별로 많지 않은 태신자다. 그러나 사도들은 개의치 않았다. 처음 된 자가 나중 될 수도 있는 것처럼 영성과 경력은 별개 문제다.

B. 예루살렘 공의회(15:1-35)

어떤 이들은 이 섹션이 회고하는 예루살렘 공의회(Jerusalem Council)가 실제로 있었던 일이 아니라 하기도 하고(Haenchen), 누가가 자기 시대의 이슈를 과거에 있었던 일처럼 묘사한 것이라고 하기도 한다(Barrett). 그러나 대부분 학자는 예루살렘 공의회가 주후 48/49년에 실제로 있었던 일이며, 누가가 본문을 통해 이 일을 회고하는 것으로 본다. 다만 이 회의가 바울의 삶 어느 시점에 있었던 일인가에 대해서는 크게 두 가지 견해로 나뉜다. 더 구체적으로 말하자면 바울이 갈라디아서 2장에서 회고하는 그의 예루살렘 방문이 본문에 기록된 일(예루살렘 공의회)을

77

말하는지, 혹은 그와 바나바가 안디옥 교회의 구제 헌금을 가지고 예루살렘 교회를 방문했던 일(11:30)을 말하는지에 대한 논쟁이다.

갈라디아서 2장에 기록된 내용이 바나바와 바울이 구제 헌금을 가지고 예루살렘을 방문한 일(11장)이 아니라, 본문(15장)이 회고하는 예루살렘 회의와 연관된 것이라고 주장하는 이들은 다음 사항을 지적한다(cf. Fitzmyer, Jervell, Polhill, Williams). 첫째, 바울은 예루살렘에서 사도들을 만났다고 하는데(갈 2:9), 사도행전 11:30은 장로들에게 헌금을 전달했다고 할 뿐 사도들을 언급하지 않는다. 둘째, 갈라디아서 2장은 디도가 바울과 함께 예루살렘을 방문했다고 하는데, 사도행전 11장은 디도에 관해 언급하지 않으며, 시기적으로도 디도가 바울과 동행하기에는 너무 이르다. 셋째, 갈라디아서 2:11-14은 할례가 아니라 음식법에 관한 논쟁이 있었다고 하는데, 음식법은 예루살렘 공의회가 중점적으로 다룬 주제다.

반면에 갈라디아서 2장은 예루살렘 공의회(15장)와 무관하며, 다만 바나바와 바울이 구제 헌금을 가지고 예루살렘으로 올라간 11장의 일을 회고하는 것이라고 주장하는 이들은 다음 사항들을 지적한다(cf. Bruce, Longenecker, Marshall, Schnabel, Witherington). 첫째, 갈라디아서 2:1은 바울이 회심한 지 14년 후 예루살렘을 방문했다고 하는데, 이는 그의 회심 후 두 번째 방문이다. 그의 첫 번째 방문은 사도행전 9:26-30에 기록되어 있으며, 회심한 후 3년 정도 지나 방문했다. 두 번째 방문은 11장에 기록된 대로 구제 헌금을 들고 찾아간 일이다. 그러므로 본문에 기록된 예루살렘 공의회는 바울이 회심한 후 세 번째로 예루살렘에 방문했을 때 있었던 일이다.

둘째, 바울은 갈라디아서 2:2에서 '계시에 따라' 예루살렘으로 올라갔다고 하는데, 이는 아가보라는 선지자가 성령의 감동을 받아 기근이 임할 것을 계시한 일을 뜻한다(11:28). 셋째, 갈라디아서 2장은 바울과 예루살렘 사도들과 장로들이 사적인 만남을 가졌다고 하는데, 예루살렘 공의회의 성격은 사적인 모임이 아니라 온 교회와 지도자들을 중심으로 한 공개적인 회의였다. 넷째, 갈라디아서 2장은 사도행전 15장처럼 특정한 안건으로 인해 회의가 진행되었다고 하지 않는다.

다섯째, 갈라디아서 2:11-14에 기록된 베드로의 행동(이방인들과 함께 먹다가 야고보가 보낸 사람들이 오자 그들을 두려워해 더는 이방인들과 함께 먹지 않은 일)과 이에 유혹된 바나바의 행동이 예루살렘 공의회(15장) 이후에 있었던 일이라면 설명이 되지 않는다. 그러므로 갈라디아서 2장은 예루살렘 공의회가 개최되기 전에 있었던 일이다.

여섯째, 만일 갈라디아서가 예루살렘 공의회가 개최된 다음에 쓰인 서신이라면, 이 서신이 예루살렘 공의회의 결정과 정책에 대해 침묵하는 것이 설명되지 않는다. 갈라디아서의 중심 주제가 율법과 기독교의 관계이기 때문이다. 그러므로 갈라디아서는 예루살렘 공의회가 열린 주후 48/49년 이전에 쓰였으며, 아직 열리지 않은 예루살렘 공의회와 결정에 대해 침묵하는 것이 당연하다. 갈라디아서 2장이 회고하는 바울의 예루살렘 방문은 사도행전 11:30에 기록된 일에 관한 것이다.

일부 학자는 갈라디아서 2장에 기록된 바울의 예루살렘 방문을 사도행전 11장 혹은 15장과 연관 짓는 것이 불가능하다고 주장하기도 한다(Johnson). 모든 것을 완벽하게 설명할 수 없기 때문이다. 특히 갈라디아서 2장이 사도행전 11:30에 기록된 방문에 관한 것이라고 주장하는 사람들에게 설명하기 가장 어려운 문제는 디도가 바울과 동행한 일이다. 그러나 디도가 예루살렘 공의회에 바울과 함께 갔다는 기록도 없다. 그러므로 디도는 양쪽 견해에 모두 문제가 될 수 있다. 시기적으로는 디도가 예루살렘 공의회에 바울과 동반했을 가능성이 더 크다. 사도행전에 기록된 바울의 행적과 갈라디아서 2장을 연관 짓는다면 갈라디아서 2장은 사도행전 11:30과 더 연관성이 있어 보인다. 회심한 이후 예루살렘 공의회까지 바울의 행적을 사도행전에 기록된 대로 추측해 보면 다음과 같다(Schnabel).

연대	장소	있었던 일
32년	다메섹	바울의 회심
32-34년	아라비아	바울이 다메섹과 아라비아에서 선교함 (행 9:20-24; 갈 1:15-17)
34년	예루살렘	회심 후 바울의 첫 번째 예루살렘 방문. 바나바와 베드로와 야고보를 만남(행 9:26-28; 갈 1:18-19)
34-43년	길리기아/수리아	바울이 고향 다소로 돌아가 길리기아와 수리아에서 선교함(행 9:30; 갈 1:21-24).
44년	예루살렘	바울의 두 번째 예루살렘 방문. 안디옥 교회가 바울과 바나바 편으로 예루살렘 교회에 기근 헌금을 전달함(행 11:27-30). 베드로와 요한과 야고보를 만나 이방인에게 복음 전하는 일에 대해 상의함(갈 2:1-10)
45-47년	기브로/갈라디아	안디옥 교회의 파송을 받아 바나바와 함께 기브로, 갈라디아, 밤빌리아 지역에서 선교함
48년	안디옥	바울이 유대인 성도들과 이방인 성도들이 함께 먹는 것에 대해 베드로와 다툼(갈 2:11-14). 이 일은 48년 여름에 있었던 것으로 보임
48년	안디옥	바울이 갈라디아서를 작성해 보냄
48년	예루살렘	사도들의 공의회. 바울의 세 번째 예루살렘 방문(바나바와 동행). 이방인 성도도 할례를 받고 율법을 지켜야 하는지에 대해 예루살렘 교회의 사도들과 장로들과 함께 상의함(행 15:1-33). 사도들의 모임은 48년 가을에 있었던 것으로 보임

전도와 선교를 통해 이방인이 본격적으로 교회로 유입되면서 문제가 생겼다. 유대인들은 평생 율법을 지키며 살아왔고, 그리스도인이 된 다음에도 많은 성도가 별다른 생각 없이 계속 율법을 지켰다. 그들에게 율법을 지키는 것은 자연스러운 일이었기 때문이다.

반면에 이방인 성도는 대부분 지금까지 율법을 지킨 적이 없고 율법에 대해 아는 바도 별로 없다. 이러한 상황에서 만일 이방인 성도에게 율법을 강요하면, 그리스도의 복음으로는 부족하니 유대교로도 개종해야 한다는 요구로 비추어질 수도 있다. 또한 율법과 기독교에 대한 결정은 유대인 성도와 이방인 성도의 차별을 야기할 수도 있다(Bock). 그러므로 율법 문제는 이방인 성도에게 매우 심각한 이슈이며 반드시 짚고 넘어가야 할 문제다.

율법과 이방인 성도의 관계를 논하는 본 텍스트는 사도행전의 가장 중심에 있으며, 신학적으로도 이 책에서 가장 중요한 이슈다(Bock, Marshall). 사도행전 1-14장을 영어로 번역하면 1만 2,385개 단어이고, 15-28장을 번역하면 1만 2,502개 단어다(Fitzmyer). 15장은 책의 한 중앙에 있는데, 이러한 15장에서 예루살렘 공의회가 이방인 성도들과 율법의 관계를 논의한 것은 본격적으로 시작된 이방인 선교가 빚어낸 자연스러운 결과라 할 수 있다. 그러므로 일부 학자는 15장을 독립적인 섹션으로 취급하지만, 바울과 바나바의 1차 선교 여행과 연결 짓는 것이 바람직하다.

신학적으로 생각할 때 교회가 이방인을 받을 것인가, 받지 않을 것인가는 더는 이슈가 아니다. 하나님이 이방인도 구원하시기 때문에 그들을 교인으로 환영하는 일은 이미 고넬료의 회심과 베드로가 이 일에 대해 예루살렘 교회에 보고한 데서 이미 결정되었다(10-11장). 이번에 이슈가 되는 것은 교회에서 이방인을 받을 때 율법과 연관해 어떤 기준을 적용할(요구할) 것인가 하는 문제다(Williams).

안디옥 교회는 바울과 바나바와 몇 명을 예루살렘에 있는 사도와 장로들에게 보내 율법에 대한 사도들의 견해를 구했다. 이렇게 하여 예루살렘 공의회가 주후 48/49년경에 개최된다(Fernando, Longenecker, Schnabel). 사실 이 모임은 '공의회'(council)보다는 '협의/상의'(consultation) 성격을 지녔다(Bock, Jervell). 이방인과 율법 이슈로 공의회를 개최한 후 예루살렘 교회는 이렇다 할 역할을 하지 못하다가 역사 속으로 사라진다. 베드로 역시 이 회의를 기점으로 더는 이렇다 할 역할을 하지 못하고 바울이 그의 자리를 채운다. 그러므로 누가는 예루살렘 공의회 이후로 책의 중심 주제를 '세상의 끝을 향해 가는 복음'으로 삼고 있다.

본 텍스트는 다음과 같이 구분된다.

A. 문제(15:1-5)
B. 논의와 결정(15:6-21)
C. 회신과 전달자들(15:22-35)

V. 아나톨리아(12:25-15:35)
　　B. 예루살렘 공의회(15:1-35)

---

1. 문제(15:1-5)

¹ 어떤 사람들이 유대로부터 내려와서 형제들을 가르치되 너희가 모세의 법대로 할례를 받지 아니하면 능히 구원을 받지 못하리라 하니 ² 바울 및 바나바와 그들 사이에 적지 아니한 다툼과 변론이 일어난지라 형제들이 이 문제에 대하여 바울과 바나바와 및 그 중의 몇 사람을 예루살렘에 있는 사도와 장로들에게 보내기로 작정하니라 ³ 그들이 교회의 전송을 받고 베니게와 사마리아로 다니며 이방인들이 주께 돌아온 일을 말하여 형제들을 다 크게 기쁘게 하더라 ⁴ 예루살렘에 이르러 교회와 사도와 장로들에게 영접을 받고 하나님이 자기들과 함께 계셔 행하신 모든 일을 말하매 ⁵ 바리새파 중에 어떤 믿는 사람들이 일어나 말하되 이방인에게 할례를 행하고 모세의 율법을 지키라 명하는 것이 마땅하다 하니라

어떤 사람들이 유대로부터 내려와 형제들을 가르쳤다(1a절). 예루살렘에서 안디옥까지는 540㎞나 되는 먼 길이다(Schnabel). 걸어서 거의 3주가량 걸린다. 말씀을 전하겠다고 먼 길을 온 이 사람들의 열정이 참으로 대단해 보인다. 그러나 안타까운 것은 그들이 잘못된 가르침을 전파하고자 하는 열정으로 가득하다는 사실이다.

이 사람들은 누구인가? 바울이 갈라디아서 2:12에서 언급하는 '야고보에게서 온 어떤 이들'인가? 그렇다면 이 사람들은 야고보가 그들을 보낼 때 위임한 권한 밖의 말을 하고 있다. 이방인 성도의 할례를 이슈 화하는 본문과 달리 갈라디아서 2장은 할례가 아니라 음식법을 이슈화 하기 때문이다. 이들은 '거짓 형제들'(갈 2:4)이며, 예루살렘 교회나 사 도들의 허락 없이 내려온 자들이 확실하다(cf. 15:24). 이 사람들이 이방 인 성도에게 할례를 요구하는 것을 보면 바리새파에 속한 자들이 확실 하다(cf. 5절).

그들이 가르친 '형제들'(τοὺς ἀδελφοὺς)은 안디옥 교회를 구성하는 이 방인 성도들뿐 아니라 바울과 바나바를 포함한 유대인 성도들이다. 그 동안 안디옥 교회 지도자들은 모든 성도에게 그리스도인이 된 이방인 은 할례를 받을 필요가 없으며, 율법도 지킬 필요가 없다고 가르쳤다 (cf. 갈 2:19). 이러한 상황에서 유대로부터 내려온 자들은 그들에게 모 세의 법대로 할례를 받지 아니하면 능히 구원을 받지 못한다고 가르쳤 다(1b절).

'법'(ἔθος)은 율법이 아니라 '풍습, 관례'를 의미하지만, 이곳에서는 '율 법'의 의미로 사용되었다(cf. TDNT). 구약은 이방인도 하나님의 백성이 될 때가 올 것이라고 한다(Longenecker, cf. 창 22:18; 26:4; 28:14; 사 49:6; 55:5-7; 습 3:9-10; 슥 8:22). 그러므로 이 사람들도 메시아로 오신 예수 님이 하신 일을 통해 이방인도 유대인처럼 하나님의 자녀가 되는 길이 열렸다는 사실에는 동의한다. 다만 이방인이 구원에 이르려면 유대인 처럼 할례를 받아야 한다고 했다.

할례를 받지 않으면 능히 구원받지 못한다는 그들의 주장은 이단 사 설이다. 이미 믿음으로 예수님을 구주로 영접해 죄 사함을 받고 구원 을 얻어 하나님의 자녀가 된 사람들에게 아직 구원받지 못했다며 그들 이 구원받은 사실을 부인하기 때문이다. 이 자들의 주장에 따르면 할 례를 받지 않은 이방인 성도는 아직도 죄 속에서 살고 있으므로 구원 받지 못했다.

또한 구원을 얻기 위해 율법을 지켜야 한다는 것은 예수님의 삶과 죽음과 부활로는 하나님의 자녀가 되기에 부족하다는 말이다. 더 나아가 율법을 지켜야 구원을 얻는다는 것은 사람이 믿음으로 구원에 이르는 것이 아니라 행위로 구원을 얻는다는 뜻이다. 만일 행위로 구원을 얻는다면, 우리는 죽는 순간까지 구원의 확신을 가질 수 없다. 평생 행한 것에 따라 하나님이 판단하실 것이기 때문이다. 그러므로 율법에 따라 할례를 받지 않으면 구원받지 못한다는 주장은 기독교의 구원론을 완전히 뒤집어 놓은 매우 심각한 이단 사설이다.

이 사람들은 분명 유대교에 속한 사람들이며, 그리스도인인 척할 뿐 진짜 그리스도인이 아니다. 이 사람들이야말로 아직 구원에 이르지 못한 것이다. 그들은 분명 '예루살렘 교회'에 속한 자들이다. 그러나 예루살렘 교회는 이들에 대해 "우리의 지시도 없이 나가서 말로 너희를 괴롭게 하고 마음을 혼란하게 한다"라고 한다(15:24). 아마도 그들은 할례는 시내산에서 율법이 주어지기 오래전 하나님이 아브라함에게 명령하신 일이라며(cf. 창 17장) 그리스도인을 포함한 모든 언약 백성이 피할 수 없는 것이라고 주장했을 것이다. 이 사람들은 교회를 예수님이 새로 세우신 하나님의 백성으로 보지 않고, 유대교의 일부로 보고 있다.

바울과 바나바는 그들과 심하게 다투며 논쟁을 벌였다(2a절). '다툼'(στάσις)은 어떤 이슈에 대해 양쪽의 입장이 첨예하게 대립하여 합의하거나 동의하는 부분이 전혀 없어 불화와 분열만 있다는 뜻이다(BDAG). '변론'(ζήτησις)은 매우 논쟁적인 대화만 오갔다는 의미다(Schnabel). 이단 사설을 주장하는 자들이 수그러들지 않는 것으로 보아 아마도 그들은 예루살렘 사도들과 장로들도 같은 생각이며 이 진리를 가르치도록 자신들을 안디옥 교회로 파송했다고 거짓 주장을 한 것으로 보인다.

바울과 바나바가 그들과 첨예하게 대립하는 이유는 무엇인가? 이 자들이 주장하는 것에 수긍하면 기독교가 여러 가지 진리를 포기해야 하기 때문이다. 첫째, 기독교는 오직 십자가에서 죽으신 그리스도를 통해서만 구원에 이른다는 진리를 포기하고 행위(혹은 십자가+행위)로 구원받는다는 것을 인정해야 한다. 우리가 그리스도인이 된 다음에 어떻게 살고 행동하는지는 매우 중요하다. 그러나 우리의 행위가 우리의 구원에 영향을 주지는 않는다. 우리의 구원은 예수님이 십자가에서 죽으시면서 이미 이루신 일이기 때문이다. 만일 행위로 구원에 이른다면 예수님은 별 의미와 효과 없는 죽음을 맞이하셨다.

둘째, 기독교는 회심이 무엇인지, 언제 일어나는지에 대해 재정리해야 한다. 우리는 죄를 자백하고 예수님을 구세주로 영접할 때 회심이 이루어지며, 이때 구원받는다고 한다. 반면에 이자들의 주장을 따르자면 할례를 받고 율법대로 살아야 구원에 이를 수 있으므로 우리는 죽을 때까지 구원을 확신할 수 없다. 평생 어떻게 사느냐(행위)가 우리의 구원을 결정하기 때문이다. 그러므로 구원의 확신도 있을 수 없는 일이다. 그러나 성경은 우리가 예수님을 구주로 영접하는 순간 이미 구원을 얻었다고 한다.

셋째, 교회는 기독교와 유대교에 차이가 전혀 없다고 인정해야 한다. 이 자들은 기독교인도 할례를 받아야 구원받을 수 있다고 한다. 그들은 기독교인을 유대교로 개종하는 자(proselyte)로 생각하고 있다. 이들은 그동안 기독교가 유대교와 다르므로 유대교화되어야 한다며 수많은 그리스도인을 박해한 유대인들과 별반 다를 바 없다. 이 자들은 핍박으로 교회를 변화시키지 못하자 비밀리에 스며들어 내부에서 변화를 시도하는 유대교도인 것이다.

바울은 갈라디아서 5:11에서 자신이 할례를 가르쳤다면 유대인들에게 박해받을 이유가 없으며, 유대인들에게 십자가를 전하는 어려움도 사라졌을 것이라고 한다: "형제자매 여러분, 내가 아직도 할례를 전한다면, 어찌하여 아직도 박해를 받겠습니까? 그렇다면, 십자가의 거리낌은 없어졌을 것입니다"(갈 5:11, 새번역). 그리스도의 십자가와 할례는 절대 공존할 수 없다. 그러므로 바울은 할례를 버리고 십자가를 전했다. 반면에 이 자들은 하나님의 백성이 되려면 십자가와 할례가 같이 가거나, 혹은 십자가를 포기해야 한다고 한다.

예루살렘 공의회가 교회의 공식적 입장을 채택할 때까지 율법과 그리스도인의 관계는 참으로 어려운 이슈였다. 이러한 혼란은 아마도 예수님의 말씀을 잘못 이해한 데서 비롯된 것으로 보인다: "내가 율법이나 선지자를 폐하러 온 줄로 생각하지 말라 폐하러 온 것이 아니요 완전하게 하려 함이라"(마 5:17). 초대교회의 많은 사람이 '율법을 완전하게 하기 위해 왔다'라는 예수님의 말씀을 율법의 모든 요구를 자신의 십자가 죽음으로 이루셨다는 뜻이 아니라(cf. 갈 2:19-20), 모세 율법을 더 정확하고 완벽하게 할 것이니 모두 율법을 지켜야 한다는 의미로 해석한 것이다.

율법이 얼마나 어려운 이슈인지 한 가지 예를 들어 보자. 예루살렘 교회를 대표하는 베드로와 바나바는 이방인들은 할례를 받을 필요가 없고 음식법도 따를 필요가 없다며 안디옥 교회의 이방인 성도들과 함께 음식을 나누며 교제했다. 그러나 예루살렘에서 유대인 성도들이 내려오자 그들의 눈치를 보느라 곧바로 교제를 중단했다(갈 2:12-13). 베드로와 바나바도 실족할 정도였다면 율법 이슈가 얼마나 뜨거운 감자였는지 어느 정도 상상이 간다. 바울은 베드로가 위선적인 행동을 한다고 사람들 앞에서 공개적으로 비난하며 상황을 바로잡았다(갈 2:14).

양쪽이 첨예하게 대립하는 가운데 어떠한 절충안도 나오지 않자 안디옥 교회는 이 이슈를 예루살렘에 있는 사도와 장로들에게 의뢰하기로 했다. 자신들이 해결하기에는 너무나 크고 심각한 이슈이며, 앞으로도 여러 교회에서 율법이 이슈화될 것을 예측할 수 있기 때문이다. 이번 기회를 통해 모든 교회에 적용할 지침을 구하기로 한 것이다. 그들은 바울과 바나바와 교회 지도자 몇 명을 안디옥 교회의 대표로 세워 예루살렘으로 보냈다(2b절).

안디옥에서 예루살렘까지는 540km에 달한다. 안디옥 교회의 전송을 받은 대표들은 베니게와 사마리아로 지나며 안디옥 교회에서 한 것처럼 곳곳에 있는 교회에서 이방인들이 주께 돌아온 일에 대해 '선교 보고'를 했다(3a절; cf. 14:27). 베니게와 사마리아에는 이미 여러 교회가 세워져 있었다(1:8; 8:5; 11:19). 누가는 두로와 시돈에도 교회가 있었다고 한다(21:3-4; 27:3).

'돌아온 일'(ἐπιστροφή)은 신약에서 이곳에만 사용되는 용어이며, 이방인들이 우상을 버리고 이스라엘의 메시아이자 구원자이신 예수님을 통해 죄 사함을 받고 살아 계신 하나님의 백성이 된 일을 표현한다(Schnabel). 그들의 간증과 증언을 들은 각 교회의 형제들이 모두 다 크게 기뻐했다(3b절). 모든 성도가 바울과 바나바의 이방인 사역을 전폭적으로 지지하고 공감했다는 뜻이다.

안디옥 교회가 사절단으로 파견한 무리가 드디어 예루살렘에 도착했다(4절). 그들은 교회와 사도와 장로들에게 영접받고 그동안 있었던 이방인 선교에 대해 보고했다. 바울과 바나바는 바보에서 기브로의 총독 서기오 바울이 회심한 일(13:7-12)과 갈라디아 지역에 여러 교회를 개척하고 장로들을 지도자들로 세운 일(14:23) 등에 대해 말했을 것이다. 그들은 이방인 선교를 '하나님이 자기들과 함께 계셔 행하신 일'(ὁ θεὸς ἐποίησεν μετ' αὐτῶν)이라고 한다. 자신들은 하나님의 도구일 뿐 모든 일은 하나님이 하신 일이라며 하나님께 영광을 돌리고 있다. 바울은 항상 유대인이든 이방인이든 하나님이 그들을 믿게 해 구원에 이르게 하신다고 한다(cf. 고전 1:18-2:5).

이방인 선교에 대한 보고를 받은 예루살렘 교회의 사도들과 장로들과 교인들은 대부분 매우 기뻐했을 것이다. 그러나 바리새파 중에 어떤 믿는 사람들은 이방인들이 하나님의 백성이 된 것을 기뻐하는 것이 아니라, 그들에게도 할례를 행하고 모세의 율법을 지키게 해야 한다고 했다(5절). 개역개정이 '마땅하다'로 번역한 단어(δεῖ)는 반드시 필요하다는 뜻이다(cf. ESV, NAS, NIV, NRS). 한마디로 바울과 바나바는 선교 랍시고 '헛일'을 하며 돌아다녔다는 말이다. 이 자들은 베니게와 사마리아 성도들과 매우 다른 생각을 가지고 있다.

'바리새파'(τῆς αἱρέσεως τῶν Φαρισαίων)를 직역하면 '바리새인으로 구성된 당(종파)'이라는 뜻이다. 누가가 이 사람들을 이렇게 부르는 것은 실제로 예루살렘 교회 안에 바리새인 출신 성도들이 당(종파)을 형성하고 있었기 때문이 아니라, 이들과 같은 생각을 공유하는 사람이 여럿 있었다는 의미다(Bock, Longenecker). 이들은 매우 강경한 보수파 유대인 그리스도인이다(Marshall). 그들 생각에 기독교는 유대교의 한 종파(sect)이므로 이방인 성도들도 유대교로 개종한 자들(proselytes)처럼 할례를 받고 율법을 지켜야 한다. 바울도 바리새인 출신이지만(cf. 빌 3:5), 이 사람들의 관점은 바울의 것과 참으로 대조적이다.

이 말씀은 우리가 자라 온 환경과 배경이 얼마나 큰 영향을 미칠 수 있는지 되돌아보게 한다. 유대에서 안디옥으로 온 사람들(1절)과 이방인 선교에 대한 보고를 듣고 기뻐하기는커녕 바울과 바나바가 잘못했다며 이방인에게도 할례를 행하고 율법을 가르쳐야 한다고 주장하는 이들(5절)은 모두 유대교에서 자란 사람들이다. 그들은 이방인 그리스도인을 유대교 개종자처럼 취급해야 한다고 한다. 그들은 자신들이 살아온 배경의 노예가 되어 있으며, 익숙한 옛 방식대로만 생각할 뿐 기독교 진리를 받아들일 생각을 하지 못한다. 우리도 혹시 과거에서 비롯된 선입관과 편견에 얽매여 진리를 왜곡하거나 보지 못하는 것은 아닌지 되돌아보아야 한다.

교회는 굳어 있는 돌과 같은 무기체가 아니다. 다양한 견해가 있고, 때로는 이 견해들이 대립하는 유기체다. 중요한 것은 서로 다른 생각과 주장을 어떻게 해소해 나가느냐 하는 것이다. 유대에서 온 자들은 바울과 바나바가 제시한 기독교 진리를 받아들일 생각이 없다. 결국 심각한 다툼과 변론이 일어났고, 안디옥 교회는 예루살렘에 있는 사도들과 장로들의 판단을 구하기로 했다. 그러나 교회의 공식적인 판단이 나온 후에도 이들은 진리를 거부하며 자기들이 하던 일을 계속할 것이 다. 결국 그들은 계속 고집을 피우다가 이단으로 전락한다. 누구든 다 른 생각을 가질 수는 있지만, 기독교 진리에 어긋나는 것은 과감히 버 려야 한다.

> V. 아나톨리아(12:25-15:35)
> B. 예루살렘 공의회(15:1-35)

2. 논의와 결정(15:6-21)

⁶ 사도와 장로들이 이 일을 의논하러 모여 ⁷ 많은 변론이 있은 후에 베드로 가 일어나 말하되 형제들아 너희도 알거니와 하나님이 이방인들로 내 입에 서 복음의 말씀을 들어 믿게 하시려고 오래 전부터 너희 가운데서 나를 택 하시고 ⁸ 또 마음을 아시는 하나님이 우리에게와 같이 그들에게도 성령을 주 어 증언하시고 ⁹ 믿음으로 그들의 마음을 깨끗이 하사 그들이나 우리나 차별 하지 아니하셨느니라 ¹⁰ 그런데 지금 너희가 어찌하여 하나님을 시험하여 우 리 조상과 우리도 능히 메지 못하던 멍에를 제자들의 목에 두려느냐 ¹¹ 그러 나 우리는 그들이 우리와 동일하게 주 예수의 은혜로 구원 받는 줄을 믿노 라 하니라 ¹² 온 무리가 가만히 있어 바나바와 바울이 하나님께서 자기들로 말미암아 이방인 중에서 행하신 표적과 기사에 관하여 말하는 것을 듣더니 ¹³ 말을 마치매 야고보가 대답하여 이르되 형제들아 내 말을 들으라 ¹⁴ 하나 님이 처음으로 이방인 중에서 자기 이름을 위할 백성을 취하시려고 그들을 돌보신 것을 시므온이 말하였으니 ¹⁵ 선지자들의 말씀이 이와 일치하도다 기 록된 바

¹⁶ 이 후에 내가 돌아와서

다윗의 무너진 장막을

다시 지으며

또 그 허물어진 것을

다시 지어 일으키리니

[17] 이는 그 남은 사람들과

내 이름으로 일컬음을 받는

모든 이방인들로

주를 찾게 하려 함이라

하셨으니 [18] 즉 예로부터 이것을 알게 하시는 주의 말씀이라 함과 같으니라 [19] 그러므로 내 의견에는 이방인 중에서 하나님께로 돌아오는 자들을 괴롭게 하지 말고 [20] 다만 우상의 더러운 것과 음행과 목매어 죽인 것과 피를 멀리 하라고 편지하는 것이 옳으니 [21] 이는 예로부터 각 성에서 모세를 전하는 자가 있어 안식일마다 회당에서 그 글을 읽음이라 하더라

예루살렘 교회 안에 있는 바리새파 사람들이 바울과 바나바의 선교 보고를 듣고 기뻐하기는커녕 오히려 그들이 이방인 회심자들에게 할례를 행하지 않고 율법을 지키라고 명령하지 않은 것은 잘못이라며 문제를 제기하자 사도들과 장로들이 이 일을 논하기 위해 모였다(6절). 안디옥 교회에서 올라온 바울 일행도 자초지종을 설명하며 이방인 성도들과 율법에 대해 자문하기 위해 왔다며 이 이슈를 논의해 줄 것을 공식적으로 의뢰했을 것이다.

사도들과 장로들 앞에서 이방인 성도에게도 할례를 행하고 모세 율법을 지키게 해야 한다는 사람들과 그렇지 않다는 사람들 사이에 많은 변론이 오갔다(7a절). 매우 활발한 논쟁이 교회를 대표하는 지도자들 앞에서 벌어진 것이다.

장로들과 사도들은 양쪽의 변론과 반론을 모두 경청한 뒤 자기들끼리 의논하는 시간을 가졌다(Bock, Bruce, Schnabel). 교회가 일곱 일꾼을 세울 때(cf. 6장)는 사도들만 이런 시간을 가진 후 결정했는데, 이번에는 장로들과 함께 이 이슈를 의논하고 있다. 시간이 지나면서 교회의 행

정 체계와 틀이 자리를 잡아가고 있다.

베드로가 일어나 사도들과 장로들을 '형제들'이라 부르며 자기 생각을 발표했다(8-11절). 그가 하는 말을 보면 더는 예루살렘 교회의 리더가 아니라 이방인을 전도하는 선교사로서 바울의 주장을 변호한다(Culmann). 실제로 베드로와 바울이 발언한 다음에 야고보가 최종적으로 발언하는 것으로 보아 야고보가 예루살렘 교회의 지도자인 것이 확실하다. 베드로는 하나님이 이방인 선교를 위해 세우신 첫 사도다.

베드로는 7년 전 예루살렘을 떠나 곳곳을 다니며 선교하다가 이 모임에 참석하게 되었다(Schnabel cf. 12:17). 만일 그가 예루살렘 공의회가 있기 몇 달 전에 안디옥에서 바울에게 공개적으로 책망받은 것이라면(cf. 갈 2:11-21), 베드로는 그 일이 있고 난 뒤로 이방인과 율법의 관계에 대해 많은 생각을 한 후에 이 회의에서 발표하고자 하는 그의 견해에 도달한 것으로 보인다.

첫째, 베드로는 이방인들이 자기 입에서 복음의 말씀을 듣고 믿게 하시려고 하나님이 오래전부터 그를 택하셨다고 한다(7절). 사도행전에서 '복음'(εὐαγγέλιον)이 이곳에서 처음으로 사용되고 있으며, 20:24에서 한 번 더 사용될 것이다. 베드로는 예수님을 통해 죄 사함을 받고 하나님의 자녀가 된다는 '복음'에 대한 올바른 반응은 '믿음'(πιστεῦσαι)이라고 한다.

베드로는 자신을 사용해 이방인에게 처음으로 구원의 문을 여신 분은 하나님이라고 한다. 사실 베드로도 하나님이 이방인들을 구원하실 것이라고 생각하지 않아 처음에는 선뜻 나서지 않았다(cf. 10:14-15). 그러나 하나님은 베드로의 생각과 상관없이 이방인들을 구원하셨다. 그러므로 만일 유대인 성도들이 이방인이 교회에 들어오게 된 것에 대해 누구를 원망하려면 하나님을 원망해야 한다(Bruce).

베드로는 수년 전에 예루살렘을 떠나 곳곳에서 이방인에게 선교하다가 왔다. 그가 이방인 선교에 눈을 뜨게 된 계기는 고넬료와 친지들의 회심이었다. 벌써 10여 년 전 일이며, 사도행전이 이 일을 언급하는 것은 이번이 세 번째다(Bock, Longenecker, cf. 10장; 11:1-18). 저자인 누가에게도 이 사건이 매우 중요한 일이었던 것이다. 베드로는 고넬료 일 이후 전도를 통해 하나님께 인도한 수많은 이방인도 떠올렸을 것이다.

어떻게 생각하면 이방인이 하나님의 자녀가 되는 일은 이미 구약의 '할례' 개념에서 예견되었다고 할 수 있다. 예레미야 선지자는 사람에게 중요한 것은 육체적인 할례가 아니라, 마음의 할례라고 한다: "유다인과 예루살렘 주민들아 너희는 스스로 할례를 행하여 너희 마음 가죽을 베고 나 여호와께 속하라 그리지 아니하면 너희 악행으로 말미암아 나의 분노가 불 같이 일어나 사르리니 그것을 끌 자가 없으리라"(렘 4:4). 이스라엘 사람들만 하는 육체적인 할례는 별 의미가 없고, 세상 모든 사람이 할 수 있는 마음의 할례가 중요하다고 하시니 말이다. 그러므로 예레미야는 이방인이라도 '마음의 할례'를 받으면 주의 백성이 될 수 있다는 것을 암시한다.

둘째, 베드로는 사람의 마음을 아시는 하나님이 유대인과 이방인에게 동일한 성령을 주셔서 유대인뿐 아니라 이방인도 하나님의 백성이 되었음을 증언하셨다고 한다(8절). 하나님은 그 누구보다도 사람의 마음을 잘 아시는 분이다. 이방인의 마음도 잘 아시는 하나님이 그들에게 구원을 베풀 만하다며 유대인에게 주신 성령을 그들에게도 주셨다. 예전에 성령이 오순절 때 예고 없이 예루살렘에 모여 기도하던 유대인 성도들에게 임하셨던 것처럼, 베드로가 고넬료 집에서 복음을 선포하는 중에 이방인들에게 예고 없이 임하셨다(10:44). 성령의 임재는 하나님이 이방인을 유대인처럼 자기 백성으로 받으신 일을 보증한다.

중요한 것은 할례를 받지 않은 이방인들에게 성령이 임하셨다는 사실이다. 하나님은 이방인을 자기 백성으로 삼으실 때, 그들에게 먼저 할례를 요구하지 않으시고 그들의 모습 그대로 받으셨다. 만일 하나님이 이방인을 자기 백성으로 받지 않으시거나 그들이 부정했다면 성령이 그들에게 임하지 않으셨을 것이다. 그러므로 할례를 받고 율법을 지킴으로써 구원을 얻게 된다는 주장은 설득력이 없다. 하나님은 할례 여부에 개의치 않으시고 이미 수백, 혹은 수천 명의 이방인을 구원하셨기 때문이다.

셋째, 베드로는 하나님이 믿음으로 이방인들의 마음을 깨끗이 하셔서 이방인과 유대인을 차별하지 않으셨다고 한다(9절). 하나님이 믿음으로 이방인과 유대인의 경계(barrier)를 허무신 것이다(cf. 엡 2:14-22). 그러므로 성령은 2장에서 새로운 시대의 시작을 알리며 유대인 성도들에게 임하신 것처럼, 10장에서는 이방인들에게도 임하시며 새로운 시대의 시작을 알리셨다. 새로운 시대는 이방인인 고넬료와 그의 친지들이 할례와 율법이 아니라 믿음으로 구원에 이르게 했다.

넷째, 베드로는 유대인들도 메지 못한 멍에를 제자들 목에 두는 것은 옳지 않다고 한다(10절). '제자들'(τῶν μαθητῶν)은 예수님을 구주로 영접해 하나님의 자녀가 된 이방인들이다. 이 이방인들은 이미 예수 그리스도께서 이루신 일을 통해 구원을 얻었다. 그러므로 이미 구원을 얻은 사람들이 구원을 얻기 위해 율법도 지켜야 한다는 것은 앞뒤가 맞지 않는 말이며, 그들이 쓸 필요가 없는 멍에에 불과하다. 율법의 멍에는 유대인뿐 아니라 그들의 조상들도 메는 데 실패했다.

베드로는 율법을 가리켜 유대인들과 그들의 조상도 지지 못한 멍에라고 한다. 율법은 원래 좋은 것이다(출 19:5; 24:7-8; 레 18:1-5; 신 4:7-18, 32-40; 시 19편; 롬 7:12). 그러나 사람이 율법을 온전히 지키는 것은 거의 불가능하다(Gaventa, Jervell, cf. 롬 7장). 게다가 10여 년 전에 이미 구원받은 고넬료와 친지들은 이때까지 율법 없이 믿음 생활을 잘하고 있다. 그런데 이제 와서 그들에게 율법을 지켜야 한다고 하는 것은 그들에게 필요 없는, 또한 유대인들도 메지 못한 멍에를 메어 주는 격이다.

또한 이방인들에게 율법을 지켜야 한다는 멍에를 메게 하는 것은 하나님을 시험하는 일이다. 하나님은 이미 믿음으로 이방인들의 마음을 깨끗하게 하셨다. 그러므로 그들에게 율법을 지키라고 하는 것은 그들을 부정하게 여기는 것이며 동시에 하나님의 정결하다는 선언을 부인하는 행위이므로 하나님을 시험하는 것이라 할 수 있다(Bock). 사탄이 예수님을 시험한 일을 생각나게 한다(눅 4:2).

또한 이방인도 율법을 지켜야 한다고 주장하는 이들은 예수님이 바알세불을 힘입어 귀신을 쫓아냈다며 예수님을 시험한 자들과 별반 다를 바 없다(Schnabel, cf. 눅 11:15-16). 아나니아와 삽비라는 하나님을 시험하다가 죽었다(5:9). 하나님이 이방인들에게 요구하신 것(믿음) 이상을 그들에게 요구하는 것(그들의 목에 율법의 멍에를 메어 주는 것)은 하나님의 인내심을 시험하는 일이며, 심판을 자초하는 일이다(Culmann). 그러므로 베드로는 매우 강력한 어조로 이렇게 경고한다(Barrett, Fitzmyer, cf. 출 15:22-27; 17:2).

다섯째, 베드로는 이방인이나 유대인이나 주 예수의 은혜로 구원받는 것은 동일하다고 한다(11절). 아무리 모세 율법에 대해 잘 알고 준수하는 유대인이라도 율법을 통해서 구원받은 것은 아니다. 베드로는 아마도 이 말을 하면서 갈라디아에 머무는 동안 예루살렘에서 내려온 사람들이 두려워 이방인 성도들에게 입힌 상처를 생각했을 것이다(Schnabel, cf. 갈 2:11-14). 그는 그 일에 대해 많이 반성했다.

베드로는 이 같은 다섯 가지를 지적하며 스피치를 마무리했다. 사도행전에 기록된 베드로의 마지막 말이며, 그의 신학이 반영된 신앙 고백이기도 하다. 베드로가 사도행전에서 한 마지막 일이 이방인 선교의 정당성을 옹호한 것이라는 사실이 인상적이다(Hengel). 한때 베드로는 이방인에게도 구원이 임하는 것에 대해 상당히 부정적인 생각을 가졌기 때문이다.

베드로의 스피치가 끝나자 한동안 침묵이 흘렀다. 열두 사도 중에서도 리더인 베드로가 이렇게 말했으니 이 회의는 결말에 도달한 것이나 다름없다. 그러므로 그의 스피치는 이 회의의 전환점(turning point)이다

(Longenecker).

바나바와 바울이 베드로의 뒤를 이어 증언했다(12절). 그들의 말은 세상 말로 베드로가 한 말에 대한 '확인 사살'이나 다름없다. 두 선교사는 하나님이 어떻게 자신들을 통해 이방인을 구원하시며 표적과 기사를 행하셨는지에 초점을 맞추어 증언했다. 바보에서 바예수가 앞을 보지 못하게 하신 일(13:11), 이고니온에서 행하신 여러 표적과 기사들(14:3), 루스드라에서 평생 걸어 본 적 없는 사람을 걷게 하신 일(14:8-10) 등을 회고했을 것이다. 오순절에 임하신 성령이 유대인 성도들에게 많은 기적을 베푸신 것처럼, 하나님이 이방인을 구원하실 때도 그들에게 많은 기적을 베푸셨다는 것이다. 사도행전에서 기사와 표적은 하나님이 사역자로 세우신 이들과 함께하며 그들의 사역을 인정하신다는 증거다(Barrett).

바나바와 바울이 이방인들에게도 표적과 기사가 임했다고 증언하자 야고보가 말했다(13절). 그는 이 회의에서 마지막으로 말하며, 가장 길게 스피치한다. 야고보는 예루살렘 교회의 최고 지도자이자 유대인 그리스도인들의 대표 자격으로 말한다(Bock, Fernando, cf. 12:17; 21:18-24; 갈 2:9).

야고보는 예수님의 동생이며, 사도들이 예루살렘에서 흩어진 다음(cf. 8장) 예루살렘 교회의 지도자가 되었다(cf. 12:17). 그가 지도자가 된 것은 예수님과의 혈육 관계 때문이 아니라, 그의 인격으로 인해 된 일이다(Bruce). 그러므로 그는 '의로운 야고보'(James the Just)라는 별명으로 불리기도 한다(Longenecker). 성경 외에도 야고보에 대한 자료가 상당히 남아 있다. 그는 성도들과 예루살렘 주민들을 위해 많은 기도를 드리며 경건한 삶을 산 것으로 유명한 사도다(cf. Bock, Schnabel). 그는 주후 62년에 예루살렘에서 돌에 맞아 순교했으며, 많은 사람이 그의 죽음으로 인해 충격받았다고 한다(Bruce).

야고보는 베드로가 한 말에 전적으로 동의한다며 하나님이 이방인 중에서 자기 백성을 삼기 위해 그들을 돌보셨다고 한다(14절). 그가 베드로를 그의 히브리어 이름인 '시므온'으로 부르는 것은 아마도 지금 아람어로 말하고 있다는 것을 암시하는 듯하다(Schnabel). 그는 유대인 그리스도인들을 대표하는 지도자로서 발언하고 있다.

사도행전에서 '백성'(λαός)은 항상 유대인을 뜻한다(7:34; 13:17). 구약에서도 '이방인'(ἔθνος)은 항상 이스라엘 사람들을 뜻하는 '백성'(λαός)과 대조를 이룬다(cf. 신 26:18-19; 32:8-9; 시 134:12). 칠십인역(LXX)에서 이 두 단어가 함께 사용되는 신명기 14:2은 두 단어의 차이를 확연하게 드러낸다: "너는 네 하나님 여호와의 성민이라 여호와께서 지상 '만민'(πάντων τῶν ἐθνῶν) 중에서 너를 택하여 자기 기업의 '백성'(λαὸν)으로 삼으셨느니라."

그러므로 하나님이 '이방인 중에서 자기 이름을 위할 백성'(ἐξ ἐθνῶν λαὸν τῷ ὀνόματι αὐτοῦ)을 취하셨다는 것은 옛적에 하나님이 이스라엘을 세상 민족 중에서 취해 자기 백성으로 삼으신 것처럼, 이번에는 이방인 성도들을 세상 민족 중에서 취해 자기 백성으로 삼으셨다는 뜻이다(Tannehill). 야고보는 언약 백성인 이스라엘과 그리스도를 통해 하나님의 백성이 된 이방인 모두 전혀 다를 바 없는 하나님의 백성이라고 한다. 이방인들은 유대인이 되지 않고도 하나님의 자녀가 될 수 있으므로 바리새파 성도들은 어떤 전제 조건 없이 이방인 성도들을 환영해야 한다는 뜻이다.

'이스라엘'은 더는 인종이나 종교적 의식(ritual practice)으로 정의될 수 없다(Schnabel). 십자가에서 죽으시고 부활하신 이스라엘의 메시아이자 구원자이신 예수 그리스도를 믿는 사람들이다. 이러한 사실은 결코 새로운 일이 아니다. 야고보는 선지자들의 말씀이 이방인이 대거 교회로 유입되고 있는 현 상황과 일치한다고 한다(15절). 스가랴 선지자는 이런 예언을 남겼다: "그 날에 많은 나라가 여호와께 속하여 내 백성이 될 것이요 나는 네 가운데에 머물리라 네가 만군의 여호와께서 나를 네게 보내신 줄 알리라"(슥 2:11).

베드로는 이방인들이 주님의 백성이 된 것은 하나님이 직접 개입해 이루신 일이라고 했다. 바나바와 바울은 최근에 있었던 이방인 선교 경험을 통해 성령이 행하신 표적과 기사를 그들이 하나님의 백성이 된 증거로 삼았다. 이제 야고보는 구약 말씀을 근거로 이방인들이 하나님의 백성 된 것은 선지자들을 통해 이미 예언된 일이므로 당연하다고 한다. 그러므로 베드로와 바나바와 바울과 야고보는 사도행전 10-14장에 기록된 이방인 선교에 관한 이야기를 요약하고 있다고 할 수 있다(Bock).

야고보는 16-17절에서 아모스 9:11-12을 인용하는데, 칠십인역(LXX)을 사용하고 있다. 야고보가 아람어로 말하는데 본문이 칠십인역을 인용한다는 점에서 어떤 이들은 이 부분이 야고보가 아니라 누가가 한 말이라고 한다(Haenchen). 그러나 별 설득력 없는 주장이다. 누가는 예루살렘 공의회에 대해 훗날 바울을 통해 들은 것이 확실하다. 그러므로 바울이 그에게 준 정보를 바탕으로 야고보의 스피치를 재구성하는 과정에서 야고보가 히브리어 성경을 인용한 것을 자신에게 익숙한 칠십인역 버전으로 표현한 것이다.

아모스는 하나님이 먼 훗날 다윗의 무너진 장막을 다시 지을 것이며, 허물어진 것을 다시 지어 일으키실 것이라고 했다(16절). 주의 백성 이스라엘의 회복에 대한 예언이다. 하나님이 다윗의 장막을 다시 지으시는 것은 이스라엘 사람만을 위한 일이 아니다. 온 인류를 위해 다윗의 장막을 다시 일으키신다(Bock). 다윗 장막의 회복은 다윗에게 약속하신 것을 이루는 일이며, 또한 아브라함을 통해 온 세상이 복을 누릴 것이라는 약속을 성취하는 일이다(cf. 창 12:3; 행 3:25-26; 갈 3장). 그러므로 하나님이 다윗의 무너진 장막을 일으키시는 일은 이방인까지 모두 포함하는 하나님의 계획이었다.

하나님은 이때 이스라엘 사람 중 남은 사람들과 이방인들 가운데 그분의 이름으로 일컬음을 받는 모든 백성을 구원에 이르게 하실 것이다 (17절). 아모스가 예언한 회복된 주의 백성 이스라엘은 아브라함의 후 손들과 이방인들을 모두 포함한다. 이 이방인들은 이스라엘의 남은 자 들처럼 메시아의 축복에 참여하는 자들이지만, 유대교로 개종한 자들 은 아니다. 그들은 계속 이방인 무리로 남으면서 이스라엘의 남은 자 들과 함께 하나님의 백성을 형성한다.

야고보는 이 말씀을 인용하며 교회는 마치 유대교가 개종자를 대하 는 것처럼 이방인 성도들을 대해서는 안 된다고 한다(Longenecker). 예수 님은 요한복음 10:16에서 이방인 그리스도인들에 대해 이렇게 말씀하 셨다: "또 이 우리에 들지 아니한 다른 양들이 내게 있어 내가 인도하 여야 할 터이니 그들도 내 음성을 듣고 한 무리가 되어 한 목자에게 있 으리라."

하나님은 이방인들이 예수님을 믿어 하나님의 백성이 되는 일을 이 미 구약 선지자들의 예언을 통해 알리셨다(18절). 다만 유대인 성도들 이 이러한 사실을 잘 깨닫지 못한 것뿐이다. 그러므로 야고보는 이방 인 중에서 하나님께 돌아오는 자들을 괴롭게 하지 말라고 한다(19절). '괴롭게 하다'(παρενοχλέω)는 신약에서 단 한 차례 사용되는 단어이며, 필요하지 않은 문제나 어려움을 준다는 뜻이다(BDAG). 이방인들이 할 례와 율법이 아니라 믿음으로 구원을 얻어 주님의 백성이 되는 일은 오래전부터 하나님이 계획하시고 선지자들을 통해 알려 주신 일이다. 그러므로 이방인 성도들에게 할례를 받고 율법을 지키라고 요구하는 것은 불필요한 어려움과 고통을 주는 것이다. 특히 성인들에게 할례를 받으라는 것은 매우 괴로운 일이다. 야고보는 이런 일이 없어야 한다 고 한다.

야고보는 다만 이방인 성도들도 우상의 더러운 것과 음행과 목매어 죽인 것과 피를 멀리하도록 편지하는 것이 옳다고 한다(20절). 야고보 는 이방인들이 피해야 할 네 가지를 제안하고 있다. 첫째, 우상의 더러운 것이다. '우상의 더러운 것'(ἀλισγημάτων τῶν εἰδώλων)은 우상 숭배로 인해 오염된 것과 우상에게 바쳐진 제물(cf. 15:29)을 뜻하며, 우상 숭배도 포함한다(Witherington, cf. 고전 5-6장, 8-10장; 살전 1:9-10).

둘째, 음행이다. 야고보가 음식법에 관해 말하는 중에 음행을 언급하는 것이 문맥에 잘 어울리지 않는다고 하는 이들도 있다. 그러나 '음행'(πορνεία)은 당시 거의 모든 문화권에 널리 퍼져 있는 매우 흔한 죄였다. 그러므로 이방인 성도들에게는 이러한 경고가 필요하다. 또한 신전 매춘도 매우 흔한 일이었기 때문에 제일 먼저 언급된 우상 숭배와도 연관이 있다. 어떤 이들은 상습적으로 음행하는 부도덕한 교인들과는 식사 교제를 하지 말라는 것으로 해석한다(Fernando, cf. 고전 5:9-11). 혹은 레위기 18:6-18을 근거로 이 말씀을 다양한 혈육 간의 결혼을 금하는 것으로 해석하는 이들도 있다(Bruce, Fitzmyer, cf. 고전 5:9-11).

셋째와 넷째는 목매어 죽인 것과 피다. 고대 사람들은 사람의 생명이 피 안에 있다고 생각했다. 살아 있는 것과 죽은 것의 가장 기본적인 차이는 피가 계속 돌고 있는가 혹은 멈추어 있는가이기 때문이다. 창조주에게 속한 생명에 대한 경이로움을 표현하기 위해 성경은 짐승을 먹을 때 피를 먼저 땅에 흘려 버리고(빼고) 고기만 먹으라고 한다(cf. 창 9:4; 레 3:17; 7:26-27; 17:10-14). 목매어 죽인 짐승의 경우 아직 피가 몸 안에 굳은 상태로 있으므로 먹기에 적합하지 않다.

야고보가 이방인 성도들에게 이렇게 하자고 하는 것은 이 지침들이 영구적으로 준수해야 할 원리적인 기준이기 때문이 아니다(Bock, Larkin, cf. 고전 9:19-23). 유대인들은 이런 것들을 매우 혐오했다. 교회는 아직도 유대인을 전도하고 있으며, 교회 안에도 유대인이 많았다(cf. 21절). 그래서 그들의 문화와 정서를 포용하는 의미에서 이렇게 하자고 제안한 것이다.

당시에는 여전히 각 성에서 모세를 전하는 자들도 있고, 안식일마다 회당에 모여 모세의 율법을 읽는 유대인들도 있었다. 바울과 바나바의 선교에 문제를 제기한 바리새파 그리스도인들도 여기에 포함되어 있다(cf. 15:5). 야고보는 이 사람들을 배려하는 차원에서 그들이 혐오하는 일을 하지 않게 하자는 취지에서 이방인 성도들에게 이 네 가지를 권하는 것이다(Schnabel).

이 말씀은 구원은 오직 예수 그리스도를 믿음으로 얻는 것이지 율법을 지키거나 선행 등을 통해 얻는 것이 아니라고 한다. 사도들과 예루살렘 교회 장로들은 사람이 어떻게, 또한 언제 구원받는가를 두고 난상 토론을 통해 심도 있게 논의했다. 그 결과 할례를 받은 적 없고 율법을 지킨 적 없는 이방인들이 구원에 이르게 된 것은 하나님이 시작하신 일이며, 성령도 회심한 이방인 성도들에게 많은 기적을 베풂으로써 그들의 구원이 할례를 받거나 율법에 따라 사는 것과 상관없이 하나님이 이루신 일이라는 것을 확인해 주셨다. 또한 구약의 예언자들도 때가 되면 하나님이 할례와 율법 준수와 상관없이 이방인 중에서 그분의 백성을 세우실 것이라고 예언했다. 유대인이든 이방인이든 상관없이 모든 사람은 예수님을 믿음으로써 구원을 얻는다. 그러므로 사도들과 장로들은 이방인 성도들에게 할례와 율법을 강요해야 한다는 자들의 주장을 받아들이지 않고 오직 믿음으로 구원에 이른다는 기독교 교리를 고수했다.

예루살렘 공의회는 충분히 논의하고 결정했다. 논의 과정에서 열띤 논쟁과 변론이 있었고, 누구든지 자유롭게 말할 수 있었다. 많은 논의 끝에 공동체가 결정하면 이제 모든 사람이 그에 순복해야 한다. 성령의 인도하심 아래 사도들과 장로들은 할례와 율법을 따르는 것은 구원과 상관없다고 했다. 다만 아직도 유대인이 주변에 많으니 그들을 배려하는 차원에서 그들이 혐오스러워하는 일은 자제하라고 했다.

이러한 결정에도 불구하고 바리새파 그리스도인들이 자신은 계속 율법을 지키겠다고 했다면 사도들은 반대하지 않았을 것이다. 오직 믿음으로 구원에 이른다는 기독교의 기본 진리를 훼손하지 않는다면 말이다. 또한 이 바리새파 사람들은 자신들의 기준을 다른 사람에게 강요해서는 안 된다. 우리는 중요한 이슈가 아닌 것에는 부드럽고 은혜로워야 한다.

> V. 아나톨리아(12:25-15:35)
> B. 예루살렘 공의회(15:1-35)

3. 회신과 전달자들(15:22-35)

[22] 이에 사도와 장로와 온 교회가 그 중에서 사람들을 택하여 바울과 바나바와 함께 안디옥으로 보내기를 결정하니 곧 형제 중에 인도자인 바사바라 하는 유다와 실라더라 [23] 그 편에 편지를 부쳐 이르되 사도와 장로 된 형제들은 안디옥과 수리아와 길리기아에 있는 이방인 형제들에게 문안하노라 [24] 들은즉 우리 가운데서 어떤 사람들이 우리의 지시도 없이 나가서 말로 너희를 괴롭게 하고 마음을 혼란하게 한다 하기로 [25-26] 사람을 택하여 우리 주 예수 그리스도의 이름을 위하여 생명을 아끼지 아니하는 자인 우리가 사랑하는 바나바와 바울과 함께 너희에게 보내기를 만장일치로 결정하였노라 [27] 그리하여 유다와 실라를 보내니 그들도 이 일을 말로 전하리라 [28] 성령과 우리는 이 요긴한 것들 외에는 아무 짐도 너희에게 지우지 아니하는 것이 옳은 줄 알았노니 [29] 우상의 제물과 피와 목매어 죽인 것과 음행을 멀리할지니라 이에 스스로 삼가면 잘되리라 평안함을 원하노라 하였더라 [30] 그들이 작별하고 안디옥에 내려가 무리를 모은 후에 편지를 전하니 [31] 읽고 그 위로한 말을 기뻐하더라 [32] 유다와 실라도 선지자라 여러 말로 형제를 권면하여 굳게 하고 [33] 얼마 있다가 평안히 가라는 전송을 형제들에게 받고 자기를 보내던 사람들에게로 돌아가되 [34] (없음) [35] 바울과 바나바는 안디옥에서 유하며 수다한 다른 사람들과 함께 주의 말씀을 가르치며 전파하니라

드디어 이방인 및 율법에 대한 사도들과 예루살렘 교회의 공식 입장

이 확정되었다. 이제는 모든 교회에 알려 정책에 반영하게 하는 일만 남았다. 이 이슈를 공식적으로 의뢰한 안디옥 교회뿐 아니라 사도들과 예루살렘 교회 장로들이 이 문제로 모임을 갖는다는 소식을 들은 여러 교회에서도 큰 관심을 가지고 기도하며 결과를 기다리고 있었을 것이다.

사도들과 장로들과 예루살렘 교회는 자신들을 대표할 두 사람, 곧 바사바라 하는 유다와 실라를 택해 바울과 바나바와 함께 이 이슈를 의뢰한 안디옥 교회로 보내기로 했다(22절). 유다와 실라는 사도들과 장로들과 예루살렘 교회가 보내는 편지의 공신력을 보증하는 사람들인 만큼 예루살렘 교회에서 존경받는 지도자들(인도자들)이며, 안디옥 교회에도 어느 정도 알려진 사람들이었을 것이다.

사도들이 두 사람을 보내는 것은 율법이 중요한 일에 대해 두 사람의 증인을 요구하기 때문이다(신 19:15). '바사바라고 하는 유다'는 사도행전이 이곳에서만 언급하는 인물이며, 신약의 다른 곳에서도 언급되지 않는다. '바사바'(Βαρσαββᾶς)는 '안식일의 아들'이라는 의미를 지닌 아람어 이름이다(Bock). 가룟 유다를 대신할 사도로 물망에 오른 두 사람 중 하나였던 요셉도 바사바로 불렸다(1:23).

사도행전 15:22-18:5은 '실라'(Σιλᾶς)를 12차례 언급하며, 신약 다른 곳에서는 그의 라틴어 이름 '실루아노'(Σιλουανός)로 불린다(cf. 고후 1:19; 살전 1:1; 살후 1:1; 벧전 5:12). 그는 이 일이 있은 지 얼마 후 바나바를 대신해 바울의 선교 파트너가 되어 빌립보, 데살로니가, 베뢰아, 아덴, 고린도 등을 방문한다(15:40; 16:19, 25, 29; 17:1, 4, 10, 15; 18:5). 예루살렘 교회를 대표하는 실라가 바울과 함께 선교한 것은 바울의 사역에 예루살렘 교회도 함께했다는 상징성을 더한다(Polhill). 실라는 바울처럼 로마 시민이었으며(16:37-38), 고린도에 머무는 동안 바울과 함께 데살로니가 교회에 두 편의 편지를 보냈다(cf. 살전 1:1; 살후 1:1). 또한 베드로와 마가와 함께 한동안 로마에 머물기도 했다(벧전 5:12).

바울 일행이 예루살렘에서 안디옥으로 가져간 사도들의 편지는 '사도와 장로 된 형제들'(Οἱ ἀπόστολοι καὶ οἱ πρεσβύτεροι ἀδελφοὶ)이라는 말로 시작하는데(23a절), 문법이 다소 부자연스럽다. 그래서 어떤 이들은 '형제들'을 삭제하고 '사도들과 장로들'로 번역하거나, '사도와 장로'를 삭제하고 단순히 '형제들'로 번역하거나, '사도와 장로와 형제들'로 번역하거나, '사도들과 장로인 형제들' 혹은 '당신들의 형제인 사도들과 장로들'로 번역할 것을 제안한다(cf. Longenecker, NAS, NIV). 어떻게 번역하든 간에 중요한 것은 이 편지가 '예루살렘 형제들'이 하나님 안에서 그들과 동등한 자격과 지위를 가진 '이방인 형제들'에게 보낸 편지라는 사실이다. 예루살렘에서 내려온 거짓 선생들은 이방인 성도들도 할례를 받고 율법을 지켜야 구원에 이른다며 그들을 마치 잘못된 신앙생활을 해 온 열등한 자처럼 취급했는데, 사도들과 예루살렘 교회 장로들은 하나님 안에서는 어떠한 차별도 있을 수 없다며 이방인 성도들을 동등한 형제로 대하고 있다.

그들은 '안디옥과 수리아와 길리기아'에 있는 모든 이방인 형제에게 문안한다(23b절). 안디옥 교회가 바울과 바나바를 예루살렘에 보냄으로써 예루살렘 공의회가 열렸지만, 이 회의에서 결정된 사항들을 담은 편지는 안디옥 교회뿐 아니라 수리아와 길리기아에 있는 교회들, 더 나아가 세상 곳곳에 세워진 모든 이방인 교회에 보내는 것임을 암시한다(cf. 15:19; 16:4; 21:25). 사도들은 교회들이 서로 돌려보도록 회람용 편지(encyclical letter)를 보낸 것이다(Le Cornu & Shulam, Witherington).

사도들의 문안은 23절에서 끝나며, 편지의 내용을 구성하는 24-29절은 누가복음 1:1-4처럼 한 문장으로 되어 있다(Bock). 그러므로 번역본마다 이 긴 문장을 끊는 곳이 조금씩 다르다. 사도들과 장로들이 들은 바에 따르면 예루살렘 교회에서 안디옥으로 내려간 어떤 사람들이 이방인도 할례를 받고 율법을 지켜야 구원에 이른다고 가르쳐 안디옥 성도들을 괴롭게 하고 마음을 혼란하게 하고 있다(24절). '괴롭게 하다'(ταράσσω)는 '흔들다'라는 의미를, '혼란하게 하다'(ἀνασκευάζω)는 파괴하고 무너뜨리는 것을 뜻한다(BDAG). '혼란하게 하다'는 신약에서 단한 차례 사용되는 단어로 침략자가 주민들을 약탈하는 모습을 배경으로 하는 전쟁 비유다(Bruce).

두 동사의 시제도 안디옥 교회의 상황에 의미를 더한다. 예루살렘에서 내려온 자들이 안디옥 교회 성도들을 괴롭게 하니(ἐτάραξαν, 부정 과거형), 그들이 계속 '혼란스러워하고 있다'(ἀνασκευάζοντες, 현재형 분사). 과거에 한 번 흔들어 놓은 여파가 아직도 계속되고 있다는 것이다. 그동안 그리스도 안에서 평안을 누리며 신앙을 지키던 안디옥 성도들이 외부 요인(예루살렘에서 내려온 거짓 선생들)으로 인해 영적 안정을 잃고 혼란을 겪고 있다. 참 선생들도 항상 신중해야 하는 것은 그들의 가르침이 이처럼 지대한 영향을 미치기 때문이다.

사도들은 이 거짓 선생들이 예루살렘 교회에서 나간 사람들이 맞지만, 자신들은 그들을 보낸 적이 없다고 한다(24절, cf. Bock, Schnabel). 이 사람들이 사도들과 장로들이 위임하지 않은 권위로 말하고 있다는 것이다. 아마도 이들은 사도들과 예루살렘 교회 장로들이 자신을 보냈다며 할례를 행하고 율법을 지켜야 구원에 이른다고 가르쳤을 것이다. 자신들이 가르치는 것과 사도들과 장로들의 생각이 같다고 한 것이다. 그러므로 사도들과 장로들은 그 사람들은 예루살렘 교회가 보낸 적 없는, 스스로 안디옥까지 가서 잘못된 것을 가르치는 거짓 선생들이므로 그들의 말을 듣지 말고 교회에 아예 발을 붙이지 못하게 하라는 뜻으로 이렇게 말한다.

사도들과 예루살렘 교회 장로들은 그들의 거짓된 가르침의 심각성을 깨닫고 상황을 바로잡기 위해 자신들을 대표하는 사람들을 세워 바나바와 바울과 함께 안디옥 교회로 보내는 것을 만장일치로 결정했다고 한다(25-26절). '결정하다'(δοκέω)는 공식적인 판결이나, 입장을 표할 때 사용되는 단어다(Schnabel). 그들에게 보내는 서신은 예루살렘 회의의 공신력을 지닌 문서라는 의미다.

　사도들과 장로들은 바나바와 바울에 대해 두 가지를 확인해 준다. 첫째, 그들은 주 예수 그리스도의 이름을 위해 생명을 아끼지 않는 사람들이다. '아끼지 않다'(παραδίδωμι)는 '넘겨주다, 내놓다'라는 의미를 지니며, 이 두 사람은 복음을 전파하기 위해 기꺼이 자신들의 생명을 내놓을 사람들이라는 것이다(Barrett). 바울과 바나바는 이미 삶으로 이러한 사실을 증명했다(cf. 14:19).

　둘째, 그들은 사도들과 예루살렘 교회와 장로들이 사랑하는 사람들이다. 바나바는 예루살렘 교회가 참으로 자랑스럽게 여기는 일꾼이며, 이방인을 중심으로 하는 교회가 안디옥에 세워졌다는 소식이 전해지자 그들을 가르치고 양육하도록 안디옥으로 파송했던 사람이다(11:22). 또한 바나바는 바울을 두려워해 만나기를 꺼리던 예루살렘 교회 사도들과 바울의 만남을 주선하기도 했다(9:27). 교회 지도자들은 두 사람이 참으로 귀한 주님의 일꾼들이라며 사랑을 표한다.

　예루살렘 사도들과 장로들은 자신들을 대표하는 유다와 실라를 편지와 함께 안디옥으로 보낸다며, 그들이 예루살렘 회의가 어떻게 진행되었으며 어떤 결정을 내렸는지 설명할 것이니 그들에게 귀를 기울여 달라고 한다(27절). 두 사람은 회의에 대한 증인 자격으로 안디옥으로 간 것이다. 어떤 이들은 이 두 사람의 이름이 서신에서 언급되는 것은 이 편지가 실제가 아니라 누가가 조작한 증거라고 한다(Conzelmann). 그러나 대부분 학자는 이러한 주장이 지나칠 뿐 아니라 근거가 없다고 한다(cf. Bock). 오히려 서신은 헬라 문화에 익숙한 누가보다 히브리 문화권에서 사는 야고보를 포함한 유대인 사도들이 사용할 만한 표현으로 가득하다(Longenecker).

　사도들과 장로들은 회의를 통해 내린 결정은 사람들하고만 논의한 결과가 아니며, 성령도 모든 절차와 과정에 함께하셨다고 한다(28절). 이 이슈에 대한 하나님의 뜻을 구했고, 성령의 인도하심을 받아 주님의 뜻을 받들고 있다는 것이다. 그 결과 요긴한 것 외에는 아무 짐도 그들에게 지우지 않는 것이 옳다고 결정했다(28절). '요긴한 것들'(τῶν ἐπάναγκες)은 '실용적인 것들'이라는 뜻이다(Longenecker, Schnabel). 사도들이 그들에게 요구하는 것 외에는 모두 이방인 성도들의 신앙을 짓누르는 짐이므로 질 필요가 없다.

사도들이 요긴한 것들로 지목하는 것은 이미 20절에서 야고보가 제안한 네 가지다. 우상의 제물과 피와 목매어 죽인 것과 음행을 멀리하는 것이다(29a절). 다만 20절의 '우상의 더러운 것'(τῶν ἀλισγημάτων τῶν εἰδώλων)이 이곳에서는 '우상의 제물'(εἰδωλοθύτων)로 바뀌었다는 차이가 있다. 당시 여러 도시에서는 짐승을 도축하면 우상에게 먼저 제물로 바치고 난 다음에 시중에 유통하는 것이 일상화되어 있었다(cf. 고전 8:4). 또한 와인과 음식도 우상 숭배에 사용되었으므로, 이 말씀은 이런 것을 모두 피하라는 권면이다.

이방인 성도들이 이러한 것들을 피하면 할례나 율법과 연관해 지켜야 할 것은 더 없다. 사도들은 "스스로 삼가면 잘되리라 평안함을 원하노라"(29b절)라는 말로 서신을 마무리한다. 지금까지 말한 것 외에는 이방인 성도들이 염려해야 할 어떠한 조건도 없다며 편지를 끝내고 있는 것이다.

사도들이 이방인 성도들에게 우상의 제물과 피와 목매어 죽인 것과 음행 등을 피하라고 한 이유는 이미 15:21에서 암시되었다. 로마 제국의 여러 도시에 사는 디아스포라 유대인들과 갈등을 빚지 않게 하려는 것이다. 아직도 그리스도인들이 회당을 찾아가 복음을 선포하는 상황에서 유대인들이 혐오하는 일들을 함으로써 그들의 심기를 불편하게 하는 것은 지혜로운 처사가 아니다. 또한 이런 이슈에 대해 아직 예민해 있는 유대인 성도들과 이방인 성도들의 원만한 교제를 위해 이방인들이 이러한 가이드라인을 지켜 주었으면 한다(Bock, Longenecker, Schneider). 이 부분을 이해하는 데 도움이 될 만한 말씀이 고린도전서

9:19-23이다.

> 내가 모든 사람에게서 자유로우나 스스로 모든 사람에게 종이 된 것은 더
> 많은 사람을 얻고자 함이라 유대인들에게 내가 유대인과 같이 된 것은 유
> 대인들을 얻고자 함이요 율법 아래에 있는 자들에게는 내가 율법 아래에
> 있지 아니하나 율법 아래에 있는 자 같이 된 것은 율법 아래에 있는 자들
> 을 얻고자 함이요 율법 없는 자에게는 내가 하나님께는 율법 없는 자가
> 아니요 도리어 그리스도의 율법 아래에 있는 자이나 율법 없는 자와 같이
> 된 것은 율법 없는 자들을 얻고자 함이라 약한 자들에게 내가 약한 자와
> 같이 된 것은 약한 자들을 얻고자 함이요 내가 여러 사람에게 여러 모습
> 이 된 것은 아무쪼록 몇 사람이라도 구원하고자 함이니 내가 복음을 위하
> 여 모든 것을 행함은 복음에 참여하고자 함이라(고전 9:19-23).

바울과 바나바와 유다와 실라 등을 중심으로 한 무리가 사도들과 장로들이 써 준 공식 편지를 받아 들고 안디옥으로 내려갔다(30a절). 그들은 안디옥 교회 성도를 모두 모아 놓고 자신들이 받아온 편지를 전해 주었다(30b절). 사도들의 편지를 읽어 주자 온 공동체가 예루살렘 교회 지도자들이 편지를 통해 위로하는 말을 기뻐했다(31절). 이방인도 할례를 받아야 하며 율법을 지켜야 구원을 얻을 수 있다는 가르침은 더는 왈가왈부할 필요가 없는 이단 사설로 밝혀졌다. 이제는 이런 주장을 하는 사람들을 교회에서 배척하면 된다.

사도들과 장로들의 편지가 안디옥 교회에 큰 위로가 된 이유는 온 교회가 지난 수년 동안 바울과 바나바를 선교사로 파송해 이방인들을 전도하고 제자로 삼으면서 할례와 율법을 지킬 것을 요구하지 않은 것이 잘못된 일이 아니며 하나님이 기뻐하시는 일이라는 사실이 드러났기 때문이다. 또한 이방인이 그리스도인이 되려면 먼저 유대교로 개종하지 않아도 된다는 사실을 사도들이 재차 확인해 주었으니 참으로 기

뺐다(Schnabel). 이제 지난 몇 달 동안 거짓 선생들로 인해 혼란스러웠던 교회에 평안이 찾아올 것을 기대할 수 있게 되었다.

예루살렘 교회 지도자들을 대표해 안디옥을 찾아온 유다와 실라는 선지자들이었다(32a절). 그들도 안디옥 교회 성도들을 여러 말로 권면하고 격려하며 믿음을 굳세게 했다(32b절). '여러 말'(λόγου πολλοῦ)은 여러 개의 스피치를 뜻하는 것이 아니라 하나의 긴 메시지를 의미한다 (Bock, cf. NAS).

유다와 실라는 한동안 안디옥에 머물다가 성도들의 환송을 받고 예루살렘으로 돌아갔다(33절). 사도들과 장로들을 대표해 사절로 왔다가 때가 되자 보낸 이들에게 돌아간 것이다. 개역개정은 34절이 없다고 하는데, 일부 사본은 34절에 "실라는 그들과 함께 유하기를 작정하고"(ἔδοξε δὲ τῷ Σίλᾳ ἐπιμεῖναι αὐτοῦ) 혹은 "실라는 그곳에 머무는 것을 좋게 여겨 유다 홀로 돌아갔다"라는 말을 포함한다. 아마도 15:40을 염두에 두고 삽입한 문장으로 보인다. 그러나 대부분 주요 사본에는 이러한 말이 없으므로 번역본들도 34절을 '없음'으로 표기한다(cf. 개역개정, 새번역, 공동, 아가페, ESV, NIV). 예루살렘에서 온 사람들이 돌아간 다음에도 바울과 바나바는 계속 안디옥에 남아 다른 선생 여러 명과 함께 성도들에게 주의 말씀을 가르치며 전파했다(35절). 전도와 양육에 힘쓴 것이다.

이 말씀은 교회의 정책과 이슈는 공개적인 변론과 논쟁을 통해 결정해야 하며, 결정된 사항은 공개적으로 선포하라고 한다. 사도들과 예루살렘 교회 장로들은 안디옥 교회가 그들에게 이방인 성도들과 율법의 관계에 대해 자문하자 마치 공청회를 하듯 양쪽 주장과 반론을 모두 경청하고 난 뒤 기도하며 성령의 인도하심에 따라 결정했다. 또한 결정된 사항을 곧바로 공개하고 모든 교회가 볼 수 있도록 회람용 서신을 만들어 자신들을 대표하는 이들을 통해 안디옥 교회로 보냈다. 만일 우리 한국 교회가 무엇을 의결할 때 투명하게 진행하고 성도 누구든 알 수 있도록 공개한다면 비리가 많이 줄어들 것이다.

잘못된 가르침은 사람의 영혼을 공허하고 방황하게 하는 약탈 행위다. 또한 한 번 안긴 상처는 잘 치료되지 않으며 하나님과 복음에 대한 오해를 불러일으킨다. 그러므로 사역자들은 하나님 말씀을 성실하게 배우고 정확히 알아 하나님이 기뻐하시는 진리만 성도들에게 가르쳐야 한다. 진리의 말씀이 선포되면 영혼이 건강해지고, 온갖 죄악에 얽매여 있던 사람들이 예수 그리스도 안에서 참 자유를 누리게 된다. 하나님의 복음은 사람들을 행복하게 하고 그들의 삶에서 질서를 확립하는 것이므로 괴롭게 하거나 혼란에 빠트리지 않는다.

Ⅵ. 그리스

(15:36-21:16)

이 섹션은 바울의 2차 선교 여행(15:36-18:23)과 3차 선교 여행(19:1-21:16)을 포함하며, 이 두 선교 여행 사이에 아볼로가 에베소에서 사역한 짤막한 이야기(18:24-28)가 끼여 있다. 바울의 사역에 관한 이야기를 읽어 가는 중 아볼로 이야기가 숨을 고르는 쉼표 역할을 하는 것이다.

바울은 소아시아와 마게도냐와 그리스를 돌며 사역하다가 3차 여행이 끝날 때 예루살렘으로 돌아간다. 스데반의 순교로 인해 예루살렘을 떠난 복음은 바울의 1차 선교 여행을 통해 소아시아 남쪽 갈라디아에 전파되었다. 이 섹션에서는 복음이 바울의 2차 및 3차 선교 여행을 통해 마게도냐와 그리스까지 전진한다. 다음 섹션(21:17-28:31)에서는 복음이 제국의 수도 로마까지 진출할 것이다. 본 텍스트는 다음과 같이 구분된다.

A. 두 번째 선교 여행(15:36-18:23)
B. 아볼로의 전도 활동(18:24-28)
C. 세 번째 선교 여행(19:1-21:16)

A. 두 번째 선교 여행(15:36-18:23)

예루살렘 공의회가 율법과 이방인 성도들의 관계에 대해 '교통정리'를 해 준 다음 시작된 이 선교 여행은 주후 49/50년 봄에 시작되어 주후 51/52년까지 3년 동안 진행되었다(Schnabel). 바울은 두 번째 선교 여행에서도 첫 번째 선교 여행에서처럼 유대인과 이방인의 폭력적인 저항과 음모를 이겨 내야 한다. 이번 여행은 더베, 루스드라, 브루기아, 갈라디아 등 첫 번째 선교 여행 때 들렀던 곳을 포함한다. 그는 하나님이 주신 환상에서 마게도냐 사람이 그쪽으로 넘어오라고 하는 것을 보고 마게도냐로 넘어가 드로아에서 선교를 시작한다. 유럽 본토를 공략하기 시작하는 것이다. 바울 일행은 드로아를 떠나 빌립보, 데살로니가, 베뢰아, 아덴, 고린도 등을 거쳐 모교회가 있는 안디옥으로 돌아간다. 이러한 여정을 회고하는 본 텍스트는 다음과 같이 구분된다.

A. 바울과 바나바가 갈라섬(15:36-41)

B. 디모데가 선교 팀에 합류함(16:1-5)

C. 마게도냐 사람 환상(16:6-10)

D. 빌립보(16:11-40)

E. 데살로니가(17:1-9)

F. 베뢰아(17:10-15)

G. 아덴(17:16-34)

H. 고린도(18:1-17)

I. 안디옥으로 돌아옴(18:18-23)

1. 바울과 바나바가 갈라섬(15:36-41)

[36] 며칠 후에 바울이 바나바더러 말하되 우리가 주의 말씀을 전한 각 성으로 다시 가서 형제들이 어떠한가 방문하자 하고 [37] 바나바는 마가라 하는 요한도 데리고 가고자 하나 [38] 바울은 밤빌리아에서 자기들을 떠나 함께 일하러 가지 아니한 자를 데리고 가는 것이 옳지 않다 하여 [39] 서로 심히 다투어 피차 갈라서니 바나바는 마가를 데리고 배 타고 구브로로 가고 [40] 바울은 실라를 택한 후에 형제들에게 주의 은혜에 부탁함을 받고 떠나 [41] 수리아와 길리기아로 다니며 교회들을 견고하게 하니라

바울과 바나바가 예루살렘 공의회의 서신을 가지고 안디옥으로 돌아온 지 며칠이 지났다(36a절). '며칠'(τινας ἡμέρας)은 '몇 주' 혹은 '몇 달'을 뜻한다(Schnabel). 만일 실라가 유다와 함께 예루살렘으로 돌아갔다면(cf. 15:33), 바울과 바나바는 예루살렘 공의회에 다녀온 다음 최소한 2개월간 안디옥에 머물렀을 것이다. 당시 여행 여건을 고려할 때 실라가 걸어서 예루살렘(편도 540km)을 다녀오려면 이 정도의 시간이 필요하다(Schnabel).

바울은 바나바에게 전에 주의 말씀을 전한 각 성으로 다시 가서 형제들이 어떠한지 방문하자고 했다. '각 성'(πόλιν πᾶσαν)은 그들이 교회를 세웠던 모든 곳을 뜻한다. 첫 번째 선교 여행(cf. 13-14장) 때 전도해 교회를 개척하고 장로들을 지도자로 세운 곳들을 돌아보며 성도들을 위로하고 격려하자는 것이었다. 오늘날로 말하면 일종의 '후속 조치'(follow-up)를 하자는 뜻이다. 바울은 선교 여행에서 돌아온 후 이때까지 내내 각 성의 성도들이 마음에 걸렸을 것이다. 기독교에 매우 적대적인 지역에 세워진 교회에 성경 한 권 준비해 주지 못하고, 이제 겨우 신앙에 눈을 뜬 사람들에게 예수님 안에서 계속 굳건히 있으라는

당부만 남긴 채 두고 왔으니 얼마나 안타까웠을까! 게다가 바울은 그들에게 예루살렘 공의회의 결정 사항에 대해 알려 주고 싶다(cf. 16:4).

바나바도 바울의 생각을 좋게 여겨 자기 생질, 곧 예루살렘에 사는 누이 마리아의 아들인 마가라 하는 요한도 함께 데리고 가자고 했다(37절; cf. 12:12; 골 4:10). 바울은 바나바의 제안에 동의하지 않았다. 첫 번째 선교 여행에서 셋이 함께 구브로(Cyprus) 사역을 마치고 배를 타고 그 섬을 떠나 밤빌리아에 있는 버가에 도착했을 때 마가는 더는 그들과 함께 선교하지 않고 예루살렘에 있는 어머니 마리아의 집으로 돌아갔다(13:13). 바울은 이 일을 회고하면서 자기들을 떠나(배신하고) 함께 일하러 가지 않은 마가를 데리고 가는 것은 옳지 않다고 했다(38절). 밤빌리아에서 마가와 헤어질 때 별로 좋지 않게 작별했음을 암시한다.

베드로는 몇 달(혹은 1년) 전에 안디옥에 머물며 이방인 성도들과 식탁 교제(table fellowship)를 하다가 예루살렘에서 유대인 성도들이 내려오자 그들의 눈치를 보느라 이방인들과의 교제를 멈춘 적이 있다. 이때 유대인인 바나바도 베드로의 위선에 동조해 이방인들과의 식탁 교제를 하지 않은 적이 있다(갈 2:13). 이때 일이 바울에게 상처로 남았기 때문에 더는 바나바와 함께 이방인 선교를 하고 싶지 않은 마음이 마가의 일에 반영된 것이라고 주장하는 이들이 있다(Bruce, Williams). 혹은 마가가 이방인 기독교인을 유대교화하려는 사람들(Judaizers)을 동원했기 때문이라는 추측도 있다(Longenecker). 바나바는 유대인 그리스도인의 관점으로 선교하고자 했고, 바울은 모든 유대교 율법에서 해방된 이방인 선교를 하고자 해서 동의할 수 없었다는 추측도 있다(Jervell, cf. Schnabel). 그러나 이러한 추측들은 예루살렘 공의회 이후에는 별 설득력이 없다(cf. Schnabel). 바울이 바나바를 비난한 것은 그의 위선이었지, 그의 신학적 입장이 아니었기 때문이다(갈 2:13).

마가에 대한 바울의 우려는 신학적인 것이 아니라 실용적인 것이었다(Bock). 첫 번째 선교 여행의 어려움을 견디지 못해 홀로 예루살렘으로 돌아간 마가가 더 험난할 수 있는 이번 여행을 견뎌 낼 것이라는 보장이 없다. 바울과 마가 사이에는 어느 정도 나이 차이가 있었고, 바울이 보기에 마가는 어리고 고생을 별로 해 본 적이 없어 연약하다. 그러므로 이번 선교 여행에도 별 도움이 되지 않고 오히려 짐이 될 것이 뻔해 보인다.

바울과 바나바는 마가의 일로 심히 다투었다(39a절). '심한 다툼'(παροξυσμός)은 서로 동의하지 못해 분노와 짜증을 내는 것을 뜻한다(BDAG). 둘 사이의 논의가 감정적인 싸움으로 번진 것이다. 결국 두 사람은 갈라서서 각자 따로 선교 여행을 떠나기로 했다(39b절). 바나바는 생질 마가를 데리고 배를 타고 자기 고향인 구브로로 떠났다(39c절; cf. 4:36). 첫 번째 선교 여행 때 바울과 바나바는 먼저 안디옥에서 구브로 섬으로 배를 타고 이동한 다음, 섬의 동북쪽에 있는 살라미에서 남서쪽에 있는 바보까지 섬을 횡단하며 복음을 전파했다(cf. 13:4-12). 그러므로 이 섬에도 돌보아야 할 교회가 여럿 있었다. 바울이 선교 여행 중 구브로에 방문하지 않는 것으로 보아 바나바와 합의해 그 섬에 있는 교회들은 바나바가 돌아보기로 한 것으로 보인다.

바울과 바나바의 갈등을 보며 우리는 사역자들의 영원한 고민거리를 생각하게 된다. 해야 할 사역을 먼저 고려할 것인가, 혹은 그 사역을 함께 할 사람을 먼저 고려할 것인가다(Marshall). 만일 해야 할 일이 먼저라고 생각하면 바울이 옳다. 반면에 함께 사역할 사람을 먼저 고려해야 한다면 바나바의 생각도 옳다. 아직은 미숙하고 부족한 마가를 데리고 다니며 든든한 사역자로 세우는 것도 매우 좋은 일이기 때문이다.

이제부터 사도행전의 저자인 누가는 바울에게 들은 이야기와 그와 함께 경험한 일들을 바탕으로 책을 전개해 나간다(Jervell). 훗날 바울과 바나바는 다시 동료가 된 것으로 보인다(cf. 고전 9:6; 골 4:10). 또한 바울은 마가를 귀하게 여길 뿐 아니라, 로마에서 순교할 무렵에는 그를 빨리 자기 곁으로 보내라고 한다(딤후 4:11; cf. 골 4:10; 몬 1:24).

바울은 실라와 함께 수리아와 길리기아를 다니며 교회를 견고하게 했다(40-41절). 실라는 예루살렘 교회의 지도자 중 하나다(15:22). 그가 예루살렘 지도자들의 대표로 안디옥 교회에 파견되어 하나님의 말씀으로 권면한 선지자인 것을 보면(15:32), 실라는 바울의 이방인 선교 방식을 적극적으로 지지했다. 또한 그는 로마 시민권을 소유했으므로 (16:37-38) 선교에 상당한 도움이 되었을 것이다. 서신서들은 그를 라틴어 이름 '실루아노'로 부른다(고후 1:19; 살전 1:1; 살후 1:1; 벧전 5:12). 어떤 이들은 그가 베드로의 말을 받아 적어 베드로전서를 완성했을 것이라고 한다(Bruce, cf. 벧전 5:12). 바나바와 마가가 한 팀이 되어 방문한 구브로섬과 바울과 실라가 한 팀이 되어 방문한 수리아와 길리기아 지역은 다음과 같다.

 길리기아는 바울의 고향인 다소가 있는 곳이며, 회심 후 주후 34-44년 사이에 8년 동안 선교한 곳이다(Schnabel, cf. 9:30; 11:25-26; 갈 1:21). 바울과 실라가 수리아와 길리기아를 통해 갈라디아로 넘어간 것은 아마도 바울이 육로로 이동하는 것을 선호했기 때문일 것이다(Bruce).

 바울의 새 선교 파트너로 실라는 매우 이상적이다. 사도들이 안디옥 교회에 보낸 편지는 수리아와 길리기아에 있는 교회에도 준 것이다(15:23). 또한 이 서신은 편지 내용이 사실임을 보장하기 위해 예루살렘 지도자들을 대표해 편지를 직접 가져간 두 사람 중 하나로 실라를 언급한다. 그러므로 바울이 여러 이방인 교회를 찾아다니며 예루살렘 교회 지도자들이 이방인들과 율법에 대해 결정한 내용을 전달할 때 실라가 공신력을 더한다(cf. 16:4). 이 여행 중 누가가 16:10에서 '우리'라는 말을 시작하는 것으로 보아 누가도 이 여행 중에 바울의 사역에 함께 참여하기 시작했다.

 이 말씀은 함께 사역하다가 도저히 더는 함께할 수 없다면, 갈라서서 각자의 길을 가는 것도 좋은 일이라고 한다. 연합이라는 이름으로 억제되지 않은 감정이나 상처를 짓누르거나 숨길 필요는 없다. 해소될 기미가 보이지 않으면 차라리 각자 따로 사역하는 것이 바람직하다. 바울과 바나바가 갈라섬으로 인해 두 선교 팀이 꾸려졌다. 둘이 한 팀으로 다니는 것보다 두 배나 더 많은 사역을 할 수 있다. 시너지 효과가 갈라설 때나 혹은 함께할 때 언제 더 많은지 생각해 보는 것도 좋은 방법이다.

VI. 그리스(15:36-21:16)
 A. 두 번째 선교 여행(15:36-18:23)

2. 디모데가 선교 팀에 합류함(16:1-5)

 [1] 바울이 더베와 루스드라에도 이르매 거기 디모데라 하는 제자가 있으니 그

어머니는 믿는 유대 여자요 아버지는 헬라인이라 [2] 디모데는 루스드라와 이고니온에 있는 형제들에게 칭찬 받는 자니 [3] 바울이 그를 데리고 떠나고자 할새 그 지역에 있는 유대인으로 말미암아 그를 데려다가 할례를 행하니 이는 그 사람들이 그의 아버지는 헬라인인 줄 다 앎이러라 [4] 여러 성으로 다녀 갈 때에 예루살렘에 있는 사도와 장로들이 작정한 규례를 그들에게 주어 지키게 하니 [5] 이에 여러 교회가 믿음이 더 굳건해지고 수가 날마다 늘어가니라

바울의 두 번째 선교 여정은 이미 세워진 교회를 돌아다니며 굳건하게 하는 것으로 시작한다(5절; cf. 15:41). 그가 방문하는 교회는 모두 이방인을 중심으로 형성된 공동체다. 그러므로 바울은 예루살렘 공의회에서 써 준 편지를 들고 다니며 이방인들은 예수님을 통해 구원을 얻기 위해 할례를 받거나 율법을 지킬 필요가 없다는 사실을 열정적으로 전파했을 것이다(cf. 4절).

바울이 더베를 거쳐 루스드라에 도착했다(1a절). 그는 바나바와 함께 첫 번째 선교 여행을 하며 세운 교회들을 돌아보고 있다. 그들은 원래 루스드라에서 사역하다가 바울이 돌에 맞아 거의 죽다시피해 그곳을 떠나 더베로 갔는데(14:6-20), 본문은 바울 일행이 더베를 거쳐 루스드라로 갔다고 한다. 바나바와 함께했던 1차 선교 여행 때와는 반대 방향으로 이 도시들을 찾아가고 있다. 다음 지도를 참조하라.

안디옥을 출발한 바울은 수리아를 거쳐 길리기아로 갔다(15:41). 길
리기아는 그의 고향 다소(Tarsus)가 있는 곳이다. 이곳에서 남갈라디
아 지역에 있는 더베와 루스드라로 가려면 북쪽에 있는 타우루스산
맥(Taurus mountains)을 넘어 '길리기아 문'(Cilician Gate)을 지나 서쪽으
로 뻗어 있는 로마 사람들의 '세바스테 도로'(Via Sebaste)를 통해 가
는 것이 가장 빠르다. 세바스테 도로를 통해 더베로 가려면 카파도키
아(Cappadocia)와 시다마리아(Sidamaria)에 있는 포단도(Podandos), 툰나
(Tynna), 구비스트라(Kybistra)를 거쳐야 한다(Schnabel, cf. Longenecker). 바
울은 이 길을 통해 더베를 먼저 방문하고, 그곳에서 150㎞ 서쪽에 있
는 루스드라로 간 것이다. 이후 그는 루스드라에서 30㎞ 떨어져 있는
이고니온을 방문한 것으로 보인다(cf. 2절). 바울은 그가 바나바와 함께
2년 전에 세웠던 교회들을 방문하고 있다(Schnabel).

더베를 거쳐 루스드라에 도착한 바울과 실라는 그곳에서 디모데라
하는 제자를 만났다(1b절). '디모데'(Τιμόθεος, Timothy)는 '하나님을 공경
하다'라는 의미를 지닌 좋은 이름이다. 어떤 이들은 디모데가 루스드
라가 아니라 더베 출신이라고 하지만(Barrett), 누가가 더베 다음에 루스
드라를 언급한 이후 그를 언급하는 것으로 보아 그는 루스드라 출신이
확실하다. 디모데의 어머니는 믿는 유대 여자였으며, 아버지는 헬라인
이었다(1c절). '믿는 유대 여자'(γυναικὸς Ἰουδαίας πιστῆς)는 그녀가 그리
스도인이었다는 뜻이다. 2년 전 바울과 바나바가 이곳을 방문했을 때
주님을 영접한 사람이다.

디모데의 어머니는 유니게(Εὐνίκη, Eunice)였으며, 할머니는 로이스
(Λωΐς, Lois)였다. 로이스도 유대인 그리스도인이었다(딤후 1:5). 그래서
바울은 디모데가 경건한 할머니와 경건한 어머니에게서 믿음을 이어
받았다고 한다(딤후 1:5). 디모데의 아버지에 대한 언급이 그 어디에도
없는 것으로 보아 바울이 그를 만났을 때 그의 헬라인 아버지는 이미
죽은 것으로 생각된다(Longenecker). 앞으로 디모데는 바울의 선교 팀에
속해 함께 사역할 것이며, 신약은 그의 이름을 매우 자주 언급할 것이
다(17:14-15; 18:5; 19:22; 20:4; 롬 16:21; 고전 4:17; 16:10; 고후 1:1, 19; 빌
1:1; 2:19; 골 1:1; 살전 1:1; 3:2, 6; 살후 1:1; 딤전 1:2, 18; 6:20; 딤후 1:2; 몬
1:1; 히 13:23). 디모데는 바울의 영적 아들이었다(딤후 1:2).

디모데는 루스드라뿐 아니라 근처(30㎞ 거리)에 있는 이고니온의 형제
들에게도 칭찬받는 사람이었다(2절). 이는 바울과 바나바가 선교를 마
치고 안디옥으로 돌아간 후에도 루스드라 교회와 이고니온 교회가 교
류하며 서로의 신앙을 북돋아 주었음을 암시한다. 신앙생활은 홀로 하
는 것보다 여럿이 함께 하는 것이 항상 더 즐겁고 뜨겁다.

바울은 디모데를 팀에 합류시켜 함께 선교 여정을 이어 가고자 했다
(3a절). 바울은 그가 주변 그리스도인들에게 칭찬받는 것도 좋게 여겼
지만, 그가 어릴 때부터 성경 교육을 받은 일(딤후 3:15)을 가장 귀하게

여겼을 것이다. 구약에 대해 별로 아는 바가 없고, 말씀이 적힌 책(두루마리)을 구하는 일이 참으로 어려운 상황에서 디모데처럼 어릴 때부터 성경 교육을 받아온 일꾼은 이방인 교회가 하나님을 알아가는 데 참으로 큰 도움이 될 것이기 때문이다.

바울이 디모데를 데리고 선교를 떠나고자 하는데 한 가지 문제가 생겼다. 디모데가 유대인 어머니와 헬라인 아버지 사이에 태어나다 보니 할례를 받지 않은 것이다. 유대교는 유대인이 이방인과 결혼하는 것을 금했다. 그럼에도 불구하고 이런 결혼이 실현되면 자녀들을 반드시 유대인으로 키워야 한다고 했다(Bock). 그들은 어머니가 유대인이면, 아이들도 유대인이라고 했다(Johnson, Longenecker). 그럼에도 불구하고 디모데가 어렸을 때 할례를 받지 않은 것은 그에 대한 법적인 권리를 지닌 헬라인 아버지가 반대했기 때문이다(Schnabel). 다행인 것은 디모데가 어렸을 때부터 회당을 출입하며 유대인 아이들처럼 성경 교육을 받았다는 사실이다(딤후 3:15).

디모데는 여태까지 받지 않았던 할례를 왜 이 시점에 받아야 하는가? 더욱이 예루살렘 공의회가 유대인이든 이방인이든 모두 다 믿음으로 구원에 이르지 할례와 율법을 통해 구원받는 것은 아니라고 공표했는데 말이다. 무엇보다도 디모데를 잘 아는 '유대인들'(τοὺς Ἰουδαίους) 때문이었다. 누가는 이 사람들이 그리스도인이 아니라고 한다. 만일 유대인 그리스도인을 의미했다면 '유대인 형제들' 혹은 '믿는 유대 남자들'이라 칭했을 것이다(cf. Schnabel).

디모데를 아는 유대인들은 그의 어머니가 유대인이며, 아버지는 헬라인이라는 사실을 알고 있었다(3b절). 당시 유대인들은 어머니가 유대인인데 아이가 할례를 받지 않으면 언약을 배신한 변절자로 간주했다(Bock). 그들은 이런 사람들과 상종하지 않으려 했다. 만일 디모데가 이방인뿐 아니라 유대인을 상대로 선교하고자 한다면, 그는 반드시 할례를 받아야 한다. 할례를 받지 않으면 유대인들이 디모데에게 마음의 문을 닫고 말할 기회조차 주지 않을 것이기 때문이다. 그러므로 디모데의 경우 교회 멤버십을 위해서는 할례가 필요 없지만, 사역을 위해서는 필요하다.

만일 디모데의 어머니도 이방인이었다면 할례가 필요 없으며, 바울도 할례를 받게 하지 않았을 것이다. 이방인 사역자가 할 수 있는 사역에 할례는 어떠한 영향도 미치지 않기 때문이다. 그래서 바울은 순수 이방인인 디도에게는 할례를 받게 하지 않았다(갈 2:3-5; cf. 고전 7:17-24). 반면에 반(半)유대인인 디모데의 경우에는 할례를 받지 않으면 그가 할 수 있는 사역에 많은 제한을 받는다. 또한 가는 곳마다 그가 반(半)유대인이면서 할례를 받지 않은 것이 논쟁거리가 될 것이다. 그러므로 디모데가 할례를 받지 않는 것은 매우 소모적인 갈등을 야기할 것이다(Bock).

할례를 받고 율법을 지키는 일이 그리스도를 통해 얻는 구원과 전혀 연관이 없다는 사실을 누구보다도 잘 아는 바울이(cf. 고전 7:18; 갈 5:2) 신학적인 차원이 아니라 실용적인 차원에서 디모데로 하여금 할례를 받게 했다(Johnson, Schnabel, cf. 21:21). 디모데의 유대인 뿌리와 그가 대할 유대인들을 존중해서 행한 일이다(Hengel, Jervell, cf. 롬 14-15장; 고전 9:16-23). 예루살렘 사도들이 이방인 성도들에게 할례와 율법은 필요 없다고 하면서도 유대인들을 배려하는 차원에서 그들이 금기시하는 네 가지를 하지 말라고 한 것과 비슷하다(Bock, Marshall, Witherington). 어떤 이들은 디모데에게 할례를 받게 한 바울이 서신들에 반영된 그의 모습과 너무 다르다며 사도행전의 바울과 서신들의 바울이 서로 다른 인물이라고 하기도 한다(Barrett, Haenchen). 전혀 설득력 없는 억지 주장이다.

바울과 실라와 디모데는 한 팀이 되어 여러 성으로 다니며 예루살렘에 있는 사도와 장로들이 작정한 규례를 그들에게 주어 지키게 했다(4절). 할례와 율법은 필요가 없으며, 오직 유대인들을 배려하는 차원에서 네 가지(우상에게 바친 제물, 피, 목매어 죽인 것, 음행)를 멀리하라고 했다. 사도들의 서신에 언급된 실라가 그들에게 추가로 설명해 주었을 것이다. 바울 일행의 사역을 통해 여러 교회가 믿음이 굳건해지고 수가 날마다 늘었다(5절). 특히 이방인들에게 걸림돌이었던 할례와 율법이 제거되었으니 더 많은 이방인 성도가 교회로 유입되었을 것이다.

바울은 자기 고향인 길리기아의 다소를 출발해 더베를 거쳐 루스드라로 갔고, 루스드라를 떠나 이고니온으로 갔다(cf. 2절). 세바스테 도로를 따라 계속 여행했다면 비시디아 안디옥도 방문했을 가능성이 커 보인다(13:14-50; 14:21). 그러나 누가는 바울 일행이 비시디아 안디옥에서 사역했다는 말을 하지 않는다. 아마도 바울이 아시아로 가려는 것을 성령이 막자 혼란스러워하며 하나님의 뜻을 구하고자 비시디아 안디옥에서 사역하지 않고 그냥 이 도시를 지나친 것으로 보인다. 만일 그가 계획대로 아시아로 갔다면, 안디옥은 당연히 그가 머물며 사역하는 장소가 되었을 것이다.

이 말씀은 기독교인이 반드시 준수해야 할 본질적인 것이 아니라면 융통성을 발휘하는 것이 좋다고 한다. 특히 다른 사람들을 배려하는 차원에서 더욱더 그렇다. 바울은 할례가 그리스도를 통해 믿음으로 받는 구원에 어떠한 영향도 미치지 않는 만큼 디모데가 할례를 받을 필요가 전혀 없다고 생각했다. 그러나 디모데가 사역하면서 대하게 될 유대인들을 배려하는 차원에서, 또한 그의 유대인 뿌리를 존중하는 의미에서 할례를 받게 했다. 기독교 진리와 복음의 본질에 문제가 되지 않는 것이라면 부드럽게 탄력적으로 접근하는 것도 지혜다.

하나님은 디모데를 어릴 때부터 성경으로 양육하셨다(딤후 3:15). 디모데는 성경을 계속 배우면서도 자신의 성경 지식이 어디에 쓸모 있을지 별로 생각하지 않았을 것이다. 드디어 하나님의 때가 이르러 바울을 만나니 어릴 때부터 받아 온 말씀 교육이 효과적으로 쓰일 사역으로 인도하심을 받았다. 하나님은 언젠가 들어 쓰시기 위해 사람들을 훈련하고 양육하신다.

VI. 그리스(15:36–21:16)
A. 두 번째 선교 여행(15:36–18:23)

3. 마게도냐 사람 환상(16:6–10)

[6] 성령이 아시아에서 말씀을 전하지 못하게 하시거늘 그들이 브루기아와 갈라디아 땅으로 다녀가 [7] 무시아 앞에 이르러 비두니아로 가고자 애쓰되 예수의 영이 허락하지 아니하시는지라 [8] 무시아를 지나 드로아로 내려갔는데 [9] 밤에 환상이 바울에게 보이니 마게도냐 사람 하나가 서서 그에게 청하여 이르되 마게도냐로 건너와서 우리를 도우라 하거늘 [10] 바울이 그 환상을 보았을 때 우리가 곧 마게도냐로 떠나기를 힘쓰니 이는 하나님이 저 사람들에게 복음을 전하라고 우리를 부르신 줄로 인정함이러라

누가는 본 텍스트에서 바울 일행이 아시아로 가서 말씀 전하는 것을 '성령'이 막으셨다고 한다(6절). 이어서 '예수의 영'이 허락하지 않았다고 한다(7절). 또한 '하나님'이 바울 일행에게 마게도냐로 가서 복음을 전하라고 그들을 부르신 일이라 한다(10절). 선교는 삼위일체 하나님이 함께 하시는 사역이라는 뜻이다.

성령이 바울 일행이 아시아에서 말씀을 전하지 못하게 하셨다(6절). '아시아'가 정확히 어디를 의미하는지 확실하지 않다고 하는 이들도 있지만(Bock), 바울 일행이 성령이 막으시는 일을 경험한 뒤 브루기아와 갈라디아 땅으로 가는 것을 보면 어느 정도는 확신을 가지고 짐작할 수 있다. 바울과 실라는 길리기아의 다소를 떠나 더베를 거쳐 루스드라와 이고니온으로 왔다. 이 길(Via Sebaste)을 따라가면 다음 목적지는 비시디아 안디옥이다. 이 도시도 첫 선교 여행 때 방문해 교회를 세운 곳이다. 그러나 바울 일행은 안디옥에서 사역하지 않고 곧바로 지나쳐

서북쪽에 있는 브루기아와 갈라디아로 갔다. 성령이 아시아로 가는 것을 막으셨기 때문이다. 그렇다면 원래 바울 일행이 가고자 한 아시아는 비시디아 안디옥에서 남서쪽 방향에 있다. 남쪽 방향, 곧 버가와 앗달리아가 있는 지역은 밤빌리아로 불리지 아시아로 불리지 않기 때문이다. 안디옥의 남서쪽에 있는 아시아 지역의 주요 도시는 에베소다. 바울은 이쪽으로 가고자 했지만 성령이 막으신 것이다(Dunn, Fernando, Longenecker). 요한계시록이 언급하는 일곱 교회 대부분이 아시아 지역에 있었다(cf. Schnabel).

바울 일행은 어떤 일을 경험했기에 성령이 아시아에서 말씀을 전하는 일을 막으셨다고 하는 것일까? 아마도 함께 여행하고 있는 실라에게 하나님의 환상이나 신탁 등이 임한 것으로 보인다. 그는 예언자이기 때문이다(cf. 15:32). 한 주석가는 바울이 첫 선교 여행 때 비시디아 안디옥과 이고니온과 루스드라 등에서 당한 핍박이 그들을 기다리고 있기 때문에 성령이 이 지역을 피하게 하셨다고 하는데(Schnabel), 확실하지는 않다.

아시아로 가는 길이 막히자 바울 일행은 브루기아와 갈라디아 땅으로 다녔다(6b절). 부르기아(Φρυγία, Phrygia)와 갈라디아(Γαλατικός, Galatia)는 상당히 넓은 지역인 만큼 두 가지 가능성이 있다. 만일 로마 제국의 행정적 구분에 근거한 부르기아와 갈라디아를 의미한다면, 바울과 바나바가 1차 선교 여행 때 지나간 더베와 루스드라와 이고니온과 비시디아 안디옥이 있는 갈라디아 남쪽 지역을 뜻한다(Bock, Bruce, Larkin, Marshall). 갈라디아서와 연관해 일명 '남갈라디아설'(Southern Galatian Theory)을 주장하는 이들은 갈라디아서가 바울이 이 지역에 있는 교회들에 보낸 편지라고 한다.

반면에 부르기아인들과 갈라디아인들이 실제 살던 지역을 근거로 했다면, 비시디아 안디옥의 북쪽 지역을 뜻한다(Barrett, Fitzmyer, Polhill). 갈라디아서와 연관해 일명 '북갈라디아설'(Northern Galatian Theory)을 주장하는 사람들은 바울이 이때 이 지역을 지나며 교회들을 세웠고, 이 지역에 있는 교회들에 보낸 편지가 갈라디아서라고 한다. 그러나 '남갈라디아설'이 사도행전과 갈라디아서 2장에 기록된 내용을 가장 잘 설명하는 것으로 보인다. 바울 일행이 갈라디아 북쪽 지역을 지나가기는 했지만, 이곳에서 복음을 전파해 교회들을 세웠다는 구체적인 말이 없기 때문이다.

바울 일행은 무시아 앞에 도착했다(7a절). '무시아'(Μυσία, Mysia)는 소아시아의 서북쪽 지역이지만 한 번도 정확한 경계가 정해진 적이 없다(Longenecker). 무시아 지역의 유명한 도시로는 버가몬(Pergamon), 아폴로니아(Apollonia) 등이 있다(Schnabel). 바울은 무시아에서 비두니아로 가고자 했지만, 예수의 영이 허락하지 않으셨다(7b절). '비두니아'(Βιθυνία, Bithynia)는 무시아의 북동쪽, 소아시아의 북서쪽 끝에 있는 지역이며, 이곳을 지나 조금 더 올라가면 가면 본도(Πόντος, Pontus)에 다다르게 된다(cf. 2:9). 본도의 주요 도시로는 니케아(Nicea), 칼케돈(Chalcedon), 비잔티움(Byzantium) 등이 있다(Bock). 훗날 비잔티움은 콘스탄티노플(Constantinople)로 불렸으며, 오늘날 튀르키예(터키)의 수도 이스탄불(Istanbul)이다.

바울은 큰 도시들이 모여 있는 방향으로 가려고 했지만, 예수님의 영이 그를 막으셨다. '예수의 영'(τὸ πνεῦμα Ἰησοῦ)은 신약에서 이곳에 단 한 차례 사용되는 표현이며, 성령을 뜻한다. 성령은 곧 하나님의 영이시다. 그러므로 누가가 성령을 '예수의 영'이라고 하는 것은 하나님과 예수님이 동등하다며 매우 높은 기독론(high Christology)을 표현하는 것이라 할 수 있다(Schnabel).

바울 일행이 북쪽으로 가려는 것을 성령이 막으시자, 그들은 무시아 지역을 지나 드로아로 내려갔다(8절; cf. 고후 2:12-13). '지나다'(παρέρχομαι)는 목적지로 가기 위해 중간에 멈추지 않고 곧바로 지나쳤다는 뜻이다(Bock, Longenecker). 그들은 무시아 지역을 거치며 선교 활동을 하지 않고 곧바로 드로아로 간 것이다.

'드로아'(Τρῳάς, Troas)는 소아시아 북서쪽 끝자락에 있는 해안 도시다(ABD). '트로이 목마'로 유명한 옛 도시 트로이(Troy)가 드로아에서 북쪽으로 40㎞ 떨어져 있다(Fitzmyer). 드로아는 바울이 이번 선교 여행을 위해 출발한 수리아 안디옥에서 940㎞ 떨어져 있다(Bock). 바울과 실라는 복음을 전파하기 위해 참으로 먼 길을 왔다. 다음 지도를 참조하라.

자신의 의지와 상관없이 성령에 이끌려 드로아까지 오게 된 바울은 이곳에서 밤에 환상을 보았다(9a절). '보이다'(ὤφθη)는 수동태다. 이 환상은 하나님이 바울에게 보여 주신 것이다. 그가 밤에 보았다고 하는 것으로 보아 꿈에서 본 환상일 수도 있다. 바울이 본 환상 속에서 마게도냐 사람 하나가 서서 그에게 마게도냐로 건너와서 자기들을 도우라고 했다(9b절). 환상 속 사람이 바울 일행에게 마게도냐로 건너와 자기들에게도 복음을 전파해 달라고 한 것이다.

마게도냐는 그리스의 북쪽 지역이다. 한때는 유고슬라비아와 불가리아에 속하기도 했지만, 지금은 그리스의 일부다. 당시 마게도냐 사람들은 그리스 사람들과 같은 신들을 숭배했지만, 그리스 사람들은 그들을 야만인으로 취급했다(Longenecker). 바울 시대로부터 약 400년 전에 알렉산더 대왕(Alexander the Great, 주전 334-323년)과 그의 아버지 빌립 2세(Philip II, 주전 356-336년)가 그리스-마게도냐 제국을 다스렸다. 세상을 정복하고 지배한 알렉산더 대왕의 고향이다. 주전 146년에 로마의 주(州)가 되었다(Fernando). 로마 시대 당시 이 지역의 가장 중요한 도시는 빌립보였다(Fitzmyer, Schnabel, cf. 16:12).

바울은 자신이 본 환상을 일행(실라와 디모데)에게 말했고, 환상을 보이신 이는 하나님이시므로 모두 속히 마게도냐로 가서 복음을 전하기로 했다(10절). 사도행전에서 처음으로 '우리'(ἡμεῖς)가 사용되고 있다. 사도행전에서 '우리'로 진행되는 텍스트는 16:10-17, 20:5-15, 21:1-18, 27:1-28:16 등이 있다. 선교 팀이 드로아에서 마게도냐로 떠나는 순간에 누가가 팀에 합류한 것으로 보인다. 이후 '우리' 이야기가 빌립보에서 멈추었다가, 선교 팀이 빌립보를 떠나 드로아로 돌아갈 때 다시 시작하는 것(20:5)을 근거로 빌립보가 누가의 고향이라고 하는 이들도 있다(Longenecker, Witherington). 그러나 확실하지는 않다.

어떤 이들은 누가가 실제로 바울의 선교 팀에 합류한 것이 아니라, 그가 이 부분을 작성하기 위해 인용한 출처가 '우리'로 되어 있었거나, 혹은 '우리'가 하나의 문학적 표현이라고 한다(Haenchen). 혹은 누가가 자신이 아닌 다른 사람이 바울과 함께 여행한 기록을 인용하다가 빚어진 일이라고 하기도 한다(Barrett). 그러나 사도행전의 나머지 부분과 '우리' 섹션이 서로 다른 저자와 출처에서 비롯되었다고 할 만한 차이는 없다. 그러므로 대부분 학자는 누가가 실제로 바울과 함께 여행하면서 작성한 섹션이라고 한다(Bock, Bruce, Fernando, Fitzmyer, Hengel, Longenecker, Wall, Witherington).

어떤 이들은 누가가 유대인들의 폭력으로 인해 죽을 뻔한 바울의 약화된 건강을 살피기 위해 선교 팀에 합류한 것이라고 한다(Bruce). 그가 의사이기 때문이다(cf. 골 4:14). 누가는 바울이 로마에서 순교할 때도 그의 곁을 지켰다(cf. 딤후 4:11).

이렇게 하여 그동안 팔레스타인과 시리아와 소아시아에만 머물던 복음이 유럽으로 넘어가는 계기가 마련되었다. 그러므로 이 섹션은 선교 역사에서 매우 중요한 순간이다(Longenecker, cf. Bruce). 하나님이 바울 일행이 복음을 전하러 가고자 하는 방향을 두 번이나 막으셔서 일어난 일이다. 하나님은 반드시 그분의 계획과 뜻이 이루어지게 하신다.

이 말씀은 성령은 우리가 원하는 곳이 아니라, 하나님이 원하시는 곳으로 우리의 발걸음을 인도하신다고 한다. 필요하면 우리가 가는 길을 가로막고 다른 길로 가게 하신다. 그러므로 하나님의 뜻에 따라 주님의 일을 하고자 한다면, 성령의 음성에 귀 기울이는 것을 습관으로 만드는 것이 가장 중요하다. 기도하면서, 또한 죄를 짓지 않으려고 노력하는 삶을 살면서 하나님의 인도하심에 우리 자신을 맡겨야 한다.

바울은 팀이 나아가야 할 방향을 결정할 때 혼자서 정하지 않았다. 성령의 인도하심을 받았으며, 또한 팀원들과 상의해 결정했다. 그가 환상을 보았을 때도 그 환상에 대해 팀원들과 나누었고, 팀원들은 한마음으로 마게도냐로 가기로 결정했다. 그러므로 바울의 선교 팀이 유럽으로 건너가 그곳에서 복음을 선포하게 된 것은 팀워크의 결과라 할 수 있다. 홀로 사역하는 것보다 여러 명이 함께 하면 시너지 효과가 몇 배가 된다.

VI. 그리스(15:36–21:16)
　　A. 두 번째 선교 여행(15:36–18:23)

4. 빌립보(16:11–40)

바울이 이끄는 선교 팀이 복음이 전파된 유럽의 첫 도시인 빌립보에 도착했다. 이곳에서도 이적이 일어나고 구원에 이르는 이들이 있지만, 거세고 폭력적인 저항도 있다. 복음은 항상 양면성을 지닌다. 하나님이 구원하시고자 하는 이들에게는 말 그대로 '복음'(good news)이다. 그러나 하나님의 심판을 받아 멸망할 자들에게는 폭력을 동원해서라도 거부하고 싶은 '악음'(bad news)이다. 빌립보에서 있었던 일을 회고하는 본 텍스트는 다음과 같이 구분된다.

  A. 루디아가 주님을 영접함(16:11–15)
  B. 점치는 여종에게서 귀신을 쫓아냄(16:16–18)
  C. 바울과 실라가 감옥에 갇힘(16:19–24)
  D. 간수와 가족들이 구원받음(16:25–34)
  E. 선교 팀이 빌립보를 떠남(16:35–40)

VI. 그리스(15:36–21:16)
　　A. 두 번째 선교 여행(15:36–18:23)
　　　　4. 빌립보(16:11–40)

(1) 루디아가 주님을 영접함(16:11–15)

[11] 우리가 드로아에서 배로 떠나 사모드라게로 직행하여 이튿날 네압볼리로 가고 [12] 거기서 빌립보에 이르니 이는 마게도냐 지방의 첫 성이요 또 로마의 식민지라 이 성에서 수일을 유하다가 [13] 안식일에 우리가 기도할 곳이 있을까 하여 문 밖 강가에 나가 거기 앉아서 모인 여자들에게 말하는데 [14] 두아디라 시에 있는 자색 옷감 장사로서 하나님을 섬기는 루디아라 하는 한 여자

가 말을 듣고 있을 때 주께서 그 마음을 열어 바울의 말을 따르게 하신지라
15 그와 그 집이 다 세례를 받고 우리에게 청하여 이르되 만일 나를 주 믿는
자로 알거든 내 집에 들어와 유하라 하고 강권하여 머물게 하니라

바울 일행이 하나님이 보여 주신 비전에 이끌려 로마 제국의 아시아
주에 있는 드로아에서 마게도냐주의 빌립보를 향해 배를 타고 에게해
(Aegean Sea) 북쪽을 건넜다. 원래 바울은 육로로 이동하는 것을 선호한
다(Bruce). 그러나 뱃길만이 마게도냐로 갈 수 있는 유일한 방법이라 선
택의 여지가 없었다.

그들은 드로아에서 배를 타고 중간 정착지인 사모드라게(Σαμοθράκη,
Samothrace)에 도착했다. 사모드라게는 에게해 북쪽에 있는 섬이며, 빌
립보가 있는 네압볼리로 가기 위해 반드시 거쳐야 하는 경유지다. 당
시 항해사들은 밤에 항해하는 것보다 이곳에서 밤을 보내고 다음 날
네압볼리로 떠나는 것을 선호했다(Longenecker).

사모드라게섬 사람들은 다산과 풍요의 신으로 알려진 쌍둥이 신 카
비리(Cabiri)를 숭배했다(Bock). 이 섬에는 펜가리(Mt. Fengari)라는 해발
1,700m의 높은 산이 있었다. 사람들은 이 산 정상에서 그리스 신화의
포세이돈(Poseidon, 물과 말과 지진의 신)이 트로이(Troy)를 내려다보고 있다
고 해서 '포세이돈의 섬'으로 부르기도 했다(Longenecker).

이튿날 바울의 선교 팀이 네압볼리(Νέαν πόλιν, Neapolis)에 도착했다.
문자적으로 풀이하면 '네압볼리'는 '신 도시'라는 의미를 지니며, 내륙
으로 16km 떨어져 있는 빌립보의 항구 역할을 했다. 한때 이곳에는 로
마 제국의 해군 기지가 있었다(Schnabel). 드로아에서 네압볼리까지는
뱃길로 220km였다(Io). 이 먼 길을 이틀 만에 도착했다는 것은 바다와
바람 상황이 배가 항해하기에 매우 좋았다는 뜻이다. 훗날 바울이 3차
선교 여행을 마치고 같은 길을 반대 방향으로 항해할 때는 5일이 걸린
다(20:6).

선교 팀은 네압볼리에서 로마 사람들이 만든 '에그나시아 도로'(Via Egnatia)를 따라 16km 서쪽에 있는 빌립보로 이동했다(Longenecker). 에그나시아 도로는 서쪽 '아드리아해'(Adrian Sea) 해변에 위치한 '디라키움'(Dyrrhachium)의 항구였던 '에그나시안'(Egnatian)에서 시작해 네압볼리까지 동서로 뻗은 로마 사람들의 길이었다. 빌립보를 지나 이 길을 따라 계속 가면 데살로니가(Thessalonica)와 암비볼리(Amphipolis)도 거치게되어 있었다(Polhill). 바울이 드로아를 떠나 빌립보로 온 경로는 다음 지도를 참조하라.

'빌립보'(Φίλιπποι, Philippi)는 마게도냐 지방의 첫 성이었는데(12a절), '첫'(πρῶτος)은 으뜸(leading) 도시였다는 뜻이다(ESV, NAS, NIV, NRS). 당시 빌립보의 인구는 5,000명에서 1만 명 정도였던 것으로 추산된다

(Schnabel). 빌립보는 구리와 은과 금이 많이 나는 곳으로 부자 도시였다
(Bock). 또한 로마의 식민지였는데(12b절), 로마의 식민지는 황제가 직
접 통치한다 하여 자율권을 보장받고 로마 제국에 공물과 세금을 내
지 않는 특권을 누리는 곳이었다. 누가는 사도행전에서 로마의 식민지
로 비시디아 안디옥, 루스드라, 드로아, 고린도, 돌레마이를 언급한다
(Bruce). 빌립보 사람들은 여러 신을 숭배했다. 빌립보에는 유대인이 거
의 없었으며, 바울 일행은 이곳에서 여러 날 머물렀다(12c절).

바울 일행은 안식일이 되자 기도할 곳이 있을까 하여 문밖 강가로
나가 거기 앉았다(13a절). '문밖으로 나갔다'는 것은 성문을 벗어났다
는 뜻이며, 강가가 언급되는 것으로 보아 그들은 흐르는 물 옆에 있
는 장소를 찾아 앉았다. 어떤 이들은 '기도할 곳'(προσευχή)을 하나님을
예배하고자 하는 이들이 모인 열린 공간으로 해석하지만(Barrett, Bock,
Fernando), 이 용어는 유대인의 회당을 의미하는 것으로 사용된다고 하
여 몇몇 사람이 회당처럼 사용하는 개인 집이나 모임 장소로 해석한다
(Boring, Le Cornu & Shulam, Schnabel, Wall, cf. Conzelmann, Fitzmyer, Jervell).

누가가 이곳을 회당이라고 하지 않는 것으로 보아 공식적인 회당은
아니다. 랍비들은 어느 도시에 회당을 세우려면 최소 성인 남자 10명
이 있어야 한다고 했다. 아마도 빌립보에는 유대인 인구가 이 정도는
되지 않았던 것으로 생각된다. 이 예배처에 여자들만 있다는 것은 아
마도 그나마 소수에 불과한 유대인 가족들은 다른 때에 예배를 드리
고, 바울이 방문한 시간에는 비(非)유대인들만 모여 예배를 드리는 상
황을 의미하는 듯하다. 이 그룹에는 유대인으로 태어났지만 이방인과
결혼한 여자, 유대교로 개종한 이방인 여자, 온전히 유대교의 율법을
따르지는 않지만 여호와 하나님을 경외하는 이방인 여자 등이 포함되
어 있었을 것이다(Schnabel).

본문이 언급하는 강이 빌립보성에서 약 3㎞ 떨어진 곳에 흐르는 간
기테스강(Gangites River, 혹은 Angites River라고도 함)이라고 주장하는 이들

이 있다(Bock, Longenecker). 그러나 정통파 유대인들은 안식일에 한 번에 2,000규빗(900m) 이상 걷지 않는다. 2,000규빗 이상 걸으면 일이 되기 때문이다. 그러므로 이 강은 빌립보성의 세 번째 성문 바로 앞에 흐르는 조그만 하천이라고 하는 이들도 있다(Schnabel). 유대인들의 안식일 정서를 고려할 때 후자가 더 설득력 있다.

바울 일행이 '기도할 곳'에서 모인 여자들과 대화를 나누었다(13b 절). 모여 있는 여자 중 '루디아'(Λυδία, Lydia)라는 여인이 있었다(14a절). 그녀는 자색 옷감으로 유명한 소아시아의 도시 '두아디라'(Θυάτειρα, Thyatira) 출신이며, 빌립보에서도 자색 옷감 장사를 하고 있었다. '자색'(πορφύρα)은 페니키아의 두로 해안가에 서식하는 달팽이에서 극소량만 수집되는 매우 비싼 염료였다(cf. Fitzmyer). 예로부터 왕족들과 귀족층만 구매할 수 있었으므로 자색은 권력과 영향력을 상징했다(Wall, cf. 눅 16:19). 루디아는 빌립보 지역의 부유층을 대상으로 자색 옷감을 거래하는 상인이었다. 그러므로 루디아 자신도 상당한 영향력을 행사하는 부유층에 속했다(Witherington).

루디아는 율법을 따르지는 않지만, '하나님을 섬기는/예배하는'(σεβομένη τὸν θεόν) 경건한 이방인이었다(14b절). 그녀는 바울의 말을 한참 들었다. '들었다'(ἤκουεν)는 미완료형이다. 여러 번 반복해서(Williams), 혹은 상당히 긴 시간 동안 들었다는 뜻이다(Schnabel). 드디어 하나님이 그녀의 마음을 열어 바울의 말을 따르게 하셨다(14c절). 믿음으로 예수님을 구세주로 영접해 하나님의 죄 사함을 받고 주의 자녀가 되었다는 뜻이다. 바울의 복음 전도와 하나님의 감동시키심이 함께 이루어 낸 회심이었다.

루디아는 자기 집 식구들과 종들도 선교사들에게 세례를 받게 했다. 침례를 받으려면 물이 필요하기 때문에 아마도 가족들을 모두 이곳 강가로 불렀을 것이다. 이어서 루디아는 바울 일행에게 빌립보에 있는 동안 자기 집에서 묵으라고 했다(cf. 16:16-17). 그녀는 선교사들에게 이 일은 자신이 믿음으로 하고자 하는 것이니 거절하지 말라고 강하게 권했다.

그동안 바울 일행은 빌립보에 도착한 후 여느 나그네처럼 여관(hostel)에서 묵고 있었을 것이다. 부유하고 넓은 집에서 사는 루디아는 여관방이 얼마나 불편하고 비좁은지 잘 안다. 그러므로 주님을 알게 해 준 그들을 집으로 초대해 최선을 다해서 섬기고자 한다. 루디아가 자기 집을 빌립보 성도들의 모임 장소(교회)로 제공하는 것을 보면(16:40), 그녀의 집은 규모가 상당히 큰 집이었다. 부유한 여인이었으니 당연한 일이다.

이 말씀은 전도와 선교는 사람이 하지만, 죄인을 구원하는 일은 하나님이 하신다고 한다. 바울은 최선을 다해 여인들에게 복음을 전했다. 그러나 하나님이 루디아의 마음을 열어 주셨을 때 비로소 그리스도인이 되었다. 선교하는 사람과 하나님은 팀으로 구원을 이루어 나간다. 그러나 선교하는 사람은 최선을 다해 복음을 선포하되 구원은 하나님께 속한 것이라는 사실을 인정하고 듣는 사람의 마음을 열어 주시기를 기도해야 한다.

예수님을 영접해 하나님의 자녀가 된 사람이 가장 기본적으로 하는 일은 섬김이다. 루디아는 선교사들이 여관에 머물고 있다는 사실을 알고는 자기 집에 와서 묵게 했다. 그들이 주저하자 '강권했다'(강하게 권하다는 뜻). 구원받은 사람은 섬김과 배려를 즐거움으로 한다. 하나님은 우리가 조금 더 서로를 섬기고 사랑하기를 간절히 바라신다.

(2) 점치는 여종에게서 귀신을 쫓아냄(16:16-18)

¹⁶ 우리가 기도하는 곳에 가다가 점치는 귀신 들린 여종 하나를 만나니 점으

로 그 주인들에게 큰 이익을 주는 자라 [17] 그가 바울과 우리를 따라와 소리 질러 이르되 이 사람들은 지극히 높은 하나님의 종으로서 구원의 길을 너희에게 전하는 자라 하며 [18] 이같이 여러 날을 하는지라 바울이 심히 괴로워하여 돌이켜 그 귀신에게 이르되 예수 그리스도의 이름으로 내가 네게 명하노니 그에게서 나오라 하니 귀신이 즉시 나오니라

이 이야기는 예수님이 사역하실 때 귀신들이 예수님을 보고 소리 지르던 일을 생각나게 한다(눅 4:33-35; 8:28-35). 그때도 예수님은 귀신 들린 자들에게서 귀신들을 쫓아내셨다. 이 이야기는 하나님의 권세와 마귀의 권세가 빚어낸 갈등이라 할 수 있다. 물론 결과는 물어볼 필요도 없다. 마귀가 패했다.

바울과 선교사들은 안식일에 루디아를 만난 곳, 곧 '기도하는 곳'(τὴν προσευχὴν)으로 불리는 '간이 회당'을 자주 찾아가 전도하고 예수 그리스도를 영접한 이들을 양육했다(16a절). 하루는 그곳으로 가는 길에 점치는 귀신 들린 여종을 만났는데, 점으로 그 주인들에게 큰 이익을 주는 여자였다(16b절). '여종'(παιδίσκη)은 어리다는 것을 암시한다(cf. TDNT). '점치는'(πύθωνα)은 신약에서 단 한 차례 사용되는 단어다. 그리스 신화에서 아폴로(Apollos)가 델포이(Delphi) 근처에서 죽인 거대한 암뱀(용)의 이름인 '피티아'(Pythia)에서 유래한 단어다(Barrett, Johnson). 델포이 주민들은 이 일을 기념하기 위해 아폴로 신전을 세웠다. 아폴로 신전에서 일하는 여제사장들을 '피티아이'(Pythiai)라고 불렀는데 이는 '피티아의 사람'이라는 의미이며, 이 뱀의 귀신으로 점을 치는 자들을 '피톤'(Python)이라고 불렀다(Longenecker). 오늘날 영어로 구렁이를 '파이선'(Python)이라고 하는데 이 거대한 뱀에서 유래한 것이다.

이 여종이 피티아의 이름으로 점을 쳤다는 것은 피티아를 물리친 아폴로의 이름으로, 혹은 그에게 퇴치된 큰 뱀(용)과 연관된 귀신으로 점을 쳤다는 것을 의미한다. 당시에도 점치는 것은 오늘날 한국 사회처

럼 매우 큰 부를 안겨 주는 수익성 좋은 사업이었다. 이 여종도 그녀를 소유한 주인들에게 큰 이익을 안겨 주었다(16b절).

이 점치는 귀신 들린 여종은 선교사들이 가는 곳마다 따라다니며 이 사람들은 지극히 높은 하나님의 종이며, 구원의 길을 알려 주는 자들이라고 소리를 질렀다(17절). '지극히 높으신 하나님'(τοῦ θεοῦ τοῦ ὑψίστου)은 그 누구와도 비교할 수 없는, 가장 위대한 신이라는 뜻으로 여호와 하나님과 잘 어울린다. 그러므로 귀신 들린 자들이 하나님께 사용하는 표현이었다(눅 8:28). 그러나 빌립보처럼 다신주의적 사회에서는 다른 신들(Longenecker), 특히 제우스(Zeus)를 칭할 때 자주 사용되었다(Schnabel). 그러므로 여호와 하나님이 빌립보 사람들이 숭배하는 우상과 동일시되고 있는 상황이라 할 수 있다(Bock, Barrett, Schnabel, Witherington).

바울 일행을 가리켜 '구원의 길을 전하는 하나님의 종들'이라고 말하는 이 여종은 선교 팀이 전파하는 메시지와 행하는 능력의 근원이 어디인지를 정확히 알고 있다(cf. 눅 4:34, 41; 8:28). 또한 귀신들이 예수님에 대해 외친 일을 상기시키기도 한다(막 1:24, 3:11, 5:7; 눅 4:34, 41; 8:28). 어떤 이들은 그녀가 구원받고 싶다는 의미로 이렇게 외친 것이라고 하지만(Murphy, cf. Fernando), 이 외침은 그녀의 것이 아니라 그 안에 있는 귀신의 외침이다. 이 여종은 이용당하고 있을 뿐이다. 만일 그녀의 외침이었다면 바울이 당장 예수님을 영접하게 하지 않았겠는가!

아무리 좋은 말도 여러 번 들으면 싫다고, 여종이 매일 따라다니며 외치니 바울이 심히 괴로웠다(18a절). 그녀의 외침을 듣는 사람들이 하나님을 여러 신 중 하나로 오해할 수 있다는 것도 싫다. '괴로워하다'(διαπονέομαι)는 마음이 심각한 침해를 받아 흔들리거나 감당하기 어려운 짐을 진다는 뜻이다(BDAG). 여종은 바울 일행을 따라다니며 전도를 방해했으며, 쉽게 멈출 기미도 보이지 않는다. 그러므로 바울의 인내심이 한계에 도달한 것이다.

바울은 되도록 사람들의 관심을 끌지 않고 조용히 선교해 교회를 세우고 성도들을 양육한 후 빌립보 교회를 루디아에게 맡기고 떠나고 싶었다. 특히 빌립보처럼 반(反)유대주의가 강한 곳(cf. 16:20-21)에서는 사람들의 관심을 끌면 끌수록 머무는 시간이 짧아질 수밖에 없다. 아마도 바울은 모든 일을 마치고 빌립보를 떠날 무렵에 여종에게서 귀신을 쫓아 주려고 생각했을 것이다.

바울은 여종 안에 있는 귀신에게 예수 그리스도의 이름으로 그녀에게서 나갈 것을 명령했다(18b절). 빌립보까지 와서 전파하고자 한 하나님의 이름으로 귀신을 내친 것이다. 예전에 구브로의 총독 서기오 바울에게 기생하던 바예수(엘루마)라는 요술사에게 한 일과 비슷하다(13:6-12). 그러나 그때는 요술사를 심판했고, 이번에는 여종 안에 들어있는 귀신을 심판했다. 그러자 귀신이 즉시 나왔다. 귀신은 여종에게서 나가지 않겠다고 실랑이 한 번 벌이지 못하고 쫓겨난 것이다. 하나님의 절대적인 권세가 마귀의 권세를 순식간에 짓눌렀다. 아마도 여종은 곧바로 그리스도인이 되었을 것이다(Longenecker).

이 말씀은 전도와 선교를 할 때 지나친 홍보는 도움이 되지 않는다고 한다. 귀신 들린 여종은 매일 바울 일행을 쫓아다니며 그들이 지극히 높은 하나님의 종들이며 구원의 길을 전하는 자들이라고 떠들어댔다. 그러나 조용히 사람들에게 접근해 개인적으로 전도하고 싶은 선교사들에게 그녀의 외침(홍보)은 부담만 될 뿐 어떠한 도움도 되지 않았다. 하나님의 나라는 조용히 그리고 은밀하게 임한다.

선교사들은 빌립보에서 두 여인을 만났는데, 참으로 서로 다르다. 한 명은 자색 옷감을 파는 귀부인이고, 다른 한 명은 이 이야기에서 만나는 여자 노예다. 또한 잠시 후 선교사들은 이방인 간수를 만날 것이다. 이 셋(여자, 노예, 이방인)은 유대인이 가장 싫어하는 세 가지 인간 유형이다(Williams). 그러므로 하나님은 빌립보에서 모든 성차별과 인종차별과 사회적 지위 차별의 벽을 무너뜨리셨다.

하나님의 사역을 방해할 자나 권세는 없다. 여러 날 동안 선교사들을 방해하던 귀신은 순식간에 쫓겨났다. 그러므로 우리를 괴롭게 하는 자들이 있으면 하나님께 그들을 다스리시고 처벌해 달라고 기도하면 된다. 복수는 우리 손으로 하는 것이 아니다. 하나님이 하실 때 가장 공평하며 확실하다.

```
VI. 그리스(15:36-21:16)
  A. 두 번째 선교 여행(15:36-18:23)
    4. 빌립보(16:11-40)
```

(3) 바울과 실라가 감옥에 갇힘(16:19-24)

[19] 여종의 주인들은 자기 수익의 소망이 끊어진 것을 보고 바울과 실라를 붙잡아 장터로 관리들에게 끌어 갔다가 [20] 상관들 앞에 데리고 가서 말하되 이 사람들이 유대인인데 우리 성을 심히 요란하게 하여 [21] 로마 사람인 우리가 받지도 못하고 행하지도 못할 풍속을 전한다 하거늘 [22] 무리가 일제히 일어나 고발하니 상관들이 옷을 찢어 벗기고 매로 치라 하여 [23] 많이 친 후에 옥에 가두고 간수에게 명하여 든든히 지키라 하니 [24] 그가 이러한 명령을 받아 그들을 깊은 옥에 가두고 그 발을 차꼬에 든든히 채웠더니

여종은 안에 있던 귀신이 나가서 좋았지만, 그녀의 주인들은 그녀가 더는 점을 칠 수 없게 된 일에 대해 분노했다. 당장 수익이 줄었기 때문이다. 그들은 자신들이 소유한 여종이 귀신 들려 괴로워하든 귀신이 쫓겨나 자유로운 영혼이 되든 상관하지 않으며, 관심도 없다. 오직 그녀를 통해 수익이 나지 않게 된 일에만 관심을 갖는다. 그들에게 이 여종은 돈을 벌어 주는 도구에 불과하며 인격을 가진 사람이 아니다.

주인들은 여종에게서 귀신을 쫓아낸 바울과 실라를 붙잡아 장터에 있는 관리들에게 끌고 갔다(19절). 오늘날로 말하면 선교사들이 여종에

게 행한 이적은 일종의 '업무 방해죄'이기 때문이다. 그들이 관리들에게 바울과 실라를 유대인이라고 비난하는 것으로 보아(20절) 누가와 디모데는 이방인이기 때문에, 혹은 그들이 아직 눈에 띄는 선교 활동을 시작하지 않았기 때문에 함께 잡혀가지 않은 것으로 보인다. 하나님의 일에 아예 관심이 없는 주인들에게는 진리나 여종의 구원보다 돈이 더 중요하다(cf. 눅 12:21; 18:18-20).

그들이 바울과 실라를 끌고 간 '장터'(ἀγορά)는 주민 생활의 중심이 되는 장소라 할 수 있다. 모든 행정과 거래가 이곳에서 이루어졌기 때문이다. 지역을 다스리는 자들이 앉아서 재판하는 자리도 이곳에 있었다(Witherington). 그러므로 여종의 주인들이 바울과 실라를 이곳으로 끌고 온 것이다.

그들은 두 사람을 상관들 앞으로 데리고 갔다(20a절). '상관들'(τοῖς στρατηγοῖς)은 로마 황제가 이 지역을 다스리라며 매년 임명하는 두 명의 치안관(preaetors)이다(Bruce). 그러므로 누가는 '상관들'이라며 복수형을 사용한다. 여종의 주인들은 바울과 실라가 유대인이며 그들이 두 가지로 로마의 법을 어겼다고 했다(20b-21절). 이들의 '그들 유대인'과 '로마 사람인 우리' 발언은 반(反)유대교적 정서(anti-Semitism)를 반영한다(Longenecker, Schnabel, Wall). 그들은 인종 차별적인 발언을 하고 있으며, 유대인에 대해 매우 부정적으로 말하고 있는 것이다.

첫째, 바울과 실라는 성을 심히 요란하게 했다(20b절). '요란하다'(ἐκταράσσω)는 혼란에 빠트린다는 뜻이다(BDAG). 로마 제국은 다스리는 모든 곳에서 '로마의 평화'(Pax Romana)를 추구했다. 그동안 빌립보에 '로마의 평화'가 유지되었는데 이 두 유대인으로 인해 그 평화와 안녕이 망가졌다는 것이다. 성의 평화를 유지하는 것은 상관들(치안관들)의 소관이다. 그러므로 상관들은 성의 평화를 해친다는 이 두 사람을 조사한 뒤 사실이면 벌을 주어야 한다.

둘째, 바울과 실라는 로마 사람들이 도저히 받아들일 수 없고 행할 수도 없는 풍속을 전했다(21절). '풍속'(ἔθος)은 법과 윤리를 뜻하기도 하지만(cf. TDNT), 본문에서는 두 사람이 허가되지 않은 종교(religio illicita)를 전파한다는 뜻이다(Longenecker).

사도행전에서 바울에 대한 정식 고발은 이번이 처음이다(Le Cornu & Shulam, Wall). 로마 사람들은 종교와 인종에 있어서 서로의 차이를 인정하고 존중하는 톨레랑스(tolerance)를 지향했다. 그런 로마 사람들이 허가하지 않거나 받아들이지 못할 풍속을 전하는 것은 심각한 문제다(Bock). 실제로 로마 제국은 유대교를 정식 종교로 인정하긴 했지만, 별로 좋아하지는 않았다(Barrett). 다른 종교에 매우 배타적이고, 이방인들이 보기에 이상한 풍습을 많이 행했기 때문이다(Fitzmyer). 그러므로 유대교로 개종하는 것이 불법은 아니지만 권장하지는 않았다(Sherwin-White, cf. Bock). 이 사람들이 보기에는 기독교도 유대교와 별반 다르지 않다.

여종의 주인들은 '로마 사람인 우리'와 '유대인인 저들'을 강조하며 빌립보를 다스리는 관료들의 인종 차별적 정서가 바울과 실라에게 내리는 판결에 반영이 되기를 바란다. 그러다가 나중에 두 사람 모두 로마 시민권자라는 사실을 알고는 상당히 당혹스러웠을 것이다(cf. 16:37). 주인들이 매수해 동원한 무리가 일제히 일어나 바울과 실라를 고발했다(22a절). 주인들은 군중 심리를 최대한 효과적으로 사용해 상관들의 결정에 영향을 미치고자 한 것이다. 두 사람에게는 자신을 변호할 기회도 허락되지 않았다.

상관들은 부하들에게 바울과 실라의 옷을 찢어 벗기고 매로 치라고 했다(22b절). 주인들이 바울과 실라를 붙잡아 장터로 끌고 간 일(19절), 옷을 찢어 벗긴 일(22절), 매로 친 일(22절), 감옥에 가둔 일(23절)은 모두 로마 시민에게 해서는 안 되는 일이라 할 수 있다(Fernando, Longenecker, Williams). 특히 어떠한 경우에도 로마 시민에게는 채찍질을 하면 안 된다.

당시 로마 사람들은 범죄자에게 대중이 보는 앞에서 공개적으로 그러나 가볍게 처벌하는 채찍질(fustigatio)과 가죽 줄에 날카로운 뼛조각이나 쇳조각을 단 채찍으로 심각한 피해를 입히는 채찍질(verberatio) 등 두 가지 채찍질을 했다(Bock). 상관들은 바울과 실라에게 경고성으로 첫 번째 채찍질(fustigatio)을 하게 했다. 율법은 40회 이상 채찍질하는 것을 금한다(신 25:3; cf. 고후 11:24). 반면에 로마는 제한을 두지 않았다.

상관들은 바울과 실라를 매로 많이 친 다음 그들을 옥에 가두고 든든히 지키라고 명령했다(23절). 상관들의 명령을 받은 간수는 그들을 깊은 옥에 가두고 발에 차꼬를 든든하게 채웠다(24절). '깊은 옥'(τὴν ἐσωτέραν φυλακὴν)은 오늘날로 말하면 감옥에서도 경비가 가장 삼엄한 방(maximum security cell)을 뜻한다. 18년 전에는 바울이 예수님을 따르는 자들을 잡아다가 감옥에 가두었는데, 이제는 자신이 예수님을 전파하다가 감옥에 갇혔다(Schnabel).

'차꼬'(ξύλον)를 직역하면 '나무로 만든 것'이라는 뜻이다(cf. BDAG). 죄인들이 탈출하지 못하게 움직임을 제한하는, 심한 불편함을 초래하는 기구였다(Bruce). 차꼬를 채우면 앉아서 자거나 바닥에 엎드려서 자야 했다(Le Cornu & Shulam). 몸에 쥐가 나는 것을 예방하기 위해 자세를 바꾸느라 잠자는 것을 불가능하게 하는 기구였다(Bruce, Rapske, cf. Fernando).

상관들은 바울과 실라를 어떠한 법적-사회적 배려도 받을 수 없는 심각한 범죄자로 취급하고 있다. 예수님이 바울에 대해 예언하신 말씀이 성취되어 가고 있다: "그가 내 이름을 위하여 얼마나 고난을 받아야 할 것을 내가 그에게 보이리라"(9:16). 훗날 바울은 이때 일과 자신이 경험한 모든 핍박을 떠올리며 이렇게 회고한다.

내가 수고를 넘치도록 하고 옥에 갇히기도 더 많이 하고 매도 수없이 맞고 여러 번 죽을 뻔하였으니 유대인들에게 사십에서 하나 감한 매를 다섯

번 맞았으며 세 번 태장으로 맞고 한 번 돌로 맞고 세 번 파선하고 일 주야를 깊은 바다에서 지냈으며 여러 번 여행하면서 강의 위험과 강도의 위험과 동족의 위험과 이방인의 위험과 시내의 위험과 광야의 위험과 바다의 위험과 거짓 형제 중의 위험을 당하고 또 수고하며 애쓰고 여러 번 자지 못하고 주리며 목마르고 여러 번 굶고 춥고 헐벗었노라(고후 11:23-27)

이 말씀은 복음은 절대 쉬운 방법과 경로를 통해 우리에게 오지 않았다고 한다. 하나님은 복음을 바울과 실라와 같은 선교사들의 피와 눈물을 통해 우리에게 전해 주셨다. 복음은 그들의 피와 눈물로 얼룩져 있기에 더욱더 값지다. 우리는 이 값진 복음을 감사함으로 받고, 그 복음을 살아 냄으로써 감사함을 표현해야 한다. 이 값지고 소중한 복음을 다른 사람들과도 계속 나누어야 한다. 그렇게 하기 위해서는 우리의 눈물과 피가 필요할 수도 있다.

세상 사람들은 자기 이익만 추구할 뿐 남의 인격이나 평안에는 관심이 없다. 귀신이 쫓겨난 여종은 더는 귀신의 괴롭힘을 받지 않아 평안하다. 그러나 그녀의 평안이 주인들에게는 문제다. 그녀가 평안하면 자신들이 돈을 벌 수 없기 때문이다. 우리도 이웃의 잘됨에 진심으로 함께 기뻐하며 감사하는지, 혹은 이웃의 잘됨을 우리의 손해로 생각하거나 불편함이 가중되는 일로 여기는지 돌아보아야 한다.

빌립보를 다스리는 상관들은 전적으로 고발자들의 편을 들어 바울과 실라에 대해 불의한 판결을 내려 때리고 옥에 가두었다. 그들의 판결에는 인종 차별도 한몫했다. 바울과 실라는 로마 시민인데도 야만인과 같은 취급을 당했다. 이 모든 불의는 상관들이 바울과 실라에게 변호할 기회도 주지 않은 채 주민들의 증언만 들었기 때문이다. 공정한 판결(판단)을 위해서는 양쪽에게 공평한 기회가 주어져야 한다.

> VI. 그리스(15:36–21:16)
> A. 두 번째 선교 여행(15:36–18:23)
>   4. 빌립보(16:11–40)

(4) 간수와 가족들이 구원받음(16:25–34)

²⁵ 한밤중에 바울과 실라가 기도하고 하나님을 찬송하매 죄수들이 듣더라 ²⁶ 이에 갑자기 큰 지진이 나서 옥터가 움직이고 문이 곧 다 열리며 모든 사람의 매인 것이 다 벗어진지라 ²⁷ 간수가 자다가 깨어 옥문들이 열린 것을 보고 죄수들이 도망한 줄 생각하고 칼을 빼어 자결하려 하거늘 ²⁸ 바울이 크게 소리 질러 이르되 네 몸을 상하지 말라 우리가 다 여기 있노라 하니 ²⁹ 간수가 등불을 달라고 하며 뛰어 들어가 무서워 떨며 바울과 실라 앞에 엎드리고 ³⁰ 그들을 데리고 나가 이르되 선생들이여 내가 어떻게 하여야 구원을 받으리이까 하거늘 ³¹ 이르되 주 예수를 믿으라 그리하면 너와 네 집이 구원을 받으리라 하고 ³² 주의 말씀을 그 사람과 그 집에 있는 모든 사람에게 전하더라 ³³ 그 밤 그 시각에 간수가 그들을 데려다가 그 맞은 자리를 씻어 주고 자기와 그 온 가족이 다 세례를 받은 후 ³⁴ 그들을 데리고 자기 집에 올라가서 음식을 차려 주고 그와 온 집안이 하나님을 믿으므로 크게 기뻐하니라

바울과 실라는 채찍을 많이 맞고 감옥에 갇혔다(16:23–24). 그들의 몸은 채찍에 찢겼고, 상처에서 흐르던 피는 말랐다. 온몸이 아프고 욱신거리며 열도 난다. 꼼짝 못 하도록 간수가 차꼬에 매어 둔 다리는 감각을 잃어 어떠한 느낌도 없다. 무엇보다도 그들은 맞을 만한 죄를 짓지 않았는데 억울하게 맞았다. 그러므로 그들이 하나님을 원망하고 탄식하며 이 밤을 보내도 비난할 사람은 아무도 없다.

그런데 그들은 원망과 탄식 대신 기도하고 찬송한다(25a절)! 지금까지 사도행전은 어려운 일에 처한 사람들이 기도하는 모습을 여러 번 보여 주었다(1:14; 4:23–31; 6:4; 7:60; 9:11). 기도와 찬송은 어려운 일을 당한 사람들의 가장 확실한 믿음의 표현이자 간증이기 때문이다. '찬양

했다'(ὕμνουν)는 미완료형으로 지속성을 강조한다. 그들은 이날 밤 감옥에서 계속 기도하고 찬송한 것이다.

유대인들은 시편을 가사로 한 찬송을 많이 불렀다. 두 선교사가 처한 상황을 고려할 때 그들은 하나님의 개입을 바라며 감사시(psalms of thanksgiving, cf. 시 65편)와 찬양시(psalms of praise, cf. 시 8편)를 주로 묵상하며 불렀을 것이다. 또한 초대교회가 지어 부른 찬양도 함께 불렀을 것이다(cf. 빌 2:6-11). 세상 사람들은 도저히 이해할 수 없겠지만, 매를 맞고 갇혀 있는 두 선교사에게는 그 누구도 앗아갈 수 없는 기쁨과 감사가 있다. 그러므로 그들은 기도하며 찬송했다.

바울과 실라 이후로도 수많은 그리스도인이 '인생의 한밤중'을 지나며 고통당하고 고단한 삶을 살아갈 때 그들처럼 '한밤중의 찬송'을 불렀다. 하나님은 기도와 찬송을 통해 우리에게 임하시는 만큼 기도와 찬송이 고난과 시련을 이겨 내는 가장 좋은 방법이기 때문이다. 또한 우리가 고통 속에서 드리는 찬송과 기도는 주변 사람들에게 예수 그리스도만이 주실 수 있는 참 평안에 대한 가장 확실한 간증이다. 그들의 기도와 찬송을 듣고 있는 죄수들(25b절)은 어떤 생각을 했을까?

선교사들이 계속 기도와 찬송을 드리는 상황에서 갑자기 큰 지진이 일어나 옥터가 흔들리고, 감옥 문이 다 열리며, 갇혀 있는 모든 사람의 매인 것이 다 벗어졌다(26절). 지진은 마게도냐 지역에서 자주 일어나는 현상이다(Fitzmyer). 그러므로 지진 자체는 기적이 아니다. 지진이 일어난 '때'(timing)가 기적이다. 하필이면 바울과 실라가 감옥에 갇혀 있을 때 지진이 일어났다! 하나님이 행하신 기적이다! 하나님은 베드로를 두 번이나 예루살렘에 있는 감옥에서 탈출시키셨다(5:19; 12:7-10). 그때는 천사들을 통해 일하셨는데, 이번에는 이 먼 이방 땅에서 지진을 사용하셨다. 하나님의 사역에는 방식과 장소에 아무런 제한이 없다.

간수가 자고 있다가 지진 때문에 깨어났다(27a절). 옥문들이 열린 것을 본 간수는 죄수가 모두 도망한 줄 알고 칼을 빼어 자결하려고 했다

(27b절). 어떤 이들은 간수가 감옥 안을 살펴보지 않고 옥문이 열린 것만 보고 자결하려 한 것과 바울이 자결하려는 간수를 보고 소리친 것을 믿을 수 없다며, 이 이야기는 실제로 있었던 일이 아니라고 한다(Conzelmann, Haenchen). 그러나 간수 입장에서 옥문이 열린 것은 단 한 가지, 곧 갇혀 있던 사람들이 도망한 것을 의미한다. 또한 바울이 갇혀 있는 방에서는 간수가 머무는 곳이 보였을 것이다(cf. Marshall). 바울이 갇혀 있는 방은 깜깜하지만, 간수가 있는 곳은 불이 밝히고 있기 때문이다(cf. Bruce). 게다가 이 일은 기적이다! 그러므로 누가가 모든 디테일을 알려 주지 않는다고 해서 실제로 있었던 일이 아니라고 하는 것은 잘못된 판단이다.

간수가 자살하려고 한 행동은 충분히 가능한 일이다. 앞서 베드로가 감옥에서 탈출하자 헤롯은 그를 지키던 간수들을 모두 처형했다(cf. 12:19). 또한 나중에 바울을 태우고 로마로 향하던 배가 좌초되자 군인들은 죄인들이 탈출하는 것을 막기 위해 모두 죽이려 한다(27:41-42). 이러한 당시 상황을 고려하면 간수는 자신이 지키던 죄인들이 도망간 일에 책임을 추궁당한 뒤 처형될 것이다. 그러므로 차라리 자결하려고 했다.

상황을 지켜보던 바울이 간수에게 감옥에 갇힌 사람 중 하나도 탈출하지 않고 모두 그대로 있으니 자결하지 말라고 크게 소리쳤다(28절). 갇혀 있던 사람들은 감옥 문이 열리고 모든 결박이 풀렸는데도 왜 도망가려 하지 않았을까? 아마도 혹독한 고통으로 신음해야 할 사람들이 부르는 찬송을 들은(25절) 죄수들은 이 기적이 바울과 실라 두 사람을 위한 기적이기에 함부로 움직여서는 안 된다는 위압감을 느꼈던 것으로 보인다. 게다가 당사자인 바울과 실라가 움직이지 않는 상황에서 자신들만 탈출하는 것은 위험한 일이라는 생각도 들었을 것이다.

바울의 외침을 들은 간수가 등불을 달라고 하며 뛰어 들어가 두려워 떨며 바울과 실라 앞에 엎드렸다(29절). 그가 등불을 달라고 한 것은 주변에 그와 함께 일하는 여러 사람(부하들)이 있었음을 암시한다. 불을 들고 들어와 확인해 보니 한 사람도 도망가지 않고 모두 제 자리에 있었다. 간수는 매우 특별한 일(로마−헬라 사람들은 지진을 신의 현현으로 생각했다. cf. Marshall)이 일어났고, 이 일은 바울과 실라로 인해 일어난 것임을 직감했다. 그러므로 그는 두려워하며 두 사람 앞에 엎드렸다. 그들을 신(들)과 연관된 사람으로 생각한 것이다.

간수는 바울과 실라에게 어떻게 하면 자기가 구원을 받을 수 있느냐고 물었다(30절). 간수가 바울과 실라를 '선생님들'(κύριοι)이라고 부른다. 원래는 죄수로 갇힌 바울과 실라가 간수인 그를 '선생님'이라고 불러야 한다. 지진으로 인해 양쪽의 지위가 바뀐 것이다.

간수는 자신이 이미 죽은 목숨이나 다름없다는 것을 잘 안다(cf. 27절). 그는 바울과 실라가 무슨 일로 감옥에 갇혔는지 잘 안다. 또한 빌립보를 시끄럽게 했던 여종의 외침도 기억했을 것이다: "이 사람들은 지극히 높은 하나님의 종으로서 구원의 길을 너희에게 전하는 자라"(16:17). 이제 그는 자신에게 새로운 삶을 허락하신 분을 영접하고자 한다. 간수는 전형적인 세상 사람이다. 사람들은 처음에 복음을 들을 때는 별로 관심을 표하지 않는다. 그러다가 자신에게 큰 위기가 닥치면 비로소 예전에 들었던 복음을 생각하고 겸손히 구원 얻기를 원한다.

바울과 실라는 간수에게 매우 간단하게 구원에 이르는 길을 알려 주었다: "주 예수를 믿으라 그리하면 너와 네 집이 구원을 받으리라"(31절). 한 사람의 믿음으로 온 가족이 구원에 이른다는 말이 아니다. 한 사람의 믿음이 그의 가족을 구원에 이르게 하는 계기가 된다는 뜻이다(cf. 11:14; 16:15). 그러므로 바울은 간수뿐 아니라 그의 집에 있는 모든 사람에게도 복음을 전했다(32절).

믿음으로 예수님을 영접해 구원에 이르는 것은 각자의 몫이다. 그러나 가장(家長)이 믿으면, 온 집안이 믿어 구원에 이르는 일이 훨씬 수월해진다. 어느 가정에서나 가장(家長)이 가장 큰 영향력을 행사하기 때문이다(Marshall). 간수가 가족들에게 자초지종을 말하고 자기처럼 예수님을 영접하라고 했을 때 거부 반응은 없었을 것이다. 자결하려고 했던 가장이 살아 돌아와 자기를 살려 주신 하나님을 믿으라는데 누가 부인하겠는가!

간수는 바울과 실라를 데려다가 맞은 자리를 정성스럽게 씻어 주었다(33a절). 사실 간수가 더 좋은 씻김을 받았다(Bock). 간수는 바울과 실라의 몸에 있는 상처를 씻어 주지만, 그들이 전한 복음은 그의 죄를 씻어 주었기 때문이다. 또한 간수는 온 가족을 데려다가 세례를 받게 했다(33b절). 사도행전에서는 주님을 영접하면 곧바로 세례로 이어진다. 이 모든 일이 감옥 뜰에서 일어났다. 두 사람의 상처투성이인 몸을 씻어 주고 가족들에게 세례를 주려면 많은 물이 필요한데, 당시 감옥에는 뜰에 우물이 하나씩 있었기 때문이다(Schnabel).

세례를 받은 후 간수는 바울과 실라를 자기 집으로 데려가 음식을 차려 주었다(34a절). 그의 집이 감옥 근처에 있었던 것으로 보인다. 간수는 이날 밤 여러 가지 법을 어겼다. 간수는 묶여 있는 죄인을 풀어 줄 수 없다. 음식도 줄 수 없다. 옥에 갇힌 사람들은 가족이나 친척들이 가져다주는 음식을 먹었다. 게다가 간수는 두 사람을 자기 집으로 데려가 극진히 대접했다. 이는 그가 예수님을 구주로 영접하고 그리스도인이 되었다는 증거다.

어떤 이들은 간수가 유대인인 바울과 실라를 대접한 음식이 정결한 것이었다고 한다(Le Cornu & Shulam). 그렇게 가정할 필요는 없다. 빌립보에는 회당이 서지 못할 정도로 유대인이 많이 없다. 이방인인 간수가 유대인의 음식법에 대해 알았던 것 같지는 않다. 그러므로 정성스레 차린 음식은 맞지만 정한 음식이었는지 혹은 부정한 음식이었는지는 알 수 없으며, 이슈가 되지도 않는다.

누가는 간수와 가족들의 '믿음'(πεπιστευκὼς)을 완료형 분사로 묘사한다(34b절). 그들의 믿음이 계속 지속되었다는 것을 강조하기 위해서다

(Bock). 믿음은 그들에게 큰 기쁨도 주었다. 평생 경험해 보지 못한 기쁨이다. 하나님을 믿으면 하나님만이 주실 수 있는 기쁨이 임한다.

이 말씀은 복음은 정반대의 위치에 있는 사람들을 이어 주는 능력을 지녔다고 한다. 바울과 실라는 감옥에 갇혀 있는 죄수고, 간수는 그들을 감시하는 사람이다. 정상적인 상황에서는 교류나 친교로 이어질 수 없는 사이다. 그러나 간수가 복음을 영접하고 나니 그는 법을 어기면서까지 두 사람을 대접하며 호의를 베푼다. 그리스도 안의 형제애가 그들을 한 가족으로 묶었기 때문이다.

기도와 찬송은 때때로 기적이 일어나게 한다. 기도하고 찬양하기가 쉽지 않은 상황에 처한 바울과 실라가 하나님을 찬양하고 기도하자 기적이 일어났다. 물론 기도하고 찬송할 때마다 기적이 일어나는 것은 아니다. 그러나 하나님이 행하시는 기적을 경험하기에는 기도와 찬송보다 더 좋은 것이 없다.

섬김은 구원의 확실한 증거다. 루디아 이야기(16:11-15)에서도 그랬듯이 예수님을 영접한 사람들은 섬기는 일을 기쁘게 한다. 루디아는 바울 일행이 빌립보에서 사역하는 동안 자기 집에 머물 것을 강하게 권했다. 간수는 바울과 실라의 상처를 씻어 주고 온종일 굶었을 그들에게 음식을 대접했다. 하나님께 구원받은 사람들의 가장 기본적인 속성은 섬김이다.

VI. 그리스(15:36-21:16)
  A. 두 번째 선교 여행(15:36-18:23)
    4. 빌립보(16:11-40)

---

(5) 선교 팀이 빌립보를 떠남(16:35-40)

35 날이 새매 상관들이 부하를 보내어 이 사람들을 놓으라 하니 36 간수가 그 말대로 바울에게 말하되 상관들이 사람을 보내어 너희를 놓으라 하였으니

이제는 나가서 평안히 가라 하거늘 [37] 바울이 이르되 로마 사람인 우리를 죄
도 정하지 아니하고 공중 앞에서 때리고 옥에 가두었다가 이제는 가만히 내
보내고자 하느냐 아니라 그들이 친히 와서 우리를 데리고 나가야 하리라 한
대 [38] 부하들이 이 말을 상관들에게 보고하니 그들이 로마 사람이라 하는 말
을 듣고 두려워하여 [39] 와서 권하여 데리고 나가 그 성에서 떠나기를 청하니
[40] 두 사람이 옥에서 나와 루디아의 집에 들어가서 형제들을 만나 보고 위로
하고 가니라

상관들은 바울과 실라를 감옥에서 하룻밤 보내게 한 다음 그들을 풀
어 주도록 사람을 보냈다(35절). 선교사들로 인해 벌어진 소동은 별일
아니며, 매질과 하룻밤 감금이면 그들을 혼내 주기에 충분하다고 생각
한 것이다(Tannehill). 그들이 보낸 '부하들'(ῥαβδοῦχος)은 오늘날로 말하
면 경찰이다(BDAG). 그들은 항상 매를 들고 다녔다. 지도자들이 전날
바울과 실라에게 채찍질한 사람들을 보낸 것이다(Bock). 밤중에 바울과
실라에게 복음을 듣고 주님을 영접한 간수는 상관들이 보낸 부하들의
말을 듣고 기쁜 마음으로 바울을 찾아가 윗사람들이 풀어 주라는 명령
을 내렸으니 나가서 평안히 갈 길을 가라고 했다(36절).

그러나 바울과 실라는 이대로는 감옥에서 나가지 않겠다고 했다. 로
마 시민인 자신들을 정당한 재판을 통해 죄도 정하지 않은 채 대중 앞
에서 때리고 옥에 가두어 마치 심각한 죄를 지은 사람처럼 엄청난 수
모와 수치를 주고는 이제 와서 가만히 내보내려고 하는 것을 절대 용
납하지 않겠다는 뜻이다(37a절). 바울은 만일 자신들을 내보내려고 한
다면 직접 와서 감옥에서 데리고 나가야 할 것이라고 했다(37b절). 로마
시민을 무례하게 대한 것에 대해 모든 사람이 보는 앞에서 공개적으로
사과하라는 의미다(Bock, Fernando). 전날 절대적인 권력을 쥔 자들처럼
제대로 된 재판도 열지 않고 바울과 실라를 때리고 투옥한 자들을 참
으로 겸손하게 하는 일이다. 아마도 그들의 명령에 따라 선교사들에게

채찍질했던 부하들도 뜨끔하고 두렵기는 마찬가지였을 것이다. 상관들의 명령에 따라 때리기는 했지만, 그들에게 맞은 사람들이 로마 시민이니 말이다!

로마 시민을 채찍질하는 것은 불법이었다(Barrett). 유일한 예외는 정당한 재판과 절차에 따라 매질을 당할 만한 죄를 지었을 때다(Sherwin-White, Williams). 이 상관들의 경우, 로마 시민을 보호해야 하는 사람들이 오히려 때렸으니 심각한 문제가 아닐 수 없다. 상부에 보고되면 해고되는 것은 물론이고 처벌받을 수도 있다(Bock, Longenecker).

바울과 실라는 어떻게 자신들이 로마 시민이라는 것을 증명했을까? 로마 시민에게는 반으로 접을 수 있는 작은 목판으로 만들어진 출생증명서(birth certificate)가 있었다(Sherwin-White, Williams). 그러나 대부분은 이 증명서를 집에 두고 다녔다. 지니고 다니다가 잃어버리면 대체할 방법이 없었기 때문이다. 그러므로 바울과 실라도 출생증명서를 지니고 다니지는 않았을 것이다. 그들은 말로써 자신들이 로마 시민들이라고 밝힌 것이다. 일반적으로 출생증명서를 집에 두고 다녔다면 사람들이 거짓말할 가능성은 없는가? 거의 없었다. 로마 시민이 아니면서 시민인 척하면 사형에 처했기 때문이다(Witherington). 그러므로 누구든 이런 일로 자신이 로마 시민이라고 말할 가능성은 없다(Bock).

바울과 실라는 왜 전날 자신들이 로마 시민이라는 사실을 밝히지 않았을까? 밝혔지만, 광기에 찬 무리(16:22)가 너무나도 크게 떠들어 대며 공격해서 상관들에게 들리지 않았을 수 있다. 혹은 선교사들의 깊은 뜻이 그들을 침묵하게 했을 수도 있다. 상관들이 혼이 나야 앞으로 빌립보를 찾는 그리스도인 선교사들과 이 성에 사는 그리스도인들을 함부로 대하지 못할 것이기 때문이다(Bock, Marshall).

간수에게 바울과 실라를 풀어 주라는 소식을 전하러 왔던 부하들이 돌아가 상관들에게 보고하니 그들이 두려워했다(38절). 로마 시민을 보호하라고 임명받은 자들이 로마 시민을 건드렸으니 심히 두려웠을 것이다. 게다가 정당한 재판 없이 공개적으로 매질했으니 이 일로 인해 해고는 물론 감옥에 갈 수도 있다는 생각에 정신이 아찔했을 것이다.

그들은 바울이 요구한 대로 직접 감옥에 찾아와 바울과 실라에게 사과하고 옥에서 그들을 모시고 나갔다(39a절). 상관들이 그들을 감옥에서 직접 데리고 나간 일은 귀신 들렸던 여종의 주인들도 두려워해야 할 일이었다. 그들의 주장으로 인해 상관들이 엄청난 수치를 당하게 되었기 때문이다. 아마도 이 일에 대한 소문이 순식간에 빌립보성 전체에 퍼졌을 것이다.

상관들은 바울과 실라에게 빌립보성을 떠나 달라고 부탁했다(39b절). 그들로 인해 성이 혼란스러워지고 평안이 깨졌으니 빨리 떠나 주면 감사하겠다는 뜻이다. 또한 사람들이 두 사람을 볼 때마다 상관들이 겪은 수모에 대해 수근거릴 테니 당연한 부탁이다.

바울과 실라는 옥에서 나와 형제들이 모여 있는 루디아의 집으로 갔다(40a절). 루디아의 집이 어느새 교회로 사용되고 있음을 암시한다. 두 선교사는 모인 형제들(그리스도인들)을 위로하고 빌립보를 떠났다(40b 절). '위로하다'(παρακαλέω)는 '권면하다'라는 의미를 지닌다(BDAG). 자신들이 성을 떠난 후에도 그리스도 예수 안에서 강건한 믿음을 유지하라는 호소였다. 아직도 가르칠 것이 많고, 신앙이 성숙해야 하는 성도들을 두고 떠나야 하는 두 사람의 발걸음이 잘 떨어지지 않았을 것이다. 바울이 이번 여행 중에 첫 선교 여행 중 급히 떠나야 했던 선교지들을 돌아보고(cf. 15:36; 16:1-5) 이곳까지 온 것을 보면 그는 영접 후 이루어지는 양육(follow-up)을 매우 중요하게 여기는 사역자였다.

바울과 실라는 이번에 함께 곤욕을 치르지 않은 동역자 누가에게 형제들의 양육을 부탁하고 빌립보를 떠났다. 누가는 '그들이 떠났다' (ἐξῆλθαν)라는 표현으로 자신이 빌립보에 남은 것을 암시한다(Fernando, Longenecker). 누가는 '우리'라는 말을 20:6에 가서야 다시 사용한다. 이때부터 8년 후인 주후 57년 봄에 바울이 3차 선교 여행을 마치고 예루살렘으로 돌아가는 길에 빌립보에 들렀을 때 일이다(Schnabel). 누가는 고향인 빌립보에 세워진 교회에서 성도들을 양육하며 8년을 보낸 것이다(cf. Longenecker).

루디아와 이름이 알려지지 않은 간수를 중심으로 시작한 빌립보 교회가 8년 후 바울이 다시 방문했을 때는 상당히 많이 성장해 있었다(cf. 빌 1:1; 2:25-30; 4:10-19). 바울은 두 번째 방문 후 5-6년 후에 빌립보서를 집필했다(Schnabel). 그는 빌립보 성도들이 복음을 영접한 첫날부터 이때까지 '복음을 위한 일에 동참하고 있다'(partnership in the gospel)고 한다(새번역, ESV, NIV). 빌립보 교회는 바울의 선교 사역을 재정적으로 돕는 교회였던 것이다(빌 4:15, ESV, NIV, NAS, NRS). 그러므로 바울은 고린도 교회에서 사역할 때도 마게도냐(빌립보와 데살로니가) 교회의 도움으로 살았기 때문에 고린도 교회에 어떠한 짐도 되지 않았다고 한다(고후 11:8-9).

바울이 빌립보를 떠날 때부터 로마에서 순교할 때까지 빌립보 교회는 계속해서 그를 재정적으로 지원했다(cf. Schnabel). 순교를 앞둔 바울은 로마에서 빌립보 성도들에게 편지를 쓰면서 에바브로디도(빌 2:25-30; 4:18)와 유오디아(빌 4:2)와 순두게(빌 4:2)와 글레멘드(빌 4:3)를 언급한다. 모두 다 그에게 그리운 얼굴들이었다.

이 말씀은 복음을 전파하다가 억울한 일을 당하면 즉시 항의하는 것보다 상황이 어느 정도 진정된 다음에 조용히 문제를 제기하는 것이 지혜롭다고 한다. 바울과 실라는 감옥에 갇힐 만한 일을 하지 않았다. 더욱이 재판도 하지 않고 로마 시민인 그들을 사람들 앞에서 채찍질하는 것은 불법이다. 그럼에도 두 선교사는 억울하다며 소리치지 않고 모든 것을 견디어 냈다. 그들은 다음 날 감옥에서 풀려날 때가 되자 상관들에게 문제를 제기해 그들을 크게 당황하게 만들었다. 이렇게 함으로써 앞으로는 그리스도인 선교사들과 빌립보 성도들을 함부로 대하지 못하게 한 것이다.

빌립보 교회는 복음을 접한 날부터 평생 바울의 사역을 재정적으로 후원하는 복음의 파트너가 되었다. 후원은 감사함의 표현이지만, 또한 자신들이 영접한 예수님을 세상 사람들이 영접하기를 바라는 염원의 표현이다. 교회가 선교하고 전도하는 일에 동참하는 것은 많은 것을 필요로 하지 않는다. 또한 '역사와 전통'이 필요한 것도 아니다. 선교와 전도를 통해 예수님이 이루신 구원을 나누고자 하는 열정이 있으면 된다.

> Ⅵ. 그리스(15:36-21:16)
>   A. 두 번째 선교 여행(15:36-18:23)

5. 데살로니가(17:1-9)

¹ 그들이 암비볼리와 아볼로니아로 다녀가 데살로니가에 이르니 거기 유대인의 회당이 있는지라 ² 바울이 자기의 관례대로 그들에게로 들어가서 세 안식일에 성경을 가지고 강론하며 ³ 뜻을 풀어 그리스도가 해를 받고 죽은 자 가운데서 다시 살아나야 할 것을 증언하고 이르되 내가 너희에게 전하는 이 예수가 곧 그리스도라 하니 ⁴ 그 중의 어떤 사람 곧 경건한 헬라인의 큰 무리와 적지 않은 귀부인도 권함을 받고 바울과 실라를 따르나 ⁵ 그러나 유대인들은 시기하여 저자의 어떤 불량한 사람들을 데리고 떼를 지어 성을 소동하게 하여 야손의 집에 침입하여 그들을 백성에게 끌어내려고 찾았으나 ⁶ 발견하지 못하매 야손과 몇 형제들을 끌고 읍장들 앞에 가서 소리 질러 이르되 천하를 어지럽게 하던 이 사람들이 여기도 이르매 ⁷ 야손이 그들을 맞아들였도다 이 사람들이 다 가이사의 명을 거역하여 말하되 다른 임금 곧 예수라 하는 이가 있다 하더이다 하니 ⁸ 무리와 읍장들이 이 말을 듣고 소동하여 ⁹ 야손과 그 나머지 사람들에게 보석금을 받고 놓아 주니라

바울 일행의 데살로니가 사역은 주후 49년 10월부터 12월까지 있었

던 일이며, 바울은 몇 달 후 고린도에서 데살로니가에 있는 교회에 편지를 쓴다(Schnabel, cf. Longenecker). 바울은 데살로니가전서에서 본문에 묘사된 사역을 회고하면서 그가 데살로니가로 온 것은 빌립보에서 큰 수모를 당하고 떠난 다음이었으며(살전 2:2), 데살로니가에서도 기적을 동반한 사역을 하다가(살전 1:5) 유대인들의 반대를 받았다고 한다(살전 2:2). 혹독한 반대로 인해 데살로니가 성도들은 많은 환난 가운데서 성령의 기쁨으로 말씀을 받았으며(살전 1:6), 자신도 어쩔 수 없이 도시를 떠났다고 한다(살전 2:15-16). 이후 바울은 데살로니가를 떠나 아가야로 넘어가 아덴으로 가서 전도한 일(살전 3:1)과 데살로니가 성도들을 격려하기 위해 디모데를 보낸 일을 회고한다(살전 3:2).

바울과 실라와 디모데는 누가를 빌립보에 남겨 두고 로마 사람들이 만든 '에그나시아 도로'(Via Egnatia)를 따라 암비볼리와 아볼로니아를 거쳐 데살로니가로 갔다(1절, cf. Schnabel). '암비볼리'('Αμφίπολις, Amphipolis)는 마게도냐를 형성하는 네 지역(subdistrict) 중 첫 번째 지역의 수도였으며, 빌립보보다 더 큰 도시였다(Barrett, Schnabel). 빌립보에서 서쪽으로 55㎞ 떨어져 있으며, 알렉산더 대왕과 그의 아버지 빌립이 이 지역을 권력의 중심 기반으로 삼았다(Bock, Longenecker).

'아볼로니아'('Απολλωνία, Apollonia)는 암비볼리에서 45㎞ 서쪽에 있었다(Longenecker). '다녀가다'(διοδεύω)는 머물지 않고 지나가는 것을 뜻한다(Longenecker). 바울은 이 두 도시에서 어떠한 사역도 하지 않고 곧바로 데살로니가로 간 것이다. 아마도 이 두 도시에는 유대인의 회당이 없어서 그냥 지나친 것으로 보인다(Barrett).

데살로니가는 아볼로니아에서 서쪽으로 65㎞ 떨어져 있었다(Longenecker). 그러므로 바울 일행은 빌립보에서 데살로니가까지 165㎞를 왔다(Schnabel). 말을 타고 가면 사흘 길이지만, 걸어가면 훨씬 더 오래 걸렸다(Bock). 데살로니가는 마게도냐를 형성하는 네 지역 중 두 번째 지역의 수도였으며(Marshall), 마게도냐 전체의 수도이기도 했다(Schnabel). 마게도냐에서 가장 큰 도시였으며, 또한 가장 부유한 도시이기도 했다. 다음 지도를 참조하라.

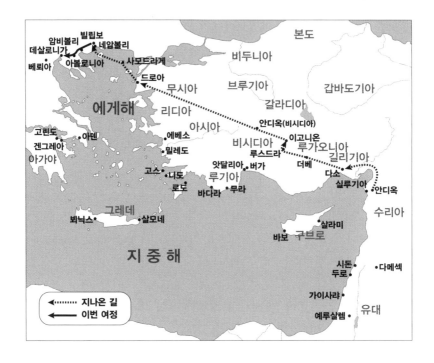

로마는 주전 42년 데살로니가에 시민들이 자치적으로 통치하는 '자유 도시'(free city) 신분을 허락했다(Sherwin-White). 안토니(Mark Anthony)와 훗날 아우구스투스 황제로 알려진 옥타비우스(Octavius)가 브루투스(Marcus Junius Brutus)와 카시우스(Gaius Longinus Cassius)를 상대로 전쟁할 때 안토니와 옥타비우스 편을 든 것에 대한 포상이었다. 바울이 방문했을 당시 도시의 인구는 4만 명에서 6만 명 정도로 추정되지만(Schnabel), 20만 명 정도로 보는 이들도 있다(Longenecker). 데살로니가는 큰 도시였기 때문에 여러 민족이 모여 살았고, 유대인도 많았다(살전 2:14-16). 바울은 데살로니가를 오늘날의 이탈리아, 오스트리아, 루

마니아, 그리스 등으로 구성된 발칸반도(Balkan peninsula)의 전도 요충지로 생각했던 것으로 보인다(Longenecker, cf. 살전 1:7-8). 그러므로 그는 빌립보에서 당한 채찍질과 차꼬 등으로 인해 많이 상하고 불편한 몸을 이끌고 165㎞를 걸어 이곳까지 왔다(cf. Schnabel).

바울은 자기의 관례대로 회당에 들어가서 세 안식일에 성경을 가지고 강론했다(2절). '관례대로'(κατὰ δὲ τὸ εἰωθὸς)는 '평소 하던 대로'라는 의미다. 바울은 어디든지 회당이 있는 도시에 가면 제일 먼저 회당을 찾아갔다. 비시디아 안디옥에서는 회당 지도자들이 그에게 강론을 부탁했는데, 이번에는 그런 말이 없는 것으로 보아 바울 스스로 랍비임을 알리고 세 안식일에 가르치겠다고 한 것으로 보인다(cf. Longenecker). '세 안식일'이 연속된 3주를 뜻하는지(Schnabel), 혹은 띄엄띄엄 세 차례 가르쳤다는 것인지 확실하지 않다(Bock).

바울은 이때의 일을 데살로니가전서 1:5-2:16에서 회고한다. 그는 데살로니가 성도들에게 경제적 짐이 되지 않으려고 주야로 일하며 사역했다고 한다(살전 2:9; 살후 3:8). 빌립보 교회에서 보내 준 재정적 지원도 큰 도움이 되었다(빌 4:16). 이러한 정황을 고려할 때 바울 일행은 3주보다 훨씬 더 길고 많은 시간을 데살로니가에서 보냈다. 한 주석가는 그들의 데살로니가 사역 기간을 주후 49년 10월부터 12월까지 3개월로 본다(Schnabel).

바울은 회당의 안식일 예배에서 세 차례에 걸쳐 성경을 가지고 강론하며(2절), 뜻을 풀어 그리스도가 해를 받고 죽은 자 가운데서 다시 살아나야 할 것을 증언하고 이 해를 받아 죽었다가(cf. 1:3; 2:23; 3:18; 26:22-23) 살아난 그리스도(cf. 2:22-24; 10:41; 13:32-36)가 바로 예수님이라고 말했다(3절). '강론하다'(διαλέγομαι)는 '논하다, 말하다'라는 뜻이며 '풀다'(διανοίγω)는 '드러내다, 밝히다'라는 의미다. '증언하다'(παρατίθημι)는 '앞에 놓다'라는 뜻으로, 메시아가 고난받아 죽지만 죽은 자 가운데서 다시 살아날 것이라는 사실이 성경에 이미 기록되어

157

있다는 것을 그들이 스스로 보게(깨닫게) 했다는 뜻이다. '이르다/말하다'(καταγγέλλω)는 '선포하다'이며, 바울이 그들에게 예수님이 바로 성경이 예언한 이스라엘의 메시아라는 사실을 분명히 보여 주었다는 뜻이다. 그는 회당에 모인 유대인들에게 오직 성경 말씀으로 예수님이 그들의 메시아이심을 밝혀 준 것이다.

바울의 강론을 들은 사람들의 반응을 요약하는 4절은 개역개정보다 새번역의 번역이 더 정확하다: "그들 가운데 몇몇 사람이 승복하여 바울과 실라를 따르고, 또 많은 경건한 그리스 사람들과 적지 않은 귀부인들이 그렇게 하였다"(4절, 새번역). 유대인 중에서도 많지는 않지만 몇몇이 바울과 실라에게 설득되어 회심했다는 뜻이다. 그러므로 데살로니가 교회는 처음부터 이방인을 중심으로 세워졌다(cf. 살전 1:9). '귀부인들'(γυναικῶν τε τῶν πρώτων)은 당시 정황을 고려할 때 사회적으로 유력한(지도층) 남편을 둔 여인들을 뜻한다(cf. BDAG). 복음이 상류층 여인들에게 본격적으로 전파되기 시작한 것이다(Wall). 빌립보에서는 루디아가 이런 부류에 속했다.

이들은 바울과 실라를 따랐다. '따르다'(προσκληρόω)는 '가입하다'(join)라는 뜻을 지닌다. 이 사람들이 그룹을 형성해 회당 밖에서 바울과 실라와 함께 따로 모였다는 뜻이다(Bock). '아리스다고'('Αρίσταρχος, Aristarchus)와 '세군도'(Σεκοῦνδος, Secundus)도 이때 그리스도인이 된 것으로 보인다(Longenecker, cf. 20:4).

바울과 실라가 많은 이방인을 하나님께 인도하는 것을 지켜본 유대인들의 심기가 불편하다(5절). 그들은 두 선교사가 회당에서 메시아에 관한 구약의 가르침에 대해 선포한 내용이 사실인가에 대해서는 관심이 없다. 그들은 단지 바울과 실라가 이방인 가운데 많은 인기를 누리는 것이 싫다. 사람들이 유대교에 관심을 가져야 하는데, 기독교에 입교하고 있으니 말이다. 유대인들이 질투의 화신이 되었다.

그들은 저자(market place)의 불량한 자들을 동원해 떼를 지어 성을 소동하게 했다(5a절). '저질들'(low life)을 동원해 폭동을 일으킨 것이다 (Johnson). 원래 유대인은 이런 사람들을 전도해 하나님께 돌아오게 해야 한다. 그러나 이 불량한 유대인들은 그들을 이용해 이방인이 하나님께 돌아오는 길을 막으려 하고 있다! 그들이 이런 짓을 하는 이유는 단 한 가지, 곧 남(바울과 실라)이 자기들보다 이방인에게 더 인기 누리는 것을 시기했기 때문이다. 평소에는 이방인 전도에 어떠한 관심도 없던 자들이 이런 짓을 하고 있다. 자신들은 이방인이 싫지만, 그렇다고 다른 누군가가 이방인들의 호감을 사는 것도 싫다! 하나님의 일을 방해하는 아주 못된 습성이다.

온 성을 시끄럽게 한 유대인들이 폭도들을 데리고 야손의 집을 습격해 바울과 실라를 찾았다(5b절). 그들을 백성에게 끌고 가기 위해서다. '야손'(Ἰάσων, Jason)은 바울이 로마서에서 언급하는 사람이다(Schnabel, 롬 16:21). '야손'이라는 이름이 당시에 매우 흔한 이름이었기 때문에 확실하지 않다는 이들도 있다(Fitzmyer, Longenecker). 그러나 그가 바울이 방문할 다음 도시인 베뢰아 사람 소바더(cf. 20:4)와 함께 언급되는 것으로 보아 거의 확실하다.

'백성'(δῆμος)은 '자유 도시'인 데살로니가를 통치하는 시민들로 구성된 의회다(Bock, Longenecker). 유대인들은 자신들이 폭동을 일으켜 온 도시를 뒤숭숭하게 해 놓고는 모든 책임을 바울과 실라에게 전가해 재판에 회부하려 한다. 이들은 공의와 정의에는 어떠한 관심도 없는 참으로 악한 자들이다. 우리는 하나님의 말씀을 중심으로 신앙생활을 하지 않고 대대로 전수되어 온 전통과 관습을 중심으로 신앙생활하는 자들의 폐단을 보고 있다.

야손은 이미 이들의 소동에 대해 정보를 입수한 것으로 보인다. 그러므로 그는 선교사들을 이미 안전한 곳으로 피신시켜 놓았다. 야손의 집에서 바울과 실라를 찾지 못하자 유대인들은 야손과 그의 집에 모여 있던 몇몇 형제를 읍장들에게 끌고 가 천하를 어지럽게 하던 이 사람들이 여기도 왔다며 큰 소리로 떠들어 댔다(6절). 야손의 집에 형제들이 모여 있었다는 것은 데살로니가 교회가 그의 집에서 모였다는 것을 암시한다(Wall). '읍장들'(τοὺς πολιτάρχας)은 이 도시를 다스리도록 선출된 5명(Longenecker) 혹은 6명(Barrett)의 행정관이다.

바울과 실라는 온 세상을 어지럽게 하던 자들이 아니다. 바울은 이때까지 로마 제국의 큰 도시 가운데 다메섹과 예루살렘과 다소와 안디옥 등에서 복음을 전했다. 아직 세상을 뒤집어 놓지는 않았다. 앞으로 아덴과 에베소와 고린도와 로마 등에서 복음을 선포하면 그때는 세상이 뒤집어질 것이다(Schnabel). 그러므로 그들이 떠들어 대는 것은 분명 과하다. 그러나 어느 정도는 맞는 표현이라 할 수 있다. 누구든지 그들이 전한 복음을 영접하면 그들의 삶이 뒤집어지고, 그들의 세상이 한동안 어지럽기 때문이다.

그럼에도 불구하고 이 데살로니가 소동이 주후 50년에 있었던 일이라면, 그들이 바울과 실라를 '천하를 어지럽게 하는 자들'이라고 하는 것은 시사성이 있는 말이다. 이때는 로마 황제 글라우디오(Claudius I)가 다스리는 시대였는데, 로마에서 유대인 및 그리스도인과 연관된 폭동이 있었다. 황제는 이 일로 인해 주후 49년에 로마에서 유대인을 모두 내쫓았다(cf. 18:2). 그러므로 이듬해인 주후 50년에 로마에서 폭동을 일으켜 천하를 어지럽게 하던 유대인들이 데살로니가에도 왔으며, 야손이 그들을 자기 집으로 맞아들였다고 한다(7a절).

유대인들은 바울과 실라가 가이사의 명을 거역해 말하며, 다른 임금 곧 예수라 하는 이가 있다고 말하고 다닌다고 한다(7b절). 바울이 데살로니가에서 무엇을 가르쳤는가에 대해서는 데살로니가에 보낸 서신들을 통해 어느 정도 짐작할 수 있다. 그는 데살로니가 사람들이 우상을 버리고 주님을 영접했다고 하는데(살전 1:9), 이는 그들이 로마 황제를 우상화한 종교(Emperor worship)도 버렸다는 것을 의미한다. 또한 예수님이 하나님의 아들로 재림하실 날(살전 4:15), 자기 나라와 영광에 이르게 하시는 하나님(살전 2:12), 예수님 없이 참 평안이 세상에 임할 수 있는가(살전 5:3) 등은 모두 다 메시아 왕으로 오신 예수님과 연관된 개념이다. 물론 하나님의 나라와 예수님의 통치는 이 땅의 권세와 상관없지만, 모두 다 세상 사람들의 오해를 불러일으킬 수 있는 것들이다 (Witherington, cf. Longenecker).

그러므로 유대인들의 말을 들은 무리와 읍장들도 처음에는 소동했다 (8절). 내막을 모르는 상황에서 그들이 주장하는 것이 모두 심각한 이슈이기 때문이다. 그러나 그들이 유대인들의 모든 말을 듣고, 또 야손과 형제들의 말을 듣고 난 후 보석금을 받고 야손과 형제들을 놓아준 것(9절)을 보면 유대인들의 주장을 받아들이지 않았던 것이 확실하다 (Wall). 로마 사람들은 종교와 연관된 유대인들의 주장을 잘 받아들이지 않았다. 들어 보면 그들의 주장은 대부분 신학적인 것이지, 정치적인 것이 아니었기 때문이다. 이번에도 읍장들은 바울과 실라가 가르친 하나님의 나라와 왕으로 오신 예수님이 이 땅의 권세와 연관 없는 것으로 결론지은 것이다(cf. Wall).

그러나 읍장들은 만에 하나라도 로마에서 있었던 일이 데살로니가에서 되풀이되는 것을 원하지 않는다. 또한 바울과 실라를 찾을 수 없어 야손과 형제들을 붙잡아 온 유대인들도 어느 정도는 달래야 한다. 그러므로 보석금을 받고 야손과 형제들을 놓아준 것이다. '보석금'(ἱκανός)은 공탁금으로 제시된 조건을 위반할 경우 돌려받을 수 없다. 아마도 읍장들은 야손에게 바울과 실라로 하여금 더는 도시를 소동하지 않게 할 것과 속히 데살로니가를 떠나게 하는 것을 조건으로 제시하고 풀어 주었을 것이다(cf. Bruce, Sherwin-White). 바울과 실라는 현 읍장들이 자리에 있는 동안에는 돌아올 수 없다(Longenecker).

그들이 보석금을 걸고 풀려난 것은 야손과 형제들이 자신들의 입장을 잘 변호했다는 뜻이다. 그래서 어떤 이들은 야손이 데살로니가에서 상당한 지위에 있는 사람, 혹은 높은 지위에 있는 사람들을 잘 아는 사람이었다고 하기도 한다(Dunn). 그러나 확실하지는 않다. 바울은 이때 일을 회고하며 안타까움을 표한다: "형제들아 우리가 잠시 너희를 떠난 것은 얼굴이요 마음은 아니니 너희 얼굴 보기를 열정으로 더욱 힘썼노라 그러므로 나 바울은 한번 두번 너희에게 가고자 하였으나 사탄이 우리를 막았도다"(살전 2:17-18). 다행인 것은 데살로니가 교회에 보낸 서신들을 살펴보면 이 일로 인해 데살로니가 성도들의 마음이 흔들리지 않았다는 사실이다(Bruce).

이 말씀은 하나님이 우리에게 주신 가장 확실한 전도와 선교의 도구는 성경이라고 한다. 바울은 성경을 강론하고, 뜻을 풀어 주고, 증언하고, 선포하며 많은 사람을 하나님께 인도했다. 사역자들은 모든 가르침과 사역을 성경 말씀을 중심으로 해야 한다. 사람을 변화시킬 수 있는 것은 하나님의 말씀뿐이기 때문이다.

반대자들은 이성적이거나 합리적인 방법을 사용하지 않고 저질스러운 언행을 통해 하나님을 반대한다. 합리적인 논쟁으로는 기독교의 교리를 이길 수 없기 때문이다. 그러므로 전도하다가 말도 안 되는 억지 주장이나 무례함을 경험할 때 분노하지 말자. 사탄은 항상 이런 방법을 사용해 복음을 대적해 왔다. 우리는 이성과 논리로 반대자들을 이기려는 생각도 버려야 한다. 영적인 싸움에서는 기도밖에 없다. 하나님이 그들의 생각과 마음을 바꿔 주셔야 그들이 진리를 보게 될 것이기 때문이다.

> VI. 그리스(15:36-21:16)
> A. 두 번째 선교 여행(15:36-18:23)

6. 베뢰아(17:10-15)

[10] 밤에 형제들이 곧 바울과 실라를 베뢰아로 보내니 그들이 이르러 유대인의 회당에 들어가니라 [11] 베뢰아에 있는 사람들은 데살로니가에 있는 사람들

보다 더 너그러워서 간절한 마음으로 말씀을 받고 이것이 그러한가 하여 날마다 성경을 상고하므로 ¹² 그 중에 믿는 사람이 많고 또 헬라의 귀부인과 남자가 적지 아니하나 ¹³ 데살로니가에 있는 유대인들은 바울이 하나님의 말씀을 베뢰아에서도 전하는 줄을 알고 거기도 가서 무리를 움직여 소동하게 하거늘 ¹⁴ 형제들이 곧 바울을 내보내어 바다까지 가게 하되 실라와 디모데는 아직 거기 머물더라 ¹⁵ 바울을 인도하는 사람들이 그를 데리고 아덴까지 이르러 그에게서 실라와 디모데를 자기에게로 속히 오게 하라는 명령을 받고 떠나니라

유대인들이 조장한 폭동으로 끌려간 야손과 형제들이 보석금을 걸고 풀려난 조건 중 하나는 바울과 실라 일행을 데살로니가에서 내보내는 것이었다. 그러므로 선교사들은 더는 이 도시에 머물 수 없다. 형제들이 그들의 안전을 보장할 수 없는 상황이며, 그들이 계속 데살로니가에 머물면 새로 믿기 시작한 형제들이 다칠 수도 있다. 혈안이 된 유대인들이 계속 그들을 찾고 있기 때문이다. 데살로니가 형제들은 밤에 사람들 몰래 바울과 실라와 디모데를 베뢰아로 보냈다(10a절). 그들이 급히 데살로니가를 탈출해 베뢰아로 떠난 것이다(Jervell, Schnabel).

베뢰아(Βέροια, Berea)는 바울 일행이 빌립보에서 데살로니가로 갈 때 이용했던 '에그나시아 도로'(Via Egnatia)에서 벗어난 곳에 있었다. 베뢰아는 데살로니가에서 남서쪽으로 80km 떨어져 있으며, 오늘날에는 베리아(Veria)로 불린다(Longenecker, Wall). 바울의 베뢰아 선교는 주후 49년 12월에서 주후 50년 1월 사이에 이루어졌다(Schnabel). 마게도냐에서 아덴으로 가는 사람들은 모두 베뢰아를 거쳐서 갔다(Bock). 당시 베뢰아는 데살로니가나 빌립보처럼 중요한 도시는 아니었다. 헬라어를 사용하는 도시였으며, 시민들이 다른 도시 사람들보다 신사적이었다고 한다(Bruce, Williams).

베뢰아에 도착한 바울 일행은 유대인의 회당을 찾아갔다(10b절). 그

들은 유대인들의 눈을 피해 조용히 사역하려 하지 않는다. 복음을 전 파하는 것이 자신의 안전을 지키는 것보다 더 중요하다고 생각했기 때 문이다.

누가는 베뢰아 사람들이 데살로니가 사람들보다 더 너그러웠다고 한 다(11a절). 이 일이 회당에서 일어나고 있으며 또한 그들이 성경(구약)을 살피는 점을 고려할 때, 이 사람들은 유대인이다. '너그럽다'(εὐγενής)는 '명문 출신'(noble birth)이라는 의미를 지니며(TDNT), 남을 대하는 자세 가 부드럽고 신사적이라는 뜻이다(Bruce, Polhill).

베뢰아에 사는 유대인들의 어떤 면이 이러한 평가를 받게 했는가? 누가는 두 가지를 지적한다. 첫째, 베뢰아 사람들은 간절한 마음으 로 말씀을 받았다(11b절). 그들은 열린 마음을 가졌으며, 하나님의 말 씀을 경청할 준비가 되어 있었던 것이다. 둘째, 그들은 바울에게 들 은 말씀의 사실 여부를 알아보기 위해 성경을 상고했다(11c절). '상고하 다'(ἀνακρίνω)는 살펴보고 연구하는 것을 의미한다(BDAG). 그들은 바울 이 선포한 메시지를 무조건 '아멘'으로 받지 않고 스스로 성경을 살펴 사실 여부를 판단한 것이다. 누가는 베뢰아 사람들이 들은 메시지에 무조건 '아멘'을 외치지 않고 신중하게 진위 여부를 성경을 통해 확인 한 일을 칭찬하고 있는 것이다.

베뢰아 사람들은 '날마다' 성경을 깊이 연구하고 묵상했다고 하는데, 유대인 회당은 매일 모이지 않았다. 그러므로 '날마다'(καθ᾽ ἡμέραν) 그 들이 성경을 살폈다는 것은 바울이 유대인 중 원하는 사람들과 매일 만나 서로 말씀을 나누었다는 뜻이다. 회당 밖에서 만남이 계속된 것 이다.

바울의 베뢰아 선교는 많은 열매를 맺었다. 유대인 중에도 믿는 사 람이 많았고, 헬라의 귀부인들과 남자들도 적지 않았다(12절). 바울 이 마지막으로 예루살렘을 방문할 때 베뢰아 사람 부로의 아들 '소바 더'(Σώπατρος, Sopater)도 함께 갔다고 하는데(20:4; cf. 롬 16:21), 소바더도 이때 회심한 것으로 보인다. 그는 유대인이었으며, 바울을 아덴에 있는 회당에 소개한 것으로 보인다(Schnabel, cf. 17:17). 베뢰아에도 이방인을 중심으로 하는 교회가 세워졌다.

얼마 지나지 않아 바울이 급히 베뢰아를 떠나게 되었다. 데살로니가에서 바울의 사역을 훼방했던 유대인들이 그가 베뢰아에서 하나님의 말씀을 전하고 있다는 소식을 듣고 방해하기 위해 쫓아왔기 때문이다. 데살로니가와 베뢰아는 서로 독립적인 도시였기 때문에 데살로니가 지도자들이 바울에 대해 내린 판결이 베뢰아에서는 적용될 수 없다(Sherwin-White, Wall). 그러므로 그들은 데살로니가에서 사용한 방법을 다시 한번 사용해 바울의 선교를 방해했다. 도시의 부랑자들을 매수해 무리를 움직여 소동하게 한 것이다(13b절).

유대인들은 신사적인 도시에서 비신사적인 방법을 동원했다. 유대인 중 기독교인이 된 형제들이나 이 도시를 다스리는 남편을 둔 귀부인들이 그들을 통해 유대인들의 음모에 대해 알게 되었다(Schnabel). 그들은 곧바로 형제들에게 알렸고, 형제들은 바울을 안전한 곳으로 피신시키기로 했다. 형제 중 몇 명이 곧(바로) 바울을 데리고 바다까지 갔다(14a절). 걸어서 이틀을 간 것이다(Schnabel).

그들이 바다(해안가)로 간 것은 이곳에 있는 항구에서 배를 타면 아덴으로 갈 수 있기 때문이다. 학자들은 바울과 형제들이 메토네(Methone) 혹은 디움(Dium) 항구에서 배를 타고 아덴으로 이동했을 것이라고 한다(Bruce, Longenecker). 혹은 피드나(Pydna) 항구에서 출발했을 것이라고 하기도 한다(Barrett, Schnabel). 육로를 통해 아덴으로 가려면 해발 2,900m가 넘는 '올림피아산'(Mount Olympia)을 넘거나 돌아가야 하기 때문에 쉽지 않다. 그러나 추격자들을 따돌리기 위해 육로로 갔을 것이라고 하는 이들도 있다(Larkin). 만일 육로로 갔다면 어느 경로로 갔는지 알 수 없다(Bock).

실라와 디모데는 베뢰아에 계속 머물렀다(14b절). 유대인들의 위협을 받는 사람은 바울이기 때문에 이 두 사람은 굳이 그와 함께 도시를 떠날 필요가 없었다. 그러므로 그들은 베뢰아에 남아 베뢰아 교회 형제들을 가르치며 양육하는 사역을 계속했다. 바울이 그렇게 하라고 지시하고 떠났을 것이다.

바울은 원래 본도-비두니아 지역에서 선교하고자 했지만, 하나님이 두 번이나 막으셨다(15:35-16:10). 그는 한 사람이 손을 흔들며 마게도냐로 넘어와 도와 달라고 했던 비전을 보고 마게도냐로 왔다. 이 비전은 분명 하나님이 보여 주신 것이다. 하나님의 인도하심에 따라 마게도냐로 넘어온 이후 그의 삶과 사역은 고난의 연속이었다. 빌립보에서는 심한 채찍질을 당하고 데살로니가로 갔다. 데살로니가에서는 불량배들을 앞세운 유대인들을 피해 베뢰아로 갔다. 베뢰아에서도 폭력을 행사하는 유대인들을 피해 바다까지 왔다. 이제 그는 유대인들의 추격을 피해 아덴으로 가야 한다. 하나님이 그를 마게도냐로 인도하셨다고 하기에는 혹독한 고난이 너무나 많다고 생각할 수도 있다.

하나님의 인도하심이라고 해서 고난이 없을 것이라는 착각은 버려야 한다. 오히려 더 혹독한 대가를 요구할 수도 있다. 하나님의 인도하심이 우리로 그리스도의 고난에 동참하는 길을 가게 할 수도 있기 때문이다. 바울이 하나님의 인도하심에 따라 마게도냐로 온 것이 확실한 것은 그가 올 때는 빈손으로 왔지만 마게도냐를 떠날 때는 최소한 세 개의 건강한 교회를 빌립보와 데살로니가와 베뢰아에 세웠기 때문이다. 이 교회들은 바울 일행의 땀과 피 값으로 세워졌다.

바울은 베뢰아에 사는 형제들의 인도함을 받으며 아덴에 도착했다(15a절). 아덴에 도착한 바울은 그들을 베뢰아로 돌려보내면서 실라와 디모데를 속히 보내 달라고 했다(15b절). 아덴이 복음이 그리스 전역으로 퍼져 나가는 요충지이기 때문에 빨리 그들이 와서 함께 사역하기를 바랐을 것이다. 그렇다고 해서 실라와 디모데가 하던 사역을 멈추고 올 수는 없다. 그러므로 바울의 명령은 그들이 마게도냐에 새로 세워진 교회와 성도들이 어느 정도 스스로 설 수 있도록 양육한 다음에 오라는 뜻이다(Schnabel). 데살로니가를 떠나 베뢰아를 거쳐 아덴으로 가는 여정은 다음 지도를 참조하라.

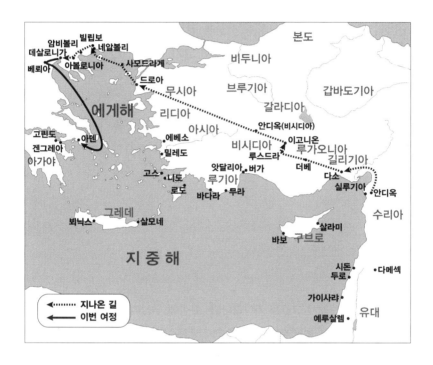

누가는 바울이 실라와 디모데를 아덴에서 만났다는 말을 하지 않는다. 또한 사도행전은 모든 것을 기록하지 않고 선별된 내용만 기록한다(Conzelmann, Polhill). 실라와 디모데가 드디어 아덴에 도착했을 때 바울은 이미 고린도로 떠난 후였을 수 있다. 혹은 바울이 애초부터 베뢰아 형제들에게 실라와 디모데를 고린도로 보내라고 해 놓고 아덴에서 어느 정도 시간을 보냈을 수도 있다(Schnabel, cf. 16:16; 18:5). 실라와 디모데가 마게도냐 사역을 마무리하고 오려면 어느 정도 시간이 필요할 것으로 생각했기 때문이다.

이 말씀은 하나님은 '무조건, 혹은 성경을 덮어 놓고' 믿는 사람이 아니라, '성경을 펼쳐 놓고 연구하며' 믿는 사람을 귀하게 여기신다고 한다. 베뢰아 사람들은 바울이 선포한 메시지가 사실인지 스스로 성경을 연구하며 판단했다. 믿음은 이성과 논리를 마비시키지 않는다. 오히려 우리의 지성을 깨운다. 이성과 지성을 겸비해 성경을 연구하면 연구할수록 더 확실하게 하나님에 대해 알 수 있기 때문이다.

또한 이성적으로 생각하면 기독교는 거부할 수 없는 진리다. 그러므로 유대인들은 바울이 선포한 복음을 이성과 논리로 문제 삼지 않는다. 복음의 진실성에 대해 어떠한 문제도 제기할 수 없기 때문이다. 그러므로 그들은 불량배들을 동원해 폭력으로 복음을 막으려 한다. 마귀의 어리석은 방법이다.

> VI. 그리스(15:36-21:16)
> A. 두 번째 선교 여행(15:36-18:23)

7. 아덴(17:16-34)

[16] 바울이 아덴에서 그들을 기다리다가 그 성에 우상이 가득한 것을 보고 마음에 격분하여 [17] 회당에서는 유대인과 경건한 사람들과 또 장터에서는 날마다 만나는 사람들과 변론하니 [18] 어떤 에피쿠로스와 스토아 철학자들도 바울과 쟁론할새 어떤 사람은 이르되 이 말쟁이가 무슨 말을 하고자 하느냐 하고 어떤 사람은 이르되 이방 신들을 전하는 사람인가보다 하니 이는 바울이 예수와 부활을 전하기 때문이러라 [19] 그를 붙들어 아레오바고로 가며 말하기를 네가 말하는 이 새로운 가르침이 무엇인지 우리가 알 수 있겠느냐 [20] 네가 어떤 이상한 것을 우리 귀에 들려 주니 그 무슨 뜻인지 알고자 하노라 하니 [21] 모든 아덴 사람과 거기서 나그네 된 외국인들이 가장 새로운 것을 말하고 듣는 것 이외에는 달리 시간을 쓰지 않음이더라 [22] 바울이 아레오바고 가운데 서서 말하되 아덴 사람들아 너희를 보니 범사에 종교심이 많도다 [23] 내

가 두루 다니며 너희가 위하는 것들을 보다가 알지 못하는 신에게라고 새긴 단도 보았으니 그런즉 너희가 알지 못하고 위하는 그것을 내가 너희에게 알게 하리라 ²⁴ 우주와 그 가운데 있는 만물을 지으신 하나님께서는 천지의 주재시니 손으로 지은 전에 계시지 아니하시고 ²⁵ 또 무엇이 부족한 것처럼 사람의 손으로 섬김을 받으시는 것이 아니니 이는 만민에게 생명과 호흡과 만물을 친히 주시는 이심이라 ²⁶ 인류의 모든 족속을 한 혈통으로 만드사 온 땅에 살게 하시고 그들의 연대를 정하시며 거주의 경계를 한정하셨으니 ²⁷ 이는 사람으로 혹 하나님을 더듬어 찾아 발견하게 하려 하심이로되 그는 우리 각 사람에게서 멀리 계시지 아니하도다 ²⁸ 우리가 그를 힘입어 살며 기동하며 존재하느니라 너희 시인 중 어떤 사람들의 말과 같이 우리가 그의 소생이라 하니 ²⁹ 이와 같이 하나님의 소생이 되었은즉 하나님을 금이나 은이나 돌에다 사람의 기술과 고안으로 새긴 것들과 같이 여길 것이 아니니라 ³⁰ 알지 못하던 시대에는 하나님이 간과하셨거니와 이제는 어디든지 사람에게 다 명하사 회개하라 하셨으니 ³¹ 이는 정하신 사람으로 하여금 천하를 공의로 심판할 날을 작정하시고 이에 그를 죽은 자 가운데서 다시 살리신 것으로 모든 사람에게 믿을 만한 증거를 주셨음이니라 하니라 ³² 그들이 죽은 자의 부활을 듣고 어떤 사람은 조롱도 하고 어떤 사람은 이 일에 대하여 네 말을 다시 듣겠다 하니 ³³ 이에 바울이 그들 가운데서 떠나매 ³⁴ 몇 사람이 그를 가까이하여 믿으니 그 중에는 아레오바고 관리 디오누시오와 다마리라 하는 여자와 또 다른 사람들도 있었더라

바울은 마게도냐의 베뢰아에서 경험한 유대인들의 방해와 음모를 피해 아덴으로 오게 되었다. 그는 원래 마게도냐에서 '에그나시아 도로'(Via Egnatia)를 따라 로마로 갈 계획을 세웠던 것으로 보인다 (Longenecker). 그가 6-7년 후 로마에 있는 교회에 편지하면서 이렇게 말하고 있기 때문이다: "형제들아 내가 여러 번 너희에게 가고자 한 것을 너희가 모르기를 원하지 아니하노니…그러므로 또한 내가 너희에

게 가려 하던 것이 여러 번 막혔더니 이제는 이 지방에 일할 곳이 없고 또 여러 해 전부터 언제든지 서바나로 갈 때에 너희에게 가기를 바라고 있었으니"(롬 1:13; 15:22-23). 하나님은 바울을 로마로 보내실 것이다. 그러나 아직은 때가 아니다. 또한 바로 전(前) 해인 주전 49년에 글라우디오가 유대인들을 로마에서 모두 추방한 일도(cf. 18:2) 그가 로마로 가지 않고 아덴으로 오게 된 이유가 되었을 것이다.

바울이 아덴에 도착했을 때 '아덴'(Αθῆναι, Athens)은 전성기(주전 479-431년)가 500년 정도 지난 시점이었다(Bruce, Longenecker). 당시 인구는 3만 명 정도 되었던 것으로 보이며, 유대인은 주전 4세기부터 이곳에 정착해 살기 시작했다(Schnabel). 바울의 아덴 선교는 주후 50년 봄에 있었던 일이다(Schnabel). 대부분 학자는 그의 아덴 사역이 2차 선교 여행 중 가장 중요한 일이라고 한다(Bock, Fitzmyer, Williams).

아덴은 '옛 아티카'(Old Attica)의 수도였으며, 고린도처럼 로마의 '아가야주(州)'(Achaia Province)에 있었다. 베뢰아에서 남서쪽으로 310km 떨어진 곳에 있었으며(Bock, Schnabel), 오늘날 그리스의 수도다. 아덴이 항구로 사용한 피레우스(Piraeus)에서 내륙으로 8km 떨어져 있었다(Longenecker). 주전 338년에 마게도냐의 왕 필립(Philip II, 알렉산더 대왕의 아버지)이 아덴을 정복했지만, 오히려 아덴의 문화와 철학이 온 세상에 전파되는 계기가 되었다. 그리스의 모든 것을 좋아하던 로마는 주전 148년 아덴을 정복한 후, 시민들이 자율적으로 통치하는 '자유 도시'(free city) 지위를 부여했다.

아덴은 그리스뿐 아니라 세상의 지성과 문화의 중심지로 명성이 나 있었다. 소크라테스(Socrates, 주전 470-399년), 플라톤(Plato, 주전 428-348년), 아리스토텔레스(Aristotle, 주전 384-322년), 에피쿠로스(Epicurus, 주전 342-270년), 제논(Zeno, 주전 340-263년) 등이 이 도시에서 가르쳤다.

건축물과 동상에 있어서 견줄 만한 도시가 없었다(Keener). 도시의 가장 높은 중심지인 '아크로폴리스'(Acropolis) 언덕에는 도시의 수호 여

신인 '아테네'(Athene)를 기념하는 파르테논'(Parthenon) 신전이 주전 447
년에 세워졌다. 이곳에는 높이 12m에 금과 상아로 만든 '처녀 아테
나'(Athena Parthenos) 동상이 있었다. 주전 5세기에 '페이디아스'(Phidias)라
는 조각가가 아덴시의 재정으로 이 동상을 만들었으며, 아덴 사람들은
이 동상을 두고 '아덴시가 자신을 표현한 것'(a self-representation of Athens)
이라고 평가했다(Longenecker). 파르테논 신전은 오늘날에도 세계에서
시각적으로 매우 만족할 만한 건물 중 하나다(Bruce).

베뢰아에서 이곳까지 길을 안내해 준 형제들을 돌려보낸 바울은 실
라와 디모데가 마게도냐 사역을 정리하고 아덴으로 오기를 기다리고
있었다(16a절). 기다리는 중에 도시의 이곳저곳을 다니다가 온갖 우상
이 아덴을 가득 채우고 있는 것을 보고 마음이 격분했다(16b절). '격분
했다'(παρωξύνετο)는 미완료형이다. 바울이 우상을 볼 때마다 마음이 불
편해지는 것을 계속 느꼈다는 뜻이다. 또한 칠십인역(LXX)은 '격분하
다'(παροξύνω)라는 단어로 하나님이 우상들을 볼 때 느끼시는 감정을 표
현한다(Witherington, cf. 사 65:3; 호 8:5). 신약에서는 이곳과 고린도전서
13:5에서만 사용되며, 매우 분개한 감정을 표현한다.

바울이 도시 안에 만연한 우상으로 인해 마음이 상했으므로 가만히
있지 않을 것이다. 아덴에서 두 동역자를 기다리는 동안 도시 사람들
에게 복음을 전파할 것을 암시한다. 바울은 훗날 디모데에게 한 권면,
곧 "너는 말씀을 전파하라 때를 얻든지 못 얻든지 항상 힘쓰라"(딤후
4:2)를 직접 실천하기 시작했다.

격분한 바울은 날마다 회당에서는 유대인들 및 경건한 사람들
과 변론하고, 장터에서는 만나는 사람들과 변론했다(17절). '변론하
다'(διαλέγομαι)는 건전한 결론을 위해 의논하는 것을 뜻한다(Wall, cf.
4:15; 18:27; 20:14). 그는 지나치게 많은 우상으로 인해 분개하고 있
지만, 사람들에게 전도할 때는 솔직하고 자비로운 자세로 한 것이다
(Bock). '장터'(ἀγορά)는 도시의 정치적·경제적·문화적 중심지다. 아덴의

장터(아고라) 북동쪽 코너에는 온갖 우상이 즐비해 있었다. 바울은 이곳에서 사람들을 만나 전도했을 것이다(Bock).

그가 장터에서 사람들을 만나 부드러운 말로 변론한 것은 소크라테스의 모습을 생각나게 한다. 소크라테스는 장터가 가장 분주할 때 찾아가 사람들과 많은 대화를 나누었다(Wall). 바울은 장터에서 전도하는 중 에피쿠로스와 스토아 철학자들도 만났다(18a절). 이 둘은 당시 가장 유명했던 학파로, 스토아 철학을 추종하는 사람이 더 많았다(Polhill). 바울은 철학자들과는 쟁론했다. '쟁론하다'(συμβάλλω)는 열띤 논쟁을 한다는 뜻이다(TDNT). 복음에 대해 토론할 만한 적수가 나타난 것이다.

에피쿠로스 철학자들은 '에피쿠로스'(Epicurus, 주전 342-270년)를 따랐으며, 세상을 물질 중심으로 보는 '물질주의자'(materialists)였다. 이 철학에 따르면 인간의 삶은 우연이 빚어낸 결과이므로 삶에서 즐거움을 추구하는 것이 가장 중요하다(Wall). 때로는 '향락주의, 쾌락주의'(epicureanism)로도 불리지만, 그들이 말하는 '향락/쾌락'은 삶에 고통과 방해가 없는 것을 뜻한다. 그러므로 그들이 추구하는 쾌락은 삶의 희로애락으로부터 자유로운 것이었다.

에피쿠로스 철학은 신이 있다고 했지만, 신은 인간의 삶에 관여하지 않고 아주 멀리 떨어진 곳에서 자신의 삶을 살아간다. 그러므로 '이신론'(理神論, deism)과 비슷한 신론을 지향했다(Keener). 인간의 삶은 물질이 우연히 빚어낸 것에 불과하며, 신들은 멀리 떨어져 있으므로 사람들은 죽음도 신도 두려워할 필요가 없다고 가르쳤다(Wall). 살아 있는 동안 향락(쾌락)을 누리고 악(고난)을 견디다가 죽으면 된다(Witherington). 주로 교육을 많이 받은 상류층 사람들에게 인기가 있었다.

스토아 철학자들은 제논(Zeno, 주전 340-265년)의 가르침을 따랐다. 그가 가르치던 곳이 '스토아'(Stoa, 주랑)였다고 해서 이 철학의 이름이 되었다(Fitzmyer, Longenecker). 스토아 철학자들은 심층적 분석과 신중한 논리를 중요시하는 '이성주의자'(rationalists)였다. 당시 가장 인기 있는 철학이었지만, 대부분은 이 철학에 대해 별로 아는 것이 없었고 공식적으로 따르지도 않았다. 그럼에도 불구하고 사회 전반에 가장 많이 스며든 철학이었다(Keener). 그들은 세상 만물이 모두 신이라는 범신론자(pantheists)였다(Wall). 그러므로 인류의 통일성, 인류와 신들의 친분을 주장했으며(Bock), 신들을 '세상의 영혼'이라고 했다(Longenecker).

그들은 '최고신'(Supreme God)이 있다고 했지만, 그는 유일한 신이 아니며 여러 신 중 뛰어난 신이라 했다. 다신주의 범위에서 최고신을 논한 것이다. 스토아 철학은 인간은 의무를 다하고, 자연과 이성과 조화롭게 살기 위해 자신을 포기해야 하며, 아무리 고통스럽더라도 스스로 자급자족해야 한다고 했다(Stott). 인간은 스스로 생존하는 존재로 신에 의존해 사는 것은 바람직하지 않다고 한 것이다.

철학자들은 바울에게 두 가지 반응을 보였다(18b절). 첫째, 일부는 그를 말쟁이라고 했다. '말쟁이'(σπερμολόγος)는 원래 밭 이곳저곳을 돌아다니며 농부가 뿌려 놓은 씨앗을 주워 먹는 새를 뜻했다(cf. BDAG). 그들은 바울을 자신이 무슨 말을 하는지도 모르면서 무작정 떠들어 대는 말이 많은 자라고 비난한 것이다.

둘째, 다른 사람들은 바울을 이방 신들을 전하는 사람으로 생각했다. '신들'(δαιμονίων)은 원래 '악령들'이라는 부정적인 의미를 지녔지만, '이방/이상한'(ξένων)과 결합해 그들이 '알지 못하는 신들'이라는 중립적인 의미를 지니게 되었다. 바울을 자신들이 알지 못하는 신들이 보낸 전령 정도로 생각한 것이다.

종교에 대해 가장 많이 아는 철학자들이 왜 바울의 말을 이해하지 못해 이처럼 빈정댔을까? 바울이 예수와 부활을 전했기 때문이었다(18c절). 그들은 바울이 십자가에서 죽어 땅에 묻힌 유대인들의 메시아 예수님이 온 인류의 구세주라고 주장하는 것을 이해할 수 없다. 또한 죽음은 모든 것의 끝이며 죽으면 어떠한 것도 존재하지 않는데 부활이 있다고 하니, 바울의 말을 터무니없는 주장으로 여긴 것이다. 헬라 철

173

학자들에게는 부활이 얼마나 이상하고 불합리한 것인지, 일부 학자는 철학자들이 바울이 '예수'와 '부활' 등 두 신을 전파하는 것으로 생각했다고 한다(Fernando, Kistermaker, Schnabel). '부활'(ἀνάστασις)을 '아나스타시스'(Anastasis)라는 이름으로 불리는 여신으로 간주했다는 것이다. 그러나 바울이 부활에 대해 이처럼 오해하게끔 말하지는 않았을 것이라고 하는 이들도 있다(Bock, Bruce). 바울은 그렇게 말하지 않았더라도 그의 말을 오해하고 왜곡하는 것은 제대로 듣지 않은 철학자들의 몫이다. 이는 부활이 철학자들이 복음을 받아들이는 데 가장 큰 걸림돌이었음을 암시한다.

철학자들은 바울을 붙들고 아레오바고로 가며 그곳에서 그가 주장하는 새로운 가르침이 무엇이고 무슨 뜻인지 말하라고 했다(19-20절). '아레오바고'("Αρειον πάγον, Areopagus)는 그리스 신화에서 천둥과 전쟁의 신인 '아레스의 평의회'(Council of Ares)라는 의미를 지닌다. 전설에 따르면 아덴에 있는 '아레스의 언덕'(Hill of Ares)에서 처음으로 살인죄를 재판하는 심의회가 열린 데서 유래했다(Longenecker). '아레스'(Ares)가 라틴어로 '화성'(Mars)이기 때문에 이 언덕은 '화성의 언덕'(Mars Hill)으로 불리기도 했다(Barrett).

아레오바고는 아덴의 법정이라 할 수 있으며, 소크라테스도 이상한 신들을 소개해 아덴의 젊은이들을 타락시켰다는 죄목으로 아레오바고에 끌려가 재판받은 후 독약을 마시고 죽었다(cf. Fernando). 이번에는 바울이 법정으로 붙들려 가는 분위기다. '붙들다'(ἐπιλαμβάνομαι)는 '잡아가다, 연행하다'라는 의미를 지니기 때문이다(cf. 16:19; 18:17). 그러므로 바울이 재판받으러 끌려간 것인지(cf. Bruce, Polhill, Witherington), 단지 공적인 장소에서 말하라며 초대받아 간 것인지(Fernando, Schnabel) 확실하지 않다. 또한 바울이 그를 심의하려고 모인 사람들에게 말하는 것인지, 혹은 모여든 무리에게 말하는 것인지도 확실하지 않다(Bock).

누가는 잠시 아덴 사람들이 참으로 많은 시간을 낭비한다며 비난한다(21절). 아덴에서 사는 사람들(토박이들과 이주해 온 사람들)은 모두 가장 새로운 것을 말하고 듣는 것 외에는 달리 시간을 쓰지 않았다. 바울이 '말쟁이'가 아니라(cf. 18절), 이 사람들이야말로 진정한 의미에서 '말쟁이들'이라는 것이다(Bock).

바울이 아레오바고 가운데 서서 말하는 것은 법정에서 자신을 변호하는 모습, 혹은 심의회에 자신이 전파하는 말(복음)의 정당성과 타당성을 변증하는 모습이다(Bock). 그가 스피치를 끝내고 나서 감금되거나 더는 복음을 전파하지 말라는 제재를 받지 않는 것으로 보아 바울은 자기가 전하는 가르침의 정당성을 아덴의 전통을 수호하는 관료들과 지식인들 앞에서 변증하고 있다(Schnabel). 만일 그들이 아덴의 전통과 역사에 위배된다고 생각하면 바울은 법적인 처벌을 받을 수도 있었다(Longenecker). 심의회는 바울의 주장에 전적으로 동의하지는 않지만, 그렇다고 제재할 만한 사안은 아니라고 의견을 모은 것으로 보인다 (Marshall, Wall).

당시 아덴에서 새로운 종교를 전파하려면 세 가지 조건을 충족해야 했다(Garland, cf. Schnabel). 첫째, 전파하는 자가 자신이 전하고자 하는 신을 대변해야 한다. 바울은 이 역할을 잘 수행하고 있다. 둘째, 새로 전파되는 신이 아덴에 거주하고자 하는 것을 증명해야 한다. 바울은 창조주 하나님이 이미 그들과 함께하고 계신다고 한다. 셋째, 새로 전파되는 신의 아덴 거주가 모든 아덴 사람에게 이익이 된다는 것을 증명해야 한다. 바울은 이 세 번째 조건에서 전혀 다른 말을 한다. 아덴을 포함한 온 세상에 하나님의 심판이 임할 것이라고 하기 때문이다(cf. 30-31절).

바울의 아레오바고 스피치(22-31절)는 사도행전에서 가장 발달된 형태의 스피치이며, 복음의 정황화(contextualization)가 무엇을 의미하는지 보여 주는 좋은 사례다(Fernando). 비시디아 안디옥 회당에서는 성경에 대해 익숙한 유대인들과 경건한 사람들을 상대로 이스라엘의 역사에 대해 말했던 바울이(13:16-41) 이번에는 구약에 대해 전혀 모르는 아덴 사람들을 상대로 전혀 다른 방식을 취하고 있다. 또한 그는 구약에 대해 전혀 아는 바가 없는 이방인들에게 성경 말씀을 직접 인용하며 설교하는 것이 아니라, 성경적 진리를 아덴 사람들이 익숙한 용어와 개념으로 설명한다. 다신주의에 익숙한 그들이 알아들을 수 있는 정서적·문화적 요소들을 적절하게 사용해 스피치한 것이다.

바울은 모인 사람들이 '범사에 종교심이 많다'는 말로 스피치를 시작한다(22절). '범사에 종교심이 많다'(κατὰ πάντα ὡς δεισιδαιμονεστέρους ὑμᾶς)를 직역하면 '모든 것에서(무슨 일을 하든 간에) 매우 종교적이다'라는 뜻으로, 종교심이 아덴 사람들의 모든 삶의 영역에 깊숙이 뿌리를 내렸다는 뜻이다. 우상 숭배자인 그들의 '종교심'은 미신이다. 게다가 아덴에는 바울이 방문한 그 어느 도시보다도 우상이 많이 널려 있다(cf. 16절). 그러므로 KJV는 '당신들은 지나치게 미신적이다'(ye are too superstitious)라고 번역한다. 그러나 바울은 그들을 비난하고 정죄하고자 이런 말을 한 것이 아니다. 단순히 그들이 참으로 많은 우상을 두었고, 신들을 참으로 두려워하는 것 같다며 가치중립적으로 말하는 것뿐이다. 그러므로 '종교심이 참 많다'가 더 정확한 의미다(cf. ESV, NAS, NIV, NRS). 세상에서 최고의 지성을 소유하고도 끊임없이 새로운 지식을 추구하는 것으로 유명한 아덴 사람들이 가장 많은 우상을 두고 그것들을 신으로 숭배하는 종교심도 으뜸이라는 것이 쉽게 이해되지 않을 수 있다. 오늘날로 말하자면 마치 최첨단 과학 기술로 가득한 도시에 사는 사람들이 가장 미신적이라고 하는 것과 비슷하기 때문이다. 지식과 기술이 발전한다고 해서 미신으로부터 해방되는 것은 아니다. 오히려 더 많은 우상을 숭배할 수 있다. 영적인 세상은 이런 것이다.

바울은 아덴을 두루 다니다가 심지어 '알지 못하는 신에게'('Αγνώστῳ θεῷ)라고 새긴 제단도 보았다(23a절). 옛 문헌들은 이러한 재단이 실제로 존재했다는 것을 종종 언급한다(Schnabel, Witherington). 당시 아덴 사람들은 어떠한 신이든 예배하지 않으면 도시에 벌을 내려 파멸에 이르게 할 수 있다는 미신적 생각에 사로잡혀 있었다. 그러므로 생각나는 모든 신을 위해 제단을 쌓은 뒤 혹시 자신들이 알지 못하는 신들이 또 있을까 봐 이런 제단들을 세운 것이다.

어떤 이들은 원래 이런 재단들은 '알지 못하는 신들'이라며 복수형을 사용했기 때문에 본문 내용이 정확하지 않다고 한다(Haenchen). 그러나 바울이 의도적으로 복수형을 단수형으로 바꾼 것으로 보인다. 잠시 후 그는 하나님과 그들이 그동안 숭배했던 '알지 못한 신'을 연결할 것이기 때문이다(23b절). 또한 바울은 그들의 다신주의적 생각(알지 못하는 신들)을 유일신주의(알지 못하는 신)로 전환하고자 한다(Barrett).

아덴 사람들이 '알지 못하는 신들'에게까지 제물을 바치고 예배하는 것은 '알지 못하는 것'에 대한 불안 때문이다. 이제 바울은 그들에게 이런 숭배는 필요 없다고 한다. 그들에게 창조주이자 유일하신 하나님을 알려 줄 것이기 때문이다(23b절).

하나님은 우주와 그 가운데 있는 만물을 지으신 천지의 주재이시다(24a절). 그러므로 사람이 우상과 신을 숭배하는 것은 별 의미가 없다. 에피쿠로스도 비슷한 가르침을 남겼다(Larkin). 우상과 신은 하나님이 창조하신 피조물에 불과하다. 오직 우주와 세상 만물을 창조하신 하나님을 경배하고 섬기는 것만이 의미 있는 일이다.

창조주 하나님은 사람들이 손으로 지은 신전에 계시지 않는다(24b절). 하나님은 신전에 거하시기에는 너무나도 크고 위대하신 분이기 때문이다. 온 우주를 창조하신 분이 어찌 인간의 손으로 만든 협소한 건물에 계실 수 있겠는가! 스토아 철학을 시작한 제논도 신전은 필요 없는 것이니 짓지 말라는 말을 남겼다(Schnabel). 신전은 사람들이 자신을 위해 만드는 것이지 하나님을 위해 만드는 것이라 할 수 없다. 신전이 신을 위한 것이 아니라는 것은 일부 헬라 철학자에게서도 발견되는 생각이다(Bruce).

스데반이 순교할 때 한 스피치에서 유대인들에게 한 말과 비슷하다: "그런데 지극히 높으신 분께서는 사람의 손으로 지은 건물 안에 거하지 않으십니다"(7:48, 새번역). 성전도 사람들을 위한 것이지 하나님을 위한 것이라 할 수 없다. 하나님이 인간이 지은 건물(성전) 안에 거하지 않으시는 또 한 가지 이유는 성전에 거하시면 사람들이 자신이 하나님을 길들였다고(domesticate) 생각할 것이기 때문이다(Wall). 하나님은 지극히 높고 거룩한 곳에 거하시며, 또한 통회하고 마음이 겸손한 자들과 함께 계신다(사 57:15). 그들의 영과 마음을 소생시키시기 위해서다.

하나님이 사람들이 하나님을 위해 세운 가장 화려하고 큰 건물인 성전에 거하지 않으신다면, 마치 무엇이 부족한 것처럼 사람의 손으로 섬김을 받으시는 것은 더욱더 있을 수 없는 일이다(25a절). 사람들이 바치는 제물도 하나님을 위한 것이 아니라, 자신들을 위한 것이다(cf. 암 5:12-23). 인간은 결코 하나님의 부족함을 채울 수 없다(Fitzmyer). 오히려 하나님이 사람들의 필요를 채워 주신다. 하나님은 세상 만민에게 생명과 호흡과 만물을 친히 주시는 모든 생명의 근원이시기 때문이다(25b절). 하나님은 우리에게 받으시는 분이 아니라, 우리에게 모든 것을 주시는 분이다.

창조주 하나님은 인류의 모든 족속을 한 혈통으로 만드셨다(26a절). 바울은 세상 모든 사람이 아담을 통해 창조되었다는 사실을 생각하며 이렇게 선포하고 있다(cf. 창 1:27-28; 2:7). 아마도 바울의 스피치를 듣는 의원(council) 중에 아덴에 사는 유대인과 그들의 종교에 대해 대화해 본 사람이라면 바울이 무엇을 근거로 이렇게 말하는지 짐작할 수 있었을 것이다.

창조주 하나님은 한 사람을 통해 만드신 모든 족속을 온 땅에 살게 하셨다(26b절). 또한 그들의 연대를 정하시고, 거주의 경계를 한정하셨다(26c절). 바울은 하나님의 보편(일반) 은총(general revelation, common grace)에 관해 말하고 있다(cf. Bruce, Marshall). 하나님은 인류 역사와 세상에서 일어난 모든 일에 관여하셨다. 심지어 하나님을 모르는 민족들이 세상 어디에, 어느 정도의 땅에(경계), 얼마 동안 살 것인가(연대)도 정하셨다(cf. 창 10-11장). 바울은 하나님을 철학자들의 여러 신 중 하나가 아니라, 창조된 세계 안에 계신 유일하신 하나님이라 한다(Williams). 또한 다신주의자에게 그들의 생각이 잘못되었다며 성경적 유일신주의를 제시하고 있다(Witherington, cf. 신 32:8).

창조주 하나님이 주님을 아는 믿음과 상관없이 모든 사람에게 보편 은총을 베푸시는 이유는 그들이 혹 하나님을 더듬어 찾아 발견하게 하기 위해서다(27a절). 하나님이 모든 사람에게 주신 세상의 이치와 자연 만물을 신중히 관찰하고 생각하면 마치 사람이 무엇을 더듬어 느끼고 경험하는 것처럼 조금은 하나님의 속성 등을 알고 경험할 수 있다는 뜻이다. 죄로 인해 망가지기는 했지만(cf. 창 3장), 인간은 하나님을 알고 교통하려는 본능을 지닌 채 창조되었기 때문이다(cf. 1:26-28). 창조된 세상은 하나님의 영광과 능력과 보살피심과 속성을 드러낸다. 그러나 사람은 보편 은총만으로는 하나님의 구원 계획을 알 수 없다(롬 1:18-22).

사람에게 하나님을 찾으려는 본능을 주신 하나님은 우리 각 사람에게서 멀리 계시지 않는다(27b절). 세상 모든 사람에게 일반 은총을 베푸시는 하나님은 어느 민족이든 주님을 찾으려 하는 민족으로부터 멀리 떨어져 계시지 않는다(Bock, cf. 신 4:7; 시 14:1-2; 145:18; 잠 8:17; 사 55:6; 65:1; 렘 23:23-24). 창조주로서 피조물인 그들 가운데 이미 계시기 때문이다. 그러므로 누구든지 하나님을 찾을 수 있다(Barrett). 그러나 찾는 이마다 하나님을 찾을 수 있는 것은 아니다(Polhill). 특별 계시(특별 은총)가 필요하다(cf. 30-31절).

바울은 28절에서 아덴 사람들이 익숙하고 존경하는 두 헬라 저자의 말을 인용하며 하나님에 대한 가르침을 이어 간다. 첫째, 하나님을 모르는 사람들이 인정하든 인정하지 않든 그들은 이미 하나님을 힘입어 살며, 기동하며, 존재한다(28a절). 에피메니데스(Epimenides of Crete, 주전 6세기)를 인용한 말이다(Longenecker, cf. Polhill). 에피메니데스의 작품에서 제우스의 아들 미노스(Minos)는 아버지를 기리며 "우리는 당신 안에서 살고, 움직이고, 존재합니다"(For in thee we live and move and have our being)라고 말한다. 바울은 이 시인의 말을 인용해 세상 모든 사람은 하나님을 의지해야 한다고 말한다. 하나님은 세상 모든 사람에게 생명을 주시고 유지하시는 창조주이시기 때문이다.

둘째, 헬라의 어떤 시인이 '우리가 그의 소생이라'라고 했다고 하는데, 주전 4세기 저자 아라투스(Aratus of Soli in Cilicia, 주전 315-240년)를 인용한 것이다(Boring, Schnabel, Williams). 아라투스는 그의 노래에서 제우스를 찬양하는 중 "우리도 그의 자손이로다"(For we are also his offspring)라는 말을 남겼다. 바울은 사람이 제우스의 자손이라는 것을 부인하지만, 헬라 사람들이 익숙한 이 문구를 인용해 하나님이 바로 온 인류의 아버지라고 한다.

그렇다면 창조주 하나님의 자손인 인류는 어떻게 해야 하는가? 하나님을 금이나 은이나 돌에 사람의 기술과 고안으로 새긴 것들과 같이 여기면 안 된다(29절). 하나님은 우상이 아니시니 인간이 만들고 새긴 우상처럼 취급하지 말고 비교도 하지 말라는 뜻이다. 또한 창조주 하나님을 알고 예배하는 데는 우상이 필요 없다. 그러니 모두 다 치워 버리라는 우상 숭배에 대한 강력한 비판이다.

인간의 상상력과 기술은 우상을 만들 뿐, 하나님은 만들지 못한다. 그러므로 하나님을 만든답시고 우상을 만들면 안 된다(Witherington). 오히려 인류는 하나님이 그들을 만드셨다는 사실을 기억해야 한다.

창조주 하나님은 그들이 과거에 우상을 숭배한 것을 문제 삼지 않으실 것이다(30a절). 그동안 그들은 '알지 못하던 시대'를 살았기 때문이다. 세상에서 가장 많은 것을 안다고 자부하던 아덴 사람들에게 '알지 못하던 시대'가 있었다는 것은 매우 자존심이 상하는 말이다. 그러나 그들은 이미 '알지 못하는 신들'에게 제물을 드리는 제단(cf. 23절)을 도시 곳곳에 세우지 않았던가!

하나님은 그동안 '알지 못하던 시대'를 살아온 그들이 창조주를 모르고 산 것에 대해 간과하셨다(30a절). 그들이 모든 우상과 신전을 통해 창조주 하나님을 찾으려고 한 것은 잘못된 일이지만 문제 삼지 않으시겠다는 뜻이다(cf. 14:16). 그러나 더는 간과하지 않으실 것이다. 이제부터는 창조주 하나님을 모르거나 부인하는 사람들을 반드시 책임을 물어 심판하실 것이다. 하나님이 온 세상 사람이 모두 따라야 하는 명령을 계시하셨기 때문이다. 바로 회개하라는 명령이다(30b절).

하나님이 명령하셨다는 것은 아덴 사람들이 알지 못하던 신이 드디어 모습을 드러냈다는 뜻이다. 하나님은 그들에게 새로운 계시를 주심으로써 과거에 그들이 알 수 없었던 진리를 알게 하셨다. 그 진리는 먼저 회개할 것을 요구한다. 그러므로 회개는 선택 사항이 아니다. 하나님을 더 깊이 알아 가기 위한 필수 사항이다. 바울은 아덴 사람들에게 창조주 하나님에 대해 철학적인 설명을 하는 것이 아니라, 하나님의 명령에 불순종하는 것에 대해 경고하고 있다.

바울은 회개한 사람만이 받아들일 수 있는 창조주 하나님의 진리를 세 가지로 말한다(31절). 첫째, 하나님이 온 세상을 심판하기 위해 정하신 이가 있다(31a절). 바로 예수님이다. 다니엘 7:13-14을 생각나게 한다: "내가 또 밤 환상 중에 보니 인자 같은 이가 하늘 구름을 타고 와서 옛적부터 항상 계신 이에게 나아가 그 앞으로 인도되매 그에게 권세와 영광과 나라를 주고 모든 백성과 나라들과 다른 언어를 말하는 모든 자들이 그를 섬기게 하였으니 그의 권세는 소멸되지 아니하는 영원한 권세요 그의 나라는 멸망하지 아니할 것이니라"(단 7:13-14).

둘째, 하나님이 온 세상을 심판하실 날을 정하셨다. 세상은 이 '날'(때)을 향해 가고 있다(31b절). 그날이 되면 예수님이 온 천하를 공의로 심판하실 것이다. 성경은 이날 적용될 유일한 '공의'(기준)는 메시아 예수님에 대한 믿음이라고 한다. 예수님을 영접한 사람들은 영생을 얻고 주님과 영원히 함께 살 것이다. 그러나 주님을 영접하지 않은 사람들은 영원한 불구덩이로 떨어져 고통 속에 거하게 된다.

셋째, 하나님은 정하신 심판 날에 심판자로 정하신 이가 온 세상을 심판할 것이라는 사실을 심판자이신 예수님을 죽은 자 가운데서 살리신 일로 증거하셨다(31c절). 예수님의 부활은 곧 예수님이 세상을 심판하는 심판자임을 증명하는 일이라는 것이다. 그러므로 누구든지 예수님을 죽은 자 가운데 살리신 일을 장차 다가오는 하나님 심판의 증거로 믿으면 된다. 세상 사람들이 심판이 올 것을 믿든지 믿지 않든지 상관없이 하나님의 심판은 분명히 있다. 하나님이 예수님을 통해 세상을 심판하시는 날 이 모든 것이 확실하게 드러날 것이다(cf. 롬 14:9; 딤후 4:1). 그러나 많은 사람에게 그때는 이미 늦었다.

바울이 예수님의 부활에 대해 말하자 듣고 있던 사람 중 일부가 조롱하기 시작했다(32a절). 헬라 사람들에게는 부활에 대한 철학이나 가르침이 없었다(Bock). 죽으면 살아 있을 때의 희미한 그림자가 되어 아무도 알 수 없는 '저세상'으로 가서 다시는 돌아오지 못한다고 생각했다. 그러므로 예수님의 부활을 처음 접하는 사람들에게는 터무니없는 말로 들렸을 것이다.

일부 학자는 바울이 아덴 사람들을 복음으로 설득하는 데 실패했다고 한다(Dunn, Longenecker, Polhill, Ramsay). 그가 스피치를 마치자마자 아레오바고를 떠난 것(33절)과 곧 도시를 떠나는 것(18:1)이 바로 더는 가르칠 수 없을 정도로 실패한 증거라 하기도 한다(Longenecker). 그러나 더 듣겠다고 하는 사람들도 있고(32b절), 회심한 사람들도 있다(34절). 게다가 바울의 스피치를 모두 들은 의회는 어떠한 판결도 내리지 않는다. 그에게 더는 아고라에서 가르치지 말라고 명령하지도 않는다. 의원들이 바울이 제시한 '새로운 종교'에 대해 특별한 조치를 취할 필요를 느끼지 못한 것은 복음이 아덴의 전통과 법에 위배되지 않다는 것을 설득시키는 데 성공했다는 증거로 풀이할 수 있다(Schnabel).

바울은 스피치를 마치고 그 자리를 떠났다(33절). 의회가 아무 제제도 하지 않는 것으로 보아 당국자들은 바울의 종교 활동에 어떠한 개입도 하지 않기로 결정한 것으로 보인다. 몇 사람이 그를 가까이하여 믿었다(34a절). 믿은 사람 중에는 아레오바고 관리 '디오누시오'(Διονύσιος, Dionysius)와 '다마리'(Δάμαρις, Damaris)라는 여자도 있었다(34b절). '아레오바고 관리'('Αρεοπαγίτης)는 아레오바고 의회원을 뜻한다. 아덴에서 가장 높은 지위다. 그는 바울의 심의회 스피치를 듣고 복음을 영접한 것으로 보인다. 2세기 고린도 교회의 감독(bishop) 중 '디오누시오'라는 이름을 지닌 사람이 있었다. 또한 그는 자기와 같은 이름을 지닌 '디오누시오'가 아덴 교회의 첫 감독이었다는 말을 남겼다(Schnabel).

당시 아덴 사람들은 여자들이 아레오바고에 참여하는 것을 허락하지 않았다(Keener). 그러므로 여자인 다마리는 바울이 스피치할 때보다 더 일찍 믿었거나, 혹은 외국인이었을 것이다(Witherington). 누가가 그녀의 이름을 밝히는 것으로 보아 다마리는 아덴 교회에서 중요한 역할을 한 것으로 보인다.

누가가 아덴에서 회심한 사람 중 두 명의 이름을 밝히는 것도 바울의 아덴 사역이 상당히 성공적이었음을 암시하는 듯하다. 이때까지는 여러 지역의 사역을 회고할 때 각각 한 사람의 이름만 거론했기 때문이다. 바보에서 회심한 사람으로 서기오 바울을(13:7, 12), 빌립보의 회심자로 루디아를(16:14), 데살로니가의 회심자로는 야손(17:6)만 언급했다. 비시디아 안디옥, 이고니온, 루스드라, 더베, 베뢰아, 에베소 등에서는 아예 한 사람도 언급하지 않았다. 이러한 정황에서 그가 아덴에서 두 명의 이름을 언급하는 것은 아덴 선교가 상당히 성공적이었기 때문이다. 이 외에도 믿은 사람이 여럿 있었다(34c절).

이 말씀은 전도와 선교를 할 때 복음의 본질은 훼손하지 않으면서 문

183

화와 언어와 정서에 관해서는 전도 대상이 익숙한 삶과 세계관을 고려하라고 한다. 쉽게 말해 그리스도의 복음에 그들이 익숙해하는 문화와 언어의 옷을 입히라는 것이다. 전도와 선교를 할 때 복음의 정황화(contextualization)를 먼저 고려해야 한다는 뜻이다.

바울은 아레오바고에서 스피치할 때, 회당에서 유대인들과 경건한 사람들에게 한 것과는 전혀 다른 방법을 취한다. 회당에서는 구약 말씀을 자주 인용했지만, 아덴 사람들은 구약을 전혀 알지 못한다. 그러므로 그는 구약을 인용하지 않으면서도 아덴 사람들에게 익숙한 종교적 언어를 사용하고 그들에게 친숙한 헬라 저자들을 인용하며 성경의 세계관과 원리를 설명한다. 그러므로 그는 성경적 언어를 사용하지 않으면서도 매우 성경적인 메시지를 선포했다(Bruce, Keener, Polhill). 우리도 전도하고 선교할 때 이러한 원리를 고려해 전도 대상자들이 알아들을 수 있도록 그들의 문화적 언어로 말해야 한다.

아덴 사람들은 당대 가장 뛰어난 지성인으로 알려져 있었다. 그런데 아덴에는 세상 그 어디보다 우상이 많았다! 영성과 지성은 별개 문제다. 많이 안다고 해서 반드시 미신을 버리고 우상을 멀리하는 것은 아니다. 오히려 더 많은 우상을 만든다. 사람이 많이 알면 알수록 불안해지기도 하기 때문이다. 지성은 세상에 있는 것들을 통해 습득할 수 있지만, 영성은 하나님이 베풀어 주신 계시를 통해서만 얻을 수 있다. 그러므로 우리는 더 깊은 영성을 위해 항상 기도해야 한다.

> Ⅵ. 그리스(15:36-21:16)
>   A. 두 번째 선교 여행(15:36-18:23)

8. 고린도(18:1-17)

¹ 그 후에 바울이 아덴을 떠나 고린도에 이르러 ² 아굴라라 하는 본도에서 난 유대인 한 사람을 만나니 글라우디오가 모든 유대인을 명하여 로마에서 떠

나라 한 고로 그가 그 아내 브리스길라와 함께 이달리야로부터 새로 온지라 바울이 그들에게 가매 ³ 생업이 같으므로 함께 살며 일을 하니 그 생업은 천막을 만드는 것이더라 ⁴ 안식일마다 바울이 회당에서 강론하고 유대인과 헬라인을 권면하니라 ⁵ 실라와 디모데가 마게도냐로부터 내려오매 바울이 하나님의 말씀에 붙잡혀 유대인들에게 예수는 그리스도라 밝히 증언하니 ⁶ 그들이 대적하여 비방하거늘 바울이 옷을 털면서 이르되 너희 피가 너희 머리로 돌아갈 것이요 나는 깨끗하니라 이 후에는 이방인에게로 가리라 하고 ⁷ 거기서 옮겨 하나님을 경외하는 디도 유스도라 하는 사람의 집에 들어가니 그 집은 회당 옆이라 ⁸ 또 회당장 그리스보가 온 집안과 더불어 주를 믿으며 수많은 고린도 사람도 듣고 믿어 세례를 받더라 ⁹ 밤에 주께서 환상 가운데 바울에게 말씀하시되 두려워하지 말며 침묵하지 말고 말하라 ¹⁰ 내가 너와 함께 있으매 어떤 사람도 너를 대적하여 해롭게 할 자가 없을 것이니 이는 이 성중에 내 백성이 많음이라 하시더라 ¹¹ 일 년 육 개월을 머물며 그들 가운데서 하나님의 말씀을 가르치니라 ¹² 갈리오가 아가야 총독 되었을 때에 유대인이 일제히 일어나 바울을 대적하여 법정으로 데리고 가서 ¹³ 말하되 이 사람이 율법을 어기면서 하나님을 경외하라고 사람들을 권한다 하거늘 ¹⁴ 바울이 입을 열고자 할 때에 갈리오가 유대인들에게 이르되 너희 유대인들아 만일 이것이 무슨 부정한 일이나 불량한 행동이었으면 내가 너희 말을 들어 주는 것이 옳거니와 ¹⁵ 만일 문제가 언어와 명칭과 너희 법에 관한 것이면 너희가 스스로 처리하라 나는 이러한 일에 재판장 되기를 원하지 아니하노라 하고 ¹⁶ 그들을 법정에서 쫓아내니 ¹⁷ 모든 사람이 회당장 소스데네를 잡아 법정 앞에서 때리되 갈리오가 이 일을 상관하지 아니하니라

바울은 실라와 디모데가 아직 도착하지 않은 상황에서(cf. 5절) 홀로 아덴을 떠나 고린도로 향했다(1절). '고린도'(Κόρινθος, Corinth)는 그리스 중부와 남부를 잇는 지협(地峽, isthmus)에 위치했으며, 또한 지중해를 동쪽과 서쪽으로 구분하는 경계선에 있었다(Bock). 아덴에서 서쪽으로

185

85㎞ 떨어져 있으며, 배를 타면 하루 만에 갈 수 있는 거리였지만 걸어
서는 사흘이 걸렸다(Schnabel). 다음 지도를 참조하라.

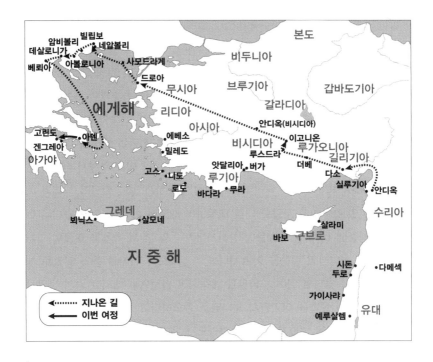

고린도는 아가야주(州)의 수도였으며 행정적 중심지였다. 로마 제국
에서 로마와 알렉산드리아에 이어 세 번째로 큰 도시였다. 전성기 때
는 인구가 70만 명이 넘었지만(Longenecker, Le Cornu & Shulam), 신약 시
대에는 20만 명 정도였다(Bock, Larkin, Longenecker).

그리스 중부와 남부를 잇는 지협에 위치한 고린도는 지중해를 동쪽
과 서쪽으로 구분하는 기준점이었으며, 두 개의 항구가 있었다. 동(東)
지중해 쪽에 있는 '사로닉만'(Saronic Gulf)에는 '겐그레아 항'(Cenchrea)
이 있었으며 서(西)지중해 쪽에는 '고린도만'(Gulf of Corinth)에 '레채움
항'(Lechaeum)이 있었다. 이 두 항구는 5.5㎞나 되는 나무 길(wood track)

로 연결되었다. 작은 배들은 이 나무 길을 통해 한 항구에서 다른 항구로 옮겨 다녔다. 큰 배에 실은 물건은 사람들이 옮겨 다른 항구에서 대기하고 있는 다른 배에 실었다(Longenecker).

또한 그리스 남쪽과 북쪽을 잇는 주요 도로가 고린도를 지나갔다. 고린도는 경제적으로 매우 발전하고 부유한 도시였으며, 환락과 유흥도 매우 발전했다. 그리스에서 고린도의 위치는 오늘날 미국에서 라스베이거스(Las Vegas)에 버금가는 정도였다(Bock).

도시에는 다양한 신을 위한 여러 신전이 있었다. 고린도는 사랑의 여신으로 알려진 아프로디테(Aphrodite, 로마 신화에서는 Venus라고 부름)를 숭배하는 중심지였다. 이 신전에는 1,000명의 창녀가 숭배자들을 맞이했다. 도덕적으로 매우 문란한 도시였으며, 주후 5세기부터 '고린도화되다'(to corinthianize)라는 말이 성적으로 매우 문란한 사람을 묘사하는 데 사용되었다(Bruce).

고린도에는 유대인이 그다지 많지 않았다(Le Cornu & Shulam, Polhill). 바울은 자신이 고린도에 거할 때 약하고 두려워 심히 떨었다고 한다(고전 2:3). 그동안 있었던 일을 생각해 보면 그가 심리적으로 매우 위축된 상황이었다는 것이 충분히 이해된다. 바울은 원래 사역하고자 했던 아시아를 떠나 마게도냐로 건너갔다. 하나님이 보여 주신 비전을 따라 인도하심에 순종하기 위해서였다. 그러나 바울은 그가 전도한 마게도냐의 세 도시에서 쫓겨나거나 급히 탈출해야 했다. 베뢰아 형제들의 도움으로 아덴에 도착했지만, 아덴에서도 자신이 희망했던 만큼 전도의 열매가 맺지 않았다. 실라와 디모데가 아덴으로 오기만을 기다렸지만, 언제 도착할지 도무지 알 수 없었다. 아덴에서 마냥 기다리고 있을 수만은 없다고 생각한 바울은 홀로 아덴을 떠나 고린도로 왔다. 그러므로 그는 심리적으로 매우 위축된 상황에서 이곳에 도착한 것이다.

바울은 고린도에 오래 머물 생각은 없었을 것이다. 유대인들에게 쫓기고 있는 상황과 이 도시의 참으로 심각한 도덕적 타락을 고려할 때 이곳은 복음을 선포하기에 적절하지 않다고 생각했을 것이기 때문이다(cf. Fernando). 그러나 바울은 고린도에 1년 반을 머물며 교회를 세웠다(11절). 우리는 바울이 세운 그 어느 교회보다도 고린도 교회에 대해 아는 것이 많다. 바울이 고린도 교회에 보낸 두 편의 서신 때문이다. 그의 서신들을 보면, 고린도 교회는 마치 어디로 튈지 모르는 '미식축구공'(American football) 같다. 언제 어떤 사고를 쳐서 어떤 결과를 초래할지 알 수 없는 교회였기 때문이다. 실제로 고린도 교회는 바울에게 수많은 골칫거리를 안겨 주었다. 이러한 사실은 그가 고린도 교회에 보낸 두 서신에 역력하게 드러난다. 그럼에도 불구하고 고린도 교회는 살아 있는 역동적인 교회였다(Bruce). 교회가 현실적으로 어떤 곳인지, 그런데도 하나님이 어떻게 교회를 인도해 가시는지 보고 싶다면 고린도 서신을 묵상하면 큰 도움이 될 것이다.

하나님은 불안해하고 위축된 바울로 하여금 아굴라와 브리스길라 부부를 만나 새 힘을 얻게 하셨다(2절; cf. 롬 16:3-4; 고전 16:19; 딤후 4:19). '아굴라'(Ακύλας, Aquila)는 '본도'(Ποντικός, Pontus) 출신이었다. '본도'는 갈라디아 북쪽 비두니아와 갑바도기아 사이에 위치한 지역이었다. 아굴라는 아내 '브리스길라'(Πρίσκιλλα, Priscilla)와 함께 로마에서 살았다. 브리스길라는 '브리스가'(Πρίσκα, Prisca)로 불리기도 한다(cf. 롬 16:3).

아굴라 부부는 주후 41-54년 로마를 다스린 황제 글라우디오(Κλαύδιος, Claudius)가 로마에서 유대인들을 내쫓을 때 이달리야를 떠나 고린도로 왔다. 그들도 고린도로 온 지 얼마 되지 않은 것이다. 글라우디오가 로마에서 유대인들을 내보낸 것은 주후 49년에 있었던 일이다(Fitzmyer, Schnabel, Wall). 로마에서 그리스도인들이 예수님을 메시아로 믿자, 유대인들이 반발해 폭동을 일으켰다. 글라우디오는 기독교인과 유대인의 갈등을 해소하기 위해 유대인 중 로마 시민을 제외한 나머지를 모두 로마에서 내보냈다. 이때 유대인 5만 명이 로마에서 쫓겨났다(Polhill, cf. Schnabel).

만일 아굴라와 브리스길라 두 사람 모두 로마 시민이었다면, 그들은 로마를 떠날 필요가 없었다. 그러므로 어떤 이들은 로마 시민인 브리스길라가 히브리 노예였다가 자유인이 되었지만 로마 시민은 아닌 남편 아굴라를 따라 나온 것으로 추측한다(Longenecker). 정황을 고려할 때 바울이 고린도를 방문한 것은 주후 50년쯤에 있었던 일이다(Fitzmyer). 더 구체적으로 말하는 이들은 바울이 주후 50년 2-3월에 고린도에 도착했고, 1년 반 후인 주후 51년 가을에 고린도를 떠났다고 한다(Schnabel). 바울이 주후 52년 유월절(3월)에 예루살렘 성전을 방문했다면(cf. 18:22), 그는 겨울철에 지중해를 항해하는 배가 끊기기 전인 9월에는 출발해야 한다. 바울이 고린도를 떠날 때 아굴라와 브리스길라 부부도 그와 함께 떠났다. 그들은 바울과 함께 에베소로 갔으며(18:18-19), 에베소 교회가 그들의 집에서 모였다(고전 16:19).

훗날 바울은 아굴라와 브리스길라 부부가 "내 목숨을 위하여 자기들의 목까지도 내놓았나니 나뿐 아니라 이방인의 모든 교회도 그들에게 감사하느니라"라고 회고한다(롬 16:4). 아마도 에베소에서 있었던 일에 대한 언급으로 보인다. 부부는 주후 56년에 로마로 돌아갔고, 로마 교회가 그들의 집에서 모였다(롬 16:3, 5).

누가는 18:18에서 이 부부를 언급할 때 아내 이름을 먼저 언급하며, 바울도 그렇게 부른다(cf. 18:26; 롬 16:3; 딤후 4:19). 기독교와 연관해 브리스길라가 아굴라보다 더 큰 리더십을 발휘했기 때문이거나, 혹은 그녀가 더 높은 사회적 신분을 지녔기 때문일 수 있다. 후자라고 하는 이들은 아굴라의 천막 만드는 기술과 브리스길라의 자본으로 그들이 로마와 고린도와 에베소에 상점을 두었다고 하기도 한다(Longenecker). 그러나 바울과 누가가 오로지 교회에 관심을 쏟는다는 점을 고려할 때 전자가 더 설득력 있어 보인다.

바울은 어느 도시에 가든지 제일 먼저 회당을 찾았다. 그러므로 바울은 유대인인 아굴라와 브리스길라를 고린도에 있는 회당에서 만났을 것이다(Schnabel). 그가 주저하지 않고 이 부부와 함께 사는 것으로 보아 두 사람은 로마에 있을 때부터 성숙한 신앙을 지닌 그리스도인이 었던 것이 확실하다(Bock, Longenecker, Schnabel). 이러한 사실은 바울이 고린도에 도착하기 전에 고린도와 로마에 이미 교회가 세워져 있었음을 암시한다(Wall). 나중에 바울과 함께 에베소로 간 아굴라와 브리스길 라는 알렉산드리아에서 온 아볼로를 가르쳤다(18:26).

로마에서 온 부부와 바울은 모두 예수님을 영접한 그리스도인이었을 뿐 아니라 생업도 같았다(3절). 바울은 '천막 만드는 일'(σκηνοποιός)로 생계를 유지하며 선교했는데(cf. 고전 4:12; 9:1-18; 고후 11:7-12; 살전 2:9; 살후 3:7-10), 마침 아굴라와 브리스길라도 이 업종에 종사하고 있었던 것이다. 바울이 '천막 만드는 일'(tentmaking)을 생업으로 삼으며 선교한 데서 유래해 오늘날 영어권에서는 '자비량 선교사'를 '텐트메이커'(tentmaker)로 부르기도 한다.

당시 천막은 주로 태양을 피하는 데 사용되었다. 그러므로 상인들은 물건과 자신들을 햇볕으로부터 보호하기 위해 천막을 사용했다. 천막은 주로 가죽으로 만들었지만(cf. Larkin, Schneider), 염소 털로 만든 옷감 '길리기움'(cilicium)을 사용하기도 했다. '길리기움'은 바울의 고향 '다소'(Tarsus)가 있는 '길리기아'(Cilicia)에서 이러한 옷감이 유래한 데서 붙여진 이름이다(Polhill).

랍비들은 성경을 가르치는 일로 수입 올리는 것을 금했다. 또한 하는 일 없이 놀면 안 된다고 가르쳤다(Bock, Wall, cf. 고전 4:12; 살전 2:9; 살후 3:6-8). 이러한 정황에서 가죽으로 천막을 만드는 일은 랍비들의 직업 중 하나로 자리를 잡았다. 바울은 아굴라와 브리스길라가 운영하는 '천막 공장'에서 다른 사람들과 함께 일했을 것이다(Longenecker).

바울은 주중에는 아굴라와 브리스길라가 운영하는 가게에서 천막을 만들며 기회가 있을 때마다 전도했다. 그리고 안식일이 되면 회당에 가서 강론하고 유대인과 헬라인을 권면했다(4절). '강론하다'(διαλέγομαι)

는 성경 말씀을 설명하는 것을, '권면하다'(πείθω)는 설득하는 것을 의미
한다(BDAG). 바울은 성경 말씀을 설명하며 예수님이 그리스도라는 사
실을 회당에 모인 사람들에게 설득한 것이다. 두 동사 모두 미완료형
으로 사용된 것은 그가 회당에서 말씀을 선포한 일이 최소한 몇 주 동
안 계속되었음을 암시한다.

드디어 실라와 디모데가 마게도냐에 있는 베뢰아에서 고린도로 왔
다(5절; cf. 17:14-16). 그들은 데살로니가 교회가 바울이 떠난 후 계속
된 핍박에도 불구하고 급성장하고 있다는 좋은 소식을 전하며 바울을
격려하고 위로했을 것이다(cf. 살전 3:6-10). 또한 마게도냐 교회들, 특
히 빌립보 교회의 선교 후원금을 가지고 온 것이 확실하다(Conzelmann,
Longenecker, Schnabel, Wall, cf. 고후 11:8-9; 빌 4:14-15). 그러므로 바울은
당분간 생업인 '텐트메이킹'(tentmaking)을 멈추고 말씀에 붙잡힐 수 있
었다(5b절). '말씀에 붙잡혔다'(συνείχετο τῷ λόγῳ)는 성경 말씀을 연구하
고 가르치는 일에 모든 시간을 바쳤다는 뜻이다(cf. 새번역, 공동, ESV,
NAS, NIV, NRS). 그는 말씀 사역을 통해 유대인들에게 예수님이 그리
스도라는 사실을 밝히 증언했다. 자신 있게 증언한 것이다. 고린도에
도착했을 때는 사역에 대해 불안해하고 위축되었던 바울이 두 동역자
가 전해 준 마게도냐 교회들의 소식으로 인해 새로운 자신감과 의욕을
얻었다(2절; cf. 롬 16:3-4; 고전 16:19; 딤후 4:19). 사역자들의 지친 마음에
성도들이 성장하고 있다는 소식보다 더 좋은 활력소는 없다.

바울이 아무리 설득력 있게 증언해도 끝까지 믿지 않으려는 자들이
있었다. 예수님을 메시아로 영접하는 것은 하나님이 은혜를 베푸실 때
가능한 일이지, 인간이 스스로 하겠다고 해서 이뤄지는 일이 아니다.
복음에 마음 문을 굳게 걸어 잠근 그들은 좋은 소식을 전해 준 바울을
오히려 대적하고 비방했다(6a절). '대적하다'(ἀντιτάσσω)는 면전에서 욕
을 한다는 뜻이며, '비방하다'(βλασφημέω)는 소문을 퍼트려 매도한다는
뜻이다(Schnabel, cf. ESV, NAS, NIV, NAS). 유대인들은 '십자가에서 죽은

메시아'는 있을 수 없다는 생각에만 사로잡혀 조직적으로 바울을 반대했다(cf. Bock).

바울은 유대인들의 구원을 위한 더 이상의 노력은 시간 낭비라고 생각했다. 그러므로 그들의 불손한 자세에 항의하는 의미에서 "너희 피가 너희 머리로 돌아갈 것이요 나는 깨끗하니라"라며 옷을 털었다(6b절; cf. 눅 10:11; 행 13:51). '너희 피가 너희 머리로 돌아갈 것'은 복음을 부인함에 따라 빚어지는 일에 대한 책임이 모두 그들에게 있으며, 바울은 책임을 다했다는 뜻이다(cf. 수 2:19; 삿 9:24; 삼하 1:16; 왕상 2:33, 37; 겔 33:4). 그러므로 그들과는 더는 교류하지 않을 것이라는 의지의 표현이다.

그렇다면 바울이 앞으로도 영원히 유대인들을 보지 않겠다고 하는 것인가? 그렇지는 않다. 앞으로도 그는 어디를 가든지 먼저 회당을 찾아갈 것이다(cf. 18:19; 19:8; 28:17-24). 다만 고린도에 머무는 동안에는 앞으로 이방인만 상대로 전도할 것을 뜻한다. 또한 바울이 고린도 회당장 그리스보(8절)와 그의 대를 이어 회당장이 된 소스데네(17절; cf. 고전 1:1, 14)가 회심하도록 도운 것을 보면 이후에도 유대인 중 열린 마음으로 찾아온 사람들에게는 복음을 전파했다.

바울은 거처를 아굴라의 집에서 '디도 유스도'(Τίτιος Ἰοῦστος, Titus Justus)의 집으로 옮겼다(7a절). 아굴라는 유대인이고, 디도 유스도는 '하나님을 경외하는 자'(σεβομένου τὸν θεόν), 곧 이방인이었다. 바울은 자신이 복음을 들고 유대인을 떠나 이방인에게 간 일을 상징하기 위해 이방인의 집으로 거처를 옮긴 것이다. 유스도는 자기 집을 고린도 교회의 모임 장소로 내주었다(Fernando, Schnabel).

유스도의 정식 이름은 '가이오 디도 유스도'(Gaius Titus Justus)였다고 하는 이들이 있다(Schnabel). 로마서 16:23은 '가이오'(Gaius)가 고린도 교회를 돌보았다고 하는데, '가이오'는 '디도 유스도'의 다른 이름이라는 것이다(Bruce, Goodspeed, Ramsay). 그러나 그가 가이오였는지는 확실하지

않으며, 이름으로 보아 로마 시민이었다(Bock, Schnabel). 디도 유스도는
본보기가 되는 이방인 성도였다. 디도 유스도의 집은 회당 옆에 있었
으며, 유대인과 하나님을 경외하는 자 중 바울을 만나고자 하는 사람
들은 마음만 먹으면 회당 예배 전이나 후에 바울을 찾아올 수 있었다.

바울의 고린도 사역은 많은 열매를 맺었다. 회당장 그리스보와 그
의 온 집안이 주님을 믿었고, 수많은 고린도 사람도 예수님을 영접하
고 세례를 받았다(8절). 회심한 '그리스보'(Κρίσπος, Crispus)가 회당의 모
든 일을 도맡아 하고 관리하는 회당장이었다는 사실은 고린도에 사는
유대인들에게 적지 않은 충격이었을 것이다. 아마도 그의 회심으로 인
해 유대인 가운데 여럿이 회심했을 것이다. 그의 회심은 자기 동족의
불신에 실망한 바울에게 큰 위로와 격려가 되었을 것이다. 그리스보는
본보기가 되는 유대인 성도였다. 바울은 그리스보를 고린도전서 1:14
에서 언급한다.

그리스보와 여러 사람의 회심이 바울에게 큰 격려와 위로가 되었다.
금상첨화(錦上添花)라고, 밤에 주께서 환상 가운데 바울에게 말씀하셨
다(9-10절). 어떤 이들은 바울에게 말씀하신 '주'(κύριος)가 하나님인지
혹은 예수님인지 질문하는데(cf. Le Cornu & Shulam), 그다지 중요한 질문
은 아니다. 8절에 따르면 바울에게 나타나신 주님은 예수님이시며, 예
수님은 사도행전 곳곳에서 나타나 말씀하신다(Bock, Schnabel, cf. 9:4-6,
10-16; 10:13, 15; 11:7, 9; 22:18, 21; 23:11).

예수님은 바울에게 다섯 가지를 말씀하신다. 첫째, '두려워하지 말
라'고 하신다(9b절; cf. 신 31:6; 수 1:6, 9; 사 41:10; 43:5; 렘 1:8). 바울은
고린도에 사는 유대인들의 비방과 폭력적인 반대에 직면해 있다. 이
런 상황에서 예수님은 그들이 바울을 반대하는 일을 금하지 않으실 것
이다. 그러나 바울이 해를 받지 않도록 보호하실 것이다. 둘째, '침묵
하지 말고 말하라'고 하신다(9c절). 유대인들의 반대에 위축되지 말고
계속 복음을 선포하라는 것이다. 복음을 계속 전파하는 것이 하나님의

뜻이기 때문이다.

셋째, '내가 너와 함께 있다'라고 하신다(10a절). 예수님이 참으로 어려운 사역을 하고 있는 바울과 계속 함께하시며 위로하고 그의 길을 인도하실 것이다(cf. 창 21:22; 26:3; 31:3; 출 3:12; 수 1:5). 주님이 함께하시면 우리가 이겨 내지 못할 상황은 없다. 주님을 따라가면 되기 때문이다. 넷째, '어떤 사람도 너를 대적하여 해롭게 할 자가 없을 것이다'라고 하신다(10b절). 바울이 유대인들에 의해 갈리오에게 끌려가 재판받을 것을 예고하시는 듯하다(cf. 12-16절). 예수님은 바울에게 해가 되는 일이 일어나는 것을 허락하지 않으실 것이다. 바울은 하나님의 복음을 온 세상에 전하는 하늘나라의 대사이기 때문이다.

다섯째, '이 성중에 내 백성이 많다'라고 하신다(10c절). '백성'(λαός)은 원래 이스라엘 백성을 뜻하는 용어다(TDNT). 바울이 유대인 사역을 접은 상황에서 예수님이 이렇게 말씀하시는 것은 이방인도 유대인과 동등한 하나님의 백성이라는 뜻이다. 하나님께는 이방인도 유대인도 차이가 없다(Bruce, Gooding).

환상을 통해 주님의 위로와 격려를 받은 바울은 고린도에서 1년 6개월을 머물며 하나님의 말씀을 가르쳤다(11절). 바울이 고린도에 머문 시간이 총 18개월이었다는 뜻이다. 그는 주후 50년 2-3월에 도착해 주후 51년 가을에 고린도를 떠났다(Schnabel). 혹은 주후 50년 가을에서 주후 52년 봄까지 고린도에 머물렀다고 하는 이들도 있다(Longenecker).

갈리오가 아가야주(州)의 총독이 되었을 때 유대인들이 바울을 끌고 법정으로 갔다(12절). 고린도는 구브로처럼 원로원이 관리하는 도시였다(Bock, cf. 13:4; 19:1). '갈리오'(Γαλλίων, Gallio)는 당시 문헌을 통해서 잘 알려진 사람으로, 스토아 철학자 세네카(Lucius Annaaeus Seneca, 주전 4-주후 65년)가 그의 형이었다(Longenecker). 세네카는 유대인을 매우 싫어했으며(Le Cornu & Shulam, Witherington), 이러한 정서는 그의 동생인 갈리오에게도 어느 정도 영향을 미쳤을 것이다. 델피(델포이, Delphi)의 신전에서 발굴된 비문에 따르면 갈리오는 주후 51년 7월 1일에 아가야의 총독으로 취임했다가 열병으로 인해 주후 52년 6월 30일에 사임했다(Riesner). 그가 아가야의 총독이었던 시간은 사도행전에서 가장 확실한 시간대다(Bock).

유대인들이 '일제히'(ὁμοθυμαδὸν) 일어났다는 것은 그들이 바울을 대적하는 일에 연합해 한마음이 되었다는 뜻이다. 그들이 바울을 끌고 간 '법정'(βῆμα)은 높이 2.3m에 달하는 높은 좌석으로 총독이 앉아 재판하는 곳이다(Le Cornu & Shulam). 그들은 갈리오가 새로 취임하자마자 바울을 고발한 것이다(Longenecker, Schnabel).

유대인들은 바울이 율법을 어기면서 하나님을 경외하라고 사람들을 권했다고 한다(13절). 헬라어로 '법'과 '율법'은 같은 단어(νόμος)다. 그러므로 유대인의 율법을 뜻하는지(Bock, Peterson, Witherington), 혹은 로마법(Fitzmyer, Longenecker, Schnabel, Schneider, Wall)을 의미하는지 확실하지 않다. "언어와 명칭과 너희 법에 관한 것이면 너희가 스스로 처리하라"(15절)라는 갈리오의 판결을 고려하면 유대인들의 율법으로 생각된다. 그러나 바울이 그들의 율법을 어겼다고 한다면 로마인의 법정에 그를 제소할 수 없다. 유대인이 사는 예루살렘에서는 가능할지 모르지만, 유대인이 별로 살지 않는 고린도에서는 더욱더 그렇다.

유대인들은 바울이 선포하는 기독교는 자신들의 유대교와 다르며, 유대교가 로마 제국으로부터 받는 인허와 보호를 기독교는 받을 수 없으니 기독교의 주동자인 바울을 처벌해 달라고 왔다. 한마디로 바울이 기독교를 선포하면서 로마법을 어기고 있다는 것이다. 그들은 바울이 예루살렘 공의회의 결정을 근거로 이방인에게 할례를 받지 않고 율법을 지키지 않아도 예수님을 영접해 하나님의 자녀가 될 수 있다고 가르치는 것을 매우 못마땅하게 생각하고 있다.

이에 대해 바울이 변론하려고 하자 갈리오가 바울은 자기 법정에서 그 어떠한 변론도 할 필요가 없다며 유대인들에게 말했다(14a절). 갈리오는 유대인들에게 자기 법정은 무슨 부정한 일이나 불량한 행동을 재판하는 곳이라고 한다(14b절). '부정한 일'(ἀδίκημα)은 나쁜 짓, 오늘날로 말하면 경범죄를, '불량한 행동'(ἡ ῥᾳδιούργημα πονηρόν)은 악한 죄, 오늘날로 말하면 중범죄를 뜻한다(cf. ESV, NAS, NIV). 만일 바울의 행동이 경범죄나 중범죄에 해당한다면 자기 법정에서 다루는 것이 맞다는 뜻이다.

그러나 바울을 상대로 한 유대인들의 소송은 이 두 가지 조건에 맞지 않는다. 이에 갈리오는 유대인들의 소송이 그들의 언어와 명칭과 율법에 관한 것이므로 스스로 처리하라고 한다(15a절). 언어라 함은 바울이 예수님이 부활하셨다고 하는 것이고, 명칭이라 함은 바울이 예수님이 메시아라고 가르친 것이다(Wall). 이는 갈리오가 사전에 바울의 일에 대해 몇몇 사람에게 자문했음을 암시한다.

갈리오는 유대인들이 바울을 상대로 제기한 소송에서 재판장이 되기를 원하지 않는다고 했다(15b절). 그는 유대인들의 종교적-신학적 일에 관여하지 않겠다며 분명히 선을 긋고 있다. 이 문제는 유대인들이 스스로 해결해야 할 이슈라는 것이다(Sherwin-White). 로마법의 관점에서는 유대교와 기독교가 별반 다르지 않다. 그러므로 유대인들이 원했던 것과 전혀 다른 결과가 나왔다.

갈리오는 이렇게 말하고 소송을 제기한 유대인들을 법정에서 쫓아냈다(16절). 기독교는 로마에 위협이 되지 않으므로 로마 제국에서 기독교인이 되는 것은 불법이 아니라는 판결이다. 이로써 갈리오는 로마 제국에서 기독교가 확장할 계기를 마련해 주었다(Bruce, Fitzmyer).

누가는 모든 사람이 회당장 소스데네를 잡아 법정 앞에서 때렸다고 하는데(17a절), '모든 사람'이 누구를 뜻하는지 확실하지 않다. '소스데네'(Σωσθένης, Sosthenes)는 회심한 회당장 그리스보를 이어 회당장이 된 사람이다. 만일 헬라인들이 그를 때렸다면 이번 기회를 이용해 고린도에 팽배한 반유대주의(anti-Semitism) 정서를 표출한 것이다(Barrett,

Fitzmyer, Schneider, Winter & Clarke). 만일 유대인들이 그를 때렸다면, 그가 소송을 잘 준비하지 못했다며 화풀이한 것이다(cf. Bock, Longenecker). 이후 소스데네는 그리스도인이 되었다(Witherington, cf. 고전 1:1). 어찌되었든 바울을 해하려 했던 유대인들이 오히려 해함을 받았다.

갈리오는 회당장 소스데네가 폭행당하는 것을 지켜보았지만 개입하지 않았다(17b절). 기독교와 유대교의 갈등에 로마가 개입하지 않겠다는 뜻이며, 유대인들이 자체적으로 빚어낸 갈등에 결코 관여하지 않겠다는 의지의 표현이다. 바울은 예수님이 그를 위로하며 하신 말씀, 곧 "어떤 사람도 너를 대적하여 해롭게 할 자가 없을 것이니"(10절)라는 말씀을 생각하고 감사했을 것이다.

이후 유대인들은 바울을 회당에서 유대인의 법으로 재판하려 했을 것이다. 그를 강제로 연행하거나, 속임수를 써서 회당으로 초청했다가 붙잡아 두고 재판했을 수도 있다. 바울은 고린도후서 11:24에서 유대인들로부터 5차례나 40대에서 하나를 감한 매를 맞았다고 하는데, 이는 유대인 회당이 가할 수 있는 최고의 벌이다(cf. 신 25:2-3). 이 중 한 차례를 고린도에서 받았을 수도 있다.

이 말씀은 핍박과 고난이 새로운 만남과 기회로 이어진다고 한다. 바울은 마게도냐에서 참으로 어려운 시간을 보내고 아가야로 넘어왔다. 그는 지쳐 있었고, 마음이 많이 위축된 상황에서 고린도로 왔다. 하나님은 그런 바울을 격려하고 회복시키기 위해 아굴라와 브리스길라라는 좋은 그리스도인들을 평생 그를 돕고 지원하는 동역자로 만나게 하셨다. 또한 디도 유스도와 여러 사람뿐 아니라, 바울이 그토록 전도하고 싶어하는 자기 민족 유대인 중 회당장인 그리스보와 소스데네도 그의 복음을 듣고 회심하게 하셨다.

하나님은 우리에게 사명을 주실 때 그 사명을 이루는 힘도 주신다. 우리가 힘들어할 때 사역의 열매로 우리를 위로하신다. 심지어 환상을 통해 나타나 직접 위로의 말씀을 주기도 하신다. 하나님이 우리를 사역자로 세우실 때는 끝까지 책임질 각오로 하신다. 그러므로 우리는 '성도의 견인'처럼 '사역자의 견인'도 사실이라는 것을 고백해야 한다.

교회 안에서 일어나는 일은 자체적으로 해결하는 것이 바람직하다. 갈리오는 바울을 상대로 유대인들이 제기한 소송에 관여하지 않겠다고 한다. 세상 법정은 교회와 복음을 알지 못하며 관심도 없다. 그러므로 올바른 판단을 기대하기 어렵다. 바울은 세상 법정에서 소송을 제기하지 말라고 한다(고전 6:1-8).

VI. 그리스(15:36-21:16)
　A. 두 번째 선교 여행(15:36-18:23)

9. 안디옥으로 돌아옴(18:18-23)

[18] 바울은 더 여러 날 머물다가 형제들과 작별하고 배 타고 수리아로 떠나갈새 브리스길라와 아굴라도 함께 하더라 바울이 일찍이 서원이 있었으므로 겐그레아에서 머리를 깎았더라 [19] 에베소에 와서 그들을 거기 머물게 하고 자기는 회당에 들어가서 유대인들과 변론하니 [20] 여러 사람이 더 오래 있기를 청하되 허락하지 아니하고 [21] 작별하여 이르되 만일 하나님의 뜻이면 너희에게 돌아오리라 하고 배를 타고 에베소를 떠나 [22] 가이사랴에 상륙하여 올라가 교회의 안부를 물은 후에 안디옥으로 내려가서 [23] 얼마 있다가 떠나 갈라디아와 브루기아 땅을 차례로 다니며 모든 제자를 굳건하게 하니라

바울은 갈리오가 유대인들의 소송을 묵살한 이후 고린도에서 여러 날을 더 머물렀다(18a절). 갈리오의 판결이 유대인들이 바울을 해하지 못하게 한 것이다. 바울은 예수님이 환상 속에 나타나셔서 그에게 하신 말씀을 여러 번 떠올리며 감사했을 것이다: "내가 너와 함께 있으매 어떤 사람도 너를 대적하여 해롭게 할 자가 없을 것이니 이 성중에 내 백성이 많음이라"(18:10). 바울은 이 말씀을 마음에 품고 더 열심히 전

도했다.

바울이 고린도를 떠나 배를 타고 수리아로 떠났다(18b절). 그가 왜 이 때 고린도를 떠났는지 정확히 알 수는 없지만, 한 사본은 "나는 무슨 일이 있어도 다가오는 절기를 예루살렘에서 지내야 한다"라는 말을 더 한다(Longenecker). 바울이 이듬해 3월에 있을 유월절을 예루살렘 성전 에서 보내고자 했다는 것이다. 대부분 학자는 22절을 바울이 예루살렘 교회에 방문했다는 말로 해석하기 때문에 이 사본이 그가 고린도를 떠 난 이유를 어느 정도 정확히 파악하고 있다고 생각한다.

어떤 이들은 갈리아가 주후 51년 7월 1일부로 총독으로 임명된 것을 고려해(cf. 18:12 주해) 소송이 주후 51년 8월에 있었고, 바울이 겨울철 지중해의 뱃길이 끊기기 전에 수리아로 돌아가려면 9월에는 배를 타 야 한다고 한다(Schnabel). 9월 말에 마지막 배가 떠나면 이듬해 3월 초 까지는 지중해의 험난한 파도로 인해 배가 다니지 않기 때문이다(Bock, Bruce, Witherington). 소송 이후 고린도에 그다지 오래 머물지는 않았다 는 뜻이다. 전도만큼이나 양육(follow-up)을 중요하게 여긴 바울이 스스 로 고린도를 떠나는 것을 보면 고린도 교회는 어느 정도 홀로 설 수 있 게 된 것으로 보인다. 바울은 예수님의 격려 말씀을 듣고 고린도에 1년 반을 머물며 전도하고 양육했다(18:11). 그러나 그가 떠난 후 교회는 온 갖 논쟁과 갈등에 휩싸인다(cf. 고린도전서-고린도후서).

바울이 형제들과 작별한 뒤 배를 타고 수리아로 떠날 때 브리스길라 와 아굴라도 함께 갔다(18c절). 그들은 원래 로마에 살았지만, 글라우디 오가 로마에서 모든 유대인을 쫓아낼 때 고린도로 왔다. 이 부부는 지 치고 위축된 상태로 고린도에 도착한 바울을 위로하고 격려하며 그의 사역을 도운 조력자들이다. 바울과 함께 고린도를 떠나는 그들은 에베 소에서 그와 작별하고 한동안 그곳에 거주하며 에베소 교회를 돌볼 것 이다.

바울 일행은 배를 타기 위해 고린도의 동쪽 항구 겐그레아로 갔다

(18d절). 겐그레아(Κεγχρεαί, Cenchrea) 항은 고린도에서 남서쪽으로 11㎞ 떨어진 곳이었으며, 당시 인구는 4,400명 정도였다(Bock, Schnabel). 바울이 고린도에서 사역하는 동안 이곳에도 교회가 세워진 것으로 보인다(Schnabel, cf. 고후 1:1).

바울은 서원한 바가 있어 겐그레아에서 머리를 깎았다. 머리를 깎는 일은 서원이 끝났거나 완성되었다는 표시다. 원래 예루살렘 성전에서 머리를 깎아 서원을 마무리하고 예물을 드리지만, 자른 머리를 가지고 예루살렘 성전으로 가서 서원 예물을 드릴 계획이라면 다른 곳에서도 서원을 마무리하는 의미에서 머리 깎는 일이 가능했다(Witherington). 바울은 예루살렘 성전을 향해 가고자 한 것이다(Jervell).

그는 어떤 서원을 완성한 것일까? 어떤 학자는 바울이 그리스 선원들이 하는 서원을 하고 있다고 한다(Barrett). 그리스 선원들은 매우 힘든 여정이 끝나면 신들에게 감사하는 표시로 머리를 밀었다. 고린도에서 매우 힘든 시간을 보낸 바울이 이러한 관습에 따라 머리를 자르고 있다는 것이다. 그러나 유대인인 바울이 이런 의도로 서원을 마무리하는 것으로 보이지는 않는다.

대부분 학자는 고린도에서 그가 참으로 어려운 시간을 보낼 때, 혹은 예수님이 환상을 통해 그를 격려하셨을 때 그가 주님께 자신을 보호해 달라며 나실인 서원을 한 것으로 이해한다(18:9-10). 그러므로 고린도에서 서원한 이후 머리를 자르지 않고, 술과 포도를 멀리하며, 부정한 것과 시신을 만지지 않는 나실인으로 살다가 떠나면서 머리를 자르는 것은 하나님이 자신을 잘 지켜 주시고 고린도에서 보호해 주신 일에 대한 감사의 표시다(Bruce, Dunn, Longenecker, Marshall, Polhill, Schnabel, Wall, cf. 삿 13:7, 13-14; 16:17; 암 2:11-12). 바울은 이방인들에게는 할례를 행하지 않고 율법도 지킬 필요가 없다고 가르치면서도 자신의 유대인 전통은 성실하게 이행하고 있다. 계속해서 유대인들과의 연결고리를 이어 가고자 했기 때문이다.

겐그레아에서 배를 탄 바울 일행은 에베소로 향했다. 고린도를 출발
해 겐그레아를 거쳐 에베소로 가는 경로는 다음 지도를 참조하라.

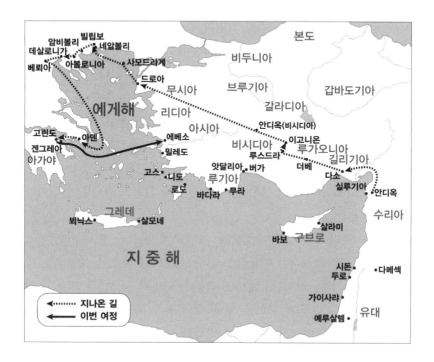

'에베소'("Εφεσος, Ephesus)는 중요한 상업 도시였으며, 자치적인 통치
권을 지닌 자유 도시였다. 아시아와 로마-그리스를 잇는 역할을 했다.
로마 제국의 '아시아주(州)' 수도는 버가모였지만, 모든 행정적 기반은
에베소에 있었다(Fernando). 당시 에베소의 인구는 25만 명 정도로 추산
된다(Bock). 상당히 많은 유대인이 이곳에 살았다(Longenecker).

에베소는 달과 사냥의 여신이자 여러 유방을 지닌 다산의 여신 '아르
테미스'(Artemis, 로마 사람들은 Diana라고 부름)를 도시의 수호신으로 숭배
했다. 이곳에 있는 아르테미스 신전(Artemis Shrine)은 아덴에 있는 파르
테논(Parthenon) 신전보다 네 배나 더 컸으며(Longenecker), 고대 7대 불가

사의 중 하나다. 아르테미스 숭배자들은 매우 적극적으로 자기 종교를 전파한 것으로도 유명하다. 에베소 지역은 내륙에서 많은 토사가 흘러내려오기 때문에 항구를 유지하려면 지속적으로 준설해야 했다. 이 도시의 명성이 사라지면서 준설 작업이 중단되어 오늘날에는 내륙으로 12km가량 들어와 있다. 에베소는 오늘날에도 튀르키예(터키)의 가장 대표적인 유적지로 손꼽히며 각종 유물이 잘 보존되어 있다.

고린도에서 에베소로 가는 220km에 달하는 항로는 동쪽에 있는 '수니온곶'(Cape Sounion)과 '테노스'(Tenos)를 거쳐 '사모스섬'(Samos)을 북쪽으로 통과하는 사나흘이 걸리는 여정이었다(Schnabel). 아마도 아굴라와 브리스길라가 가이사랴로 가는 바울과 실라와 디모데의 뱃삯을 후원했을 것이다(Longenecker). 매우 큰 금액인 만큼 참으로 대단한 헌신이라 할 수 있다.

바울은 브리스길라와 아굴라를 에베소에 머물게 했다(19a절; cf. 18:24-28). 브리스길라와 아굴라는 고린도를 떠날 때부터 에베소를 다음 정착지로 삼은 것이다. 앞으로 그들은 이곳에 4-5년간 머물며 회당을 중심으로 전도해 교회를 세울 것이다(cf. 18:26). 그들은 은장색(silversmith) 데메드리오가 바울에게 반발해 폭동을 일으켰을 때 이곳에 있었고(19:23-41), 이때 바울을 보호하기 위해 자기 생명을 걸었던 성도들이다(롬 16:4). 에베소 교회는 그들의 집에서 모였다(고전 16:19). 브리스길라와 아굴라는 로마에서 그들을 추방한 글라우디오가 죽은 후에 다시 로마로 돌아가 로마 교회를 돌본다(cf. 롬 16:3). 사도행전에서 아볼로가 이상적인 설교자인 것처럼, 이 부부는 이상적인 성도다(Schnabel).

바울은 에베소 회당에 들어가 유대인들과 변론했다(19b절). 아마도 가이사랴로 가는 배가 이곳에 며칠 정박한 틈을 타서 회당을 찾은 것으로 보인다(Schnabel). 바울은 이 도시를 자신의 3차 선교 여행의 중심지로 삼을 것을 이미 구상하고 있는 듯하다.

회당에서 바울의 스피치를 들은 여러 사람이 반발하지 않고 더 듣기를 희망했다. 그들은 바울이 자신들과 더 오래 머물며 가르쳐 주기를 청했지만, 바울이 그들의 청을 허락하지 않았다. 그는 안디옥 교회로 돌아가 쉬고 싶고, 예전에 세웠던 아시아 지역의 교회들을 방문하고 싶다. 더욱이 고린도에서 했던 서원을 마무리하기 위해 예루살렘 성전에도 가야 한다.

그러므로 바울은 만일 하나님의 뜻이면 다시 돌아오겠다는 말을 남기고 배를 타고 에베소를 떠났다(21절). 앞에서는 바울이 아시아에 머물며 선교하겠다는 것을 하나님이 막으셨다(16:6). 드디어 바울은 자기 스스로는 무엇도 할 수 없다는 사실을 깨달았다. 그러므로 그는 '하나님이 허락하시면' 다시 에베소를 찾아오겠다고 한다. 바울은 19:1에서 다시 에베소를 찾을 것이다.

그가 탄 배는 1,500㎞를 항해해 예루살렘의 항구 도시인 가이사랴에 도착했다(22a절). 아마도 한두 달 걸리는 여정이었으며, 뱃삯도 매우 비쌌다. '가이사랴'(Καισάρεια, Caesarea)는 예루살렘에서 남서쪽으로 110㎞ 떨어진 항구였다(Longenecker). 가이사랴에 도착한 바울 일행은 올라가 교회의 안부를 물은 후에 안디옥으로 내려갔다(22b절). '올라가다'(ἀναβαίνω)와 '내려가다'(καταβαίνω)는 예루살렘과 연관된 표현이다. 사람들은 언제든 예루살렘으로 '올라가고' 예루살렘에서 '내려온다.' 바울은 예루살렘 교회를 방문해 안부를 물은 후(Bruce, Fitzmyer, Johnson, Longenecker, Schnabel, Wall, cf. 11:27) 예루살렘에서 안디옥까지 540㎞ 거리를 3주에 걸쳐 걸어갔다(Schnabel).

바울은 이렇게 2차 선교 여행을 마쳤다. 원래 그는 아시아에 머물며 선교하려고 했지만, 하나님이 보여 주신 비전에 따라 마게도냐로 갔다(16:6). 그리고 마게도냐 지역에서 빌립보와 데살로니가와 베뢰아 교회를 세우다가 죽을 고비를 몇 차례 넘겼다. 유대인들의 핍박을 피해 아가야로 건너가 아덴과 고린도에도 교회를 세웠다. 돌아오는 길에는 브리스길라와 아굴라를 에베소에 두어 교회를 세우게 했다. 이러한 열매를 맺은 바울의 2차 선교 여행 장소는 다음과 같다(Bock).

도시	지역
안디옥	수리아
이름을 알려 주지 않은 도시들	길리기아
더베	루가오니아
루스드라	루가오니아
이름을 알려 주지 않은 도시들	무시아 건너편
드로아	무시아
이름을 알려 주지 않은 도시들	사모드라게
네압볼리	마게도냐
빌립보	마게도냐
암비볼리	마게도냐
아볼로니아	마게도냐
데살로니가	마게도냐
베뢰아	마게도냐
아덴	아가야
고린도	아가야
겐그레아	아가야
에베소	루디아
가이사랴	유대
예루살렘(거의 확실)	유대
안디옥	수리아

2차 선교 여행에서 바울이 거쳐 간 도시들을 지도에 표시하면 다음과 같다.

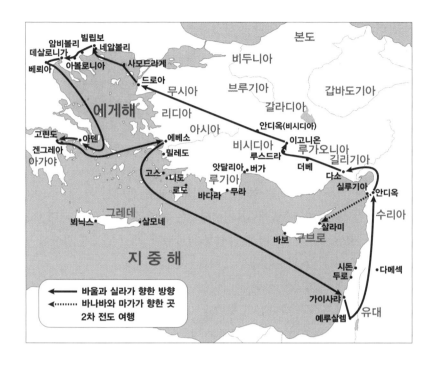

바울은 안디옥 교회에 한동안 머물다가 다시 떠나 갈라디아와 브루 기아 땅을 차례로 다니며 모든 제자를 굳건하게 했다(23절). 그의 세 번 째 전도 여행이 시작된 것이다. 이번 여행에서 바울은 1–2차 선교 여 행 때 세운 교회들을 방문했다(cf. 14:21–22; 15:41). 바울은 전도를 통해 믿게 하는 것만큼이나 양육(follow-up)을 중요하게 여겼다. 그가 2차 선 교 여행과 3차 선교 여행 사이에 안디옥 교회에 머문 기간은 대략 주후 51년 겨울에서 52년 봄까지였던 것으로 보인다(cf. Schnabel). 누가는 바 울의 3차 전도 여행 이야기가 본격적으로 시작되는 19:1 이전에 잠시 숨을 고르도록 에베소를 찾아와 브리스길라와 아굴라에게 양육받은 아볼로 이야기를 들려준다(18:24–28).

이 말씀은 성도들의 만남이 얼마나 귀하고 소중한 것인지 생각하게 한다. 하나님은 지친 몸과 우울한 마음으로 고린도를 찾은 바울에게 아굴라와 브리스길라를 만나게 하셨다. 그들은 바울을 말씀으로 격려하며 계속 전도할 수 있는 여건을 마련해 주었을 뿐 아니라, 일자리와 숙소도 제공했다. 바울이 고린도를 떠나자 그들도 함께 짐을 쌌고, 바울의 지시에 따라 에베소에 정착해 바울의 3차 선교 여행 기반을 마련했다. 또한 바울 일행이 안디옥으로 돌아갈 수 있는 뱃삯도 후원해 주었다. 이 같은 그들의 헌신과 섬김은 평생 계속된다. 바울이 이 부부를 만난 것은 그가 상상할 수 없었던 하나님의 큰 축복이라 할 수밖에 없다. 우리도 기도하자. 이런 동역자와 위로자들을 만나게 해 달라고 말이다. 이런 사람들이 주변에 있다는 사실은 큰 위로와 격려가 되며, 사역하기도 훨씬 쉬워진다. 바울은 평생 하나님과 이 부부에게 감사하며 빚진 마음으로 살았을 것이다.

바울은 에베소 회당에서 만난 사람들이 더 머물며 가르쳐 달라고 요청했음에도 불구하고 하나님의 뜻이면 다시 돌아오겠다는 말을 남기고 떠났다. 자신이 원했던 아시아 선교는 막히고 하나님의 뜻에 따라 마게도냐와 아가야로 가게 된 일을 회상하며, 사역에서 가장 중요한 것은 하나님의 뜻과 계획을 따르는 것이라는 사실을 깨달은 것이다. 그러므로 그는 하나님의 뜻에 따라 움직이는 사역자로 발돋움하고 있다. 우리도 하나님의 뜻 따르는 것을 사역의 가장 기본으로 삼아야 한다.

> VI. 그리스(15:36-21:16)

B. 아볼로의 전도 활동(18:24-28)

[24] 알렉산드리아에서 난 아볼로라 하는 유대인이 에베소에 이르니 이 사람은 언변이 좋고 성경에 능통한 자라 [25] 그가 일찍이 주의 도를 배워 열심으로 예수에 관한 것을 자세히 말하며 가르치나 요한의 세례만 알 따름이라 [26] 그가 회당에서 담대히 말하기 시작하거늘 브리스길라와 아굴라가 듣고 데

려다가 하나님의 도를 더 정확하게 풀어 이르더라 ²⁷ 아볼로가 아가야로 건너가고자 함으로 형제들이 그를 격려하며 제자들에게 편지를 써 영접하라 하였더니 그가 가매 은혜로 말미암아 믿은 자들에게 많은 유익을 주니 ²⁸ 이는 성경으로써 예수는 그리스도라고 증언하여 공중 앞에서 힘있게 유대인의 말을 이김이러라

본문은 가장 언변이 뛰어난 설교자로 알려진 아볼로에 관한 이야기로, 바울이 안디옥으로 가는 길에 에베소에 잠시 들렀던 일(18:19-20)과 이 도시를 다시 방문한 일(19:1-20) 사이에 있다. 에베소를 방문한 아볼로(Ἀπολλῶς, Apollos)는 알렉산드리아에서 나고 자란 유대인이었다(24a절; cf. 고전 1:12; 3:4-6, 22; 4:6; 16:12). '알렉산드리아'(Ἀλεξανδρεια, Alexandria)는 로마의 이집트 통치를 위한 중심지였다. 상업과 교육의 도시였으며, 아덴에 버금가는 지성의 도시로 정평이 나 있었다(Johnson). 당대 유대인들의 최고 철학자인 필로(Philo, 주전 20-주후 50년)도 이곳 출신이다. 필로가 알렉산드리아에서 가르쳤고 아볼로가 정규 교육을 받은 유대인이라는 점을 고려할 때, 아볼로도 필로에게 배웠을 가능성이 있다(Wall).

주전 283-246년에 이집트를 통치한 왕 프톨레마이오스 2세(Ptolemy Ⅱ Philadelphus)는 고대 사회에서 가장 유명한 도서관을 알렉산드리아에 건축했다. 이때 구약이 헬라어로 번역되었다는 기록이 위경에 남아 있다. 알렉산드리아는 온 제국에서 로마 다음으로 인구가 많은 대도시였다(Le Cornu & Shulam). 지난 수백 년 동안 유대인이 이 도시에 정착해 살았으며, 신약 시대에는 유대인의 수가 10만 명 정도 되었다(Schnabel).

아볼로는 신약이 알렉산드리아와 연관해 언급하는 유일한 그리스도인이다. 사도 시대가 지나고 교부(敎父) 시대가 시작되면 알렉산드리아는 기독교에서도 지성의 장소로 자리를 잡으며 클레멘트(Clement)와 오리겐(Origen) 등 여러 위대한 성경학자를 배출한다(Johnson).

아볼로는 언변이 좋고 성경에 능통한 사람이었다(24b절). '언변이 좋은 사람'(ἀνὴρ λόγιος)은 '정규 교육'(formal education)을 받은 사람을 뜻한다(Schnabel). 당시 알렉산드리아의 정규 교육은 '수사학'(Rhetorics)을 필수 과목으로 가르쳤기 때문에 교육받은 사람들은 대부분 달변가였다(Longenecker). '능통한'(δυνατός)은 참으로 남다른 능력을 지녔다는 뜻이다(cf. BDAG). 아볼로는 구약에 관해 아는 것이 참으로 많고, 스피치 능력도 뛰어난 학자로(Fernando) 설교자가 갖추고 싶어 하는 두 가지를 완벽하게 지닌 사람이었다. 그는 곳곳을 다니며 비즈니스도 하고, 성경도 가르쳤다(Bruce). 아볼로는 당시 어느 정도 보편화되어 있던 순회하는 유대인 설교자였던 것이다.

아볼로는 일찍이 주의 도를 배워 열심으로 예수님에 대해 자세히 말하며 가르쳤다(25a절). '주의 도'(τὴν ὁδὸν τοῦ κυρίου)는 기독교를 칭하는 용어다. 사도행전에서는 기독교를 자주 '그 도'(ἡ ὁδός, the way)라고 칭한다(9:2; 16:17; 18:25, 26; 19:9, 23; 24:14, 22). '열심으로'(ζέων τῷ πνεύματι)라는 말에서 '영'(πνεῦμα)이 그의 영[마음]을 뜻하는지, 혹은 성령을 뜻하는지에 대해 학자들의 의견이 나누어져 있다. 거의 모든 번역본은 그의 '영'[마음]으로 간주해 그가 예수님에 대해 가르치는 일에 '열정을 불태웠다'(burning zeal)라는 의미로 번역한다(새번역, 공동, ESV, NAS, NIV, NRS). 그러나 예수님에 관해 배우고 열심으로 말하는 것을 보면, '성령'으로 해석해야 한다고 주장하는 이들도 있다(Dunn, Schnabel). 이 경우 그는 자신이 배운 '도'(기독교)를 성령이 주신 열정으로 전했다는 뜻이 된다. 그가 기독교를 알고 예수님에 대해 증언하는 것을 보면 성령이 주신 열정으로 예수님을 선포했다는 의미도 설득력을 지닌다.

'자세히 말하며 가르쳤다'(ἐλάλει καὶ ἐδίδασκεν ἀκριβῶς)를 더 정확하게 번역하면 '정확하게 말하며 가르쳤다'라는 뜻이다(cf. 새번역, 공동, ESV, NAS, NIV, NRS). 세세한 설명이 아니라, 정확성(accuracy)을 강조하는 말이다. 아볼로는 예수님에 대해 많은 것을 정확히 알고, 또한 아는 것을 효과적으로 전달하는 능숙한 스피커였다.

아볼로가 에베소에 왔을 때 그리스도인이 아니었다고 하는 이들이 있다(Larkin, Schneider, Wall). 그가 성령 세례를 모르고 '요한의 세례'만 알고 가르쳤기 때문이다(25b절). 그러므로 성령이 그의 삶에 거하실 리가 없다는 것이다. 그러나 아볼로는 성령 안에서 예수님을 열심히 가르치는 선생이었다(Barrett, Bock, Bruce, Williams). 아굴라와 브리스길라 부부는 그에게 예수님을 영접하게 하지 않는다. 반면에 바울은 아볼로처럼 요한의 세례만 알 뿐 예수님을 알지 못하는 사람들에게 세례를 베푼다(19:1-5).

그리스도인과 그리스도인이 아닌 사람은 성령 세례를 받았는가 받지 않았는가보다는 예수님을 메시아로 알고 영접했는가 하지 않았는가로 구분된다. 경우에 따라서 세례는 한참 뒤에 올 수도 있다. 더욱이 본문의 역사적 배경이 되는 시대에는 교회와 성례가 자리를 잡아 가는 때이므로 성령 세례를 기독교인의 유일한 리트머스 테스트로 생각하는 것은 바람직하지 않다. 성령 세례를 아직 받지 못했다고 해서 그리스도인이 아니라고 할 수 없다.

아볼로가 어디서 기독교를 접했는지는 알 수 없다. 일부 사본은 '자기 나라에서 배웠다'라는 말을 더한다(Fernando, Longenecker, Schnabel). 그가 고향인 알렉산드리아에서 예수님을 영접했다면, 우리가 깨달아야 할 중요한 사실은 기독교가 이미 알렉산드리아에도 퍼져 나갔다는 것이다. 늦어도 주후 40년대 중후반에는 복음이 알렉산드리아에 전파되었던 것으로 보인다(Schnabel). 누가 알렉산드리아에 복음을 전파했을까? 아볼로가 요한의 세례밖에 아직 아는 것이 없다는 점을 고려할 때 세례 요한의 제자 중 예수님을 메시아로 영접한 사람들, 그러나 오순절 성령에 대해서는 알지 못하는 사람들이 이집트로 내려가 복음을 전파한 것으로 보인다(cf. Wall).

브리스길라와 아굴라가 회당에서 아볼로가 유대인들에게 예수님이 메시아이심을 담대히 선포하는 것을 보았다(26a절). 아볼로는 참으로 언변이 좋고 성경에도 능통해 감동적인 설교를 했지만, 이 부부는 그가 선포한 메시지에 부족한 부분을 느꼈다. 아볼로가 세례로 아는 것이라고는 요한의 세례가 전부라는 사실을 고려하면 당연한 일이다. 그래서 브리스길라와 아굴라는 그를 집으로 데려가(cf. 공동, 아가페) 하나님의 도를 더 정확하게 풀어 알려 주었다(26b절). 아볼로가 잘못 알고 있는 것을 교정해 주었다기보다는 마치 컴퓨터 프로그램의 옛 버전을 새 버전으로 업데이트(up-date)하듯 그가 아는 '오순절 이전 복음 버전'을 '오순절 이후 복음 버전'으로 업데이트해 준 것이다. 그가 선포하는 복음에 '오류'(inaccuracy)가 있는 것이 아니라, 채워지지 않은 것이 있어 '미완성'(incomplete)이었기 때문이다(Williams).

아볼로가 브리스길라와 아굴라의 가르침을 거부하지 않고 받아들이는 모습이 참 아름답다. 그는 이 부부보다 성경에 대해 훨씬 많이 알고 언변도 좋아 어디서든 사람들을 매료시키는 대단한 성경학자다. 그럼에도 불구하고 그는 겸손히 이 평신도 부부에게 가르침을 받아 자기의 부족함을 채운다. 또한 그를 집으로 초청해 섬기며 부족한 부분을 채워 주는 부부의 자비로움도 참 아름답다. 이 부부의 집은 항상 복음을 위해 열려 있다. 하나님의 나라는 이들이 보여 준 겸손과 헌신을 통해 계속 확장된다.

아볼로가 에베소에 온 지 얼마나 되었을까? 그는 아덴과 고린도 등이 있는 아가야주(州)로 건너가고자 했다(27a절). 에베소 그리스도인들은 그를 격려하고 축복하며 아가야에 있는 형제들에게 아볼로가 참으로 귀한 형제이니 영접하라며 소개 편지를 써 주었다(27b절). 브리스길라와 아굴라가 바울과 함께 고린도를 떠나온 지 얼마 되지 않았다는 사실을 고려할 때, 아마도 이 부부가 고린도에 있는 교회에 아볼로를 추천하는 편지를 써 준 것으로 보인다(cf. 19:1). 당시 이런 유형의 소개 편지를 쓰는 것은 흔히 있는 일이었다(cf. 롬 16:1-2). 로마서 16:1-2도

이러한 편지이다(Bock).

기독교는 처음부터 네트워크(network)였다. 우리가 누구를 알고, 누구를 만나는지는 무엇을 알고 무엇을 하는가 만큼 중요하다. 그러므로 우리는 모든 만남을 귀하게 여겨야 한다. 또한 귀한 사람들끼리 만날 수 있도록 계속 연결해 주는 고리가 되어야 한다.

아볼로는 에베소 형제들이 써 준 소개 편지를 가지고 아가야로 갔다. 그곳에서 은혜로 말미암아 믿은 자들에게 많은 유익을 주었다. '은혜로 말미암아'(διὰ τῆς χάριτος)가 그들의 믿음을 수식하는지, 혹은 아볼로의 가르침을 수식하는지 확실하지 않다(cf. Bock, Schnabel). 대부분 번역본은 아볼로가 가르친 성도들이 은혜로 구원에 이른 것으로 해석한다(새번역, 공동, ESV, NAS, NIV, NRS). 구원의 주체가 하나님이심을 강조하는 듯하기 때문이다. 그러나 아볼로가 하나님의 은혜를 힘입어 가르쳤다는 의미로 해석하는 것도 가능하다.

아볼로는 성경(구약) 말씀으로 예수님이 그리스도라고 증언했고, 많은 사람이 모인 공공장소에서 힘있게 유대인의 말을 이겼다(28절). 예수님이 메시아라는 사실을 부인하는 유대인들과 아고라 등 공개적인 장소에서 많은 사람이 지켜보는 가운데 논쟁을 벌여 이긴 것이다. '이기다'(διακατελέγχομαι)는 신약에서 단 한 차례 사용되는 단어이며, '압도하다'(overwhelm)라는 뜻이다(BDAG). 아볼로는 이렇게 함으로써 형제들의 믿음을 더욱 북돋아 주었다. 바울이 아가야를 떠난 지 어느 정도 시간이 지났기 때문에 그의 가르침은 말씀을 사모하는 성도들에게 더욱더 귀하고 복된 위로와 소망이 되었을 것이다.

바울은 아볼로를 동역자(coworker)로서 귀하게 대했다(고전 3:9). 또한 아볼로에게 고린도 교회에 방문할 것을 직접 권했지만, 그가 가려고 하지 않았다(고전 16:12). 둘은 분명 서로 사랑하고 협력하는 동역자였지만, 사역 대상이 조금 달랐던 듯하다. 바울은 누구나 쉽게 이해할 수 있는 대중적인 가르침을 선호했고 일반인들이 그를 따랐다(cf. 고전

1:12; 4:6). 반면에 아볼로는 많이 배우고 부유한 귀족들이 선호하는 사역자였다(Longenecker). 이러한 상황을 고려해 학자 중에는 히브리서를 아볼로가 저작한 것으로 보는 이들도 있다(Longenecker, cf. Fernando).

이 말씀은 열정보다는 내용이 더 중요하다고 한다. 아볼로는 나무랄 데 없는 언변가였다. 그러나 그가 전한 내용에는 부족함이 있었고, 브리스길라와 아굴라가 이를 채워 주어 온전한 복음을 선포하게 했다. 우리가 가르치고 선포하는 매너와 스타일도 중요하지만, 더 중요한 것은 무엇을 선포하고 가르치냐는 것이다. 비유로 말하자면 음식을 담는 그릇보다 담고 있는 음식이 더 중요한 것이다. 우리는 매일 배우고 묵상하면서 하나님을 더 깊이 알아 가야 한다. 그래야 하나님의 귀한 말씀을 제대로 전할 수 있다.

아볼로는 언제든지 배울 기회가 주어지면 거부하지 않고 배워 자신의 부족함을 채우겠다는 마음 자세로 살았던 사역자이자 학자였다. 그래서 하나님은 평신도인 아굴라와 브리스길라 부부를 통해 그에게 새로운 가르침을 주어 더 온전한 메시지를 전하게 하셨다. 우리도 언제든 열린 마음으로 하나님의 가르침을 사모해야 한다. 하나님은 성도들을 통해서 사역자들에게 말씀하실 수도 있다.

우리는 아굴라와 브리스길라처럼 물심양면으로 하나님을 섬겨야 한다. 그들은 바울을 평생 섬기고 후원했다. 바울이 위기에 처하자 자신들의 생명을 걸고 그를 구했다(롬 16:3-4). 이 일에 대해 바울은 자신뿐 아니라 세상에 있는 모든 교회가 그들에게 감사한다고 한다. 아굴라 부부는 아볼로를 집으로 초청해 섬기며 그가 모르는 부분을 알려 주었다. 그들의 집은 복음을 위해 항상 문이 열려 있었던 것이다.

VI. 그리스(15:36-21:16)

C. 세 번째 선교 여행(19:1-21:16)

바울이 안디옥 교회를 떠나 갈라디아 지방과 부르기아 지방을 두루 다니며 모든 신도를 굳건하게 한 일(18:23)로 시작된 세 번째 선교 여행이 본격적으로 시작되었다. 바울의 3차 선교 여행은 주후 50년대 중반에 있었던 일이다(Bock). 이번 여행은 새로운 곳을 찾아가 복음을 전파하는 것보다는 이미 세워진 교회를 방문해 성도들을 말씀으로 양육하는 일에 초점이 맞추어져 있다. 바울은 전도만큼이나 양육(follow-up)을 통해 건강한 교회를 세워 가는 것을 중요시했다. 이번 여정 중 그는 에베소 한곳에서만 2년 이상 머문다(19:10).

3차 선교 여행 중 가장 큰 사건은 에베소에서 일어난다. 바울의 사역으로 인해 도시의 수호신 아데미(Artemis)의 우상과 연관된 종교 사업이 차질을 빚자 상인들이 사람들을 동요시켜 폭동을 일으킨 것이다. 이 일로 인해 바울은 생명을 잃을 뻔했고, 브리스길라와 아굴라가 죽을 각오로 그를 지켜 에베소를 무사히 떠나게 한다(cf. 롬 16:3-4). 본 텍스트는 다음과 같이 구분된다.

A. 에베소(19:1-41)
B. 마게도냐와 그리스(20:1-6)
C. 드로아(20:7-12)
D. 밀레도(20:13-16)
E. 에베소 장로들과의 작별(20:17-38)
F. 예루살렘으로 돌아옴(21:1-16)

VI. 그리스(15:36–21:16)
  C. 세 번째 선교 여행(19:1–21:16)

1. 에베소(19:1–41)

바울은 에베소에 최소 27개월(Fernando), 혹은 3년(Wall)을 머물며(cf. 19:8, 10, 22; 20:31) 이 도시뿐 아니라 아시아 전역을 돌며 사역했다. 또한 고린도에도 다녀왔다(고후 12:14; 13:1). 하나님은 그의 사역을 온갖 은사로 축복하셨다. 그러나 하나님의 임재가 강한 만큼 마귀의 저항도 강했다. 바울은 에베소에 있는 동안 감옥에 갇혔고(Williams, cf. 고후 11:23), 목숨을 잃을 뻔했다. 브리스길라와 아굴라의 도움을 받아 겨우 도시를 탈출할 수 있었다(cf. 롬 16:4; 고전 15:32; 고후 1:8; 4:9–12; 6:4–10). 바울의 3차 선교 여행의 중심지인 에베소에서 있었던 일을 회고하는 본 텍스트는 다음과 같이 구분된다.

A. 열두 명이 예수를 영접함(19:1–7)
B. 바울의 아시아 사역(19:8–12)
C. 짝퉁 은사 사역자들(19:13–20)
D. 떠날 준비를 함(19:21–22)
E. 은색장 데메드리오가 주도한 폭동(19:23–34)
F. 서기장이 폭도를 해산시킴(19:35–41)

VI. 그리스(15:36–21:16)
  C. 세 번째 선교 여행(19:1–21:16)
    1. 에베소(19:1–41)

(1) 열두 명이 예수를 영접함(19:1–7)

¹ 아볼로가 고린도에 있을 때에 바울이 윗지방으로 다녀 에베소에 와서 어떤 제자들을 만나 ² 이르되 너희가 믿을 때에 성령을 받았느냐 이르되 아니라

우리는 성령이 계심도 듣지 못하였노라 [3] 바울이 이르되 그러면 너희가 무슨 세례를 받았느냐 대답하되 요한의 세례니라 [4] 바울이 이르되 요한이 회개의 세례를 베풀며 백성에게 말하되 내 뒤에 오시는 이를 믿으라 하였으니 이는 곧 예수라 하거늘 [5] 그들이 듣고 주 예수의 이름으로 세례를 받으니 [6] 바울이 그들에게 안수하매 성령이 그들에게 임하시므로 방언도 하고 예언도 하니 [7] 모두 열두 사람쯤 되니라

본문은 바울이 안디옥에서 에베소까지 육로로 갔는지 혹은 뱃길을 이용했는지 말하지 않지만, 대부분 학자는 그가 육로를 이용한 것으로 생각한다. 바울은 가능하면 바닷길보다는 육로를 선호했기 때문이다 (Bruce). 바울은 육로를 따라 에베소로 가는 길에 1차 선교 여행과 2차 선교 여행 때 세웠던 교회들을 둘러보았던 것으로 보인다. 다음 지도를 참조하라.

바울이 에베소에 도착했을 때 아볼로는 고린도에 있었다(1a절). 에베소는 소아시아의 서쪽 해변에 캐이스터강(Cayster River)이 바다와 만나는 곳에 있었다(Longenecker). 바울은 오래전부터 에베소를 방문하고자 했지만(cf. 16:6; 18:21), 하나님이 그를 막으셨기에 주님이 길을 열어 주실 때를 기다리고 있었다. 바울이 그토록 에베소에 오기를 원했던 것은 이곳에 머물면서 온 아시아를 복음화하기 위해서였다(cf. 19:10).

바울은 안디옥을 떠나 에베소로 오는 길에 윗 지방을 거쳐서 왔다(1b절). 당시 사람들은 대부분 해안가를 따라서 난 도로로 이동했지만, 그는 일부러 브루기아-갈라디아 산악 지대를 거치는 길을 따라(cf. 18:23) 1차 선교 여행 때 루스드라와 이고니온과 비시디아 안디옥에 세운 교회들을 방문해 제자들을 굳건하게 하고 에베소로 온 것이다. 바울은 주후 52년 여름이 끝나갈 무렵에 에베소에 도착했으며, 주후 55년 봄 혹은 여름까지 머물렀다(Schnabel).

바울은 안디옥을 떠나 에베소까지 2,400km의 먼 길을 왔다(Longenecker). 에베소에 도착한 바울은 어떤 제자들을 만나 그들이 믿을 때 성령을 받았는지 물었다(2a절). 그러자 그들은 성령이 계심도 듣지 못했다고 대답했다(2b절). 그가 만난 '제자들'(μαθητὰς)은 누구인가? 어떤 이들은 바울이 배를 타고 안디옥으로 돌아가는 길에 에베소에 며칠 머물 때 그를 통해, 혹은 아볼로를 통해, 혹은 브리스길라와 아굴라를 통해 복음을 접한 사람들일 것이라고 한다(Fernando). 그러나 만일 그들이 이 사람들을 통해 복음을 접했다면 성령에 대해 모를 리가 없다.

누가가 사도행전에서 '제자'(μαθητής)라는 용어를 항상 그리스도인을 가리키는 의미로 사용한다는 점을 근거로 이 사람들이 그리스도인이라고 주장하는 이들이 있다(Arrington). 혹은 '명목상 그리스도인'(nominal Christians)이라는 학자들도 있다(Bruce, Fitzmyer, Pervo). 요즘 말로 하면 '무늬만 그리스도인'이지 실제로는 기독교에 대해 아는 것이 별로 없고, 그리스도인의 삶을 살지도 않는 사람들이라는 뜻이다.

그러나 그들은 성령을 모른다. 또한 그들이 성령에 대해 모른다는 것은 오순절에 대해서도 아는 것이 없다는 뜻이다(Stott). 이 사람들은 성령이 사람에게 임하신다는 것을 한 번도 들어본 적이 없다(Bruce). 그러므로 이 사람들은 그리스도인이 아니다(Dunn, Longenecker, Marshall, Schneider, Stott, Witherington).

이들은 세례 요한의 제자다(Polhill, Schnabel). 누가는 요한의 제자들도 '제자들'로 불렀다(cf. 눅 5:33; 7:18-19). 그러므로 본문의 '제자들'은 그들을 가리키는 것일 수 있다. 바울이 그들에게 요한의 세례는 그의 뒤를 이어 오시는 예수님을 믿게 하기 위한 것이었다고 말하는 것으로 보아 이 사람들은 하나님을 믿지만, 아직 예수님을 구주로 영접하지 않은 세례 요한의 제자들이다.

그들이 요한의 세례를 받았다고 하자(3절), 바울은 요한의 세례로는 부족하다고 했다. 요한은 자신이 베푸는 세례가 사람을 구원에 이르게 하는 것이 아니라는 사실을 밝혔다. 그의 세례는 사람들을 회개하게 해(cf. 막 1:4; 눅 3:3, 8; 행 10:37; 13:24-25), 그의 뒤에 오시는 메시아를 믿게 하기 위한 것이었다(4a절; cf. 눅 3:15-17; 7:18-23). 바울은 이 메시아가 다름 아닌 예수님이라고 했다(4b절). 세례 요한이 예언한 메시아가 성령과 함께 오셨다는 것이다(cf. 눅 24:49; 행 1:4-5; 2:16-36; 11:15-16).

바울의 말을 들은 사람들은 예수님의 이름으로 세례를 받았다(5절). 세례가 끝나자 바울이 그들에게 안수했고, 그가 안수하니 성령이 그들에게 임하셔서 방언도 하고 예언도 했다(6절). 벌써 20여 년 전 오순절 때 예루살렘에 모인 유대인 성도에게 임하신 성령이 이 이방인 성도에게도 임하신 것이다(cf. 2:4; 8:17; 10:45-46).

사도행전에서 방언이 마지막으로 언급되고 있다(cf. 2:2-4, 9-11, 26-27; 10:45-46). 성령이 임하는 것이 항상 방언으로 드러나는 것은 아니다(Wall, cf. 2:1-11; 8:16-17, 38-39; 10:46). 또한 성령과 세례의 관계에 대해서도 한 가지 패턴만 존재하는 것이 아니다. 이곳처럼 세례를 받은 후에 성령이 임하시는가 하면, 고넬료 이야기에서는 세례를 받기 전에 성령이 임하셨다(10장).

또한 성령은 예루살렘 사도들인 베드로와 요한을 통해 역사하셨던 것처럼, 이번에는 이방인들을 위한 사도인 바울을 통해서도 역사하셨다. 그러므로 이번 성령의 임재는 바울의 사역을 정당화하는 효과를 발휘한다(Gaventa, Wall).

이날 바울에게 세례를 받은 사람이 12명쯤 되었다(7절). 어떤 이들은 숫자 12를 이스라엘의 열두 지파와 연관시킨다(Johnson). 그러나 신약은 사도들과 이스라엘의 열두 지파를 연관 짓지, 성도들과 열두 지파를 연관 짓지 않는다. 게다가 누가는 정확히 12명이 아니라, 12명'쯤'(ὡσεί) 되었다고 한다. 그러므로 지나친 상징적 해석은 금물이다(Jervell, Williams).

이 말씀은 회개만으로는 하나님의 백성이 되기에 충분하지 않다고 한다. 바울이 만난 사람들은 요한이 베푼 회개의 세례를 받고 경건하게 살아온 사람들이다. 바울은 그들에게도 예수님을 믿어야 한다며 주님을 메시아로 영접하게 했다. 그래야 하나님의 자녀가 될 수 있기 때문이다. 도덕적으로 윤리적으로 살지 못한 것에 대한 회개만으로는, 혹은 양심의 가책만으로는 구원에 이를 수 없다. 도덕적으로 산다고 해서 구원에 이르는 것도 아니다. 예수님을 영접하는 믿음이 있어야 한다.

하나님은 요한을 보내 예수님의 길을 예비하게 하셨다. 그는 사람들에게 회개의 세례를 베풀어 자신이 해야 할 일을 성실히 감당했다. 예수님은 그가 예비한 길을 가서 인류의 구세주가 되셨다. 사역은 이런 것이다. 우리는 열심히 하나님이 행하실 길을 예비하면 된다. 사람들을 구원하는 일은 하나님이 직접 오셔서 하실 것이다.

VI. 그리스(15:36-21:16)
  C. 세 번째 선교 여행(19:1-21:16)
    1. 에베소(19:1-41)

(2) 바울의 아시아 사역(19:8-12)

[8] 바울이 회당에 들어가 석 달 동안 담대히 하나님 나라에 관하여 강론하며 권면하되 [9] 어떤 사람들은 마음이 굳어 순종하지 않고 무리 앞에서 이 도를 비방하거늘 바울이 그들을 떠나 제자들을 따로 세우고 두란노 서원에서 날마다 강론하니라 [10] 두 해 동안 이같이 하니 아시아에 사는 자는 유대인이나 헬라인이나 다 주의 말씀을 듣더라 [11] 하나님이 바울의 손으로 놀라운 능력을 행하게 하시니 [12] 심지어 사람들이 바울의 몸에서 손수건이나 앞치마를 가져다가 병든 사람에게 얹으면 그 병이 떠나고 악귀도 나가더라

에베소에 도착한 바울은 3개월 동안 회당을 출입하며 가르쳤다(8a 절). 그가 가는 곳마다 유대인들은 그가 전한 메시지를 거부하고 오히려 그를 해하려고 했다. 죽을 고비도 몇 번 넘겼다. 그런데도 바울은 하나님의 백성이자 자기 민족인 이스라엘을 포기할 수 없다. 그러므로 여전히 어느 도시를 가든 제일 먼저 유대인들의 예배 처소를 찾는다. 한 사람이라도 더 하나님께 인도하기 위해서다. 바울이 에베소 회당에서 가르친 3개월은 그가 회당에서 사역한 가장 긴 기간에 속한다(Longenecker). 그는 3개월 동안 매주 안식일과 주중에도 기회가 되는 대로(모임이 있는 대로) 회당을 찾아가 가르쳤을 것이다.

그는 회당에서 유대인들과 하나님을 경외하는 이방인들에게 하나님의 나라에 관해 담대히 강론하며 권면했다(8b절). '담대하다'(παρρησιάζομαι)는 누구의 눈치를 보지 않고 자신의 생각을 당당하게 말한다는 뜻이며, 사도행전에서는 바울이 유대인들을 상대로 가르치는 사역을 묘사하는 데 자주 사용된다(9:27, 28; 13:46; 14:3; 18:26). '강론하다'(διαλέγομαι)는 논의하고 설명하는 것을, '권면하다'(πείθω)는 설득

219

하는 것을 의미한다(BDAG). 바울은 마음이 열린 사람이라면 누구든지 설득되도록 성경을 풀어 설명하면서 예수님이 유대인들의 메시아이심을 가르친 것이다. 유대인들은 하나님 나라의 복음에 가장 가까우면서도 먼 사람들이다(Fernando). 이런 사람들에게는 담대히 전하고 간절히 설득하되, 거부와 반발도 감수해야 한다.

바울이 회당에서 전한 '하나님의 나라'는 예수님이 선포하신 메시지이며(1:3), 빌립도 이를 선포했다(8:12). 하나님의 나라와 예수님은 복음 안에서 하나다(Marshall). 그러므로 바울은 예수님이 선포하신 '하나님의 나라'를 선포하며 예수님의 사역을 이어 가고 있다(Wall, cf. 14:22; 19:8; 20:25; 28:23, 31).

바울이 아무리 설득력이 있고 간절하게 하나님 나라에 대해 복음을 선포해도 부인하는 이들이 있다. 그들은 마음이 굳어 순종하지 않고 사람들 앞에서 오히려 바울이 전하는 기독교를 비방한다(9a절). '굳다', '순종하지 않다', '비방하다' 등 세 가지 표현은 그들이 완전히 복음을 거부했다는 뜻이다(Bock). '[마음이] 굳다'(σκληρύνω)는 칠십인역(LXX)이 출애굽기를 번역하면서 이집트 왕 바로의 완악한 마음(출 8:15; 9:35)과 광야에서 이스라엘의 불순종하는 마음(신 2:30)을 묘사하는 데 사용한 단어다. 이 사람들은 바울이 선포한 메시지에 마음 문을 굳게 걸어 잠근 것이다.

바울은 회당에서는 자신이 더는 할 수 있는 일이 없다고 생각했다. 회당을 출입하는 사람 중 복음을 영접할 사람은 이미 모두 영접했고, 마음이 굳고 순종을 거부하고 오히려 기독교를 비방하는 자들만 남았기 때문이다. 그러므로 그는 제자들을 따로 세우고 두란노 서원에서 날마다 강론했다(9b절). '제자들을 그들에게서 따로 세웠다'(ἀποστὰς ἀπ' αὐτῶν ἀφώρισεν τοὺς μαθητὰς)는 것은 지난 3개월 동안 회당에서 복음을 선포한 뒤 회심한 성도들을 데리고 회당을 떠났다는 뜻이다(cf. 새번역, 공동, ESV, NAS, NIV, NRS). 바울은 이제 더는 에베소 회당에 출입하지 않을 것이다(cf. 18:6-7).

'서원'(σχολή)은 강의가 이루어지는 공간, 즉 강의실이나 학원이나 혹은 학교를 뜻한다(Fitzmyer, Johnson, cf. 새번역, 공동, NAS, NIV, NRS). 순회하는 철학자나 선생들이 자주 빌려 쓰는 공간이었다(Longenecker). '두란노'(Τύραννος)는 '독재자'라는 의미를 지닌다(BDAG). 대체로 '서원'은 그곳의 주인 혹은 이곳에서 자주 강의하는 강사의 이름을 붙이는데(Bock, Wall), 아무래도 사람이 자기 자식에게 이런 이름을 지어 줄 것 같지는 않다. 그러므로 '두란노'는 아마도 이 서원에서 강의를 듣는 학생들이 붙여 준 별명으로 보인다(Longenecker).

바울은 이곳에서 매일 말씀을 강론했다고 하는데, 공짜로 사용할 수는 없고 일정한 사용료를 지불해야 사용할 수 있었다. 일부 사본은 바울이 매일 오전 11시에서 오후 4시까지 이곳에서 말씀을 가르쳤다고 한다(Bruce, Fernando, Longenecker). 이 시간대는 소아시아 사람들이 일을 멈추고 낮잠을 자거나 휴식을 취하는 '시에스타'(siesta) 시간이다. 또한 철학자와 선생들이 가르치던 시간이다(Cadbury, Wall, Williams). 그러므로 바울의 강론을 듣고자 하는 사람들은 식사를 마치고 이곳에 모여 함께 대화하며 말씀을 배웠을 것이다.

어떤 이들은 바울이 낮에는 두란노 서원에서 가르치고, 임대료와 생활비를 위해 아침과 저녁에는 텐트 만드는 일에 종사했을 것이라 한다(cf. Fernando, Larkin). 한편, 이렇게 해서는 바울이 강의하며 생활을 꾸려 나갈 수 없다며 이 이야기는 누가가 지어 낸 것이라고 하는 이들도 있다(Haenchen). 그러나 우리가 기억할 것은 마게도냐 교회들(특히 빌립보 교회)이 계속 바울을 재정적으로 후원하고 있다는 사실이다(cf. Barrett). 또한 지금 에베소에는 바울의 영원한 동역자들인 브리스길라와 아굴라가 와 있다. 그들이 두란노 서원 사용료를 후원했을 것이다(Longenecker). 이러한 정황을 고려할 때 바울은 낮에는 두란노 서원에서 가르치고 나머지 시간에는 텐트를 만들었을 것이다.

바울은 두란노 서원에서 2년 동안 가르쳤다(10a절). 바울은 이 2년을 포함해 에베소에서 3년을 보냈다(20:31). 그가 에베소에서 보낸 3년 동안 참으로 많은 일이 있었다. 사도행전과 그의 서신들을 종합해 이때 있었던 일들을 정리하면 다음과 같다(Murphy-O'Connor).

시기	있었던 일	본문
51–52년 겨울	• 바울이 안디옥에 있음 • 아볼로가 에베소에 있음	행 18:22 행 18:23-26
52년 봄/여름	• 바울이 갈라디아와 부르기아를 방문함 • 아볼로는 고린도에 있음	행 18:22; 19:1; cf. 고전 16:1 행 18:27; 19:1; 고전 3:6
52년 늦은 여름	• 바울이 에베소에 도착함 • 회당에서 3개월간 가르침 • 세례 요한의 제자들이 회심함 • 두란노 서원에서 2년 동안 가르침	행 19:1 행 19:8 행 19:1-7 행 19:9-10
52–53년 겨울	• 에베소 교회가 성장하고 든든히 세워짐 • 아시아의 여러 도시에서 선교함	행 19:20 행 19:10
53년 봄	• 에바브라가 골로새와 히에라볼리와 라오디게 아에 교회를 세움	골 1:7; 4:12
53년 여름	• 아볼로가 고린도에서 에베소로 옴 • 바울이 고린도 교회에 '이전에 보낸 편지'를 씀	고전 16:12 고전 5:9
54년 봄	• 글로에가 고린도에서 에베소로 사람들을 보냄 • 디모데가 에베소를 떠나 고린도로 감 • 스데바나와 브드나도와 아가이고가 고린도에 서 편지를 가지고 에베소에 도착함 • 바울이 고린도전서를 저작함 • 에베소에 오순절(6월 2일)까지 있다가 마게도 냐와 고린도와 예루살렘으로 가려 함	고전 1:11 고전 4:17 고전 16:17 고전 7:1 고전 16:3; 5-6, 8; 행 19:21
54년 초여름	• 디모데가 고린도에서 에베소로 돌아옴. 디모데 와 에라스도를 마게도냐로 보냄	행 19:22
54년 여름	• 바울이 두 번째로 고린도를 방문하고 에베소 로 돌아옴 • 디도에게 '혹독한 편지'를 주어 고린도로 보냄 • 에베소 은장색들이 폭동을 일으킴 • 바울이 아시아에서 고난을 당함	고후 13:2 고후 2:4, 13 행 19:23-41 고후 1:8

55년 봄	•바울이 드로아로 떠남 •바울이 마게도냐로 떠남	고후 2:12 행 20:1; 고후 2:13

바울은 랍비 훈련을 받았고, 전도와 선교에 대해 많은 경험을 한 선교사였다. 그러므로 그가 두란노 서원에서 보낸 2년은 자신의 역량을 마음껏 발휘하는 참으로 복된 시간이었다. 또한 바울이 말씀을 가르치며 자기 생각을 정리하는 시간이었다(Dunn, Schnabel).

바울은 두란노 서원에서 가르친 2년 동안 참으로 많은 결실을 보았다(Schnabel, cf. 고전 16:8-9). 아시아에 사는 자는 유대인이나 헬라인이나 다 하나님의 말씀을 듣게 되었기 때문이다(10b절). 매우 활발하게 사역했다는 과장법이다(Wall). 에베소는 소아시아의 중심지였기 때문에 많은 타지 사람이 이곳을 찾았다. 이들이 에베소에 머무는 동안 복음을 영접하고 자기 고향으로 돌아가 전도해 많은 열매를 맺었다는 뜻이다.

또한 바울의 여러 동역자도 이때 매우 활발하게 사역했다. 브리스길라와 아굴라(18:24-26), 디모데(고전 16:10), 에바브라(골 1:3-8; 4:13), 골로새 출신 빌레몬(몬 1:1-2), 고린도 출신 가이오(19:29), 아시아 출신인 두기고와 드로비모(20:4; 골 4:7), 고린도 출신 스데바나와 브드나도와 아가이고(고전 16:17)가 바울과 함께 사역했다. 에바브라는 골로새, 라오디게아, 히에라볼리에 복음을 선포하고 각 도시에 교회를 세웠다(cf. 고전 16:19; 골 1:7-8, 2:1; 4:12-13; 몬 1:23). 요한계시록 2-3장이 언급하는 소아시아의 일곱 교회가 모두 이때 세워졌다(Bock, Longenecker, Schnabel). 이때 이후로 기독교는 소아시아의 중심 종교가 되었다. 그러다가 그리스(기독교)와 튀르키예(이슬람)가 각자 국민을 대거 교환한 1923년 이후로 소아시아에서 기독교의 교세가 매우 약해졌다(Bruce).

하나님도 바울의 사역에 함께하시며 온갖 이적으로 축복하셨다. 바울의 손이 놀라운 능력을 행하게 하신 것이다(11절). 하나님이 그를 통해 얼마나 큰 능력을 보이셨는지 사람들이 바울의 몸에서 손수건이나 앞치마를 가져다가 병든 사람에게 얹으면 그 병이 떠나가고 악귀도 나갔다(12절). 하나님의 능력으로 사람들은 육체만 치료받은 것이 아니라, 영혼도 회복을 얻은 것이다.

하나님은 왜 에베소에서 이처럼 강력하게 역사하셨는가? 에베소는 소아시아에서 마술(magic)로 가장 유명했던 도시다. 많은 사람이 이곳으로 몰려와 마술을 배웠다. 당시에는 '에베소 문서'(Ephesian writings)라는 장르가 따로 있는데, 마술과 연관된 주문과 주술 방법 등을 기록한 문서였다(Bruce). 그러므로 에베소 같은 곳에서는 반드시 '능력 대결'(Power Encounter)이 필요하다. 하나님의 능력이 그들이 알고 있는 그 어떤 마술이나 요술보다 월등히 우월하다는 것을 사람들에게 보여 주어야 한다(Polhill). 오죽하면 바울이 텐트를 만들며 사용했던 손수건과 앞치마, 곧 그의 땀이 밴 것들만 가져가도 치료가 일어났겠는가! 예수님(눅 4:40-41; 막 5:27-34; 6:56)과 베드로(5:15)처럼 바울이 직접 환자에게 안수하지 않아도 말이다. 하나님은 특별한 곳에서는 매우 특별한 능력으로 임하신다(cf. Barrett, Conzelmann).

이 말씀은 우리가 하나님의 때에 맞추어 사역하면 참으로 많은 열매로 축복하실 것이라고 한다. 바울은 아시아에서 사역하기를 원했지만, 하나님은 두 번이나 그를 막으셨다(16:6-7). 드디어 하나님이 계획하신 때가 되어 바울이 아시아의 요충지인 에베소에서 마음껏 사역하게 되었다. 열매도 참 많이 맺었다.

물론 그렇지 않을 때도 있다. 하나님의 뜻에 순종했는데 열매는 없고 오히려 고난만 있을 때도 있다. 그러나 이런 경우는 극히 예외적인 상황이다. 대부분은 하나님의 뜻에 따라 섬기고 사랑하면 많은 열매가 있다. 하나님의 축복이 순종하는 이들과 함께하기 때문이다.

모든 일에는 때가 있다는 말이 새롭게 들린다. 우리는 어디서 무엇을 하고자 하는가에 대해 하나님의 인도하심을 꾸준히 구해야 한다. 또한 하나님이 그 일을 허락하실 때를 분별하기 위한 기도도 멈추지 않아야 한다. 하나님의 역사가 일어나려면 하나님의 뜻과 방법과 때가 일치해야 하는데, 그때를 분별하기가 매우 어렵기 때문이다.

> Ⅵ. 그리스(15:36-21:16)
>   C. 세 번째 선교 여행(19:1-21:16)
>   1. 에베소(19:1-41)

(3) 짝퉁 은사 사역자들(19:13-20)

¹³ 이에 돌아다니며 마술하는 어떤 유대인들이 시험삼아 악귀 들린 자들에게 주 예수의 이름을 불러 말하되 내가 바울이 전파하는 예수를 의지하여 너희에게 명하노라 하더라 ¹⁴ 유대의 한 제사장 스게와의 일곱 아들도 이 일을 행하더니 ¹⁵ 악귀가 대답하여 이르되 내가 예수도 알고 바울도 알거니와 너희는 누구냐 하며 ¹⁶ 악귀 들린 사람이 그들에게 뛰어올라 눌러 이기니 그들이 상하여 벗은 몸으로 그 집에서 도망하는지라 ¹⁷ 에베소에 사는 유대인과 헬라인들이 다 이 일을 알고 두려워하며 주 예수의 이름을 높이고 ¹⁸ 믿은 사람들이 많이 와서 자복하여 행한 일을 알리며 ¹⁹ 또 마술을 행하던 많은 사람이 그 책을 모아 가지고 와서 모든 사람 앞에서 불사르니 그 책 값을 계산한즉 은 오만이나 되더라 ²⁰ 이와 같이 주의 말씀이 힘이 있어 흥왕하여 세력을 얻으니라

하나님이 바울을 통해 온갖 은사를 행하시자 에베소의 마술사들이 자신도 해 보겠다고 나섰다(13a절). '마술하는 자들'(ἐξορκιστῶν)은 신약에서 단 한 차례 사용되는 단어이며, '퇴마사'(exorcist)를 뜻한다. 그들은 돈을 받고 귀신을 쫓아 주는 일을 하는 자들이다. '뭐 눈에는 뭐밖에 안 보인다'고 이 퇴마사들은 바울이 '예수'라 하는 능력이 매우 강한 [귀]신을 이용해 이런 일을 한다고 생각했다. 그러므로 그들도 이 이름의 능력을 빌려 사람에게서 귀신을 내쫓고자 했다.

원래 퇴마사들은 각자가 의지하는 [귀]신들의 이름을 은밀하게 사용해 악령들을 내쫓았다. 그러므로 그들이 보기에는 바울이 공개적으로 '예수'라는 이름으로 온갖 기적을 행하는 것이 특이했고, 그가 의지하는 귀신의 이름을 공개하는 것은 바보 같은 짓이라고 생각했을 것이다. 바울이 '영업 비밀'을 모든 사람에게 공개했기 때문이다!

마술사 중에서도 유대인들이 시험 삼아 귀신 들린 자들에게 예수님의 이름을 사용했다. 당시 퇴마사 중에는 유대인이 많았고, 각광을 받았다(Bruce, Schnabel, cf. 마 12:27; 눅 11:19). 이방인 마술사들은 대부분 자기가 힘을 빌리는 신의 이름을 언급하지 않았지만 유대인들은 여호와의 이름을 과감하게 언급했고, 이런 모습이 더 능력이 있고 더 효과적이라고 평가받은 것이다(Bruce).

이 유대인 퇴마사들은 예수님을 영접하지는 않았다. 그러므로 그들은 "내가 바울이 전파하는 예수를 의지하여 너희(귀신들)에게 명하노라"라고 했다(13b절). 생각해 보면 이러한 상황이 상당히 우스꽝스럽다. 그들은 '다른 퇴마사'(바울)가 의지하는 [귀]신을 숭배하지도 않으면서 그의 이름을 의지해 귀신들을 쫓아 돈을 벌려고 하기 때문이다! 상도에 어긋난다!

'얌체 유대인 퇴마사' 중에 한 제사장 스게와의 일곱 아들도 이렇게 했다(14절). '한 제사장'(ἀρχιερεύς)은 유대교의 '대제사장'(high priest)을 뜻한다. 그러나 대제사장의 아들들이 예루살렘을 떠나 에베소에 와서 이런 짓을 할 리 없다. 게다가 '스게와'(Σκευᾶς, Sceva)는 헬라 이름이나 히브리 이름이 아니고 라틴(Latin) 이름이다(Schnabel). '스게와'는 당시 활동하던 왼손잡이 검투사(gladiator)의 이름이었다. 이러한 사실을 근거로 이 유대인 '대제사장'도 왼손잡이였기 때문에 이러한 이름을 지니게 되었을 것이라고 추정하는 이들도 있다(cf. Schnabel).

스게와가 예루살렘에 있는 대제사장과 친척 관계이거나, 혹은 어떤 식으로든 연관되어 있을 수도 있다(cf. Longenecker). 어느 집안이든 '골칫

덩어리'(black sheep) 하나씩은 있기 때문이다. 그러나 대부분 학자는 그가 자기 사업을 알리는 광고용으로 가짜 명칭을 만든 것이라고 추정한다(Bruce, Jervell, Schnabel, Witherington). 오늘날 한국의 나이트클럽마다 '권상우'와 '유재석'이 상시 대기하고 있는 것처럼 말이다!

스게와의 아들들이 '바울이 전파하는 예수를 의지'해 한 악귀에게 사람의 몸에서 나가라고 하자, 귀신이 매우 재미있는 대답을 한다: "내가 예수도 알고 바울도 알거니와 너희는 누구냐?"(15절). 세상 사람들이 사용하는 다소 심한 말로 표현하자면 '어디서 굴러먹다 온 개뼈다귀냐?'와 비슷하다. 악귀 들린 사람은 자기 몸에서 귀신을 퇴치하러 온 '대제사장 스게와'의 아들들을 심하게 때렸다! 얼마나 때렸는지 그들이 몸이 상하고 옷이 벗겨진 채 도망갔다(16절).

악귀 들린 자(possessed)의 귀신이 더 힘이 센 귀신들의 힘을 빌려 귀신을 쫓는 자들(exorcists)을 내쫓았다! 원래 사탄은 스스로 분쟁하지 않는다(눅 11:18). 그런데 이번에는 왜 귀신이 귀신을 상대로 싸우는가? 퇴마사들이 예수님의 이름으로 귀신을 내쫓으려고 했기 때문이다. 상황을 상상하면 자꾸 웃음이 나온다! 예수님의 이름은 믿는 자들을 구원하는 놀랍고 위대한 이름이지, 퇴마사들이 돈을 벌기 위해 이용할 수 있는 이름이 아니다.

모든 것이 예수님을 영접한 우리에게는 우스꽝스러운 일로 보이지만, 당시 에베소에 사는 우상 숭배자들과 다신주의자들에게는 매우 엄중한 일이었다. 그러므로 유대인 퇴마사들이 예수님의 이름을 이용하려다가 혹독한 일을 당했다는 소식이 퍼지자 에베소에 사는 유대인과 헬라인들이 모두 두려워하며 주 예수의 이름을 높였다(17절). 예수님의 이름과 연관해 초자연적인 능력이 존재한다는 것을 인정하고 예수님을 영접한 그리스도인들을 함부로 대하지 않았다는 뜻이다.

바울이 전에 경험해 보지 못한 대부흥이 에베소에 임했다. 많은 사람이 예수님을 영접했고, 믿은 사람들은 자기가 행한 일들(저지른 죄들)

을 고백했다(18절). 마술사들은 자신이 사용하던 책(주문과 주술 등이 적힌 책)을 가지고 와서 모든 사람 앞에서 불살랐다(19a절). 원래 마술사들은 모든 것을 은밀하고 비밀스럽게 해야 더 효과가 있다고 생각했다 (Bock). 그러므로 자신의 행위를 고백하고 마술책을 불사르는 것은 지난날과의 완전한 단절을 의미한다(Bruce). 에베소에 대대적인 회개 운동과 대부흥이 일어난 것이다.

누가는 마술사들이 태운 책값을 계산해 보니 은으로 5만이나 되었다고 한다(19b절). '은'(ἀργύριον)은 한 드라크마를 뜻한다(BDAG). 한 드라크마는 노동자의 일당이다. 그러므로 은 5만 개는 5만 명의 일당이며, 한 사람이 1년 내내 하루도 쉬지 않고 일해도 137년이나 걸려서 벌 수 있는 돈이다(Polhill). 만일 우리 개념으로 일당을 10만 원으로 계산했을 때 50억 원어치의 마술책과 부적 등을 불살랐다는 뜻이다.

에베소가 원래 마술로 유명했던 곳이라고는 하지만, 이렇게 많은 마술 도구를 불태운 것은 에베소 교회가 급성장하고 있고, 소아시아 지역에 많은 성도를 두었다는 의미다(Schnabel). 하나님은 우상과 귀신들을 따르던 과거와 단절하고 오직 예수님만 섬기겠다고 나선 에베소 교회와 성도들을 축복하셨다. 그러므로 주의 말씀이 힘이 있어 흥왕하여 세력을 얻었다(20절). 날이 갈수록 기독교가 소아시아 전역에서 왕성해진 것이다.

이 말씀은 성령의 은사는 사람이 흉내 내는 것이 아니라 하나님이 주시는 것이라고 한다. 바울이 하나님의 능력으로 온갖 이적을 행하자, 마술사들은 예수님을 영접하지 않은 채 주님의 능력을 흉내 내려고 했다가 귀신에게 얻어맞고 만신창이가 되었다. 성령의 은사는 오직 믿는 이들에게만 주시는 선물이며, 그 누구도 모방할 수 없다.

예수님을 영접하지 않은 채 하나님의 능력만 이용하려는 사람은 반드시 다친다. 예수님은 우리의 경배를 받으시기에 합당한 분이지, 우리가 원하는 것을 얻기 위해 이용하는 그런 능력(힘)이 아니다. 귀신들도 이러한 사실을 안다.

예수님을 믿는다는 것은 삶의 방식(lifestyle)을 바꾼다는 뜻이다. 에베소 성도들은 지난날 저지른 죄를 자복하고 마술과 연관된 온갖 것을 사람들 앞에서 불살랐다. 더는 옛날처럼 살지 않겠다는 의지의 표현이다. 복음은 영접하는 이의 삶을 완전히 바꾸어 놓는다. 또한 하나님은 이렇게 변화된 삶을 살려고 하는 성도들을 귀하게 여기셔서 그가 버린 것보다 훨씬 더 큰 복을 주신다.

VI. 그리스(15:36-21:16)
  C. 세 번째 선교 여행(19:1-21:16)
    1. 에베소(19:1-41)

---

(4) 떠날 준비를 함(19:21-22)

21 이 일이 있은 후에 바울이 마게도냐와 아가야를 거쳐 예루살렘에 가기로 작정하여 이르되 내가 거기 갔다가 후에 로마도 보아야 하리라 하고 22 자기를 돕는 사람 중에서 디모데와 에라스도 두 사람을 마게도냐로 보내고 자기는 아시아에 얼마 동안 더 있으니라

에베소 교회가 어느 정도 안정이 되자 바울은 마게도냐와 아가야를 거쳐 예루살렘을 방문하기로 작정했다(21a절). 마게도냐와 아가야를 거쳐 가려면 곧바로 예루살렘으로 가는 길의 반대 방향으로 가야 한다. 바울은 마게도냐에 있는 빌립보, 데살로니가, 베뢰아 교회와 아가야에 있는 아덴, 고린도 교회를 방문해 성도들을 말씀으로 격려하고자 한다. 또한 로마서 15:23-25에 따르면 이번 여정의 중요한 목적은 마게도냐 성도들이 예루살렘 교회를 위해 모은 헌금을 가져가서 직접 전달하는 것이다(cf. 고전 16:1-11; 고후 8-9장).

'작정하다'(ἔθετο ἐν τῷ πνεύματι)는 그가 스스로 이런 결정을 했다는 의미로 해석할 수도 있고, 성령의 인도하심에 따라 결정했다는 뜻으로 해석할 수도 있다. 일부 번역본은 개역개정처럼 그가 스스로 결정했다고 하지만(새번역, 공동, NAS, NIV), 다른 번역본(ESV, NRS)과 학자들은 그가 성령의 인도하심에 따라 결정했다고 한다(Bock, Gaventa, Longenecker, Schnabel). 사도행전에서 선교에 관한 일은 항상 성령의 인도하심에 따라 이루어지는 점을 고려할 때(cf. 8:29; 10:19-20; 11:12; 13:2, 4; 16:6-7; 21:4), 바울이 스스로 결정한 것이라기보다는 성령 안에서 결정한 것으로 해석하는 것이 바람직하다.

바울은 예루살렘을 거쳐 로마까지 갈 것이라고 한다(21b절). 몇 달 후 그가 고린도에서 로마에 있는 교회에 보낸 편지를 보면 바울이 로마로 가고자 한 것은 그곳에서 스페인 선교를 계획하고 진행하기 위해서였다(cf. 롬 15:23-33). 바울은 로마로 가는 것을 하나님의 뜻으로 알고 있었다(cf. 20:23; 21:11, 13; 23:11; 27:23-25). 그러나 그가 선교 여정을 마치고 예루살렘에 도착하면 감옥에 감금되고 죄인이 되어 로마로 이송될 것이다. 이후 그는 로마에서 순교한다. 하나님도 그가 로마로 가는 것을 원하시지만, 바울이 생각하는 것과는 다른 이유로 그곳으로 보내신다.

바울은 기쁨으로 에베소를 떠나고자 한다. 성공적인 선교 사역으로 교회가 든든하게 세워졌기 때문이다. 그러나 마음 한구석에서는 예수님이 십자가를 지기 위해 예루살렘으로 가신 일이 떠올랐을 것이다. 또한 이번에 마게도냐와 아가야 교회들을 돌아보면 어쩐지 다시는 그들을 보지 못할 것이라는 생각도 스쳤을 것이다.

바울은 자기를 돕는 사람 중에 디모데와 에라스도 두 사람을 마게도냐로 보냈다(22a절). 자기도 곧 뒤따라 갈 것이니 먼저 가서 교회들을 보살피라는 뜻이다. '에라스도'("Εραστος, Erastus)는 로마서 16:23이 언급하는 '고린도의 재무관 에라스도'일 수도 있고(Schnabel) 아닐 수도 있다(Longenecker). 당시 에라스도는 흔한 이름이었기 때문이다(Bock). 바울이 그와 디모데를 함께 보낸 후 디모데에게 "에라스도는 고린도에 머물러 있고"(딤후 4:20)라고 하는 것을 보면 같은 사람으로 보인다(Schnabel).

바울은 두 사람을 마게도냐로 보낸 다음 아시아에 얼마 동안 더 머물렀다(22b절). 누가가 바울이 아시아에 머물렀다고 하지만, 바울은 아시아를 떠날 때까지 계속 에베소에 머문 것으로 보인다(cf. 20:1). 그는 자신의 선교사 커리어(missionary career) 중 가장 괄목할 만한 성과라 할 수 있는 에베소 사역을 마무리하고자 한다. 그가 이곳에서 보낸 시간이 3년이나 되었으니 감회가 새로웠을 것이다.

이 말씀은 시작하는 시간이 있는 것처럼, 끝내야 하는 시간도 있다고 한다. 바울은 지난 3년간 에베소에서 참으로 놀라운 사역을 했다. 하나님이 많은 열매를 거두신 참으로 행복하고 복된 시간이었다. 그러나 이제 성령의 인도하심을 받아 떠나야 할 때가 되었다. 헤어짐은 항상 아쉽다. 그러나 새로운 만남을 위해서는 떠나야 한다. 성령 안에 거하는 사역자는 자신이 떠날 때를 안다.

그러나 하나님의 인도하심이라며 막무가내로 떠나는 것은 바람직하지 않다. 바울은 에베소 사역을 정리하기 위해 디모데와 에라스도를 먼저 마게도냐로 보냈고, 자신은 얼마 동안 더 남아 나머지 일을 정리했다. 에베소 교회가 스스로 서고, 어느 선교사가 방문해도 건강한 교회를 경험할 수 있게 하기 위해서다. 사역자는 떠난 자리가 아름다워야 한다.

VI. 그리스(15:36-21:16)
  C. 세 번째 선교 여행(19:1-21:16)
    1. 에베소(19:1-41)

(5) 은색장 데메드리오가 주도한 폭동(19:23-34)

[23] 그 때쯤 되어 이 도로 말미암아 적지 않은 소동이 있었으니 [24] 즉 데메드

리오라 하는 어떤 은장색이 은으로 아데미의 신상 모형을 만들어 직공들에게 적지 않은 벌이를 하게 하더니 [25] 그가 그 직공들과 그러한 영업하는 자들을 모아 이르되 여러분도 알거니와 우리의 풍족한 생활이 이 생업에 있는데 [26] 이 바울이 에베소뿐 아니라 거의 전 아시아를 통하여 수많은 사람을 권유하여 말하되 사람의 손으로 만든 것들은 신이 아니라 하니 이는 그대들도 보고 들은 것이라 [27] 우리의 이 영업이 천하여질 위험이 있을 뿐 아니라 큰 여신 아데미의 신전도 무시 당하게 되고 온 아시아와 천하가 위하는 그의 위엄도 떨어질까 하노라 하더라 [28] 그들이 이 말을 듣고 분노가 가득하여 외쳐 이르되 크다 에베소 사람의 아데미여 하니 [29] 온 시내가 요란하여 바울과 같이 다니는 마게도냐 사람 가이오와 아리스다고를 붙들어 일제히 연극장으로 달려 들어가는지라 [30] 바울이 백성 가운데로 들어가고자 하나 제자들이 말리고 [31] 또 아시아 관리 중에 바울의 친구된 어떤 이들이 그에게 통지하여 연극장에 들어가지 말라 권하더라 [32] 사람들이 외쳐 어떤 이는 이런 말을, 어떤 이는 저런 말을 하니 모인 무리가 분란하여 태반이나 어찌하여 모였는지 알지 못하더라 [33] 유대인들이 무리 가운데서 알렉산더를 권하여 앞으로 밀어내니 알렉산더가 손짓하며 백성에게 변명하려 하나 [34] 그들은 그가 유대인인 줄 알고 다 한 소리로 외쳐 이르되 크다 에베소 사람의 아데미여 하기를 두 시간이나 하더니

이 사건은 바울의 에베소 사역이 끝나갈 무렵에 있었던 일이다. 에베소에서는 해마다 3-4월에 '아데미 축제'가 열렸다(Longenecker). 바울은 이 축제가 지나고 오순절까지 에베소에 머물 계획이었다(cf. 고전 16:8). 그러나 이 일로 인해 급히 떠나게 되었다. 그러므로 에베소 폭동은 주후 55년 봄에 있었던 일이다(Schnabel).

어떤 이들은 본문에 기록된 사건은 실제 있었던 일이 아니라 누가가 만들어 낸 이야기라고 한다(Haenchen). 그러나 이러한 주장을 입증할 만한 증거는 없다. 게다가 누가가 제시하는 여러 가지 정황적 요소와 디

테일이 당시 에베소 상황과 매우 잘 어울린다. 그러므로 진보와 보수를 막론하고 대부분 학자가 실제로 있었던 일이라고 결론짓는다(Bock, Conzelmann, Fernando, Fitzmyer, Longenecker, Marshall, Sherwin-White, Wall, Witherington).

이 폭동은 바울이 에베소에서 경험한 가장 큰 위기일 뿐 아니라, 대부분 학자가 바울이 에베소에서 '맹수와 더불어 싸운 일'(고전 15:32)과 아시아에서 겪은 '힘에 겹도록 심한 고난을 당하여 살 소망까지 끊어진 일'(고후 1:8-10)도 이때 있었던 일이라고 생각한다. 이때 브리스길라와 아굴라는 죽을 각오로 바울을 살려 도피시켰다(롬 16:4).

바울이 디모데와 에라스도를 마게도냐로 보낸 후 에베소 사역을 마무리하기 위해 얼마간 더 머무는 중에 있었던 일이다(23절). 에베소에서 '이 도'로 말미암아 큰 소동이 있었다(23절). '이 도'(τῆς ὁδοῦ)는 기독교를 칭하는 용어다. 이 사건의 중심에 바울이 있는 것은 맞지만(cf. 26절), 폭동은 바울 때문이 아니라 날이 갈수록 번성하는 기독교로 인해 수입이 줄어든다며 우상을 파는 상인들이 벌인 일이다. 그러므로 만일 기독교도 우상을 숭배하고 판매했다면 일어나지 않았을 일이다.

죄와 우상으로 가득한 세상에서 보이지 않는 하나님을 섬기며 모든 우상의 정당성을 부인하는 기독교의 번성은 항상 시기와 질투를 동반한다(cf. 5:17; 13:45; 17:5). 사도행전이 시작된 이후 지금까지 주로 유대인들이 주동해 기독교를 시기하고 반대했는데, 이번에는 이방인들이 나섰다. 주동자들은 경제적인 이유로 폭동을 일으켰고, 그들과 함께 시위하는 사람들은 자신이 왜 이 폭동에 가담했는지도 모른다! 소수에게 이용당한 것이다.

'데메드리오'(Δημήτριος, Demetrius)라는 은장색이 있었다(24a절). '은장색'(ἀργυροκόπος)은 은을 조각하고 가공해 갖가지 물건을 만드는 사람이다. 데메드리오가 모든 직공(silversmith)을 쉽게 동요시키는 것으로 보아 그는 오늘날로 말하면 '은장색 노조 대표'였다(Bock, Keener, Schnabel).

에베소 은장색들이 주로 만드는 것은 에베소를 대표하는 여신 아데미의 미니어처 신상과 신전 등을 주제로 하는 기념품들이었다. 해마다 소아시아 전 지역에서 수만 명이 에베소에 있는 아데미 신전을 찾았으니 참으로 큰 수입원이었다(24b절). 게다가 바울이 에베소를 찾았을 때 에베소는 항구로서 기능을 잃어 가고 있었다. 물에 떠내려오는 토사를 제대로 준설하지 못했기 때문이다. 오늘날 에베소는 바닷가로부터 내륙으로 12㎞나 떨어져 있다(cf. ABD). 그러므로 에베소는 교역 항구로서 경쟁력을 잃어 가고 있었으므로 도시 경제에서 아데미 여신과 연관된 비즈니스의 비중이 더욱더 커져 가고 있었다(Longenecker).

'아데미'(Artemis, 로마 사람들은 Diana라고 부름)는 '제우스'(Zeus)의 딸이며 '아폴로'(Apollos)의 누이였다. 여러 개의 유방을 가진 다산의 여신이었으며, 들짐승을 관리하는 신이자, 산모를 돕는 처녀 신이었다. 이미 언급한 것처럼 에베소에 있던 아데미 신전은 고대 7대 불가사의 중 하나로 간주되었으며, 크기가 아덴에 있는 파르테논(Parthenos) 신전의 4배 규모였다. 높이가 18m에 달하는 돌기둥으로 구성되어 있었으며, 가로 130m 세로 68m에 달하는 거대한 건물이었다(Bock, Larkin). 면적은 오늘날 축구 경기장보다 훨씬 더 컸다. 당시 세상에서 가장 큰 건물이었다(Bock).

기독교로 인해 에베소에서는 5만 명의 일당에 해당하는 금액의 마술 책과 부적들이 불살라졌다(19:19). 그러므로 아데미 신상과 신전과 연관된 기념품 매출도 많이 줄었을 것이다. 데메드리오는 일거리가 많이 줄어든 것을 실감하는 직공들과 직공들이 만든 기념품을 파는 자들을 모아 그들이 처한 상황에 대해 말했다(25a절). 직공들과 상인들은 그동안 아데미 신상 등을 팔아 풍족한 생활을 해 왔다(25b절).

그러나 3년 전에 바울이 에베소로 온 이후 비즈니스가 예전 같지가 않다. 앞으로도 좋아질 기미가 보이지 않는다. 바울이 에베소뿐 아니라 전 아시아에서 수많은 사람에게 사람의 손으로 만든 것은 신이 아니라고 가르쳤고, 사람들이 그의 말을 믿었기 때문이다(26a절; cf. 19:17-20). 아덴 철학자들은 바울의 이러한 가르침에 대해 어떠한 문제도 없다고 생각한다(cf. 17:29). 그러나 에베소에 있는 일반인들은 다르다.

직공들과 영업하는 사람들은 모두 바울과 그리스도인들이 그들이 만드는 우상에 대해 이렇게 말하는 것을 잘 알고 있다(26b절). 데메드리오는 그들에게 더는 방관해서는 안 된다고 한다(27절). 만일 방관하면 그들의 직업이 천해질 것이다(27a절). 수입이 예전 같지 않을 것이라는 뜻이다. 더 큰 문제는 위대한 여신 아데미의 에베소 신전도 무시당할 것이고, 온 세상에서 아데미의 위엄도 땅에 떨어질 것이 불 보듯 뻔하다는 사실이다(27b절). 당시 소아시아에서만 50개 이상의 도시가 '에베소 아데미'(Artemis Ephesia)의 모습이 새겨진 동전을 사용할 정도로 아데미의 위상은 대단했다(Bock).

가뜩이나 줄어든 수입을 걱정하던 은장색들이 데메드리오의 말을 듣고 기독교와 바울에 대해 분노하기 시작했다. 그들은 "크다 에베소 사람의 아데미여"라는 구호를 외치며 시내로 나가 시위했다(28절). 도시가 순식간에 소란스러워졌다. 시위대는 점점 커졌고, 바울과 같이 사역하던 마게도냐 사람 가이오와 아리스다고를 붙잡아 연극장으로 끌고 갔다(29절). 데메드리오는 직공들과 상인들의 경제적 손해에 대한 우려를 종교적이고 애국적인 구호를 외치는 폭동으로 둔갑시키는 데 성공한 것이다.

'가이오'(Γάϊος, Gaius)는 루가오니아에 있는 더베(Derbe in Lycaonia) 출신이다(20:4; cf. 14:6) 그러나 만일 그가 마게도냐에서 바울 일행에 합류했다면, 마게도냐 사람으로 불릴 수 있다. 혹은 '아리스다고'(Ἀρίσταρχος, Aristarchus)가 마게도냐의 데살로니가 출신이기 때문에(20:4; 27:2; cf. 골 4:10; 몬 1:24) 두 사람이 한꺼번에 마게도냐 사람들로 불릴 수 있다(Longenecker). 혹은 이 가이오가 고린도 사람 가이오(고전 1:14; 롬 16:23)

라 할지라도 마찬가지다.

데메드리오가 이끄는 은장색들과 상인들은 법적 소송으로는 바울과 기독교를 이길 수 없다는 사실을 잘 안다(Schnabel). 그러므로 그들은 비공식적인 모임과 폭력적인 군중심리를 이용해 자신들이 얻고자 하는 것, 곧 아시아 전 지역에 거세게 번지고 있는 기독교의 쇠퇴와 바울의 에베소 추방을 유도한다. 폭도가 모여 있는 에베소 연극장은 2만 4,000명을 수용하는 대극장이었다(Le Cornu & Shulam, cf. ABD).

동역자들이 끌려갔다는 소식을 들은 바울이 연극장으로 들어가려고 하자 제자들이 말렸다(30절). 바울은 자신이 가서 모든 것을 설명하면 될 것이라고 생각하지만, 에베소 성도들의 판단은 달랐다. 그들은 이곳에서 오래 산 사람들이라 이 도시 사람들에 대해 잘 안다. 지금 바울이 그들 앞에 모습을 보이면 큰일 날 것을 확신한다.

또한 아시아 관리 중에 바울의 친구 된 어떤 이들이 그에게 통지해 연극장에 들어가지 말라고 권했다(31절). '아시아 관리들'('Ασιαρχῶν)은 아시아주(州)에서 가장 정치적 지위가 높은 귀족이자 상류층 사람들이었다(Longenecker). 이들 가운데 일부가 그리스도인이 되었거나, 혹은 바울이 가까이 지내는 친구였던 것으로 생각된다(Sherwin-White). 바울이 이때까지 에베소에 3년이나 머물 수 있었던 것은 이들이 그를 보호했기 때문이었을 것이다(Schnabel). 또한 이 지도자들은 연극장에 모여 있는 폭도가 바울을 해하지 못하도록 막아야 한다. 바울은 로마 시민이기 때문에 만일 그가 해를 당하면 로마가 개입할 수도 있기 때문이다.

바울은 그들의 충고를 받아들여 연극장에 가지 않았다. 한편, 연극장에 모인 사람들의 모습이 가관이다! 어떤 이들은 이런 말을, 어떤 이들은 저런 말을 하고 있었으니 말이다(32a절). 그들은 데메드리오 일당이 외치는 구호와 시위대를 따라 이곳까지 왔지만, 정작 자기들이 무엇 때문에 이곳에 왔는지에 대해 서로 다른 말을 하고 있다! 그러므로 무리가 분란하여 태반이나 무엇 때문에 모였는지 알지 못했다! 이 폭동에 대한 누가의 유머다(Longenecker).

누가는 출애굽 이후 광야 생활을 하던 이스라엘 사람들을 '에클레시아'(ἐκκλησία)라고 칭했다(7:38). 이번에는 연극장에 모인 '무리'를 '에클레시아'(ἐκκλησία)라고 칭한다. 그는 19:41에서도 해산하는 '모임'을 가리켜 '에클레시아'(ἐκκλησία)라고 부른다. 따라서 '교회'(ἐκκλησία)의 헬라어 표기가 '에클레시아'(ek+kalew)이므로 성도는 '세상에서 부르심을 받고 나온 사람들'이라는 말은 전혀 설득력 없는 가설이다. '에클레시아'는 단순히 '모임, 무리'라는 뜻이다.

유대인들이 무리 가운데서 알렉산더라는 사람을 권하여 앞으로 밀어냈다(33a절). 알렉산더('Αλέξανδρος, Alexander)는 에베소에 사는 유대인들의 지도자였을 것이다. 유대인들이 그를 폭도 앞에 세운 것은 유대인들은 이번 일과 상관없다며 기독교와 선을 긋기 위해서다(cf. Fernando, Longenecker, Schnabel, Pesch). 유대인들은 혹시라도 성난 무리가 기독교를 핍박하면서 유대교도 함께 핍박할 것을 우려하고 있다(Le Cornu & Shulam).

알렉산더가 사람들에게 손짓하며 변명하려 했다(33b절). 손짓은 할 말이 있으니 조용히 해 달라는 요청이다. 그러나 연극장에 모인 사람들은 그가 유대인인 줄 알고 말할 기회를 주지 않았다(34a절). 폭도는 유대교와 기독교의 차이에 대해서 어떠한 관심도 보이지 않는다. 또한 두 종교 사이에 차이가 있다 해도 상관하지 않는다. 유대인도 기독교인처럼 아데미 숭배하기를 거부하기는 마찬가지기 때문이다. 알렉산더에게 말할 기회를 주지 않은 폭도는 두 시간 내내 '크다 에베소 사람의 아데미여!'를 외칠 뿐이었다.

이 말씀은 기독교가 사회 전반을 변화시킬 때 있을 수 있는 일에 대해 생각하게 한다. 바울과 선교사들은 에베소를 복음화했으며, 많은 사람이 죄를 고백하고 마술책과 부적들을 태우며 변화된 삶을 드러냈다. 그러나 주님을 영접하지 않은 자들은 이러한 사회적 변화를 싫어

한다. 특히 자신들의 이권이 침해되었다고 생각하면 더욱더 그렇다.

이 사건에서는 우상과 연관된 비즈니스를 하는 자들이 분노했다. 기독교는 모든 우상은 사람이 손으로 만든 것이며 신이 아니라고 한다. 성경적 진리이지만, 평생 우상을 만들어 파는 사람들에게는 생계를 위협하는 가르침이다. 그러므로 기독교가 번성할수록 우상 비즈니스에 종사하는 사람들은 더 거세게 반발할 것이다. 이 이야기에서 데메드리오와 일당이 한 것처럼 말이다. 또한 하나님은 한 분이시며, 하나님 외에는 신이 없다는 진리도 우상 숭배자들을 불편하게 한다. 오직 삼위일체 하나님만 계실 뿐이라고 선포하는 기독교는 세상에 있는 모든 종교인을 불편하게 한다는 사실을 깨달아야 한다. 전도와 선교를 할 때 참고하자.

많은 사람이 그럴싸한 구호에 쉽게 현혹된다. 에베소 사람들은 자신들이 왜 구호를 외치는 줄도 모르면서 별생각 없이 데메드리오 일당을 따라가 두 시간이나 그들이 외치는 구호를 함께 외쳤다! 그리스도인은 일명 '…카더라 통신'을 조심해야 한다. 소문을 접하게 되면 별생각 없이 진실로 받아들이지 말고, 사실 여부를 확인해 보아야 한다. 소문은 죄 없는 사람들에게 큰 상처를 입힐 수 있기 때문이다.

우리는 사랑하는 이들의 조언에 귀를 기울일 줄 알아야 한다. 바울은 동역자들이 끌려갔다는 소식을 듣고 연극장으로 가서 폭도를 설득시켜 그들을 구하려고 했다. 그의 의도는 좋지만, 에베소 형제들과 그를 사랑하는 사람들이 판단할 때 상황이 녹록지 않다. 오히려 바울이 연극장에 가면 세 사람 모두 큰 해를 당할 수 있는 상황이었다. 바울은 그들의 조언에 따라 그곳에 가지 않음으로써 자신뿐 아니라 두 사람도 살렸다. 위기와 어려움이 찾아올 때, 우리를 사랑하고 우리를 위해 기도하는 이들의 조언에 귀를 기울이는 것은 하나님의 인도하심이자 지혜다.

(6) 서기장이 폭도를 해산시킴(19:35-41)

[35] 서기장이 무리를 진정시키고 이르되 에베소 사람들아 에베소 시가 큰 아데미와 제우스에게서 내려온 우상의 신전지기가 된 줄을 누가 알지 못하겠느냐 [36] 이 일이 그렇지 않다 할 수 없으니 너희가 가만히 있어서 무엇이든지 경솔히 아니하여야 하리라 [37] 신전의 물건을 도둑질하지도 아니하였고 우리 여신을 비방하지도 아니한 이 사람들을 너희가 붙잡아 왔으니 [38] 만일 데메드리오와 그와 함께 있는 직공들이 누구에게 고발할 것이 있으면 재판 날도 있고 총독들도 있으니 피차 고소할 것이요 [39] 만일 그 외에 무엇을 원하면 정식으로 민회에서 결정할지라 [40] 오늘 아무 까닭도 없는 이 일에 우리가 소요 사건으로 책망 받을 위험이 있고 우리는 이 불법 집회에 관하여 보고할 자료가 없다 하고 [41] 이에 그 모임을 흩어지게 하니라

에베소의 서기장이 연극장에 모인 무리를 진정시켰다(35a절). '서기장'(γραμματεύς)은 도시의 모든 기록을 관리하는 사람이며 가장 직책이 높은 관료였다(Bock, Longenecker, Schnabel). 에베소처럼 '자유 도시' 신분을 지닌 도시에서는 로마 정부와 도시 사이의 연락을 담당하는(Liaison) 역할을 했다(Le Cornu & Shulam). 그가 연극장에 모여 두 시간이나 미친 듯 구호를 외치는 폭도를 상대로 말하기는 쉽지 않았을 것이다. 그도 지난 몇 년 동안 아데미 신전과 연관된 비즈니스가 어려워졌다는 사실을 잘 알고 있었을 것이다.

서기장은 먼저 에베소 사람들의 자긍심에 대해 말한다. 세상 모든 사람이 에베소가 아데미와 제우스에게서 내려온 우상의 신전지기라는 사실을 다 안다(35b절). 개역개정이 '제우스에게서 내려온 우상'(τοῦ διοπετοῦς)으로 번역한 단어를 직역하면 '하늘에서 떨어진 것'이다(cf. 새

번역, ESV, NAS, NIV, NRS). 제우스의 우상 혹은 아데미의 우상이 아니라, 운석(meteorite)을 의미한다(Bock, Schnabel, cf. ESV). 기록에 따르면 에베소 아데미 신상의 머리 위에 이 돌이 있었다고 한다(Schnabel). 이 운석이 언제 에베소에 떨어졌는지 알 수 없지만, 사람들은 제우스가 에베소에 있는 아데미 신전의 정당성을 인정하기 위해 이 돌을 보낸 것으로 생각한 듯 보인다.

서기장은 에베소 사람들이 아데미 여신 자신과 하늘에서 내려온 이 돌을 통해 아데미 신전의 정당한 신전지기가 되었다고 한다. 신전지기는 신전의 모든 예배와 축제 등에 관여하고 진행하는 자들이다. 그러므로 누가 뭐라 해도 에베소 사람들은 아데미 여신이 자기들에게 이러한 직책을 맡긴 것에 대해 자부심을 느껴야 한다는 것이다.

그러므로 아데미 여신이 자기 신전을 관리하라고 세운 신전지기로서 에베소 사람들은 경솔히 행동해서는 안 된다(36절). 귀한 직분을 가진 사람들답게 생각하고 행동하라는 의미다. 지금 그들의 언행은 아데미 여신이 직접 준 직분에 부합하지 않다는 것을 암시한다.

무리는 연극장으로 오는 길에 바울의 동역자인 가이오와 아리스다고를 붙잡아 왔다. 여차하면 그들을 죽일 수도 있는 상황이다. 서기장은 무리가 그들을 잡아 온 일이 경솔한 짓이라고 한다. 그들은 신전의 물건을 도둑질하지 않았고, 아데미 여신을 비방하지도 않았기 때문이다. 두 사람은 죄가 없으므로 잡아 올 이유가 없다는 것이다.

유대인들은 우상을 비방하지 않으면서도 유일하신 여호와 하나님을 전하는 방법을 오래전에 터득했다. 기독교도 다른 종교를 비방하지 않으면서 예수님을 전해 왔다. 아마도 서기장은 바울을 직접 만나 기독교에 대해 대화해 본 적이 있거나, 바울이 무엇을 가르치는지 알고 있는 듯하다(Schnabel).

무리는 죄 없는 사람들을 붙잡아 왔다. 그러므로 만일 불법이 행해졌다면, 잡혀 온 그리스도인 사역자들이 아니라 에베소 사람들이 저질렀다. 또한 서기장은 만일 아데미가 참된 신이라면, 이 여신을 중심으로 하는 에베소 아데미 신전과 종교가 약화되지 않을 것이라고 생각한다(Bock). 최근에 아데미 여신과 연관된 비즈니스가 약화된 것은 기독교의 잘못이 아니라는 뜻이다.

만일 붙잡혀 온 가이오와 아리스다고 혹은 바울이 잘못한 것이 있으면, 데메드리오와 그와 함께 있는 직공들에게 그들을 고발하라고 한다(38a절). 만일 그들이 고소하면 재판할 날도 있고, 재판할 총독들도 있으니 법정에서 공정하게 잘잘못을 따지면 된다(38b절). 당시 소아시아 9개 주요 도시에는 총독이 주관하는 법정이 정기적으로 열렸다(Hemer). 원래 아시아주(州)에는 한 명의 총독밖에 없다. 그러나 서기장은 하나의 원리, 곧 누구든 고소하면 공정하게 들어 줄 총독들이 있다는 의미에서 복수형을 사용하고 있다(Bock, Schnabel). 그가 데메드리오의 이름을 직접 언급하는 것은 만일 이 사태가 진정되지 않고 난동으로 이어진다면, 책임을 그와 직공들에게 묻겠다는 경고다(Schnabel).

만일 데메드리오와 직공들이 바울과 선교사들을 상대로 소송 제기하기를 원치 않는다면, 다른 방법도 있다. 안건을 에베소 도시를 다스리는 민회에 정식으로 올려 결정하게 하는 것이다(39절). '민회'(ἐννόμῳ ἐκκλησίᾳ)는 합법적인 심의회를 뜻하며, 도시의 가장 높은 의결 기관이다. 이번에도 누가는 이 모임을 묘사하며 '에클레시아'(ἐκκλησία)를 사용한다. 당시 각 도시의 민회는 매달 두세 차례 모였다고 한다(Sherwin-White). 바울과 가이오와 아리스다고는 외지인들이다. 그러므로 만일 데메드리오와 직공들이 민회에 문제를 제기하면 그들에게 매우 유리한 판결이 나올 것을 기대할 수 있다.

이처럼 엄연한 합법적인 절차가 있는데도 이들은 모든 법적 절차를 무시하고 폭동을 일으켜 연극장에 모여 있다. 그러므로 서기장은 단호하게 이 집회는 '소요 사건'이며, '불법 집회'라고 한다(40절). '소요 사건'(στάσεως)은 폭동(riot)을, '불법 집회'(συστροφῆς)는 '선동 행위'(seditious commotion)를 의미한다. 매우 강력한 단어들이다. 서기장은 이 일로 인해 자칫 에베소가 로마로부터 책망받을 위험이 있는데, 과연 그렇게 할 만한 가치가 있는 일인지 생각해 보라고 한다.

'위험하다'(κινδυνεύω)는 데메드리오가 직공들을 선동하면서 '우리의 이 영업이 천하여질 위험이 있다'고 했을 때 사용한 단어다(19:27). 서기장은 바울과 선교사들이 위험에 처한 것이 아니라, 그들을 불법적으로 잡아들인 에베소 사람들이 위험하다고 한다(Bock). 이 사태가 잘 해결되지 않으면 로마 총독은 주동자들이 이유 없이 로마 시민인 바울과 선교사들에게 폭력을 행사했다며 그들에게 벌을 내릴 수 있다(Johnson, Polhill). 또한 에베소는 그동안 누리던 특권(자유 도시 지위 등)을 박탈당할 수도 있다는 경고다(Fitzmyer). 서기장은 바울과 기독교인들이 로마 법을 어긴 것이 아니라, 데메드리오와 직공들이 법을 어기고 있다고 한다!

왜 모였는지 알지도 못한 채 연극장에 모여 두 시간 동안 구호만 외치던 사람들(cf. 19:32)이 서기장의 말을 듣고 나니 두려워졌다. 그러므로 그들은 곧바로 흩어졌다(41절). 기독교의 승리다(Fitzmyer). 그러나 바울과 선교사들과 브리스길라와 아굴라의 생명이 위협받는 위기를 겪으며 얻은 승리였다. 그러므로 더욱더 값진 승리였다. 누가는 연극장에서 흩어진 무리도 '에클레시아'(ἐκκλησία)라고 한다.

이 말씀은 전도와 선교를 하면서 다른 종교를 비방하거나 물리적인 피해를 입히는 행위는 하지 않아야 한다고 한다. 다른 종교를 가진 사람들도 존중해야 하며, 예수님을 믿도록 설득해야지 무례하게 위협을 가하면 안 된다. 바울의 선교 팀은 우상이 만연한 에베소에서 복음으로 설득하는 사역을 했다. 그 결과 본문이 묘사하는 큰 위기를 맞았을 때 정당한 법적 절차에 따라 모든 것을 진행하겠다는 도시 지도자들의 보호를 받아 위기를 벗어났다. 또한 정의와 상식이 통하는 사회에서는 우리가 도덕적으로 살면서 전도하고 선교하면 기독교가 불법으로 규정될 일은 없다.

하나님은 이번에도 선교사들이 맞이한 큰 위기를 두루 기억될 만한 승리로 바꾸셨다. 우리 하나님은 반전의 하나님이시다. 우리가 당면한 어려움을 하나님 나라를 위한 축복으로 반전시켜 달라고 기도하자.

VI. 그리스(15:36-21:16)
  C. 세 번째 선교 여행(19:1-21:16)

2. 마게도냐와 그리스(20:1-6)

> [1] 소요가 그치매 바울은 제자들을 불러 권한 후에 작별하고 떠나 마게도냐로 가니라 [2] 그 지방으로 다녀가며 여러 말로 제자들에게 권하고 헬라에 이르러 [3] 거기 석 달 동안 있다가 배 타고 수리아로 가고자 할 그 때에 유대인들이 자기를 해하려고 공모하므로 마게도냐를 거쳐 돌아가기로 작정하니 [4] 아시아까지 함께 가는 자는 베뢰아 사람 부로의 아들 소바더와 데살로니가 사람 아리스다고와 세군도와 더베 사람 가이오와 및 디모데와 아시아 사람 두기고와 드로비모라 [5] 그들은 먼저 가서 드로아에서 우리를 기다리더라 [6] 우리는 무교절 후에 빌립보에서 배로 떠나 닷새 만에 드로아에 있는 그들에게 가서 이레를 머무니라

은장색 데메드리오가 직공들과 주도한 소요가 그치자 바울이 제자들을 불러 모았다(1a절). 아마도 그가 지난 3년간 매일 가르치던 두란노 서원으로 불렀을 것이다(cf. 19:9-10). 그는 에베소 성도들을 말씀으로 격려한 후 작별하고 마게도냐로 떠났다(1b절). 바울은 이미 디모데와 에라스도를 마게도냐로 보냈다(19:21-22). 바울의 원래 계획대로라면 조금 더 머물러야 하지만, 빨리 떠나야 한다. 만일 더 머물렀다가는 데메드리오 일당이 바울과 선교사들을 당국에 고소할 것이다. 죄는 억지로 만들면 된다.

만일 바울이 곧바로 마게도냐로 갔다면 에베소에서 배를 타고 빌립보의 항구인 네압볼리로 직접 갔을 것이다(cf. 16:11). 그러나 고린도후서 2:12-13에 따르면 그는 이때 에베소에서 북쪽으로 240㎞ 떨어진 드로아로 갔다. 그곳에는 이미 교회가 있었지만, 바울이 세운 것은 아니었다(Bock, Longenecker, Schnabel). 아마도 그가 에베소에 머무는 동안 보낸 선교사에 의해 세워진 교회로 보인다. 바울이 배를 타고 드로아로 갔는지, 혹은 육로를 이용했는지는 확실하지 않다(cf. Longenecker). 그가 육로를 선호했다는 점을 고려하면 걸어서 갔을 것으로 보인다.

바울은 드로아에서 자신이 써 준 '혹독한 편지'를 들고 고린도 교회를 찾아간 디도가 돌아오기를 기다렸다(cf. 고후 2:4). 바울은 이때 마음에 평안이 없었다고 한다(고후 2:13). 디도가 돌아오지 않자 바울은 마게도냐로 건너가 그곳에서 디도를 만났다(고후 2:12-14; 7:5-16). 디도가 고린도를 방문할 때 이용했을 경로를 고려하면 아마도 바울은 빌립보에서 그를 만났을 것이다(Longenecker).

누가는 바울이 드로아를 거쳐 마게도냐로 갔다는 말이나, 바울이 드로아에서 편지를 써서 디도를 통해 고린도 교회에 전달했다는 말을 하지 않는다. 또한 디도는 바울 서신에서 13차례나 언급이 되는데, 사도행전에는 한 번도 모습을 보이지 않는다. 누가가 디도에 대해 침묵하는 이유는 아무도 모른다. 추측만 난무할 뿐이다(cf. Longenecker, Schnabel).

바울은 마게도냐에 있는 교회들을 돌며 제자들을 격려하고 헬라에 이르렀다(2절). '헬라'('Ελλάς, Greece)는 마게도냐 남쪽에 위치한 그리스, 곧 아덴과 고린도가 있는 곳이다. 바울은 고린도에서 석 달을 머물다가 배를 타고 수리아로 가려고 했다(cf. 3절). 에베소를 떠나 드로아를 거쳐 고린도까지 온 바울의 여정은 다음과 같다.

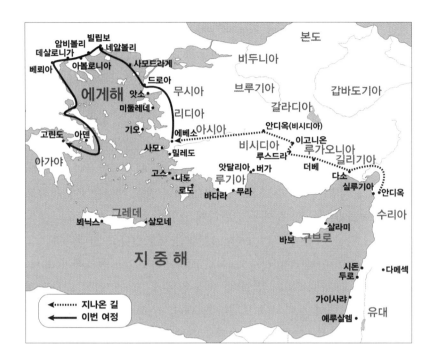

그리스로 내려가는 길에 거쳐 간 마게도냐 지역의 교회들은 바울에게 매우 중요하다. 그는 원래 아시아에 머물며 선교하고자 했지만, 하나님이 보여 주신 환상을 보고 이곳으로 건너와 빌립보(16:11-40)와 데살로니가(17:1-9)와 베뢰아(17:10-15)에 교회를 세웠다. 또한 이 세 도시에서 유대인들로 인해 매를 맞고, 감옥에 갇히고, 도주했다. 마게도냐 교회들은 바울이 그야말로 피와 땀으로 세운 교회다.

그러므로 마게도냐 지역의 교회에 특별한 애정을 품고 있던 바울은 헬라(그리스)로 건너가기 전에 마게도냐 지역에서 상당한 시간을 보냈다. 학자들은 그가 마게도냐에서 1년 반에서 2년을 머물렀다고 한다(Bock, Bruce, Le Cornu & Shulam, Marshall, Longenecker). 학자들이 제안하는 연대는 대체로 주후 55-57년이다(Bock, Longenecker, Schnabe). 바울은 이때 마게도냐 북쪽 지역인 일루리곤('Iλλυρικόν, Illyricum)까지 가서 선교

했던 것으로 추정한다(Bock, Fernando, Schnabel, Marshall, cf. 롬 15:19).

바울은 마게도냐에 있는 동안 디도를 통해 고린도후서를 보냈다 (Bock, Fernando, Longenecker). 그러므로 고린도에 보낸 서신에서도 바울 은 마게도냐 교회들을 여러 차례 언급한다(고전 16:5; 고후 1:16; 2:12-13; 7:5, 13-16; 8:1-5). 또한 고린도에서는 로마에 있는 교회에 편지를 보 냈다(Bock, Longenecker, Schnabel, cf. 롬 16:1, 21-23). 그러므로 바울의 마 게도냐와 그리스 방문은 참으로 많은 일을 한 시간이었지만, 누가는 바울이 '그 지방[마게도냐]으로 다녀가며 여러 말로 제자들에게 권하고 헬라에 이르렀다'는 말로 매우 간단하게 요약한다(2절).

누가는 바울 일행이 그리스에서 3개월간 머물렀다고 한다(3a절). 그 리스에도 이미 아덴(17:16-17, 32-34), 고린도(18:1-22), 겐그레아(18:18; 롬 16:1)에 교회가 세워져 있었다. 바울은 주후 56-57년에 고린도에 서 겨울을 보내며 로마서를 보냈다(Schnabel, cf. Bock, Longenecker, cf. 롬 15:17-33). 로마서 16:23은 가이오가 그를 돌보아 주었다고 한다.

바울은 원래 고린도에서 배편으로 예루살렘에 다녀온 다음 로마로 가고자 했다. 안디옥 교회를 기점으로 로마 제국의 동쪽인 아시아와 마게도냐와 그리스를 복음화한 것처럼, 로마를 기점으로 제국의 서쪽 에 있는 스페인까지 선교할 계획이었다(롬 15:23). 그러나 하나님이 그 에 대해 계획하신 바는 달랐다. 그러므로 그는 로마로 가기는 하지만 자신이 원했던 방법으로 간 것은 아니었으며, 로마 제국의 서쪽 선교 는 다른 사람들의 몫이었다.

바울은 이 해 유월절을 예루살렘에서 기념하고자 했다. 주후 57년의 유월절은 4월 7일이었다(Schnabel). 그러므로 그는 3월 초에 지중해 항 로가 열리면 곧바로 고린도에서 배를 타고 수리아로 갈 계획이었다(3b 절). 그러나 유대인들이 그를 해하려고 한다는 첩보를 입수했다. 겨울 이 끝나고 3월 초에 지중해 항로가 다시 열리면, 얼마 지나지 않아 유 월절이다. 그러므로 바울 일행 외에도 많은 디아스포라 유대인 순례자가 같은 배로 이동하게 된다. 유대인들은 이 기회를 이용해 그를 배 안에서 해하려고 한 것이다(Ramsay, cf. Bruce).

유대인들은 바울을 해하기 위해서는 이런 방법밖에 없다고 생각했다. 이미 고린도에서 아가야 총독 갈리오에게 기독교와 바울에 대해 매우 불리한 판결을 받았기 때문이다(18:12-17). 게다가 법정이 에베소의 서기장이 폭도를 설득할 때 사용한 논리와 비슷한 생각을 가지고 있다면 그들은 바울과 기독교를 상대로 소송한다 해도 얻을 것이 하나도 없다. 그러므로 자신들 손으로 '기독교와 바울 문제'를 직접 해결하려 한 것이다.

유대인들의 음모를 알게 된 바울 일행은 배편으로 수리아까지 가는 것을 포기하고, 대신 왔던 길을 되돌아가기로 했다. 그들은 고린도에서 북쪽으로 올라가 마게도냐를 거쳐 아시아로 건너가기로 한 것이다. 마게도냐에서 아시아로 건너가려면 빌립보까지 가야 한다. 만일 바울 일행이 육로로 이동했다면 그들은 고린도를 떠나 730㎞를 5주에 걸쳐 걸었다(Schnabel).

바울이 마게도냐와 그리스 교회를 방문하는 동안 그는 예루살렘 교회를 위한 구제 헌금을 모금했다. 예전에 수리아에 있는 안디옥 교회가 예루살렘 교회에 구제 헌금을 보냈던 것처럼(11:27-30), 이번에는 아시아와 마게도냐와 그리스에 세워진 순수 이방인 교회에서 예루살렘 교회에 속한 유대인 성도들을 도와주기를 원했던 것이다. 누가는 이 일에 대해 단 한 차례 언급하지만(24:17), 바울은 그의 서신에서 몇 차례 언급한다(롬 15:25-32; 고전 16:1-4; 고후 8:16-24). 이방인을 위한 선교사였던 바울은 이 헌금을 통해 예루살렘에 있는 유대인 교회와 세상 곳곳에 세워진 이방인 교회들의 하나 됨, 그리고 모든 교회가 주님 안에서 같은 뜻 품기를 도모하고자 했다.

바울과 함께 마게도냐의 빌립보에서 배를 타고 아시아의 드로아까지 간 사람은 베뢰아 사람 부로의 아들 소바더(cf. 롬 16:21), 데살로니가 사람 아리스다고(cf. 19:29; 27:2), 데살로니가 사람 세군도(이곳에만 언급되는 이름), 더베 사람 가이오(cf. 19:29), [루스드라 사람] 디모데(cf. 16:1-3; 19:22), 아시아 사람 두기고(cf. 엡 6:21-22; 골 4:7-8; 딤후 4:12; 딛 3:12), 아시아 사람 드로비모(cf. 21:29; 딤후 4:20) 등 모두 7명이었다(4절).

이들은 바울의 이방인 선교의 열매이자, 예루살렘 성도를 위한 모금에 동참한 교회의 대표였을 것이다(Bock, Fernando, Schnabel, cf. 고전 16:3-4). 그러나 고린도 교회를 대표하는 사람은 없다. 아마도 바울이 고린도에 3개월 머무는 동안 그가 고린도 교회의 대표가 되기로 했거나(Marshall, Longenecker), 혹은 바울의 서신을 가지고 고린도 교회를 왕래한 디도가 대표가 되었을 것이다(Williams). 빌립보 교회에 대해서도 언급이 없지만, 누가가 5절에서 '우리'로 합류하면서 빌립보 교회를 대표한 것으로 보인다(Marshall). 바울 일행이 고린도에서 육로를 이용해

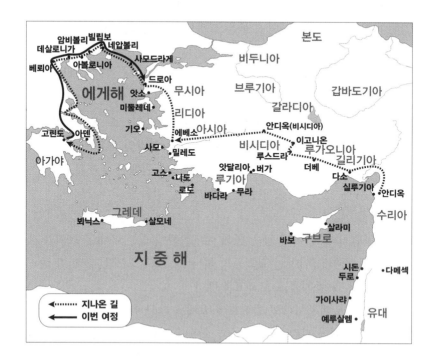

마게도냐의 빌립보까지 올라갔다가 빌립보의 항구 네압볼리에서 배를 타고 드로아까지 간 여정은 다음 지도를 참조하라.

이 사람들은 먼저 빌립보에서 배를 타고 드로아로 가서 '우리' 일행을 기다렸다(5절). '우리'는 누가가 빌립보에서 바울과 다시 합류했음을 암시한다. 16:16 이후 처음 있는 일이다. 누가는 2차 선교 여행에 합류했다가 바울이 빌립보를 방문했을 때 이곳에 남았다. 지난 8년 동안 빌립보 교회를 돌보다가 다시 선교 팀에 합류한 것이다. 그가 빌립보에 오래 머문 것을 두고 빌립보가 그의 고향이기 때문이라고 주장하는 이들도 있다(Longenecker).

바울은 빌립보에서 무교절을 보냈다. 빌립보는 회당이 없을 정도로 유대인이 많지 않았다(cf. 16:11-40). 그는 빌립보 교회에 속한 몇 안 되는 유대인 성도와 함께 이 절기를 기념했을 것이다. 무교절은 유월절 다음 날에 시작해 7일간 진행되는 절기다. 주후 57년의 유월절은 4월 7일이었다(Schnabel). 그러므로 무교절은 4월 8-14일이었다.

유대인들은 무교절이 진행되는 일주일 동안 출애굽 사건을 기념하며 누룩을 넣지 않은 빵을 먹으며 지낸다. 바울은 이방인을 전도하고 이방인들과 함께 살지만, 자신의 유대인 유산을 잊지 않았다. 그는 유월절을 예루살렘이 아닌 빌립보에서 지냈지만, 유월절로부터 7주 후에 있을 오순절만큼은 반드시 예루살렘에서 기념하고 싶었다(cf. 20:16; 21:17). 주후 57년의 오순절은 5월 29일이었다(Schnabel).

빌립보에서 무교절을 보낸 바울 일행은 배를 타고 닷새 만에 소아시아의 드로아에 도착해 일주일간 머물렀다(6절). 빌립보의 항구 네압볼리에서 드로아까지는 220㎞ 거리의 뱃길이다(Longenecker). 드로아는 에베소에서 북쪽으로 240㎞에 있는 항구이며, 폭동으로 인해 바울이 급히 에베소를 떠난 다음에 방문해 복음을 선포한 곳이다(cf. 고후 2:12-13). 2차 선교 여행 때는 드로아에서 빌립보까지 이틀이 걸렸다(16:11). 그러나 이번에 바다를 반대 방향으로 건너는 여정은 닷새나 걸렸다.

이 지역에 부는 봄바람의 방향 때문이다. 바울 일행은 드로아에서 이레를 머문 후 그곳을 떠났다. 아마도 그들을 태우고 수리아로 갈 배의 스케줄 때문에 일주일간 드로아에서 머문 것으로 보인다(Schnabel).

이 말씀은 온 세상에 있는 모든 교회는 서로 돕고 협력하며 살아야 하는 연합체라고 한다. 바울이 아시아와 마게도냐와 그리스에 세운 교회는 모두 예루살렘에 있는 유대인 성도를 위해 구제 헌금을 모았다. 또한 바울을 통해 돈만 전달하는 것이 아니라, 대표들을 보내 자신들의 사랑과 위로도 전하고자 했다. 도움을 주고받는 것보다 더 끈끈하게 우리를 하나로 묶는 것은 없다. 섬기고 베푸는 일에 인색하면 사람을 잃는다. 반면에 열심히 섬기고 베풀면 평생 함께할 동반자와 동역자들이 생긴다.

바울은 이방인들에게 하나님의 자녀가 되기 위해서는 할례와 율법이 필요 없다고 가르쳤다. 그러면서도 유대인인 그는 유대인 전통을 귀하게 여기고, 할 수만 있으면 모두 지키려 했다. 우리도 우리의 전통 중에서 성경의 가르침에 부합하는 좋은 것들은 기념하고 유지하도록 힘써야 한다.

> VI. 그리스(15:36-21:16)
>   C. 세 번째 선교 여행(19:1-21:16)

3. 드로아(20:7-12)

[7] 그 주간의 첫날에 우리가 떡을 떼려 하여 모였더니 바울이 이튿날 떠나고자 하여 그들에게 강론할새 말을 밤중까지 계속하매 [8] 우리가 모인 윗다락에 등불을 많이 켰는데 [9] 유두고라 하는 청년이 창에 걸터 앉아 있다가 깊이 졸더니 바울이 강론하기를 더 오래 하매 졸음을 이기지 못하여 삼 층에서 떨어지거늘 일으켜보니 죽었는지라 [10] 바울이 내려가서 그 위에 엎드려 그 몸을 안고 말하되 떠들지 말라 생명이 그에게 있다 하고 [11] 올라가 떡을 떼어

먹고 오랫동안 곧 날이 새기까지 이야기하고 떠나니라 [12] 사람들이 살아난 청년을 데리고 가서 적지 않게 위로를 받았더라

이 사건은 바울이 드로아를 떠나기 전날에 있었다. 바울은 지난 일주일 동안 이곳에 머물며 성도들을 권면하며 위로했다. 이번에 떠나면 다시는 드로아 성도들을 만나지 못할 수도 있다. 그러므로 떠나는 순간까지 열정을 불태우며 그들에게 말씀을 강론했다. 그들에게 말씀을 한마디라도 더 주기 위해서였다.

바울이 드로아에서 마지막 모임을 가진 이날은 '주간의 첫날'(τῇ μιᾷ τῶν σαββάτων)인 일요일이었다(7a절). 그러므로 드로아 성도들이 바울의 가르침을 받기 위해 따로 모인 것이 아니라, 바울이 그들의 정기적인 예배 시간에 말씀을 강론한 것이다(cf. Schnabel). 성경이 일요일에 교회가 모였다고 하는 것은 이곳이 처음이다.

만일 누가가 유대인의 방식을 따른다면(Fitzmyer, Wall), 토요일 오후에 해가 지면 주의 첫째 날인 일요일이 시작된다. 만일 그가 로마인의 방식을 따른다면(Bock, Marshall), 토요일 자정에 일요일이 시작된다. 혹은 그리스 사람들의 방식을 따른다면 일요일 해 뜰 때 주간의 첫째 날이 시작된다. 로마나 헬라 방식으로 생각하면 주일 오후 혹은 저녁에 모임이 시작된 것이 확실하다(cf. Polhill). 한 학자는 이날이 주후 57년 4월 27일 일요일이었다고 한다(Hemer).

초대교회는 사도 시대부터 주의 첫째 날인 일요일에 모여 예배를 드렸다. 바울은 고린도 성도들에게 매주 첫날에 각 사람의 수입에 따라 모아서 자기가 갈 때 따로 연보를 하지 않게 하라고 한다(고전 16:2). 예루살렘 성도를 돕기 위한 모금이다. 밧모섬으로 귀양 간 요한은 일요일을 '주의 날'(τῇ κυριακῇ ἡμέρᾳ)이라고 부른다(계 1:10). 그리스도인들은 일요일을 온 인류의 구세주이신 예수님이 부활하신 날로(cf. 마 28:1; 막 16:2), 그리고 하나님이 예수님의 죽음과 부활을 통해 자기 백성을 새

로 창조하신 날로 기념했다(cf. 고후 5:17). 주일 모임은 서로 음식을 나누는 일을 포함했다(2:42, 46; 고전 10:16; 11:17-34).

바울의 강론은 밤중까지 이어졌다(7b절). '강론하다'(διαλέγομαι)는 설교하는 것보다는 대화를 주고받는 것을 의미한다(Bruce, cf. BDAG). 그러나 바울이 긴 설교를 했다는 해석도 가능하다(Longenecker). 그는 바로 얼마 전 고린도에서 로마에 보내는 편지(로마서)를 썼기 때문에 성도들에게 들려줄 말이 많았을 것이다. '밤중'(μεσονύκτιον)은 자정을 뜻한다(BDAG). 바울의 '사경회'가 길어지고 있다.

누가는 드로아 교회가 모인 집의 윗다락에 등불이 많았다고 한다(8절). 등불에서 나오는 열과 그을음으로 인해 공기 질이 좋지 않았다는 뜻이다(Fitzmyer, Larkin, cf. Longenecker). 또한 가물거리는 불꽃은 잠들게 하기에 딱 좋았을 것이다(Longenecker, Schnabel). 누가는 이러한 정보를 제공함으로써 유두고가 창문에서 떨어진 것은 바울의 잘못이 아니라고 한다(Longenecker). 게다가 당시에는 부자가 아닌 이상 온종일 일하고 나서 밤에 예배에 참석해야 했다(Schnabel). 기독교가 로마 제국의 국교가 될 때까지 그리스도인이라 해서 일요일에 노동을 쉴 수는 없었기 때문이다. 한편, 유대인의 경우에는 안식일(토요일)에 일하지 않는 것이 허용되었다.

예배에 참석한 사람 중 유두고라는 청년이 있었다(9a절). '유두고'(Εὔτυχος)는 '행운아'라는 의미를 지닌다(Fitzmyer, Longenecker). 이 이야기에서 그는 참으로 '행운아'다. '청년'(νεανίας)은 18-30세를 뜻하는 매우 광범위한 표현이다(Schnabel). 12절에서 그를 '아이/청년'(παῖς)이라 하는 것으로 보아 그는 사춘기를 지난 소년이었을 것이다.

유두고는 창에 걸터 앉아 바울의 강론에 귀를 기울였다. 온종일 일했기 때문에 무척 피곤하다(Bruce). 게다가 바울의 강론이 참으로 주옥 같은 말씀이라는 것은 알겠는데, 너무 길어진다! 결국 유두고는 쏟아지는 졸음을 이기지 못하고 3층에서 떨어져 죽었다(9b절). 그가 3층에서 떨어졌다는 것은 드로아 교회가 모인 집이 큰 갑부의 저택이거 나, 서민들을 위한 다세대 주택이었음을 암시한다(Marshall, Schnabel, Witherington).

예전에 루스드라 사람들은 바울이 죽은 줄 알고 그를 성 밖으로 끌고 갔다(14:19). 그러나 그때 바울은 죽은 것이 아니었다. 그들이 착각한 것이다. 그러나 이번에는 의사인 누가가 유두고가 죽었다고 한다. 그 렇다면 그는 죽은 것이 확실하다(Fernando).

성도들이 모두 놀라 뛰어 내려갔고, 바울도 뛰어 내려가 유두고를 살폈다. 바울은 유두고의 몸 위에 엎드려 그의 몸을 안고 사람들에게 조용히 하라고 했다(10a절). 바울은 '아직 죽지 않았다'고 하지 않고 '생 명이 그에게 있다'고 했다(10b절). 그가 죽은 유두고를 살려 낸 것이다 (Longenecker). 그가 죽은 사람을 살린 것은 예수님이 하신 일(눅 7:11-15; 8:49-56; 요 11:38-44)과 베드로가 한 일(9:36-41)을 생각나게 한다. 또 한 엘리야와 엘리사가 아이들을 살린 일을 연상케 한다(cf. 왕상 17:19- 22; 왕하 4:34-35). 바울이 유두고를 살린 것은 성경에 기록된 죽은 사람 을 살리는 이야기 여덟 개 중 마지막이다(Fernando, cf. 왕상 17:17-24; 왕 하 4:32-37; 눅 7:11-16; 8:49-56; 24:6; 요 11:43-44; 행 9:36-42).

바울과 성도들은 다시 3층에 있는 모임 장소로 올라가 떡을 떼며 날 이 새기까지 말씀으로 교제했다(11절). 죽은 유두고가 살아났으니 마치 아무 일도 없었던 것처럼 하던 일을 계속한 것이다. 바울은 작별하는 순간까지 드로아 성도들에게 성경을 가르치고자 했다. 아침이 되자 바 울 일행은 드로아를 떠났다.

드로아 교인들은 살아난 유두고를 데리고 가서 적지 않게 위로를 받 았다(12절). 바울이 강론하는 도중 유두고가 죽은 것은 하나님이 그를 정죄하신 것이 아니며, 또한 바울에게 강론을 멈추라는 지시도 아니었 다. 유두고가 죽었다가 살아난 것은 하나님의 위로였다. 그러므로 드 로아 성도들은 이 일로 인해 큰 위로를 받았다.

이 말씀은 바울이 어떤 열정으로 하나님의 말씀을 가르쳤는지 생각하게 한다. 그는 성도들에게 하나님의 말씀을 하나라도 더 알려 주고 싶어서 밤새 가르치고 아침에 떠났다. 오직 말씀만이 성도들을 치유하고 위로할 수 있기 때문이다. 우리는 반성해야 한다. 목회자로서 무엇을 하고 있으며, 무엇을 최우선에 두고 있는지 되돌아보아야 한다. 만일 하나님의 말씀만이 사람을 위로하고 변화시킬 수 있다고 믿는다면, 부수적인 것을 줄이고 오직 말씀을 배우고 가르치는 데 전념해야 한다.

우리는 유두고를 비난해서는 안 된다. 유두고는 온종일 일하고 몸이 무척 피곤한데도 하나님의 말씀을 한마디라도 더 배우겠다고 교회를 찾아왔다. 그의 이러한 정성과 열정은 매우 귀하다. 설교 중 조는 사람을 책망하지 말고 예배에 참석하기 어려운 여건에도 불구하고 나온 그들을 귀하게 여기자. 정 누구를 탓하고 싶으면 그들을 졸게 만든 자신을 탓하라!

> VI. 그리스(15:36–21:16)
> 　C. 세 번째 선교 여행(19:1–21:16)

4. 밀레도(20:13–16)

¹³ 우리는 앞서 배를 타고 앗소에서 바울을 태우려고 그리로 가니 이는 바울이 걸어서 가고자 하여 그렇게 정하여 준 것이라 ¹⁴ 바울이 앗소에서 우리를 만나니 우리가 배에 태우고 미둘레네로 가서 ¹⁵ 거기서 떠나 이튿날 기오 앞에 오고 그 이튿날 사모에 들르고 또 그 다음 날 밀레도에 이르니라 ¹⁶ 바울이 아시아에서 지체하지 않기 위하여 에베소를 지나 배 타고 가기로 작정하였으니 이는 될 수 있는 대로 오순절 안에 예루살렘에 이르려고 급히 감이러라

바울 일행은 드로아에서 두 그룹으로 나눠 떠났다. 한 그룹은 배를

타고 앗소로 가고, 바울과 나머지 사람들은 걸어서 앗소로 갔다(13절).
바울은 앗소에서 배를 타고 가는 일행과 합류할 예정이었다. 드로아에
서 밀레도까지의 여정은 다음 지도를 참조하라.

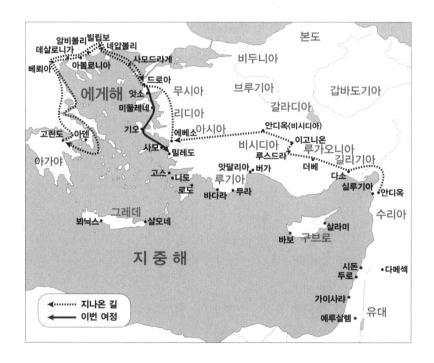

'앗소'(Ἄσσος, Assos)는 드로아에서 육로로 50㎞ 떨어진 곳이다
(Schnabel). 산악 지대를 지나야 하는 만큼 다소 험난하며 이틀 걸리
는 길이다(Bock, Schnabel). 배를 타고 가면 하루 정도 걸리지만, '렉톤
곶'(Cape Lekton)과 레스보스섬(Lesbos) 사이의 험난한 파도를 헤쳐 나가
야 하며 거리는 70㎞ 정도 된다(Schnabel, cf. Bruce). 그러므로 바울이 걸
어서 앗소로 가서 일행과 합류하려면 그들을 태운 선장에게 자신을 앗
소에서 태워 달라고 미리 말해 두었을 것이다.

바울은 배로 여행하는 것을 별로 좋아하지 않는다(Bruce). 배를 타면

멀미했기 때문일까? 이유는 알 수 없다. 고린도에서 이 여정을 시작할 때도 안전상의 이유로 배를 타고 수리아로 가는 길을 포기하고 걸어서 이곳까지 왔다(cf. 20:3). 그는 길을 걸으며 많은 생각을 했을 것이다.

바울은 앗소에서 일행이 탄 배에 올라 함께 밀레도로 갈 예정이다. 밀레도까지는 총 200km이며(Schnabel), 소아시아 해안을 타고 내려가다 보면 바람이 심하고 암초가 많아 낮에만 단거리 항해를 이어 갈 수 있는 여정이었다(Bock). 바울 일행이 밀레도까지 가는 데는 사흘이 걸렸다. 이렇게 밀레도에 간 다음에는 다시 그곳에서 배를 타고 예루살렘으로 갈 예정이다.

바울 일행을 싣고 앗소를 떠난 배가 미둘레네로 갔다(14절). 미둘레네(Μιτυλήνη, Mitylene)는 레스보스섬(Lesbos)에 있는 주요 항구였다. 앗소에서 70km 떨어져 있었다.

일행을 실은 배는 미둘레네를 떠나 이튿날 '기오'(Χίος, Chios)에 도착했다(15a절). 기오는 서머나(Smyrna) 앞에 있는 섬이다. 『일리아스』(Iliad)와 『오디세이아』(The Odyssey)로 유명한 호메르스(Homer)가 태어난 곳이다(Le Cornu & Shulam).

배는 이튿날 사모에 들렀다가 다음 날 밀레도에 도착했다(15b절). '사모'(Σάμος, Samos)는 에베소에서 서남쪽으로 50km 떨어진 섬이며(Bock), 수학자 피타고라스(Pythagoras)가 태어난 곳이다(Witherington). 사모에서 밀레도는 35km밖에 되지 않는다(Schnabel). '밀레도'(Μίλητος, Miletus)는 에베소에서 남쪽으로 50km 떨어져 있는 항구다. 바울 일행은 앗소를 떠난 지 사흘 만에 밀레도에 도착했다.

바울 일행은 이곳까지 오는 길에 에베소에 들릴 수도 있었지만, 최대한 시간을 아끼기 위해 그냥 지나쳐 왔다(16a절). 가능하면 오순절 안에 예루살렘에 도착하기 위해서다(16b절). 밀레도에서 예루살렘까지는 1,000km가 넘는 먼 길이다. 그는 5주 안에 이 여정을 마쳐야 예루살렘에서 오순절을 보낼 수 있다(Bock). 주후 57년 오순절은 5월 29일이다

(Schnabel).

이 말씀은 우선순위를 생각하며 행동하라고 한다. 바울은 빨리 예루살렘으로 가서 유월절을 지내고 싶지만, 유대인들의 음모로 인해 먼 길을 돌아가고 있다. 그러나 오순절만큼은 꼭 예루살렘에서 보내고 싶어서 3년이나 사역했던 에베소를 지나쳤다. 바울에게는 참으로 아쉬운 일이지만, 별 방법이 없다.

우리는 살면서 많은 것을 결정해야 한다. 그때마다 우리의 세계관과 우선권을 바탕으로 포기할 것은 포기하고 버릴 것은 버려야 한다. 대신 결코 포기할 수 없는 것, 포기해서는 안 될 것은 붙잡아야 한다. 훗날 후회하지 않을 선택과 결정을 추구해야 한다.

> Ⅵ. 그리스(15:36-21:16)
>   C. 세 번째 선교 여행(19:1-21:16)

5. 에베소 장로들과의 작별(20:17-38)

바울은 그동안 두 개의 긴 스피치를 했다. 첫 번째 설교는 안디옥에서 (13:16-41) 유대인을 대상으로, 두 번째 설교는 아덴에서(17:22-31) 이방인을 대상으로 했다. 이곳에 기록된 세 번째 설교는 에베소 교회 장로들, 곧 그리스도인을 상대로 한 것이다. 그러므로 사도행전에 기록된 바울의 세 스피치 중 그의 서신과 가장 비슷한 형태를 취하고 있다. 심지어 한 학자는 그가 에베소 장로들에게 한 스피치를 '미니어처 바울 서신'이라고 한다(Longenecker).

누가는 바울이 보낸 서신들에 대해 아는 바가 별로 없다. 그가 빌립보에 떨어져 지낸 7-8년 동안 바울이 서신을 써서 보냈기 때문이다. 또한 바울 서신이 처음에 각 교회에서 보관되고 읽히다가 어느 정도 세월이 지난 다음에 하나의 모음집이 되어 유통되기 시작한 것도 누가가 이 편지들의 내용을 전혀 알지 못했던 데 한몫했다.

이번 스피치는 누가가 옆에서 직접 들은 것을 요약한 것이다. 바울은 자신이 다시는 에베소 교회를 방문하지 못할 것을 안다. 그는 이제 예루살렘을 거쳐 로마로 갈 계획이다. 그곳에서 제국의 서쪽인 스페인을 대상으로 선교할 생각이다. 그렇게 하려면 에베소를 다시 방문하기가 쉽지 않을 것이다. 게다가 이번에 예루살렘으로 가면 순교하게 될 수도 있다는 예감이 마음 한편에 도사리고 있다(cf. 22-23절). 마치 예수님이 갈릴리 지역 사역을 마무리하시고 십자가를 지기 위해 예루살렘으로 올라가신 일을 연상케 한다. 이 스피치는 바울이 에베소 성도들에게 남긴 유언이라 할 수 있다.

또한 바울이 에베소 장로들에게 남긴 말은 에베소 교회에 주고자 하는 말일 뿐 아니라, 그가 선교해 세운 모든 교회에 주고자 하는 말이기도 하다. 그동안 바울은 참으로 성실하게 이 교회들을 양육해 왔다. 그러나 이제는 그렇게 할 수 없다. 이번에 떠나면 다시는 돌아오지 못할 것이기 때문이다. 그러므로 각 교회는 스스로 공동체를 유지할 길을 모색해야 한다. 바울이 이 스피치를 한 지 2,000년이 지났는데도 아직도 우리가 읽을 때마다 가슴이 먹먹해지는 것은 그가 우리 앞에 서서 말하고 있는 듯한 생동감 때문일 것이다. 본문은 다음과 같이 구분된다.

A. 지나온 삶과 사역(20:17-21)
B. 알면서도 가는 고난의 길(20:22-24)
C. 거짓 가르침과 참 말씀(20:25-32)
D. 아낌없이 섬기고 주는 삶(20:33-35)
E. 작별 인사(20:36-38)

(1) 지나온 삶과 사역(20:17-21)

¹⁷ 바울이 밀레도에서 사람을 에베소로 보내어 교회 장로들을 청하니 ¹⁸ 오매 그들에게 말하되 아시아에 들어온 첫날부터 지금까지 내가 항상 여러분 가운데서 어떻게 행하였는지를 여러분도 아는 바니 ¹⁹ 곧 모든 겸손과 눈물이며 유대인의 간계로 말미암아 당한 시험을 참고 주를 섬긴 것과 ²⁰ 유익한 것은 무엇이든지 공중 앞에서나 각 집에서나 거리낌이 없이 여러분에게 전하여 가르치고 ²¹ 유대인과 헬라인들에게 하나님께 대한 회개와 우리 주 예수 그리스도께 대한 믿음을 증언한 것이라

당시 밀레도에는 유대인 공동체와 회당이 있었다(Le Cornu & Shulam). 평소에는 어느 도시를 가든 제일 먼저 회당을 찾아가던 바울이 이번에는 아예 찾지 않는다. 오순절까지 예루살렘에 도착해야 하기 때문이다.

바울은 밀레도에서 에베소로 사람을 보내 에베소 교회 장로들을 데려오게 했다(17절). 에베소는 밀레도에서 50㎞밖에 떨어져 있지 않지만, 길이 험해서 빨리 가도 이틀 정도 걸렸다(Longenecker). 그러므로 장로들이 기별받고 곧바로 출발한다고 해도 최소 나흘이 걸렸다. 바울은 자신이 직접 에베소에 들리는 것보다 이렇게 하는 것이 시간을 절약하는 것이라고 생각했다. 또한 에베소는 바울에게 위험한 곳이다. 항구에 정박해 있는 배는 이때 물건을 내리고 실으며 예루살렘 항해를 준비하고 있었을 것이다.

에베소 교회에 장로들이 있었다는 것은 바울이 에베소에서 3년간 사역하면서 교회를 이끌어 갈 리더들을 세웠다는 뜻이다(cf. 11:30; 14:23). 장로들은 교회를 유지하며 성도들을 목양하는 일을 했다. 드디어 에베소 교회 장로들이 이틀을 걸어 밀레도에 도착했다(18a절).

바울은 자신이 아시아에 들어온 첫날부터 이때까지 투명한 삶을 살았다는 말로 이야기를 시작한다(18b절). 그는 항상 진실하게 행했고, 이러한 사실은 에베소 장로들도 잘 알기 때문에 자기 말에 동의할 것이라고 한다. 바울은 누구에게나 모델이 되는 삶을 살았다고 한다(Jervell). 에베소 장로들은 지난날을 추억하며 '아멘'을 외쳤을 것이다.

바울은 유대인들의 간계로 말미암아 당한 시험을 참으려고 겸손과 눈물로 주님을 섬겼다고 한다(19절). '섬기다'(δουλεύω)는 노예가 주인을 섬기는 일을 묘사하는 단어다. 바울은 주님을 만난 후 항상 자신을 주님의 종이라고 했다. '시험들'(πειρασμῶν)은 바울이 주님을 섬기면서 경험한 모든 핍박과 고난을 요약한다(Bock, cf. 19:9; 20:3; 살전 2:14-15; 고후 2:4; 빌 3:18). 그는 이러한 고난을 겸손과 눈물로 견뎌 냈다.

바울은 원래 그리스도와 교회를 핍박하던 자였다. 그러다가 다메섹으로 가는 길에 예수님을 만난 후 삶이 완전히 바뀌었다. 자신이 핍박하던 그리스도의 복음을 전파하는 자가 되었다. 또한 그는 자신이 예수님을 만나기 전에 어떤 삶을 살았는지 알기에 한없이 겸손한 자세로 복음을 전파했다.

그러나 복음 전파하는 일은 결코 쉽지 않았다. 그러므로 바울은 많은 눈물을 흘리며 복음을 전파했다. 특히 그가 사랑하는 자기 민족인 유대인들이 그를 박해할 때면 눈물이 그치지 않았다. 바울은 첫 번째 선교여행 때 안디옥으로 돌아가는 길에 아시아에 세운 교회들의 성도를 만나 "우리가 하나님의 나라에 들어가려면 많은 환난을 겪어야 할 것이라"라고 말했다(14:22). 그는 자신이 그들에게 한 말을 직접 살아 냈다.

바울은 참으로 어려운 시간을 보내면서도 유익한 것은 무엇이든지 공중 앞에서나 각 집에서나 거리낌 없이 그들에게 전하여 가르쳤다(20절). 사도행전에서 '공중 앞'(δημοσίᾳ)은 중요한 도시에서 높은 신분을 지닌 사람들이 모이는 공개적인 장소를, '집'(οἴκους)은 성도들이 교회로 모이는 사적인 장소를 뜻한다(Bock). 그는 온갖 핍박에도 불구하고 하나님

의 유익한 말씀을 공개적인 장소에서 당당하게 도시 사람들에게 선포
했고, 또한 각 가정에 모인 그리스도인들에게도 선포했다. 그는 자신
의 경험을 회고하며 에베소 교회에 환난이 오더라도 위축되지 말고 당
당하게 복음을 선포할 것을 권면하고 있다.

그가 전한 유익한 메시지는 유대인과 헬라인에게 동일했다. 곧 유대
인과 헬라인에게 하나님께 대한 회개와 주 예수 그리스도께 대한 믿음
을 증언한 것이다(21절; cf. 살전 1:9-10; 고전 9:20-23; 10:32-33). 회개와
믿음은 바울이 선교하며 선포한 메시지의 요약이라 할 수 있다. 또한
회개와 믿음은 같은 동전의 양면이다(Fitzmyer, Larkin). 회개는 하나님과
의 관계를 바꾸는 것이며, 믿음은 하나님이 그리스도를 통해 하신 일
을 믿는 것이기 때문이다(Bock). 바울은 그 누구도 차별하지 않고 복
음을 전했다. 그는 항상 하나님이 그에게 주신 사명에 따라 사역한
것이다.

이 말씀은 예수님의 종 바울이 어떻게 자기 주인을 섬겼는가에 관한
것이다. 첫째, 그는 모든 그리스도인에게 롤모델이 되는 살아 있는 복
음의 삶을 살아 냄으로써 주인이신 하나님을 사랑했다. 둘째, 그리스
도의 복음에 아무것도 더하거나 빼지 않은 동일한 메시지를 모든 신분
의 사람들에게 전파함으로써 하나님께 신실했다. 셋째, 인종과 민족을
차별하지 않고 모든 사람에게 하나님께 대한 회개와 예수 그리스도께
대한 믿음을 증언함으로써 하나님을 섬겼다. 그는 방해와 핍박과 시험
을 겸손하게, 또한 눈물로 견디어 냈다.

그는 그리스도의 복음을 선포하고, 그 복음을 살아 내기 위해 이렇
게 살았다. 바울이 그리스도의 복음을 가르치고 그 복음을 살아 낸 롤
모델이 되고자 한 것은 복음이 교회의 정체성을 정의할 뿐 아니라, 교
회의 생존도 좌우하기 때문이다. 우리도 복음을 살아 내는 삶으로 사
역에 임하며 하나님을 섬기는 종이 되어야 한다. 사도 바울이 우리의
롤모델이다.

> VI. 그리스(15:36–21:16)
> C. 세 번째 선교 여행(19:1–21:16)
>   5. 에베소 장로들과의 작별(20:17–38)

(2) 알면서도 가는 고난의 길(20:22–24)

²² 보라 이제 나는 성령에 매여 예루살렘으로 가는데 거기서 무슨 일을 당할는지 알지 못하노라 ²³ 오직 성령이 각 성에서 내게 증언하여 결박과 환난이 나를 기다린다 하시나 ²⁴ 내가 달려갈 길과 주 예수께 받은 사명 곧 하나님의 은혜의 복음을 증언하는 일을 마치려 함에는 나의 생명조차 조금도 귀한 것으로 여기지 아니하노라

지난날의 삶과 사역에 대해 간략하게 증언한 바울은 자신의 현재 상황에 대해 말한다. 그는 곧 예루살렘을 향해 떠나는데, 그곳에서 뭔가 좋지 않은 일이 일어날 것이라는 예감을 떨칠 수가 없다. 그럼에도 불구하고 예루살렘으로 가는 것은 자신이 주님께 받은 사명을 마무리하는 일이기 때문이라고 한다.

바울은 성령에 매여 예루살렘으로 가고 있다(22a절). '매이다'(δέω)는 결박되어 끌려가는 것을 뜻한다(BDAG). 바울은 스스로도 예루살렘으로 가는 것을 피하지 않을 것이지만, 성령이 마치 포로를 묶어 끌고 가듯이 강압적으로 그를 예루살렘으로 인도하고 계신다는 것이다(cf. 21:4, 11). 그가 '완료형 분사'(δεδεμένος)를 사용하는 것으로 보아 상당히 오랫동안 이런 생각에 사로잡혀 있었다(Bock).

바울은 예루살렘에 도착하면 자기에게 무슨 일이 있을지 알지 못한다고 한다(22b절). 아직 하나님이 알려 주지 않으셨다는 뜻이다. 그러나 좋은 일은 아니라는 것을 직감하고 있다. 그동안 얼마나 많은 유대인이 그를 죽이려 했던가! 이번에도 고린도 유대인들이 배에서 그를 해하려 한다는 첩보를 입수하고 참으로 먼 길을 돌아서 예루살렘을 향해 가고 있다. 그러므로 유대인들의 중심지인 예루살렘에서 그에게 결코 좋은 일은 일어나지 않을 것이다.

바울은 예루살렘에서 구체적으로 어떤 일이 있을지 알지 못하지만, 대략 짐작은 하고 있다. 성령이 각 성에서 그에게 결박과 환난이 그를 기다린다고 하셨기 때문이다(23절). 성령이 각 성에서 말씀하셨다는 것은 바울이 예언자들을 통해 이러한 말씀을 들었다는 뜻이다(Schnabel). '결박'(δεσμὰ)은 족쇄 등 사람을 묶는 도구이며, '환난'(θλίψεις)은 큰 고통을 동반하는 탄압이다(BDAG). 바울이 두 단어를 모두 복수형으로 사용하는 것으로 보아 그는 예루살렘에 엄청나게 고통스럽고 그를 꼼짝 못하게 하는 구속이 기다리고 있다는 것을 알고 있다.

예루살렘에 도착하면 큰 고난과 속박이 그를 맞이할 것이라는 사실을 알면서도 바울은 그곳으로 가고자 하며, 갈 것이다. 예루살렘은 그의 달려갈 길과 그가 주 예수께 받은 사명을 마치는 곳이기 때문이다(24a절). 바울은 자신의 삶을 '달려갈 길'(δρόμος)이라며 경주에 비교한다. 바울은 예루살렘에 가면 삶이 끝날 것을 안다. 또한 예루살렘은 예수님께 받은 사명, 곧 하나님 은혜의 복음을 증언하는 일을 마치는 곳이라는 사실도 안다. 그는 이 말을 하면서 지난 수십 년 동안 다메섹으로 가는 길에 만난 예수님을 전파하기 위해 겪었던 온갖 산전수전을 떠올렸을 것이다.

바울은 그의 삶과 사역이 끝나는 예루살렘으로 가는 것이 두렵지 않은가? 아니다. 그는 자기 생명을 귀하게 여긴 적이 없다(24b절; cf. 고후 4:7-12; 6:4-10; 12:9-10; 빌 2:17; 3:8; 딤후 4:7). 그러므로 복음을 전파하는 일에는 기꺼이 생명을 내놓을 각오로 지금까지 살아왔다. 바울은 하나님의 복음이 선포된다면 자기 목숨이 희생되는 것은 문제가 되지 않는다는 생각으로 살아온 것이다(Bock).

그에게 귀한 것은 예루살렘에 가서 그가 마저 가야 할 길(순교로 마무리하는 삶)과 주 예수께 받은 사명(cf. 9:15)을 잘 끝내는 것이다. 바울은 이 일을 위해서 기쁨으로 생명을 내놓을 각오가 되어 있다. 그의 삶의 목표는 생명을 유지하는 것이 아니라, 하나님이 주신 복음 전파의 소명을 성실하게 이루는 일이었다. 이제는 어느 정도 소명을 이루었으니 쉴 때가 되었다고 생각한다. 그러므로 예루살렘에 가면 큰일이 있을 줄 알면서도 두려워하지 않는다(cf. 22-23절).

이 말씀은 우리 삶의 모든 영역이 성령의 인도하심을 받아야 한다고 한다. 바울은 예루살렘에 가면 죽을 수 있다는 것을 알면서도 성령에 매여 그곳으로 가고 있다. 삶과 죽음은 우리 마음대로 할 수 없기 때문이다. 만일 가장 중요한 삶과 죽음을 우리 뜻대로 할 수 없다면, 우리 삶의 나머지 영역에서도 하나님의 인도하심을 받는 것이 당연한 일이다. "이제는 내가 사는 것이 아니요 오직 내 안에 그리스도께서 사시는 것이라"(갈 2:20)라는 말씀을 우리 삶에서 실현해야 한다.

성령 안에서 살면 어떤 일을 피할 때와 당당히 맞이할 때를 분별할 수 있다. 바울은 복음을 전파하면서 죽을 고비를 여러 차례 넘겼다. 유대인들의 살인 음모와 폭력을 피하기 위해 여러 도시에서 급히 탈출하기도 했다. 반면에 이번에는 성령의 인도하심에 따라 예루살렘으로 가서 당당히 죽음을 맞이하려 한다. 성령 안에 있는 사람은 문제와 위기를 피할 때와 기꺼이 감수해야 할 때를 구분한다. 문제를 직면하는 것만이 지혜로운 것은 아니다.

VI. 그리스(15:36-21:16)
   C. 세 번째 선교 여행(19:1-21:16)
      5. 에베소 장로들과의 작별(20:17-38)

---

(3) 거짓 가르침과 참 말씀(20:25-32)

[25] 보라 내가 여러분 중에 왕래하며 하나님의 나라를 전파하였으나 이제는 여러분이 다 내 얼굴을 다시 보지 못할 줄 아노라 [26] 그러므로 오늘 여러분에게 증언하거니와 모든 사람의 피에 대하여 내가 깨끗하니 [27] 이는 내가 꺼

리지 않고 하나님의 뜻을 다 여러분에게 전하였음이라 ²⁸ 여러분은 자기를 위하여 또는 온 양 떼를 위하여 삼가라 성령이 그들 가운데 여러분을 감독자로 삼고 하나님이 자기 피로 사신 교회를 보살피게 하셨느니라 ²⁹ 내가 떠난 후에 사나운 이리가 여러분에게 들어와서 그 양 떼를 아끼지 아니하며 ³⁰ 또한 여러분 중에서도 제자들을 끌어 자기를 따르게 하려고 어그러진 말을 하는 사람들이 일어날 줄을 내가 아노라 ³¹ 그러므로 여러분이 일깨어 내가 삼 년이나 밤낮 쉬지 않고 눈물로 각 사람을 훈계하던 것을 기억하라 ³² 지금 내가 여러분을 주와 및 그 은혜의 말씀에 부탁하노니 그 말씀이 여러분을 능히 든든히 세우사 거룩하게 하심을 입은 모든 자 가운데 기업이 있게 하시리라

바울은 그동안 에베소 성도들과 왕래하며 하나님 나라를 전파했지만, 앞으로는 만날 수 없을 것이라고 한다(25절). 그는 자신이 예루살렘에서 어떤 일을 당할지 알 수는 없지만 반드시 그곳을 거쳐 로마로 갈 것이라고 했다(19:21). 바울은 하나님이 허락하시면 로마를 기점으로 삼아 스페인 선교를 추진하고자 했다(롬 15:24-28). 그러므로 계획대로라면 다시 에베소 교회를 방문할 일은 없을 것이다.

바울은 예루살렘을 거쳐 로마로 끌려가 2년 동안 옥살이한 후 풀려나 스페인에서 선교했다(Bock, Longenecker, Schnabel). 다시 로마 감옥에 투옥되어 순교하기 전에 제국의 동쪽을 방문해 그레데섬(Κρήτη, Crete, 딛 1:5), 니고볼리(Νικόπολις, 그리스의 북서쪽에 있는 Epirus주에 있음, 딛 3:12), 마게도냐(딤전 1:3), 드로아(딤후 4:13) 등을 둘러본 것으로 보인다(Murphy-O'Connor, Longenecker, Schnabel). 만일 그가 드로아에 방문했다면, 240㎞ 남쪽에 위치한 에베소도 방문했을 가능성이 있다(cf. Bock). 그러나 이때는 이러한 가능성을 전혀 예측할 수 없었다. 그러므로 그는 장로들을 다시 보지 못할 것이라고 생각했다.

바울은 전심을 다해 사역했다(26-27절). 그러므로 모든 사람의 피에

대해 자신이 깨끗하다고 한다(26절). 만나는 사람이라면 남녀노소, 유대인과 헬라인 등을 가리지 않고 모든 사람에게 다가오는 하나님의 심판에 대해 경고하고 복음을 전파했으니 만일 그들이 믿지 않아 하나님의 심판을 받게 된다 해도 자신에게는 책임이 없다는 뜻이다. 진심을 다해 복음을 전했지만, 들은 사람이 복음을 영접하지 않고 계속 죄인으로 산다면 그 책임은 복음을 받아들이지 않은 그 사람에게 있다.

'깨끗하다'(καθαρός)는 예배에 참여하는 데 문제가 없는 '의례적으로 정결'(ritually pure)하다는 뜻이다(BDAG). 바울은 자신의 삶과 사역을 하나님께 드린 예배로 생각한 것이다(Bock).

바울은 누구의 눈치를 보거나 주저하지 않고 하나님의 뜻을 전했다 (27절). '꺼리지 않다'(ὑποστέλλω)는 복음을 선포하는 대상이 누구든 간에 위축되거나 두려워서 하나님의 말씀 중 일부를 전하거나 하지 않고 있는 그대로 모두 전했다는 뜻이다. 그는 모든 사람에게 담대히 복음을 전했다(cf. NAS, NRS).

바울이 떠난 에베소 교회는 분명 마귀에게 공격받을 것이다. 핍박도 있을 것이고, 짝퉁 교리를 앞세워 성도들을 현혹하는 거짓 선생들도 생길 것이다. 시간과 장소를 초월해 어느 교회에서나 있는 일들이다. 그러므로 바울은 장로들에게 세 가지로 그날을 대비하며 주님 안에서 교회와 성도들을 지키라고 한다.

첫째, 장로들은 자기 자신과 성도들을 위해 스스로 조심하고 신중해야 한다(28a절). '삼가다'(προσέχω)는 지킨다는 의미다. 장로들은 꾸준히 자기 자신을 신학적으로, 영적으로, 윤리적으로 건강하게 지켜야 한다. 그렇게 하기 위해서는 바울이 그들에게 모범을 보인 것처럼 그들도 계속 하나님 말씀을 사모하며 신앙적으로 성장해야 한다. 그들이 성장을 멈추면 양들도 먹일 수 없기 때문이다(Schnabel).

둘째, 장로들은 교회를 감독해야 한다(28b절). '감독자'(ἐπίσκοπος)는 보호하고 지키는 사람이다(BDAG). 교회와 교인들을 해하려는 '이리들'에게서 '양 떼'를 보호하고 지켜내야 한다(cf. 29-30절). 그렇게 하기 위해서는 꾸준히 말씀과 건강한 교리로 무장해 교회를 지켜야 한다. 고난과 희생을 감수해야 교회를 지킬 수 있다. 바울은 복수형을 사용해 '감독자들'(ἐπισκόπους)이라며 모든 장로가 함께 교회를 감독할 것을 당부하고 있다.

장로들이 보살피는 교회는 하나님이 자기 피로 사신 교회다(28b절). 일상적으로 우리는 '예수님이 자기 피로 사신 교회'라고 생각하기 때문에 '하나님이 자기 피로 사신 교회'라는 말에 대해 학자들이 다양한 해석을 내놓았다. 최소한 여섯 가지 해석이 있다(cf. Schnabel). 그러나 하나님이 예수님의 삶과 사역에 항상 함께하셨고, 하나님과 예수님이 한 분이심을 고려하면 이러한 해석과 논쟁은 소모적이다. 그리스도의 피는 곧 하나님의 피이기 때문이다.

셋째, 장로들은 양 떼를 보살펴야 한다(29c절). 바울은 장로들이 하나님이 그들에게 맡기신 성도들을 푸른 초장으로 인도하고 먹이는 목자라고 한다. 에스겔 34:15-16은 하나님이 친히 자기 백성의 목자가 되겠다고 하시며, 목자가 어떻게 양들을 보살피고 보호해야 하는지 말씀하신다.

> 내가 친히 내 양의 목자가 되어 그것들을 누워 있게 할지라 주 여호와의 말씀이니라 그 잃어버린 자를 내가 찾으며 쫓기는 자를 내가 돌아오게 하며 상한 자를 내가 싸매 주며 병든 자를 내가 강하게 하려니와 살진 자와 강한 자는 내가 없애고 정의대로 그것들을 먹이리라(겔 34:15-16).

바울은 머지않아 교회를 공격하고 혼란에 빠트리는 자들이 생길 것이라고 경고한다(29-30절). 그들은 바울이 떠난 후에 교회로 들어올 것이다(29a절). 호시탐탐 하나님의 종 바울이 에베소 교회에서 멀리 떨어져 나가기만을 학수고대하는 자들이다. 바울은 그들을 '사나운 이리들'(λύκοι βαρεῖς)이라고 한다. 늑대 같은 자 여럿이 교회에 침투할 것이며, 계속 공격할 것이다. 교회가 이 땅에 존재하는 한 항상 이런 위험에 노출되어 있다. 그들은 하나님의 양들을 치료하고 바르게 인도하는 것이 아니라 물어뜯을 것이며, 먹어 치울 것이다(cf. 겔 34:3-4).

늑대 같은 자들은 그나마 외부에서 오는 적이기 때문에 장로들이 신학적-신앙적 분별력을 가지고 잘 살피면 어느 정도는 교회에 발을 들여놓지 못하게 할 수 있다. 문제는 내부에서 생겨 나는 적이다. 바울은 에베소 장로들과 성도 중에도 이런 악한 자들이 일어나 성도들을 현혹할 것이라고 한다(30절). 그들은 예수님이 피로 산 양들이 자기들을 따르도록 어그러진 말을 한다(30b절). '어그러지다(διαστρέφω)는 '비뚤어지다, 구부러지다'라는 뜻이다(BDAG). 바울은 하나님의 말씀을 직선에 비유한다. 이 자들은 직선인 하나님의 말씀을 비틀고 구부려 전한다. 이단들의 공통점이다.

교회가 이 땅에 존재하는 한 외부에서 오는 공격과 내부에서 일어나는 공격을 피할 수는 없다. 안타깝게도 외부에서 공격해 오는 적보다는 내부에 있는 적이 더 큰 피해를 주고 우리를 어렵게 한다. 분별하기가 더 어렵고 성도들이 훨씬 더 쉽게 현혹되기 때문이다. 성경에서도 거짓을 가르치는 선생들이 교회에 가장 큰 피해를 주는데, 그들은 모두 교회 안에서 일어난 자들이었다(cf. 고후 11:4, 13; 갈 1:7; 3:1; 빌 3:2-4; 골 2:4, 8). 하나님은 장로들에게 외부의 적뿐 아니라 내부에서 일어나는 적에게서도 성도들을 보호하라며 그들을 감독자로 세우셨다. 참으로 막중한 책임이다.

그렇다면 장로들은 어떻게 해야 내·외부의 적들로부터 성도들을 보호하며 감독자의 본분을 잘 감당할 수 있을까? 바울은 자신이 그들과 함께 지냈던 3년을 기억하며 깨어 있으라고 권면한다(31절). 그는 지난 3년 동안 에베소 교회와 교인들을 돌보며 밤낮 쉬지 않고 눈물로 각 사람을 훈계했다. 언젠가는 이런 날, 곧 적들이 교회를 공격하는 날이 올 것이니 미리 대비하라며 밤낮을 가리지 않고 그들을 하나님의 말씀으로 양육한 것이다. 하나님의 말씀을 잘 알면 거짓(짝퉁)이 쉽게 분별되기 때문이다.

바울은 그들과 함께한 3년 동안 최선을 다해 그들을 준비시켰다고 확신한다. 그러나 사람이 변질되고 거짓에 현혹되는 것은 한순간이다. 그러므로 그는 에베소 장로들과 교회를 영원히 사랑하고 지켜 주시는 하나님과 은혜의 말씀에 의탁한다(32a절). 항상 말씀 안에 거하라는 뜻이다.

만일 그들이 하나님의 말씀 안에 거하면 그 말씀이 그들을 능히 든든히 세울 것이다(32b절). 교회가 외부의 공격과 내부의 적으로 인해 흔들리지 않을 유일한 방법은 말씀으로 든든히 세워지는 것이다. 하나님은 말씀 안에 거하는 사람들을 마치 건물을 세우듯 든든하게 세우실 것이다. 또한 장로들이 먼저 말씀 안에서 바로 서야 하나님이 맡기신 양들을 감독하고 보살필 수 있다.

말씀 안에서 굳건하게 세워진 사람들은 거룩하게 하심을 입은 자들 가운데서 기업도 얻을 것이다(32c절). '기업'(κληρονομία)은 유산을 뜻한다(BDAG). 하나님의 구원을 얻은 성도들이 장차 누리게 될 축복을 그들도 누릴 것이라는 뜻이다(Marshall, cf. 신 33:3-4). 말씀에 거하는 사람은 원수들로부터 보호받고, 장차 주의 자녀들이 누릴 축복에서도 제외되지 않는다. 그러므로 바울이 에베소 교회와 장로들을 위해 할 수 있는 가장 좋은 일이자 최선은 그들을 온전히 하나님과 은혜의 말씀에 의탁하는 것이다.

이 말씀은 섬기고 사역할 때 미련을 남기지 않도록 최선을 다하라고 한다. 바울은 에베소에서 성도들을 섬기고 가르친 3년에 대해 어떠한 아쉬움이나 후회도 없다. 최선을 다했기 때문이다. 그는 밤낮 쉬지 않고 눈물로 양육했다. 그러므로 모든 사람의 피에 대해 깨끗하다고 한다. 우리도 실수는 해도 미련은 남지 않는 사역, 아낌없이 섬기고 사랑하는 사역을 하면 좋겠다.

바울은 최선을 다해 에베소 교회를 훈련했지만, 그가 떠나면 곧바로 내·외부의 적들이 교회와 성도들을 괴롭히고 현혹할 것을 안다. 이러한 상황에서 유일하게 교회를 지켜 줄 수 있는 이는 하나님이시다. 하나님이 은혜의 말씀으로 그들을 든든히 세우고 보호하실 것이다. 하나님이 말씀으로 그들을 세우신다는 것은 그들도 최선을 다해 하나님의 말씀을 꾸준히 배우고 말씀 안에 거해야 한다는 것을 의미한다. 하나님의 보호와 인간의 최선이 어우러질 때 교회는 은혜로운 곳이 된다.

VI. 그리스(15:36-21:16)
  C. 세 번째 선교 여행(19:1-21:16)
    5. 에베소 장로들과의 작별(20:17-38)

(4) 아낌없이 섬기고 주는 삶(20:33-35)

33 내가 아무의 은이나 금이나 의복을 탐하지 아니하였고 34 여러분이 아는 바와 같이 이 손으로 나와 내 동행들이 쓰는 것을 충당하여 35 범사에 여러분에게 모본을 보여준 바와 같이 수고하여 약한 사람들을 돕고 또 주 예수께서 친히 말씀하신 바 주는 것이 받는 것보다 복이 있다 하심을 기억하여야 할지니라

바울은 한 번 더 자신의 삶을 바탕으로 장로들을 권면한다. 그는 롤모델로서 한 점 부끄러움 없이 살았기 때문에 이렇게 말할 수 있다(고전 9:4-12, 15; 고후 7:2; 11:8-9; 빌 4:10-11). 그리스도인 사역자가 선포하는 메시지 중 가장 설득력 있는 것은 바로 그가 믿는 복음을 삶으로 살아 내는 것이다. 바울은 그렇게 살았다.

바울은 그 누구의 금이나 의복도 탐하지 않았다(cf. 출 20:17; 롬 7:7; 고전 10:6; 갈 5:17; 살전 2:5). 사무엘이 미스바에 온 이스라엘을 모아 놓고

은퇴를 선언하며 한 말과 비슷하다(삼상 12:3). 바울은 하나님이 주시는 대로 먹고 입었다. 또한 돈을 벌기 위해 사역하지 않았다. 재물을 욕심낸 적도 없다. 오로지 복음을 전파하고 성도들에게 말씀을 가르쳐 그들이 말씀 안에 온전히 세워지는 것을 목표로 삼고 지금까지 살아왔다. 그가 이렇게 할 수 있었던 것은 이 세상이 우리가 경험하는 실체의 전부가 아님을 알고 다가오는 천국에 대한 소망을 품고 살았기 때문이다.

바울은 에베소에서 사역하는 3년 동안 일하면서 자신뿐 아니라 동역자들의 생활비를 자비로 충당했다(34절; cf. 고전 4:12; 9:12; 15:2; 고후 11:7; 12:13; 엡 4:28; 살전 2:9; 살후 3:7-8). 그는 고린도와 에베소에서 브리스길라와 아굴라와 함께 텐트 만드는 일(tent making)을 했다(cf. 18:2-3, 18, 26).

그에게는 후원자들이 있었다. 여러 교회와 아굴라 부부가 평생 그의 사역을 재정적으로 지원했다. 그러나 어느 도시에 가서든 전도해 새로운 교회를 세울 때는 그 교회에 어떠한 부담도 주지 않았다. 다른 곳으로 떠난 후에는 그 교회로부터 후원을 받았다(cf. 고후 11:8-9; 빌 4:15-16).

바울은 이렇게 사역하고 사는 것을 통해 그들에게 모본을 보였다(35a절). 그는 모든 사역자가 자기를 따라 하기를 원했다(Johnson). 그가 모든 사람에게 자기를 따라 하라며 보여 준 모본은 수고하여 노동하고, 노동의 대가로 받은 돈으로 약한 사람들(교회 안에서 도움이 필요한 사람들)을 돕는 것이다(35b절). 그의 이러한 삶은 예수님의 말씀을 실천하는 일이었다. 바울은 예수님이 "주는 것이 받는 것보다 복이 있다"라고 하셨다고 한다(35c절). 복음서에는 없는 말씀이다.

예수님이 "주라 그리하면 너희에게 줄 것이니 곧 후히 되어 누르고 흔들어 넘치도록 하여 너희에게 안겨 주리라 너희가 헤아리는 그 헤아림으로 너희도 헤아림을 도로 받을 것이니라"(눅 6:38)라고 하신 것을 보면 '주는 것이 받는 것보다 복이 있다'는 말씀을 하신 것이 분명하다.

다만 이 말씀이 복음서에 기록되어 있지 않을 뿐이다. 바울은 아마도 예수님이 이 말씀을 하신 것을 직접 지켜본 사람에게서 들었을 것이다.

'할지니라'(δεῖ)는 '반드시 해야 한다'(it is necessary)라는 의미를 지닌 명령으로 해석해야 한다(Longenecker). 형편이 어려운 지체들을 돕는 것은 선택 사항이 아니라 필수 사항이며, 모든 그리스도인에게 주어진 도덕적 책임이다(cf. 눅 6:35-38). 기독교 리더는 자기가 가진 돈을 어려운 이웃을 돕는 일에 사용함으로써 리더는 돈을 사랑하면 안 된다는 말씀을 실천해야 한다(Schnabel, cf. 딤전 3:3, 8; 6:3-10; 딛 1:7, 11).

이 말씀은 우리는 스스로 청렴하게 살고자 노력하면서 수입으로 어려운 형제들을 도와주어야 한다고 한다. 바울은 에베소 교회에 어떠한 재정적인 부담도 주지 않았다. 자신과 동역자들의 생활비를 스스로 해결하고, 또한 수고하여 올린 수입으로 교회 안에 있는 가난한 자들을 도왔다. 그러므로 그는 자신의 삶을 모본으로 삼아 자기처럼 살라고 자신 있게 말할 수 있었다. 우리도 이러한 자세로 사역에 임하고 살아야 한다.

또한 주는 것이 받는 것보다 복이 있다는 예수님의 말씀을 기억해야 한다. 누구를 도우면 당장은 손해인 것 같지만, 선하신 하나님이 우리가 하는 선한 일을 보고 복에 복을 더하실 것이기 때문이다. 실컷 나누며 섬기고도 남는 삶을 사는 비법이다.

VI. 그리스(15:36-21:16)
 C. 세 번째 선교 여행(19:1-21:16)
  5. 에베소 장로들과의 작별(20:17-38)

(5) 작별 인사(20:36-38)

36 이 말을 한 후 무릎을 꿇고 그 모든 사람들과 함께 기도하니 **37** 다 크게 울며 바울의 목을 안고 입을 맞추고 **38** 다시 그 얼굴을 보지 못하리라 한 말로

말미암아 더욱 근심하고 배에까지 그를 전송하니라

바울은 에베소 교회 장로들에게 하나님이 그들에게 맡기신 양 떼를 신실하게 돌보라는 권면을 마친 후 그들과 함께 무릎 꿇고 기도했다 (36절). 서로를 위해 기도한 것이다. 바울은 에베소 교회와 장로들과 성도들을 위해, 장로들은 바울을 위해 기도했다.

장로들은 모두 크게 울며 바울의 목을 안고 입을 맞추었다(37절). 아무리 참으려 해도 눈물이 계속 흘렀다. 죄의 노예가 되어 소망 없이 살던 그들에게 그리스도의 복음을 전해 주어서 하나님 나라와 영생에 대한 소망을 얻게 해 준 고마운 사도다. 바울은 그들에게 온 날부터 엄청나게 고생만 했는데, 그들은 그를 위해 해 준 것이 아무것도 없다. 다시는 그를 보지 못한다고 생각하니 그저 미안하고 고마울 뿐이다.

이대로는 도저히 그를 보낼 수가 없을 것 같아서 장로들은 바울이 배에 오르는 선착장까지 따라왔다(38절). 바울은 이날 자기가 에베소 교인들에게 참으로 많은 사랑을 받고 있다고 생각했을 것이다. 바울이 예루살렘으로 향하는 배에 오르는 모습이 십자가를 지기 위해 그곳으로 가셨던 예수님과 많이 닮았다.

이 말씀은 모든 이별은 슬픈 것이니 감정을 억제하거나 표현하지 못하게 하지 말라고 한다. 바울과 에베소 장로들은 믿음이 약해서 우는 것이 아니다. 헤어짐이 너무나도 슬퍼서 운다. 슬플 때는 마음껏 울어야 한다. 그래야 병이 되지 않는다.

그리스도인의 장례식장에서 조문객이 유족을 위로한답시고 '고인이 천국에 가셨으니 슬퍼하면 안 되고 오히려 기뻐해야 한다'라는 말도 안 되는 소리를 할 때가 있다. 이런 말은 절대 위로가 되지 않으며, 옳지 않은 말이다. 천국에 가는 것과 헤어짐은 별개다. 헤어짐은 항상 슬프다. 유족들이 실컷 울며 헤어짐을 슬퍼하게 해야 한다.

VI. 그리스(15:36-21:16)
  C. 세 번째 선교 여행(19:1-21:16)

6. 예루살렘으로 돌아옴(21:1-16)

¹ 우리가 그들을 작별하고 배를 타고 바로 고스로 가서 이튿날 로도에 이르러 거기서부터 바다라로 가서 ² 베니게로 건너가는 배를 만나서 타고 가다가 ³ 구브로를 바라보고 이를 왼편에 두고 수리아로 항해하여 두로에서 상륙하니 거기서 배의 짐을 풀려 함이러라 ⁴ 제자들을 찾아 거기서 이레를 머물더니 그 제자들이 성령의 감동으로 바울더러 예루살렘에 들어가지 말라 하더라 ⁵ 이 여러 날을 지낸 후 우리가 떠나갈새 그들이 다 그 처자와 함께 성문 밖까지 전송하거늘 우리가 바닷가에서 무릎을 꿇어 기도하고 ⁶ 서로 작별한 후 우리는 배에 오르고 그들은 집으로 돌아가니라 ⁷ 두로를 떠나 항해를 다 마치고 돌레마이에 이르러 형제들에게 안부를 묻고 그들과 함께 하루를 있다가 ⁸ 이튿날 떠나 가이사랴에 이르러 일곱 집사 중 하나인 전도자 빌립의 집에 들어가서 머무르니라 ⁹ 그에게 딸 넷이 있으니 처녀로 예언하는 자라 ¹⁰ 여러 날 머물러 있더니 아가보라 하는 한 선지자가 유대로부터 내려와 ¹¹ 우리에게 와서 바울의 띠를 가져다가 자기 수족을 잡아매고 말하기를 성령이 말씀하시되 예루살렘에서 유대인들이 이같이 이 띠 임자를 결박하여 이방인의 손에 넘겨 주리라 하거늘 ¹² 우리가 그 말을 듣고 그 곳 사람들과 더불어 바울에게 예루살렘으로 올라가지 말라 권하니 ¹³ 바울이 대답하되 여러분이 어찌하여 울어 내 마음을 상하게 하느냐 나는 주 예수의 이름을 위하여 결박 당할 뿐 아니라 예루살렘에서 죽을 것도 각오하였노라 하니 ¹⁴ 그가 권함을 받지 아니하므로 우리가 주의 뜻대로 이루어지이다 하고 그쳤노라 ¹⁵ 이 여러 날 후에 여장을 꾸려 예루살렘으로 올라갈새 ¹⁶ 가이사랴의 몇 제자가 함께 가며 한 오랜 제자 구브로 사람 나손을 데리고 가니 이는 우리가 그의 집에 머물려 함이라

바울 일행이 에베소 교회 장로들과 작별하고 밀레도를 떠났다(1a절).

'작별하다'(ἀποσπάω)는 떨어지지 않는 발걸음을 겨우 뗐다(tear away)는 뜻이다(Bock). 헤어짐의 안타까움을 감정적으로 표현하는 단어다. 밀레도에서 가이사랴까지는 뱃길로 1,070㎞이며, 이곳에서 예루살렘까지는 내륙으로 100㎞ 거리다(Schnabel). 앞으로 이들은 몇 개의 섬과 항구 도시를 거쳐 가이사랴에 도착할 것이다. 바울 일행은 가이사랴에서 여러 날을 머문 후 예루살렘으로 올라간다. 다음 지도를 참조하라.

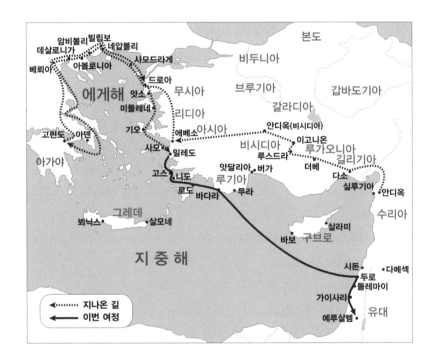

밀레도를 떠난 바울 일행은 곧바로 고스로 갔다(1b절). '고스'(Κῶς, Cos)는 밀레도에서 100㎞ 떨어져 있으며, 배로 하룻길이었다(Bock). 이곳에는 히포크라테스(Hippocrates)가 세운 의과 대학이 있었으며, 유대인도 많이 살고 있었다(Le Cornu & Shulam).

바울 일행은 이튿날 고스를 떠나 로도에 도착했다(1c절). '로도'('Ρόδος,

Rhodes)는 고스에서 150㎞ 거리에 있으며, 해안에서 20㎞ 떨어져 있는 섬이었다(Bock, Longenecker). 로마 제국으로부터 '자유 도시' 지위를 받았으며, 주요 교역항이자 교육의 중심지였다. 키케로(Cicero)와 카이사르(Gaius Julius Caesar)의 멘토였던 아폴로니오스 멀런(Apollonius Molon)이 이 섬에 수사학(Rhetoric) 학교를 세우고 가르쳤다(Le Cornu & Shulam). 유대인도 많이 살았다.

로도를 떠난 일행은 바다라로 갔다(1d절). '바다라'(Πάταρα, Patara)는 로도에서 100㎞ 떨어져 있었으며, 오늘날 튀르키예(터키) 남서쪽 끄트머리 해안에 있는 항구였다. 지중해를 항해하는 큰 배가 주로 들리던 곳으로(Longenecker) 이집트의 곡식을 싣고 알렉산드리아에서 로마까지 가던 배도 이곳에 들렀다(Schnabel, cf. 27:6).

이때까지 바울 일행은 매일 하루 뱃길로 이곳까지 왔다(Schnabel). 이곳 바다라부터는 '에게해'(Aegean Sea) 해안을 따라 항해하지 않고, 넓은 지중해 바다를 남서쪽 방향으로 항해할 것이다. 또한 일행이 탄 배도 큰 상선으로 바뀐다. 바울은 베니게로 건너가는 배를 만나서 승선했다(2절). '베니게'(Φοινίκη, Phoenicia)는 수리아주(州)에 있는 해안 지역으로 대표 도시는 두로(Tyre)였다. 밀레도에서 두로까지는 바람이 잘 불면 일주일 정도 걸렸다(Schnabel).

바울 일행은 바다라를 출발해 구브로를 왼쪽으로 바라보며 수리아로 항해하여 두로에 상륙했다(3a절). 구브로(Κύπρος, Cyprus)는 바나바의 고향이며, 바울이 1차 선교 여행 때 제일 먼저 들린 곳이다. 그때는 바나바와 함께 섬의 북동쪽에 있는 살라미(Salamis)에서 내려 남서쪽에 위치한 바보(Paphos)까지 섬을 횡단하며 전도했는데(cf. 13:5-12), 이번에는 섬을 왼쪽으로 지나친다.

'두로'(Τύρος, Tyre)는 수리아의 대표적인 항구 도시였다. 구약에서는 북쪽으로 40㎞ 떨어져 있는 자매 항구 도시 시돈(Sidon)과 쌍으로 자주 언급된다(대상 22:4; 스 3:7; 렘 25:22; 27:3; 47:4; 겔 27:8; 욜 3:4). 이 두 도시를 중심으로 펼쳐진 해안 지역을 베니게(Phoenicia)라고 했다. 바다라에서 두로까지는 뱃길로 650㎞였으며, 이동하는 데 닷새가 걸렸다(Longenecker, Williams).

두로는 뒤로는 레바논의 울창한 숲을, 앞으로는 지중해를 바라보는 항구였다. 뭍에 도시의 한 부분을 세웠고 조금(약 800m) 떨어진 바다에 있는 섬에 도시의 나머지 부분을 세웠다. 이 섬은 길이 1.5㎞, 넓이 1㎞의 비교적 큰 섬이었다. 뭍에 있는 도시가 침략받으면 두로 주민들이 섬으로 옮겨 가 외부 세력에 대항하는 매우 효과적이고 전략적인 위치를 차지하고 있었다. 두로는 주전 5세기 전까지 페니키아에서 가장 중요한 도시였다.

다윗과 솔로몬 시대 이후로 두로와 이스라엘은 긴밀한 우호 관계를 유지했다. 두로 왕 히람(Hiram)은 항상 다윗을 사랑했다(왕상 5:1). 그는 다윗의 아들 솔로몬과도 계약을 체결했으며(왕상 5:12), 솔로몬이 성전을 짓는 데 많은 도움을 주었다(왕상 5:6ff.). 유일한 갈등은 솔로몬이 성전 건축에 쓰인 자재 비용을 지불하는 과정에서 정당한 대가를 주지 않아 히람의 마음을 상하게 했던 일이다(왕상 9:10ff.).

두로는 여러 가지 수공업이 발전한 곳이었으며, 빌립보의 루디아가 귀족들에게 판매하던 자색 옷감의 염료도 이 지역에서 생산되었다. 오늘날에는 레바논에 속해 있다. 예루살렘은 두로에서 남동쪽으로 160㎞ 떨어져 있다.

배는 짐을 내리고 싣기 위해 일주일간 정박했다. 바울 일행은 두로에 사는 제자들을 찾아가 그들과 함께 일주일 동안 매일 만나 말씀을 나누고 예배했다(4a절, Schnabel). 당시 베니게와 두로에는 유대인이 많이 살고 있었다. 그리스도인들이 이곳에 정착하기 시작한 것은 스데반이 순교한 직후 예루살렘 교회가 박해로 인해 흩어졌을 때다(11:19). 그러므로 바울이 방문했을 때는 이곳에 교회가 세워진 지 20년이 넘은 시점이다(Le Cornu & Shulam, cf. 11:19). 어느 정도 규모의 기독교 공동체가 형성되어 있었을 것으로 추정된다.

과거에 바울은 바나바와 함께 안디옥을 떠나 예루살렘에 방문할 때 베니게에서 형제들을 만나 교제한 적이 있는데(15:3), 그 이후 두로에 사는 그리스도인들이 모이는 장소가 바뀐 것으로 보인다(Longenecker). 그러므로 바울 일행은 제자들을 찾았다. '찾다'(ἀνευρίσκω)는 어디에 있는지 몰라 사람들에게 물어서 위치를 알아냈다는 뜻이다(Bock, Schnabel, cf. BDAG).

함께 일주일 동안 말씀으로 교제하며 지내던 중 두로 형제들이 성령의 감동으로 바울에게 예루살렘으로 가지 말라고 했다(4a절). 성령이 그들에게 바울이 예루살렘에서 겪을 일을 보여 주신 것이다. 그들은 바울이 예루살렘에서 어떤 일을 겪을지 모르고 있다고 생각했다. 그러므로 성령의 계시를 받고 걱정되어 알려 준 것이다(Longenecker).

누가는 바울이 그들의 걱정스러운 말에 어떻게 반응했는지 말하지 않는다. 아마도 바울은 예루살렘에서 무슨 일이 일어날지 모르고 가는 것이 아니라는 사실을 두로 형제들에게 설명했을 것이다. 또한 성령에 매여 끌려가다시피 예루살렘으로 가고 있는 것도 말해 주었을 것이다(20:22). 그러므로 자기가 이 길을 가는 것은 하나님의 뜻을 이루는 것이라는 사실도 말했을 것이다(cf. 19:21; 20:21-22).

바울 일행이 두로에서 지내는 동안 두로 성도들과 많이 가까워졌고, 정도 많이 들었다. 그러므로 이들은 참으로 아쉽고 안타까운 이별을 해야 했다. 바울 일행이 떠나는 날, 두로 형제들이 모두 아내들과 자식들을 데리고 나와 함께 기도하며 작별했다(5-6절). 일상적으로 유대인들은 서서 기도하는데(cf. 막 11:25; 눅 18:11-13) 바울 일행과 그들을 송별하러 나온 형제들 및 가족들은 모두 무릎을 꿇고 기도했다. 무릎을 꿇고 기도하는 것은 간절함과 엄숙함과 진심으로 기도하는 것을 뜻한다(Longenecker). 밀레도에서 에베소 장로들과 작별하던 것과 비슷한 상황이다(cf. 20:36).

바울 일행은 두로를 떠나 돌레마이에 도착했다(7a절). '돌레마이'(Πτολεμαΐς, Ptolemais)는 두로에서 남쪽으로 50㎞ 떨어져 있으며, 배로 10시간 정도 걸렸다(Schnabel). 예루살렘에서 북서쪽으로 130㎞ 떨어져 있으며, 유대인과 그리스도인이 많이 살던 곳이다(Le Cornu & Shulam). 이곳에 있는 교회도 스데반이 순교한 후 세워졌다(cf. 11:19). 구약에서는 돌레마이를 '악고'(Accho)로 부른다(삿 1:31). 오늘날에도 이 이름과 비슷하게 '아크레'(Acre)로 불린다. 이스라엘의 항구 도시인 하이파만(Haifa bay)의 북쪽에 있다. 배는 짐을 내리고 싣기 위해 이곳에서 하룻밤 정박했다.

바울 일행은 이곳에서도 형제들과 하루 동안 교제했다(7b절). 배가 두로를 떠나 10시간 정도 걸려 늦은 오후에 도착했다가 다음 날 떠났으니 그다지 많은 시간은 아니었을 것이다. 그러므로 바울은 형제들에게 자기의 선교 여행에 대해 말하면서 복음이 로마 제국에 얼마나 빠르게 전파되고 있는지 일종의 '선교 보고'를 했을 것이다.

다음 날 그들은 돌레마이를 떠나 가이사랴에 도착했다(8a절). '가이사랴'(Καισάρεια, Caesarea Maritima)는 돌레마이에서 50㎞ 남쪽에 있다(Longenecker, Schnabel). 갈멜산 남쪽 지역에서 가장 중요한 항구이며, 유럽에서 배를 타고 지중해를 지나 예루살렘으로 가는 사람들은 가이사랴에서 내려 걸어서 예루살렘까지 갔다.

가이사랴에는 '거의 모든 신이 모여 있었다'(Le Cornu & Shulam). 헤롯 대왕(Herod the Great)이 세운 항구였으며, 누가는 사도행전에서 가이사랴를 자주 언급한다(8:40; 9:30; 10:1, 24; 11:11; 12:19; 18:22; 21:16; 23:23; 25:1, 4, 6, 13).

바울 일행이 돌레마이에서 가이사랴까지 걸어서 갔는지, 혹은 배를 타고 갔는지 확실하지 않다. 7절은 돌레마이에서 항해를 다 마쳤다고 하는데, '마치다'(διανύω)는 '끝나다' 혹은 '계속하다'는 의미를 지닌 단어이기 때문이다(TDNT). 이 단어가 신약에서 단 한 차례 사용되

279

는 것도 불확실성을 더한다. 그러므로 바울 일행이 돌레마이에서 항해를 마치고 이곳부터 가이사랴까지 걸어서 갔다고 주장하는 이들이 있다(Bruce). 그러나 바울 일행이 두로에서 배가 다시 떠날 때까지 일주일을 기다렸다가 고작 하루 더 배를 타고 육로를 이용했을 것 같지는 않다(Longenecker, Marshall). 이 단어를 '두로에서 돌레마이 구간 항해를 마치고'로 해석하면, 에게해에서 시작된 긴 여정을 하룻길 남기고 조기에 마친 것으로 해석할 필요가 없다.

가이사랴에 도착한 바울 일행은 전도자 빌립의 집에 머물렀다(8절). 빌립은 사도들이 헬라파 유대인 과부들을 도우라며 세운 일곱 집사 중 하나다(6:5). 또한 그는 전도자며(8:4-9, 40), 에디오피아 내시에게 예수님에 관한 이사야서 말씀을 설명해 주고 세례를 베푼 사람이다(cf. 8:26-39). 그때부터 지금까지 20여 년 동안 그는 가이사랴에 정착해 사역했다(cf. 8:40).

빌립에게는 딸이 넷 있었는데, 모두 처녀였으며 예언자였다(9절; cf. 2:17-18; 고전 11:5). 그들이 '처녀'(παρθένος)라는 것은 모두 열여섯 살 이하였다는 의미로 해석되기도 한다(Keener). 대부분 학자는 누가가 왜 이런 정보를 제공하는지 도무지 알 수 없다는 반응을 보인다. 초대교회에서 예언은 가장 귀하게 여겨지던 은사였다(cf. 고전 14:5; 39). 그러므로 네 딸이 모두 예언자라는 것은 하나님이 빌립을 특별히 축복하셨다는 의미일 수 있다.

한편, 누가가 예수님의 삶과 가르침과 초대교회에 대한 정보를 이들에게서 얻은 것을 암시한다고 하는 이들도 있다. 훗날 기독교 역사학자 에우세비우스(Eusebius)는 빌립의 가족이 아시아로 이주했으며, 히에라볼리(Hierapolis, cf. 골 4:13)에 정착해 살다가 죽은 후 그곳에 묻혔다는 말을 남겼다. 이때 빌립의 딸들은 히에라볼리의 주교 '파피아스'(Papias, 주후 60-130년)에게 예수님과 교회에 대해 많은 것을 말해 주었고, 파피아스는 그들에게 얻은 정보를 바탕으로 다섯 권의 책(The Exposition of the Sayings of the Lord)을 남겼다고 한다.

바울 일행은 빌립의 집에서 여러 날을 머물렀다(10a절). 그동안 참으로 먼 바닷길을 따라 오순절 전에 예루살렘에 도착하기 위해 최대한 신속하게 움직였는데, 이제부터는 가이사랴에서 예루살렘까지 육로로 100㎞만 가면 된다. 그러므로 바울 일행은 스케줄을 조정해 빌립의 집에서 충분히 휴식을 취한 것이다.

이때 아가보라 하는 선지자가 그들을 만나러 유대로부터 내려왔다(10b절). '아가보'("Αγαβος, Agabus)는 옛적에 안디옥 교회에서 예루살렘과 유대에 기근이 임할 것을 예언한 적이 있다(11:27-30). 그때 안디옥 교회는 구제 헌금을 모아 바울과 바나바 편으로 예루살렘 교회 장로들에게 전해 주었다.

아가보가 이번에는 행동을 통해 바울이 예루살렘에서 겪을 일을 예언했다. '행동 예언'(acted out/acting prophecy)은 예언의 대상이 사용하는 물건 등을 이용해 앞으로 일어날 일을 예고하는 일종의 '실물 교수'(object lesson)다. 아가보는 바울의 띠를 가져가 자기 수족을 잡아매며 "성령이 말씀하시되 예루살렘에서 유대인들이 이같이 이 띠 임자를 결박하여 이방인의 손에 넘겨 주리라"라고 말했다(11절). 바울이 예루살렘에 올라가면 유대인들이 그를 잡아 이방인(로마 관료들)에게 넘겨줄 것이라는 뜻이다.

아가보는 바울에게 있을 일을 예언하기만 했지 예루살렘으로 가지 말라고는 하지 않았다(Stott). 선지자는 예언만 할 뿐, 그 예언에 대해 어떻게 반응할 것인가는 선포된 예언을 들은 사람들이 결정할 몫이다(Gaventa). 누가를 포함해 바울과 함께 먼 길을 온 일행과 빌립의 집에 모인 사람들은 바울에게 예루살렘으로 올라가지 말 것을 권했다(12절). '권했다'(παρεκαλοῦμεν)는 미완료형으로, 예루살렘으로 가려는 바울의 계획을 한참 동안 만류했다는 뜻이다.

그들은 바울이 이 일에 대해 에베소 장로들에게 말하는 것을 이미 들었다(cf. 20:22-24). 그러나 그때는 한참 후에 있을 일로 느껴졌지만, 이제 예루살렘 근처에 도착하고 나니 실감이 난다. 게다가 예루살렘 교회를 대표하는 예언자가 와서 말해 주니 더 피부로 느껴진다. 그러므로 그들은 울며 바울을 말렸다(cf. 13절). 모두 바울 같은 하나님의 종과 이렇게 헤어질 수는 없다며 간절히 말렸을 것이다. 그들은 아직 바울에게 예루살렘으로 가거나 가지 않을 선택의 여지가 남아 있다고 생각한다(Bock, Stott).

예수님이 자신의 죽음에 관해 하신 말씀이 생각난다(눅 18:32; cf. 마 20:18-19). 바울은 가지 말라며 눈물로 말리는 사람들이라도 있다. 말리기는커녕 예루살렘에서 무슨 일이 일어날지 알지도 못한 제자들을 두셨던 예수님은 그 길을 가시면서 얼마나 외로우셨을까?

제발 예루살렘에 가지 말라며 눈물로 애원하는 사람들을 보니 바울도 마음이 많이 상했다(13a절). '상하다'(συνθρύπτω)는 빨래할 때 때가 빠지도록 빨랫방망이로 옷을 때리는 행동을 묘사한다(Polhill). 예루살렘으로 올라가지 말라는 친지들과 동역자들의 말이 바울의 마음을 참으로 아프게 한 것이다.

바울은 예루살렘으로 가는 길이 참으로 힘들고 어렵지만 반드시 이 길을 가야 한다고 한다. 그는 "주 예수의 이름을 위하여 결박 당할 뿐 아니라 예루살렘에서 죽을 것도 각오하였노라"(13b절)라고 했다(13b절). 바울은 다메섹으로 가는 길에 예수님을 만난 후 이때까지 주님의 복음을 전파했다. 이제 그는 자기의 생명, 곧 순교자의 피로 자신이 전파한 그리스도의 복음을 축복할 일만 남은 것을 직감하고 있다.

바울이 의지를 굽히지 않고 계속 예루살렘으로 가겠다고 하자 눈물로 호소하던 사람들이 마음을 접었다. 바울이 예루살렘으로 가서 십자가를 지려 하는 것은 성령의 인도하심을 따르는 일임을 인정한 것이다. 그들은 바울이 조금 더 자기들 곁에 있어 주기를 바라는 인간적인 정과 안타까움을 뒤로하고 그를 하나님께 온전히 드리기로 했다. 그러므로 그들은 "주의 뜻대로 이루어지이다"라고 말한 뒤 더는 바울을 붙잡으려 하지 않았다(14절).

이 말 또한 예수님이 겟세마네 동산에서 하신 말씀을 생각나게 한다: "아버지여 만일 아버지의 뜻이거든 이 잔을 내게서 옮기시옵소서 그러나 내 원대로 마시옵고 아버지의 원대로 되기를 원하나이다"(눅 22:42; cf. 롬 15:30-31; 벧전 4:14). 바울의 경우 그를 아끼고 사랑하는 사람들이 그를 축복하며 이렇게 말했지만, 우리 주님은 잠을 이기지 못해 쓰러져 자는 제자들 곁에서 외로이 이 말씀을 하시고 십자가로 걸어가셨다. 그저 예수님이 겪으셨을 외로움을 생각하면 가슴이 에인다.

빌립의 집에서 충분히 휴식한 바울 일행이 예루살렘을 향해 떠날 때가 되었다(15절). 가이사랴에서 예루살렘은 남동쪽으로 100㎞ 떨어져 있다(ABD). 예루살렘에서 바울로 인해 소요 사태가 일어나면 로마인들은 그를 가이사랴로 끌고 와 재판할 것이다. 바울은 그들의 판결에 불복해 항소할 것이며, 죄인이 되어 이곳에서 배로 로마까지 이송될 것이다. 로마 시민으로서 가이사에게 재판받겠다고 할 것이기 때문이다.

가이사랴에서 예루살렘까지는 걸어서 가면 나흘, 말을 타고 가면 이틀 정도 걸린다(Schnabel). 바울을 노리는 유대인이 곳곳에 도사리고 있다는 점을 생각할 때(cf. 고후 11:23-29), 그들은 최대한 빨리 이 위험한 여정을 마쳐야 한다(Witherington). 그러므로 신속히 예루살렘에 입성하기 위해 말을 타고 갔을 것이다(Bruce, Marshall, Peterson). 가이사랴의 몇몇 제자가 바울 일행과 동행했다(16a절).

또한 바울 일행은 오랜 제자 구브로 사람 나손을 데려갔다. '나손'(Μνάσων, Mnason)은 예루살렘에 집이 있었고, 일행은 예루살렘에 도착해 그의 집에 머물고자 했다(16b절). 누가가 그를 '오랜 제자'(ἀρχαίῳ μαθητῇ)라고 하는 것은 아마도 그가 예수님께 직접 복음을 듣고 그때부터 제자가 되었기 때문이다(Longenecker, Schnabel).

이 말씀은 성령의 계시와 하나님의 뜻은 다를 수 있다고 한다. 두로에 사는 형제들과 빌립의 집에 모인 사람들은 계시와 예언을 통해 바울이 예루살렘에 도착한 뒤 해를 당할 것을 알았다. 그러므로 바울에게 예루살렘에 가면 큰 해를 당할 것이니 올라가지 말라며 눈물로 호소했다. 그러나 바울은 예루살렘으로 올라가서 십자가를 지는 것은 하나님이 그를 위해 정해 놓으신 일이므로 가야 한다고 했다. 성령이 보여 주시는 것과 하나님이 계획하신 일이 다를 수 있다는 것이다. 그러므로 하나님의 뜻을 구할 때는 신중에 신중을 기해야 한다.

살면서 어떤 이슈에 대해 기도하다 보면 성령이 여러 가지 좋은 생각과 방법을 떠올리게 하실 수 있다. 그러나 중요한 것은 하나님의 뜻을 분별하는 것이다. 심지어 모든 좋은 생각과 방법 중 하나님의 뜻이 없을 수도 있다. 그러므로 하나님의 뜻을 파악하려면 정에 이끌려서는 안 된다. 또한 기도했다는 이유로 머리에 떠오르는 생각을 모두 하나님의 뜻으로 여기는 것도 매우 위험하다. 냉철한 마음으로 하나님의 뜻을 구해야 한다.

또한 아무리 성령이 말씀하시고 계시하셨다고 확신하더라도 다른 사람의 생각을 존중해 주어야 한다. 두로와 빌립의 집에 모인 성도들은 모두 성령의 계시를 통해 바울이 예루살렘으로 올라가면 큰 곤욕을 치르게 된다며 만류했다. 그러나 바울은 예루살렘으로 가는 것은 자기에게 주어진 선택이 아니므로 죽을 각오로 간다고 했다. 이에 사람들은 바울의 생각을 존중해 더는 떼를 쓰지 않았다.

바울과 실라가 안디옥에서 시작한 3차 선교 여행이 예루살렘에 도착함으로 마무리되었다(cf. 18:22). 바울이 3차 전도 여행 중 방문한 곳과 경로를 지도에 표시하면 다음과 같다.

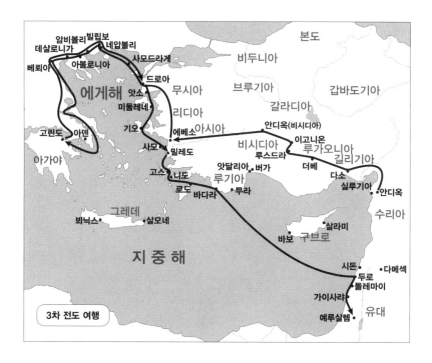

이번 여행에서 그들이 방문한 도시와 지역은 다음과 같다(Bock).

도시	지역
이름을 알려 주지 않은 도시들	갈라디아
이름을 알려 주지 않은 도시들	브루기아
에베소	루디아
이름을 알려 주지 않은 도시들	마게도냐와 헬라(그리스)
빌립보	마게도냐
드로아	무시아
앗소	무시아
미둘레네	레스보
이름을 알려 주지 않은 도시들	기오
이름을 알려 주지 않은 도시들	사모
밀레도	이오니아

285

고스	고스
로도	로도
바다라	루기아
두로	베니게
돌레마이	베니게
가이사랴	유대
예루살렘	유대

VII. 로마

(21:17-28:31)

드디어 사도행전이 기록하는 바울의 마지막 '선교 여행'이 시작되려고
한다. 그는 예루살렘을 거쳐 로마로 가고자 한다(19:21). 로마를 기점
으로 삼아 스페인 지역을 선교하기 위해서다(cf. 롬 15:23-33). 그러므로
바울은 예루살렘을 거쳐 로마에 가는 것을 하나님의 뜻으로 알고 있다
(cf. 20:23; 21:11, 13; 23:11; 27:23-25).

그러나 바울은 예루살렘에 도착하자마자 감옥에 감금된다. 바울은
죄인이 되어 로마로 이송될 것이며, 로마에서 순교하게 된다. 하나님
도 그가 로마로 가는 것을 원하셨지만, 바울이 생각한 것과는 다른 이
유로 그곳으로 보내셨다. 바울이 어떻게 예루살렘에서 로마로 가서 복
음을 전파하게 되었는지를 회고하는 이 섹션은 다음과 같이 구분된다.

A. 예루살렘(21:17-23:35)
B. 가이사랴(24:1-26:32)
C. 멀고 먼 로마로 가는 길(27:1-28:16)
D. 로마에 복음을 전파함(28:17-31)

VII. 로마(21:17-28:31)

A. 예루살렘(21:17-23:35)

본 텍스트는 12일 동안 예루살렘에서 바울에게 있었던 일을 기록한다 (cf. 24:11). 누가가 24:24-26:32에서 2년이 넘는 기간에 있었던 일을 회고하는 것에 비하면 매우 자세한 묘사다(Bruce, Witherington). 이 책의 저자인 누가에게도 바울이 예루살렘에서 경험한 일이 매우 중요하기 때문에 상세하게 기록한 것이다.

바울은 예루살렘에 도착하자마자 사도 야고보를 만난 후 성전에서 유대인들에게 잡혀 감금된다. 유대인들이 그에게 씌운 죄는 이방인들을 불법적으로 성전에 데리고 들어왔다는 것이다(21:27-35). 바울은 회중 앞에서, 또한 예루살렘의 치안을 맡은 로마 군인들 앞에서 자기 자신을 변호하지만 이미 그를 해하려고 마음먹은 무리를 오히려 자극하게 된다(21:36-22:21). 이제부터 예루살렘에서 일어난 일들이 매우 긴박하게 돌아간다. 바울이 가이사랴에 있는 로마 총독 벨릭스에게 보내질 때까지(23:23-35) 12일간 예루살렘에서 있었던 일을 회고하는 이 섹션은 다음과 같이 구분된다.

A. 야고보와 장로들(21:17-26)
B. 성전에서 잡힘(21:27-36)
C. 자신을 변호함(21:37-22:29)
D. 공회 앞에 섬(22:30-23:11)
E. 암살 음모가 드러남(23:12-22)
F. 벨릭스 총독(23:23-35)

1. 야고보와 장로들(21:17-26)

[17] 예루살렘에 이르니 형제들이 우리를 기꺼이 영접하거늘 [18] 그 이튿날 바울이 우리와 함께 야고보에게로 들어가니 장로들도 다 있더라 [19] 바울이 문안하고 하나님이 자기의 사역으로 말미암아 이방 가운데서 하신 일을 낱낱이 말하니 [20] 그들이 듣고 하나님께 영광을 돌리고 바울더러 이르되 형제여 그대도 보는 바에 유대인 중에 믿는 자 수만 명이 있으니 다 율법에 열성을 가진 자라 [21] 네가 이방에 있는 모든 유대인을 가르치되 모세를 배반하고 아들들에게 할례를 행하지 말고 또 관습을 지키지 말라 한다 함을 그들이 들었도다 [22] 그러면 어찌할꼬 그들이 필연 그대가 온 것을 들으리니 [23] 우리가 말하는 이대로 하라 서원한 네 사람이 우리에게 있으니 [24] 그들을 데리고 함께 결례를 행하고 그들을 위하여 비용을 내어 머리를 깎게 하라 그러면 모든 사람이 그대에 대하여 들은 것이 사실이 아니고 그대도 율법을 지켜 행하는 줄로 알 것이라 [25] 주를 믿는 이방인에게는 우리가 우상의 제물과 피와 목매어 죽인 것과 음행을 피할 것을 결의하고 편지하였느니라 하니 [26] 바울이 이 사람들을 데리고 이튿날 그들과 함께 결례를 행하고 성전에 들어가서 각 사람을 위하여 제사 드릴 때까지의 결례 기간이 만기된 것을 신고하니라

바울 일행이 예루살렘을 방문한 주후 57년에는 오순절이 5월 29일이었다는 사실을 고려할 때(Schnabel), 그들은 같은 해 5월 중순쯤 도성에 도착했을 것이다(cf. 20:16). 이때는 예루살렘이 온갖 정치적인 불안감, 곧 '노예근성'을 가진 로마 총독 벨릭스로 인해 불거진 로마의 통치에 대한 반감과 유대인들의 민족주의가 커지고 있는 시대였다(Bock). 그러므로 대부분 유대인이 이방인과 그들의 유대교 개종을 의심의 눈으로 보았다.

바울 일행은 예루살렘 형제들의 따뜻한 환영을 받았다(17절). 이튿날

그들은 야고보와 예루살렘 교회 장로들을 찾아갔다(18절; cf. 11:27-30). 야고보는 사도들이 모두 예루살렘을 떠난 후 교회의 지도자로 자리매김한 지 오래다. 일행이 야고보와 헬라파 장로들만 만났는지(Marshall) 혹은 온 교회 대표들을 만났는지(Larkin) 확실하지 않지만, 공식적인 자리였다.

바울은 그들에게 '선교 보고'를 했다(19절; cf. 14:27; 15:3-4, 12). 그가 마지막으로 예루살렘을 방문했을 때는 5년 전 실라와 함께 2차 선교 여행(주후 49-52년)을 마무리할 때였다(Schnabel, 19:18-22). 바울은 그때 안디옥 교회로 내려가 한동안 그곳에 머물다가 또 한 차례(3차) 선교 여행을 다녀오는 길이다. 그러므로 지난 5년 동안 있었던 일을 야고보와 장로들에게 보고했다. 바울이 여러 이방인 교회의 대표들(20:4)과 함께 와서 각 교회에서 모은 헌금도 함께 전달했으므로(고전 16:1-2; 고후 8-9장; cf. 행 24:17) 더욱 뜻깊은 자리였을 것이다.

누가는 바울이 여러 교회의 대표와 함께 예루살렘에 온 것과 예루살렘 교회에 모금한 헌금을 전달한 일을 언급하지 않는다. 아마도 이때 예루살렘 상황이 매우 엄중하고 심각했기 때문일 것이다(Marshall, Witherington). 특히 바울은 지금 매우 위험한 상황에 처해 있다. 유대인들이 그의 생명을 노리고 있고, 유대인 그리스도인들도 그의 선교 사역에 반감을 품고 있는 상황이다. 그러므로 누가는 상황의 심각성을 고려해 최대한 바울에게만 초점을 맞추고자 '우리' 텍스트 또한 18절을 끝으로 멈추었다가 27:1에 가서야 다시 시작한다. 그는 바울을 곁에서 지켜보는 '증인'으로 그의 이야기를 진행한다.

바울은 유대인들에게 잡히지 않더라도 이번 예루살렘 방문이 마지막이라 생각했을 것이다(Schnabel). 그는 로마에 가고자 했다(cf. 19:21). 그곳을 근거지로 삼아 스페인에 복음을 전하고 싶었기 때문이다(cf. 롬 15:24-28).

야고보와 장로들은 그의 보고를 듣고 하나님께 영광을 돌렸다(20a

절). 바울이 이방인 선교를 통해 놀라운 열매를 맺은 것은 자신이 한 일이 아니라 하나님이 자기를 통해 이루신 일이라고 보고했기 때문이다(cf. 15:12, 14; 20:24). 또한 야고보와 장로들은 그들에게 선교 보고를 하는 바울이 한때 교회와 그리스도인을 박해하던 사람이었다는 사실을 생각하며, 하나님이 거두신 가장 확실하고 놀라운 열매는 바로 바울이라고 생각했을 것이다.

그들은 바울을 '형제'(ἀδελφός)라고 부르며 당면한 현안에 대해 말했다(20b절). 어떠한 거부감 없이 바울을 그들 중 하나로 받아들인 것이다. 장로들은 바울이 이방인 가운데 참으로 놀라운 사역을 함으로써 많은 열매를 거둔 것에 감사하면서, 또한 교회 안에 유대인 그리스도인이 수만 명에 이른다고 말했다(cf. 2:41; 4:4; 6:7). 그들은 모두 율법에 열성을 가진 그리스도인이다. 하나님의 구원을 율법을 통해 얻는 것은 아니지만, 유대인으로서 율법과 전통으로 지키는 것을 소중히 여기는 사람들이다.

예루살렘에 사는 유대인 그리스도인들은 율법과 유대교 전통을 고수하는 유대교 사람들, 그리고 이방인들은 유대인의 율법을 따를 필요가 없다는 교회 방침과 선교 정책 사이에 끼어 난처한 시대를 살고 있다(cf. Polhill). 유대인의 눈치를 보지 않을 수 없는 시대와 장소에 살고 있기 때문이다. 더욱이 예루살렘에 사는 유대인 그리스도인들은 스데반이 순교한 후 예루살렘에서 쫓겨난 경험이 있기 때문에 율법은 그들에게 상당히 예민한 이슈였다.

예루살렘에 사는 유대인 그리스도인들은 바울의 이방인 선교에 대해서도 들었다. 그러나 그들이 들은 것은 왜곡된 소문이며, 바울을 비방하기 위해 유대인들이 악의적으로 퍼트린 루머였다. 바울이 선교하면서 이방인뿐 아니라 유대인에게도 율법을 지키지 말고 할례를 행하지 말라고 가르친다는 것이다(21절). 이로 인해 많은 유대인 그리스도인이 바울에 대해 매우 불편함을 느끼고 있다. 심지어 그들은 바울이 모세를 배반했다는 말까지 들었다. '배반'(ἀποστασία)은 '배교, 변절'(apostasy)을 뜻하는 매우 강력한 표현이다(Barrett, cf. 수 22:22; 대하 29:19).

바울은 유대인에게 할례를 행하지 말고 율법을 지키지 말라고 한 적이 없다. 이러한 가르침은 오직 이방인에게만 적용되는 원칙이며, 이미 예루살렘 공의회에서 사도들과 장로들이 결정해서 편지로 문서화한 사안이다(cf. 15:19-21). 바울은 이방인에게는 이렇게 가르치지만, 본인은 유대인으로서 율법을 철저하게 지키며 살아왔다. 디모데를 처음 만났을 때 그의 어머니가 유대인이므로 할례를 받게 했으며(16:3), 겐그레아에서는 서원을 마무리하기 위해 머리를 깎았다(18:18).

야고보와 장로들은 바울이 어떻게 선교하고 살아왔는지 익히 알고 있다. 그러므로 그들은 바울에 대해 추호도 의심하지 않는다. 그러나 왜곡된 소문을 접한 유대인 그리스도인들에게는 바울이 실제로 어떻게 살아왔는지 중요하지 않다. 대부분은 사실 여부를 생각해 보지 않고 헛소문을 사실로 단정하기 때문이다. 게다가 그들은 바울을 만나 본 적도 없기에 바울을 모른다. 그에 대한 나쁜 소문만 알고 있다.

문제는 지금부터다. 바울에 대해 부정적인 유대인 그리스도인들이 그가 예루살렘에 왔다는 소식을 곧 접하게 될 것이며, 그들 중에 분명 시끄럽게 할 자들이 있을 것이기 때문이다(22절). 그러므로 야고보와 장로들은 그들의 오해와 불신을 잠재우기 위해 바울에게 결례 행할 것을 제안한다(23-24a절). '결례'(ἁγνίζω)는 정결 예식을 의미한다. 예루살렘에 있는 유대인 그리스도인 중 네 명이 서원 중에 있으니 그들과 함께 성전에 가서 서원을 마무리하는 예식을 치르고, 그들의 서원 제물도 바울이 부담하라는 것이다. 이렇게 하면 바울이 모세의 가르침을 배반한 적도, 율법을 등한시한 적도 없다는 사실을 알게 될 것이므로, 그들이 들은 소문이 모두 '가짜 뉴스'라는 것을 깨닫게 될 것이라는 뜻이다.

바울이 결례를 해야 할 이유가 무엇인가에 대해 학자들은 매우 다양한 추측을 내 놓았다(Barrett, Bruce, Fitzmyer, Haenchen, Le Cornu & Shulam, Longenecker, Marshall, Schneider). 가장 설득력 있어 보이는 것은 바울이 해외에서 왔기 때문에 일주일 동안 결례를 행하는 것으로 해석하는 것이다(Haenchen, Longenecker, Marshall). 바울은 먼저 성전에 가서 자기가 해외에 다녀왔다는 것을 제사장에게 보고하고 일주일 동안 진행되는 예식을 지내야 한다. 또한 그는 서원을 마무리하는 네 명의 제물도 자기가 후원할 것을 알려야 한다(Longenecker). 3일째와 7일째 되는 날에는 제사장이 그에게 물을 뿌릴 것이며, 7일째 되는 날에는 제물을 드릴 것이다(민 19:12). 바울은 자신도 율법을 철저하게 지키는 사람이므로 그들이 들은 소문처럼 유대인에게 할례를 받지 말고 율법을 지키지 말라고 한 적이 없다는 것을 공개적으로 드러내야 한다.

야고보와 장로들은 바울에게 이렇게 제안하면서도 이방인에 대한 교회의 정책은 바뀐 적이 없다고 한다. 이방인이 그리스도인이 되기 위해 유대인의 할례와 율법을 지킬 필요는 없으며 다만 유대인을 배려하는 차원에서 우상의 제물과 피와 목매어 죽은 것과 음행을 피하라고 써 준 편지가 아직도 유효하다고 한다(25절; cf. 15:19-21). 이방인들이 이러한 지침을 따라 주면 교회가 유대인에게 덜 공격받을 것이다.

바울은 야고보와 장로들의 제안을 기꺼이 받아들였다. 그는 바로 다음 날 네 사람을 데리고 성전으로 가서 일주일 동안 진행되는 예식을 시작했다. 결례 기간이 끝나는 날 자신과 네 명을 위해 준비한 제물도 바칠 것이다. 바울의 이러한 행동은 자신이 고린도 성도들에게 준 가르침을 스스로 실천하는 일이다.

> 유대인들에게 내가 유대인과 같이 된 것은 유대인들을 얻고자 함이요 율법 아래에 있는 자들에게는 내가 율법 아래에 있지 아니하나 율법 아래에 있는 자 같이 된 것은 율법 아래에 있는 자들을 얻고자 함이요 율법 없는 자에게는 내가 하나님께는 율법 없는 자가 아니요 도리어 그리스도의 율

법 아래에 있는 자이나 율법 없는 자와 같이 된 것은 율법 없는 자들을 얻고자 함이라(고전 9:20-21).

이 말씀은 복음을 훼손하는 것이 아니라면, 다른 사람들이 예민하게 생각하는 이슈에 대해 융통성을 가지고 배려해 주는 것이 바람직하다고 한다. 야고보와 장로들과 바울은 사람이 하나님의 구원에 이르는 일에 할례와 율법이 필요 없다는 사실을 잘 안다. 그럼에도 불구하고 바울에게 율법에 따라 결례를 행할 것을 부탁했고, 바울은 흔쾌히 그들의 부탁을 실천했다. 이는 아직 신앙이 충분히 자라지 않았거나, 오랫동안 지켜 왔던 율법과 전통을 버리는 것을 어려워하는 유대인 성도들을 배려하는 차원에서 한 일이었다. 또한 아직 기독교와 유대교가 완전히 분리되지 않은 상황에서 필요 없는 편견과 공격으로부터 교회를 보호하는 일이기도 했다.

종종 '진리가 비진리와 함께할 수 없다'라는 말을 듣곤 한다. 그럴싸한 말이지만, 지나치게 배타적이고 폐쇄적인 말일 수 있다. 예를 들어, 가난한 자를 돕고 약자를 배려하는 사회를 만들어 가는 일에 교단적 차이를 접고 함께 연합해 일할 수 있다. 동성애나 낙태를 반대하는 일에도 같은 입장을 지향하는 다른 종파와 함께할 수 있다. 복음과 진리를 훼손하지 않는다면 말이다.

우리에게 자유가 있다고 해서 무분별하게 사용하고 주장한다면 오히려 덕이 안 되고 해가 될 수 있다. 바울은 그 누구보다도 예수님이 죽으심으로써 그리스도인에게 참 자유를 주셨다는 것을 잘 안다. 그러나 그는 자기 자유가 남에게 해가 된다면 자유의 사용을 제한할 용의가 있었다. 참으로 자유로웠던 바울은 자기 자유의 노예가 되지 않았다(Stott).

2. 성전에서 잡힘(21:27-36)

[27] 그 이레가 거의 차매 아시아로부터 온 유대인들이 성전에서 바울을 보고 모든 무리를 충동하여 그를 붙들고 [28] 외치되 이스라엘 사람들아 도우라 이 사람은 각처에서 우리 백성과 율법과 이 곳을 비방하여 모든 사람을 가르치는 그 자인데 또 헬라인을 데리고 성전에 들어가서 이 거룩한 곳을 더럽혔다 하니 [29] 이는 그들이 전에 에베소 사람 드로비모가 바울과 함께 시내에 있음을 보고 바울이 그를 성전에 데리고 들어간 줄로 생각함이러라 [30] 온 성이 소동하여 백성이 달려와 모여 바울을 잡아 성전 밖으로 끌고 나가니 문들이 곧 닫히더라 [31] 그들이 그를 죽이려 할 때에 온 예루살렘이 요란하다는 소문이 군대의 천부장에게 들리매 [32] 그가 급히 군인들과 백부장들을 거느리고 달려 내려가니 그들이 천부장과 군인들을 보고 바울 치기를 그치는지라 [33] 이에 천부장이 가까이 가서 바울을 잡아 두 쇠사슬로 결박하라 명하고 그가 누구이며 그가 무슨 일을 하였느냐 물으니 [34] 무리 가운데서 어떤 이는 이런 말로, 어떤 이는 저런 말로 소리 치거늘 천부장이 소동으로 말미암아 진상을 알 수 없어 그를 영내로 데려가라 명하니라 [35] 바울이 층대에 이를 때에 무리의 폭행으로 말미암아 군사들에게 들려가니 [36] 이는 백성의 무리가 그를 없이하자고 외치며 따라 감이러라

바울은 사람들에게서 사랑과 미움을 불러일으키는 놀라운 능력을 지녔다. 에베소 장로들과 두로 형제들과 빌립의 집에서 만난 사람들은 그를 참으로 사랑하고 염려한 나머지 울며 예루살렘으로 올라가지 말 것을 호소했다. 반면에 아시아와 마게도냐와 헬라 여러 도시의 유대인들은 그를 증오한 나머지 기회만 되면 죽이려 했다. 이번에도 유대인들이 성전에서 예배하고 있던 바울을 끌어내 죽이려 한다. 유대인의 수가 워낙 많아 이번에는 형제들이 그를 죽음에서 구할 수 없다. 그러

므로 하나님은 로마 군대를 이용해 그를 유대인들의 손에서 구해 내신다. 하나님은 아직 바울의 죽음을 허락하실 수 없다. 바울은 로마를 보아야 하기 때문이다(cf. 19:21).

바울이 결례를 행한 일주일이 거의 끝나갈 무렵이 되었다. 그동안 바울은 '여자들의 뜰'에 있는 '나실인 방'에서 제사장의 관리를 받아 왔다. 7일째 되는 날 제사장이 그에게 물을 뿌리면 성전 안에 있는 '이스라엘의 홀'에 들어갈 수 있다. 만일 제사장이 그에게 물을 뿌리는 일이 '제사장의 홀'에서 이루어졌다면 일주일 중 3일과 7일째 되는 날에는 그곳까지 들어갔을 것이다. 이 일주일 중 다른 때는 '여자들의 뜰'만 드나들 수 있었다(299쪽 성전 그림 참조, cf. Le Cornu & Shulam, Longenecker).

아시아에서 온 유대인들이 성전 안에서 서성이는 바울을 보고 무리를 충동해 그를 붙잡았다(27절). 그들이 바울을 성전 밖으로 끌어내는 것으로 보아(cf. 30절) 아마도 그는 일주일 결례 중 마지막 단계를 위해 성전 안으로 들어가 제사장에게 물 뿌림을 받은 것으로 보인다(cf. Schnabel).

이때는 오순절이라 세상 각지에서 수많은 디아스포라 유대인이 예루살렘에 와 있었다(cf. 20:16). 바울을 알아본 아시아 유대인들이 에베소 사람 드로비모(cf. 20:4)도 알아보는 것으로 보아 분명 에베소에서 온 자들이다. 이들은 에베소 회당에서 3개월간 가르치던 바울을 두란노 서원으로 옮겨 가게 한 유대인들이었을 것이다(Schnabel, cf. 19:8-9).

그들은 성전에 모여 있는 이스라엘 사람들에게 바울을 붙잡는 일을 도우라며 바울이 백성, 율법, 성전 등 세 가지를 비방했다고 한다(28a절). 그들이 제일 먼저 '백성'(유대인)을 언급하는 것으로 보아 바울이 유대교보다 유대인의 역사와 전통을 비방하는 것이 더 큰 문제라며 분노하고 있다. 그들의 폭력은 민족주의적인 생각을 최우선 명분으로 삼고 있다. 하지만 바울은 이런 일을 한 적이 없다. 유대인들이 옛적에 스데반을 돌로 쳐 죽일 때도 비슷한 죄목을 뒤집어씌웠다(6:11-14).

　그러나 이런 죄목만 가지고는 바울을 죽일 수 없다. 그러므로 그들은 거짓말을 더한다. 바울이 헬라인들을 데리고 성전에 들어가 성전을 더럽혔다는 것이다(28b절). 어떤 이들은 이 사람들이 예루살렘 거리에서 바울과 드로비모가 함께 있는 것을 보고(29절) 오해한 것이라고 하는데(Bock), 절대 오해가 아니다. 그들이 악의적으로 계획한 일이다(cf. Bruce). 만일 오해라면 바울에게 먼저 사실 여부를 물어보았을 것이다. 그들은 '묻지도 않고, 따지지도 않고' 죄를 뒤집어씌워 바울을 죽이려 한다. 아마도 예루살렘 거리에서 바울을 목격한 다음, 지금은 오순절을 기념하는 때니 언젠가는 바울이 성전에 나타날 것으로 생각해 뒤집어씌울 죄목을 생각해 놓고 잠복하고 있다가 그를 붙잡은 것이다.

　바울이 드로비모나 함께 예루살렘을 찾은 이방인 성도들을 데리고 성전 안에 들어갈 리가 없다. 만일 바울이 그들을 성전에 데리고 들어갔다면 유대인들이 현행범으로 붙잡았을 것이다. 게다가 야고보와 장로들이 유대인 그리스도인들이 바울에 대해 상당히 예민해져 있다는 사실을 알려 준 마당에 바울이 이런 일을 할 리는 더더욱 없다. 이번에도 그는 홀로 성전을 찾았다. 그러므로 그들은 거짓말하고 있다.

　당시 유대인은 이방인이 성전 안에 들어가는 것을 허락하지 않았다. 이방인은 '여자들의 뜰' 바깥쪽에 있는 '이방인의 뜰'까지만 갈 수 있었다. 유대인은 성전과 주변 공간을 다섯 단계로 구분했다. 첫째, '지성소'(holy of holies)는 가장 거룩한 공간으로 아무도 들어갈 수 없으며, 오직 대제사장만 1년에 한 번 속죄일에 출입할 수 있었다. 둘째, '성소'(holy place)는 제사장들만 출입할 수 있는 공간이며, 이곳에서 매일 제물로 드릴 짐승을 준비하고 제단에서 드렸다. 셋째, '이스라엘의 홀'은 이스라엘 사람 중 성인 남자만 출입할 수 있었다. 그러나 부정한 사람은 이 공간에 들어갈 수 없었다. 넷째, '여자들의 뜰'은 성전을 찾은 일반인들이 거의 모든 일을 보는 공간이었다. 다섯째, '이방인들의 뜰'은 사실 성전 뜰 밖에 있는 것이나 마찬가지인 공간이었다. 가장 거룩한 공간인 지성소에서 가장 멀리 떨어져 있었다.

이 사람들은 왜 바울을 잡기 위해 그가 이방인들과 함께 성전에 출입했다는 거짓말을 만들어 낸 것일까? 유대를 지배하는 로마 사람들도 유대인들이 성전을 얼마나 거룩하게 생각하는지 알고 있었다. 그래서 유대인에게 성전을 침해하는 자는 로마 시민이라 해도 처형할 수 있는 권한을 주었다(Bruce). 로마 사람들이 유대인에게 누구를 사형에 처할 권한을 준 것으로는 이 경우가 유일하다. 그러므로 이 사람들은 성전에서 서성이는 바울을 보자 그를 죽이려고 그가 이방인들과 함께 성전을 출입해 성전을 더럽혔다고 거짓말한 것이다.

당시 이방인의 뜰 안에는 140㎝의 돌에 라틴어와 헬라어로 "성전과 성벽을 둘러싸고 있는 바리케이드 안에는 어떤 외국인도 들어갈 수 없습니다. 무단 침입으로 적발된 사람은 사형에 처하며, 그에 대한 책임은 스스로 져야 합니다"라고 새겨진 경고문이 곳곳에 세워져 있었다(Bruce, Fitzmyer).

이방인들이 성전을 침범했다는 소문이 돌자 온 성이 소동했다(30a절). 주변에 있는 사람들이 소리 지르는 사람들을 도와서 바울을 붙잡아 성전 밖으로 끌어냈다(30b절). 제사장들은 성전이 죄로 부정하게 되는 것을 막기 위해 곧바로 성전 문들을 닫았다(30c절). 아마도 '미문'(Beautiful Gate)까지 닫은 것으로 보인다(Schnabel). 문이 굳게 닫혔다는 것이 사도행전에서 성전에 관해 기록된 마지막 말이다. 성전은 하나님의 말씀을 가지고 온 바울을 거부하고 그에게 문을 닫았다(Bock).

'여자들의 뜰'에서는 사람을 돌로 칠 수 없다. 이곳은 성전의 일부이며, 이곳에서 사람을 죽이면 성전이 부정하게 된다. 그러므로 폭도는 바울을 성전 뜰 밖에 있는 이방인들의 뜰로 끌어냈다.

폭도는 바울을 죽일 목적으로 때리기 시작했다. 온 예루살렘이 요란하다는 첩보가 곧바로 로마 군대의 천부장에게 들렸다. 이 천부장의 이름은 나중에 '글라우디오 루시아'(Κλαύδιος Λυσίας, Claudius Lysias)로

밝혀진다(23:26; 24:22). 그는 예루살렘에 주둔하면서 도시의 보안을 책임졌다. 이때 로마 군대는 헤롯 대왕이 건설한 '안토니아 요새'(Antonia Fortress)에 머물고 있었다. 안토니아 요새는 성전의 북쪽에 붙어 있었다. 남쪽으로는 성전을 내려다보았으며, 북쪽과 서쪽으로는 도시를 내려다보았다(Longenecker). 이방인의 뜰에 있는 계단을 통해 성전과 연결되어 있었다. 나중에 로마 군인들이 이 계단을 이용해 바울을 안토니아 요새로 이송한다(cf. 36절). 다음 그림을 참조하라.

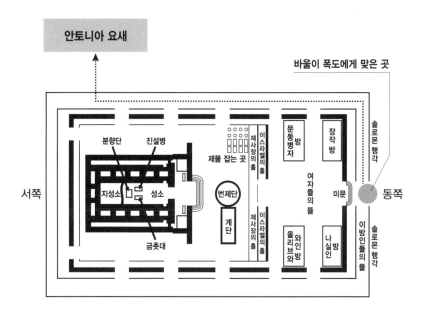

천부장은 급히 군인들과 백부장들을 이끌고 바울이 맞고 있는 곳으로 달려 내려갔다(32a절). '천부장'(χιλίαρχος)은 말 그대로 군인 1,000명으로 이루어진 군대를 이끄는 장교다. 원래 로마의 군대는 보병 760명과 마병들을 합해 1,000명으로 구성되어 있었다(Bock). 세월이 지나면서 천부장이 거느리는 '1,000명 부대'는 600명 정도의 규모가 되

었다(cf. TDNT). 천부장이 군인 100명을 지휘하는 장교인 '백부장들'(ἑκατοντάρχας)을 데리고 갔다며 복수형이 사용되는 것으로 보아, 그는 최소 군인 200명을 동원해 폭도가 바울을 때리는 곳으로 갔다. 이처럼 큰 군대가 동원된 것은 상황의 심각성을 암시한다. 평상시 로마총독은 예루살렘에 소수의 군인만 주둔시켰지만, 절기 때면 상당한 규모를 파견했다. 혹시 있을지 모르는 폭동을 진압하기 위해서다. 이번처럼 말이다.

유대인들은 로마 군인들이 오는 것을 보고 바울을 때리기를 그쳤다(32b절). 천부장은 곧바로 바울을 잡아 두 쇠사슬로 결박하라고 명령했다(33a절). 두 쇠사슬로 죄인을 묶는 것은 필요하면 양쪽에서 한 줄씩 당겨 죄인을 꼼짝 못 하게 하기 위해서다(cf. 12:6). 바울이 쇠사슬에 묶인 것은 아가보의 예언을 성취하는 일이다(21:11).

천부장이 바울을 쇠사슬에 묶게 한 것은 그를 구하기 위해서라기보다는 폭동을 잠재우기 위해서다. 그러나 그는 본의 아니게 바울의 생명을 구했다. 하나님은 바울을 로마로 보내기 위해 이 이방인 천부장을 사용해 유대인 폭도로부터 그를 구하셨다. 바울은 이제부터 로마의 보호 아래 있다.

천부장은 바울을 결박한 뒤 사람들에게 그가 누구며 무슨 일을 했느냐고 물었다(33b절). 어떤 이들은 이런 말로 어떤 이들은 저런 말로 소리를 지를 뿐, 누구도 바울이 누구이며 그가 무슨 일을 했는지 정확히 말하지 못했다(34a절). 무리의 진술이 서로 엇갈리는 데다가 대부분 횡설수설한 것이다. 아마도 어떤 자들은 바울이 누구인지 모르고 그를 왜 때려죽여야 하는지도 모른 채 그를 때렸을 것이다. 에베소에서도 비슷한 일이 있었다(19:32). 군중 심리라는 것이 때로는 이처럼 어리석다. 그렇기에 대중은 종종 간교한 자들에게 이용당한다.

천부장은 이곳에서는 진상을 파악하기 어렵다는 것을 깨달았다. 그러므로 부하들에게 바울을 영내, 곧 로마 군대가 주둔하는 안토니아 요새로 데려가라고 했다(34b절). 처음에는 바울을 죄인으로 잡았지만, 이제부터는 그를 이 어리석고 폭력적인 무리에게서 보호할 것이다. 생명을 사랑하시는 하나님의 백성이라 자부하는 유대인은 바울을 죽이려 하고, 우상 숭배자인 이방인은 그를 보호한다. 하나님의 역사가 참으로 묘하다!

바울이 쇠사슬에 묶인 채 군인들에게 이끌려 이방인의 뜰과 안토니아 요새를 연결하는 층대(계단)를 오를 때 폭도가 그를 계속 붙잡고 때리려 했다(35a절). 왜 그를 때려야 하는지도 모르고 말이다. 하는 수 없이 로마 군인들이 바울을 들고 갔다(35b절). 바울이 잠시 후 안토니아 요새 앞에서 폭도를 향해 스피치하는 것으로 보아 그들에게 맞아 거동이 불편해서라기보다는 그를 최대한 보호하기 위해서 군인들이 그를 둘러메고 가는 상황이다.

무리는 포기하지 않고 바울과 그를 보호하는 군인들을 따라가며 "그자를 죽여라!"라고 외쳤다(새번역, 공동, ESV, NAS, NIV, NRS). 이 무리는 거의 30년 전에 비슷한 장소에서 비슷한 말을 외쳤다: "이 사람을 없이하고 바라바를 우리에게 놓아 주소서"(눅 23:18; cf. 요 19:15). 바울은 그의 주인이신 예수님이 가신 길을 따라가고 있다. 바울은 로마 군인들의 등에 업혀 가면서 예수님이 받으신 고난에 동참할 수 있도록 주께서 허락해 주심을 참으로 영광스럽게 생각했을 것이다. 예루살렘은 예수님과 베드로와 요한과 스데반을 거부하더니, 이번에는 바울을 거부한다. 이 도성이 바울을 거부하는 것은 마지막이자 최종적으로 복음을 거부하는 일이다(Bock).

이 말씀은 복음 전파하는 일은 억울한 고난과 핍박으로 이어질 수 있다고 경고한다. 하나님이 축복하신 사역을 한다고 해서 항상 장밋빛 인생이나 평탄한 길이 펼쳐지는 것은 아니다. 바울은 그가 전파한 복음을 거부한 유대인들에게 맞아 죽을 지경에 이르렀다. 그러므로 우리는 사역을 현실적으로 볼 필요가 있다. 그래도 감사할 수 있는 것은 고난이 임할 때마다 그리스도의 고난에 참여하는 영광을 누리고 있다는 자부심을 가질 수 있다는 사실이다.

바울을 공격한 유대인들은 하나님을 위해 하나님의 이름으로 망언자 바울을 처단하는 것이라고 생각했을 것이다. 그러나 그들이 거짓말을 하거나 사실 여부를 확인해 보지도 않고 죄를 뒤집어씌우는 것은 옳지 않은 방법일 뿐 아니라, 오히려 그들이 죄를 짓고 있음을 암시한다. 하나님의 이름으로, 혹은 하나님을 위해 하는 일은 절대 악을 동원할 수 없다. 하나님의 본질에 위배되기 때문이다. 그리스도인이라고 해서 반드시 하나님의 이름으로 죄를 짓지 않는다는 법은 없다. 그러므로 우리도 하나님 나라를 위한답시고 악한 일을 행하는 것을 자제해야 한다.

하나님이 자기 종 바울을 보호하시는 방법이 특이하다. 하나님은 하나님을 가장 잘 알고 섬긴다는 유대인들에게 맞아 죽게 된 바울을 불신자인 로마 사람들을 통해 구하시고 보호하신다. 바울은 아직 죽으면 안 된다. 로마를 보아야 하기 때문이다. 우리의 때가 이르지 않으면 하나님은 기적을 행해서라도 우리를 구원하실 것이다. 하나님이 바울을 이방인의 손을 통해 보호하신 것은 옛적에 예레미야 선지자를 바벨론 사람들을 통해 유대인들의 손에서 구원하신 일과 비슷하다.

> VII. 로마(21:17–28:31)
>   A. 예루살렘(21:17–23:35)

3. 자신을 변호함(21:37–22:29)

본 텍스트는 로마 군인의 등에 업혀 안토니아 요새로 끌려가던 바울이 요새로 안으로 들어가기 전에 그를 죽이라고 외치며 따라오는 무리를 향해 자기를 변호하는 스피치다. 그는 무리가 자신과 복음에 대해 잘못 알고 오해하는 부분을 바로잡고 싶다. 물론 감정이 격해질 대로 격해진 무리는 그의 말을 듣지 않는다. 그들은 마음의 문을 닫은 지 오래다. 이 섹션은 다음과 같이 구분된다.

A. 말할 기회를 요청함(21:37-40)
B. 회심 전의 삶(22:1-5)
C. 회심 회고(22:6-16)
D. 성전 비전(22:17-21)
E. 심문 시도(22:22-29)

Ⅶ. 로마(21:17-28:31)
   A. 예루살렘(21:17-23:35)
      3. 자신을 변호함(21:37-22:29)

---

(1) 말할 기회를 요청함(21:37-40)

³⁷ 바울을 데리고 영내로 들어가려 할 그 때에 바울이 천부장에게 이르되 내가 당신에게 말할 수 있느냐 이르되 네가 헬라 말을 아느냐 ³⁸ 그러면 네가 이전에 소요를 일으켜 자객 사천 명을 거느리고 광야로 가던 애굽인이 아니냐 ³⁹ 바울이 이르되 나는 유대인이라 소읍이 아닌 길리기아 다소 시의 시민이니 청컨대 백성에게 말하기를 허락하라 하니 ⁴⁰ 천부장이 허락하거늘 바울이 층대 위에 서서 백성에게 손짓하여 매우 조용히 한 후에 히브리 말로 말하니라

로마 군인들이 바울을 잡아 끌어내리려는 폭도를 겨우 물리치고 안토니아 요새로 들어가려는 순간 바울이 천부장에게 말하고 싶다고 요청했다(37a절). 천부장이 바울이 헬라 말을 할 줄 아는 것을 의아하게 여기는 것으로 보아(37b절) 바울은 로마 군인들이 그를 폭도로부터 구해 준 이후 이때까지 한마디도 하지 않았다.

당시 가나안 지역에는 헬라어와 아람어 등 이중 언어를 구사하는 사람이 많았다. 그러므로 천부장이 바울이 헬라어 구사하는 것을 의아해하는 이유는 아마도 그의 어투와 액센트가 이 지역 사람들과 달랐기 때문일 것이다(Wall). 천부장은 바울이 가나안 바깥 지역에서 온 사람임을 직감한 것이다.

천부장은 바울에게 예전에 소요를 일으킨 이집트 사람이 아니냐고 물었다(38절). 그의 질문은 긍정적인 답(yes)을 기대하는 물음이다(Marshall, Wall). 이는 이때까지 천부장이 바울을 로마 제국을 상대로 반란을 일으켰던 이집트 사람으로 착각했음을 암시한다. 요세푸스에 따르면 이 이집트 사람은 많은 사람을 현혹해 죽음에 이르게 했다(cf. Bock, Fernando, Schnabel, Longenecker). 이 사람은 광야에서 반란군으로 유대인 3만 명을 모았다. 그는 이들을 이끌고 광야에서 감람산으로 행군했는데, 그들이 감람산에 도착하면 하나님이 하늘에서 내려와 예루살렘 성벽을 옛적에 여리고 성벽을 무너뜨린 것처럼 무너뜨리실 것이라고 했다(cf. 슥 14:1-5). 성벽이 무너지면 예루살렘으로 진군해 로마 군인들을 내쫓고 자신이 새로운 리더가 될 것이라고도 했다. 자기가 바로 메시아라는 것이다.

로마 총독 벨릭스는 그가 이끄는 반란군을 무력으로 제압했다. 총 400명이 죽었고, 200명이 포로가 되었다. 나머지는 혼비백산해 도망쳤고, 이 이집트 사람도 무사히 감람산을 빠져나간 뒤 다시는 사람들 앞에 나타나지 않았다. 이는 이번 일이 있기 약 3년 전에 있었던 일이다(Bruce). 그러므로 천부장은 온 예루살렘이 동요하자 그동안 숨어 다니던 이 이집트 사람이 드디어 잡힌 것으로 생각한 것이다.

바울은 천부장에게 자기는 이집트 사람이 아니라 유대인이며, 소읍이 아닌 길리기아 다소의 시민이라고 했다(39a절; cf. 9:11, 30; 11:25). 그는 자기가 태어나고 자란 '다소'가 소읍(작은 도시)이 아니라고 하는데, 당시 다소는 인구가 수십만 명에 달하고 온갖 기술과 상업이 발달한 소아시아에서 매우 큰 도시 중 하나에 속했다(Bock). 바울은 자신이 문명의 혜택을 많이 받은 '문화인'(cultured man)이라고 말하고 있다.

바울은 천부장에게 자신의 크리덴셜(credential)을 말하면서 그를 죽이려 하는 백성에게 말할 기회를 달라고 부탁했다(39b절). 천부장은 바울의 요청을 허락했다. 어떤 이들은 로마 군인들이 죄인의 요청을 들어주는 것은 불가능한 일이라며, 이 부분은 누가가 꾸며 낸 이야기라고 한다(Conzelmann). 그러나 천부장이 보기에 바울은 헬라어에 능통하고 많이 배운 사람으로 보인다. 또한 만일 그의 스피치로 폭동이 잠잠해질 수 있다면 예루살렘의 치안을 담당하는 사람으로서 굳이 거부할 필요가 없다. 천부장이 지혜로운 결정을 한 것이다.

허락을 받은 바울은 모인 사람들에게 손짓했다. 할 말이 있으니 잠잠하라는 제스처다. 무리는 그가 하고자 하는 말을 듣고자 조용히 했다. 바울이 히브리 말로 말하기 시작했다. '히브리 말'(τῇ Ἑβραΐδι διαλέκτῳ)을 실제 히브리어로 해석하는 이들도 있지만(Larkin), 당시 근동의 통용어였던 아람어를 뜻한다(Bock, Fernando, Fitzmyer, Schnabel). 당시 유대인들은 아람어는 모두 알았지만, 히브리어는 모르는 사람이 많았다. 또한 신약은 자주 아람어를 히브리 말이라고 한다(cf. 요 5:2; 19:13, 17, 20; 20:16; 행 22:2; 26:14). 신약이 지칭하는 '히브리 말'이 아람어가 아닌 실제 히브리어를 가리키는 경우는 요한계시록 9:11과 16:16 두 군데뿐이다(Longenecker).

이 말씀은 세상에는 많은 편견과 오해가 있다고 한다. 천부장은 바울이 로마를 상대로 반역을 일으킨 이집트 사람이라고 생각했다. 또한 그가 세련된 헬라어를 구사하는 것에 놀랐다. 바울에 대해 오해하고 편견을 가지고 있었기 때문이다. 우리도 종종 이런 경험을 하지 않는가! 이런 일을 겪을 때는 진실과 사실로 편견과 오해를 바로잡아 주어야한다. 바울이 백부장에게 팩트(fact)를 정확하게 전달한 것처럼 하면 된다. 편견이 없어지면 태도가 훨씬 더 호의적으로 변할 수 있다. 천부장이 바울에게 말할 기회를 준 것과 같은 일이 일어날 수 있다.

VII. 로마(21:17-28:31)
　　A. 예루살렘(21:17-23:35)
　　　　3. 자신을 변호함(21:37-22:29)

---

(2) 회심 전의 삶(22:1-5)

> [1] 부형들아 내가 지금 여러분 앞에서 변명하는 말을 들으라 [2] 그들이 그가 히
> 브리 말로 말함을 듣고 더욱 조용한지라 이어 이르되 [3] 나는 유대인으로 길
> 리기아 다소에서 났고 이 성에서 자라 가말리엘의 문하에서 우리 조상들의
> 율법의 엄한 교훈을 받았고 오늘 너희 모든 사람처럼 하나님께 대하여 열심
> 이 있는 자라 [4] 내가 이 도를 박해하여 사람을 죽이기까지 하고 남녀를 결박
> 하여 옥에 넘겼노니 [5] 이에 대제사장과 모든 장로들이 내 증인이라 또 내가
> 그들에게서 다메섹 형제들에게 가는 공문을 받아 가지고 거기 있는 자들도
> 결박하여 예루살렘으로 끌어다가 형벌 받게 하려고 가더니

바울은 자기를 죽이려고 모인 무리에게 자신의 이야기를 세 파트로
나누어 회고한다: (1)기독교로 회심하기 전의 삶(22:1-5), (2)회심 때 있
었던 일(22:6-16), (3)회심 후 예루살렘 성전을 방문했을 때 주님이 보
여 주신 비전(22:17-21). 그러므로 이 스피치는 바울의 간증이라 할 수
있다.

바울은 그를 죽이려고 모인 무리를 '형제들과 아버지들'(ἀδελφοὶ καὶ
πατέρες)이라고 부르며 스피치를 시작한다(1a절). 옛적에 스데반이 순교
하기 전에 증언하면서 산헤드린 멤버들을 부른 호칭이기도 하다(7:2).
바울은 내일 산헤드린의 공식적인 심문을 받을 것이다(cf. 22:40). 그러
므로 그가 죽이겠다고 모인 자들을 이렇게 부르는 것은 그들을 존중한
다는 의미이며, 또한 이 일로 인해 자신은 그들을 미워하지 않는다는

사실을 전하고자 해서다. 그는 모든 것이 오해이며, 오해가 풀리면 이 사람들이 더는 자기를 괴롭히지 않을 것으로 생각한다.

바울은 그들에게 자기가 변명하는 말을 들어 달라고 부탁한다(1b절). '변명'(ἀπολογία)은 '변호, 방어'를 의미한다(Johnson, cf. 24:10; 25:8, 16; 26:1-2, 24). 이 단어에서 '변증학'(apologetics)이 나왔다. 바울이 아람어로 자신을 변호하는 것은 로마 법정에서 하는 변호와 다른 종류임을 암시한다. 그는 자신에게 있는 '그리스도 안의 믿음'을 유대인 형제들과 공유하기 위해 자신의 억울함이 아니라 믿음을 변호하고 있다(Jervell).

바울이 능통한 히브리 말(아람어)로 스피치를 시작하자 모두 숨을 죽이고 조용히 들었다(2절). 그가 능통한 아람어를 구사하는 것으로 보아 유대인의 언어도 모르면서 이방인에게 협력하는 사이비 신앙인이나 매국노는 아닌 것으로 생각되었기 때문이다(Keener). 게다가 로마 군대가 그를 보호하고 있으니 들어 주는 것 외에는 할 수 있는 것이 없다.

바울은 간략하게 자기를 소개한다. 첫째, 바울은 길리기아 다소에서 태어나고 자란 디아스포라 유대인이다(3a절; cf. 9:11; 21:39). 그가 앞에서 천부장에게 말한 것처럼 다소는 모든 것이 발전한 큰 도시이며, 자기는 그곳에서 충분한 문화 혜택과 교육을 받았다는 것을 암시한다.

둘째, 바울은 어렸을 때 예루살렘으로 유학하러 와서 당대 최고 랍비였던 가말리엘(cf. 5:34)에게 유대인 조상들의 율법에 따라 엄한 교육을 받았다(3b절). 그가 가말리엘의 문하생이었다는 것은 다섯 살 때부터 최소 열세 살까지 그에게 교육받았다는 것을 암시한다(Wall). 가말리엘은 당대 최고의 율법 선생이자 바리새인이었다. 바울도 이스라엘 사람 중에서도 율법을 가장 철저하게 지키는 바리새인에게 교육받았다는 뜻이다(Barrett, cf. 갈 1:14; 롬 10:2; 빌 3:6). 이는 그가 율법을 비방한다는 소문이 사실이 아니라는 것을 암시한다(cf. 21:28).

셋째, 바울은 그 누구보다도 하나님께 대하여 열심이 있는 사람이었다(3c절). 바울을 죽이려 하는 자들도 하나님에 대한 열정으로 가득하다. 문제는 하나님에 대한 올바른 지식이 그들의 열정을 뒷받침하지 않는다는 점이다. 그래서 그들은 주저하지 않고 이 같은 만행을 저지르고 있다. 바울도 한때 그들과 같았다며 열정만 있는 유대인들의 문제를 이렇게 평가한다: "내가 증언하노니 그들이 하나님께 열심히 있으나 올바른 지식을 따른 것이 아니니라"(롬 10:2).

하나님에 대한 올바른 지식이 없으면서 열정으로만 가득했던 바울은 '이 도'(기독교, 9:2)를 박해하는 일에 앞장섰다. '도'를 따르는 자들을 박해하고 심지어 사람을 죽이기까지 했다(4a절). 스데반이 순교할 때 자신도 그 자리에 있었던 일을 회고하는 것이다. 더 나아가 그리스도인이라면 닥치는 대로 잡아 옥에 넘겼다(4b절; cf. 8:3). 이 일에 대해서는 대제사장과 모든 장로가 증인이다(5a절). 바울이 교회를 핍박할 당시에는 '가야바'(Caiaphas)가 대제사장이었지만(cf. 요 18:14, 24, 28; 행 4:6), 지금은 '아나니아(Ananias)'가 대제사장이다(23:2).

하나님께 대해 열심이 있었던 바울은 예루살렘에서만 교회와 그리스도인들을 박해하는 것으로 만족하지 못했다. 그러므로 그는 대제사장과 장로들이 써 준 공문을 가지고 다메섹으로 원정을 갔다(5b절; cf. 9:1-2). 그곳에서 그리스도인들을 잡아 결박해 예루살렘으로 끌고 와 형벌을 받게 할 생각이었다(5b절).

이 말씀은 하나님 나라에 대한 열정보다 더 중요한 것은 하나님 나라에 대한 올바른 지식이라고 한다. 바울은 자신도 한때 그를 죽이려고 모여 있는 사람들처럼 열정만 있었지 올바른 지식이 없어 교회와 그리스도인을 박해하는 데 앞장서는 죄를 지었다고 한다.

그러나 이제 바울은 하나님에 대한 올바른 지식을 가지고 있다. 올바른 지식을 갖게 되니 하나님의 이름으로 기독교를 핍박하던 사람이 어느새 기독교를 전파하는 사람이 되었다. 올바른 지식이 그를 완전히 변화시킨 것이다. 우리는 지식과 열정 중 그 어느 하나도 포기할 수 없다. 그러나 만일 둘 중 하나를 선택해야 한다면, 하나님에 대한 올바른 지식을 선택해야 한다.

(3) 회심 회고(22:6-16)

[6] 가는 중 다메섹에 가까이 갔을 때에 오정쯤 되어 홀연히 하늘로부터 큰 빛이 나를 둘러 비치매 [7] 내가 땅에 엎드러져 들으니 소리 있어 이르되 사울아 사울아 네가 왜 나를 박해하느냐 하시거늘 [8] 내가 대답하되 주님 누구시니이까 하니 이르시되 나는 네가 박해하는 나사렛 예수라 하시더라 [9] 나와 함께 있는 사람들이 빛은 보면서도 나에게 말씀하시는 이의 소리는 듣지 못하더라 [10] 내가 이르되 주님 무엇을 하리이까 주께서 이르시되 일어나 다메섹으로 들어가라 네가 해야 할 모든 것을 거기서 누가 이르리라 하시거늘 [11] 나는 그 빛의 광채로 말미암아 볼 수 없게 되었으므로 나와 함께 있는 사람들의 손에 끌려 다메섹에 들어갔노라 [12] 율법에 따라 경건한 사람으로 거기 사는 모든 유대인들에게 칭찬을 듣는 아나니아라 하는 이가 [13] 내게 와 곁에 서서 말하되 형제 사울아 다시 보라 하거늘 즉시 그를 쳐다보았노라 [14] 그가 또 이르되 우리 조상들의 하나님이 너를 택하여 너로 하여금 자기 뜻을 알게 하시며 그 의인을 보게 하시고 그 입에서 나오는 음성을 듣게 하셨으니 [15] 네가 그를 위하여 모든 사람 앞에서 네가 보고 들은 것에 증인이 되리라 [16] 이제는 왜 주저하느냐 일어나 주의 이름을 불러 세례를 받고 너의 죄를 씻으라 하더라

바울이 이곳에서 회고하는 그의 회심 이야기는 9장에 기록된 내용과 거의 같다. 다만 일부 미세한 차이점이 서로 상호 보완적으로 작용해 그가 다메섹으로 가는 길에 경험한 일을 조금 더 자세하게 알려 준다.

이 미세한 차이는 두 가지에서 비롯되었다. 첫째, 9장은 누가가 바울에게 직접 들은 이야기를 바탕으로 회고한 것이고, 이 이야기는 바울이 수많은 사람 앞에서 간증하듯 말한 것이다. 둘째, 9장 버전은 바울의 회심에 초점을 맞추고 있지만, 이 버전은 그의 부르심(소명)에 초점을 맞추고 있다. 같은 사건이지만, 이를 통해 강조하고자 하는 바가 다른 것이다.

바울은 대제사장과 장로들이 써 준 편지를 들고 다메섹으로 향했다. 편지는 다메섹 유대인 지도자들에게 바울을 소개하며 그를 도와 그리스도인을 잡아들이라는 내용이었다. 그가 다메섹성에 가까이 갔을 때는 오정쯤이었는데, 홀연히 하늘로부터 큰 빛이 그를 둘러 비추었다(6절). 이 일이 오정쯤 있었다는 것은 9장이 말하지 않은 새로운 정보다. '오정'(μεσημβρία)은 정오를 뜻한다. 하루 중 가장 빛이 강할 때다. 대낮에 세상을 비추는 가장 강한 빛과 구분될 정도라면 하늘에서 그를 비춘 빛은 초자연적으로 강한 빛이다.

놀란 바울은 하나님이 그에게 오신 것을 직감하고 땅에 엎드렸다(7a절). 그때 "사울아 사울아 네가 왜 나를 박해하느냐"라는 말이 들렸다(7b절). 바울은 말씀하는 분이 누구신지 물었고, 그분은 "나는 네가 박해하는 나사렛 예수라"라고 대답하셨다(8절). 바울과 함께 다메섹으로 그리스도인을 잡으러 가던 일행은 초자연적으로 밝은 빛은 보면서도 바울에게 말씀하시는 예수님의 소리는 듣지 못했다(9절). 이와는 대조적으로 9:7은 그들이 소리는 들었지만 아무도 보지 못했다고 한다. 그들이 바울에게 무슨 일이 벌어지고 있는지 이해하지 못했다는 뜻이다. 한편 이곳에서는 초자연적인 현상을 보기는 했지만, 그것이 무엇을 의미하는지 알지 못했다는 의미다(Bock).

그때 바울의 심경이 어떠했을지 생각해 보라. 그는 예수님이 피 값으로 세우신 교회를 핍박했고, 그리스도인을 박해하겠다며 사람들을 이끌고 다메섹으로 가고 있었다. 그런데 교회의 주인이신 예수님이 그에게 나타나셨다! 이제는 벌을 받아 죽게 되었다는 생각밖에 떠오르지 않았을 것이다. 단지 예수님의 처분을 기다릴 뿐이다. 바울이 예수님을 '주'(κύριος)라고 부르며 "제가 무엇을 할까요?"라고 하는 것은 더는 예수님과 주께서 세우신 교회와 그리스도인을 박해하지 않을 것이며, 예수님의 지시에 따를 것이라는 의지의 표현이다.

예수님은 바울에게 다메섹 안으로 들어가 기다리면 그가 해야 할 모든 것을 알려 주기 위해 그를 찾아가는 사람이 있을 것이라고 하셨다(10b절). 바울은 하늘로부터 그를 비춘 큰 빛으로 인해 앞을 볼 수 없게 되어 일행의 부축을 받아 겨우 다메섹으로 들어갔다(11절). 그가 그동안 살아왔던 삶이 이러했다. 그는 하나님에 대한 열정으로 그리스도인을 박해했지만, 올바른 지식을 따르지 않아 마치 앞을 보지 못하는 사람처럼 굴었다(cf. 롬 10:2).

그가 기다리는 중에 아나니아라는 사람이 그를 찾아왔다. 그는 율법에 따라 경건한 사람으로 다메섹에 사는 모든 유대인에게 칭찬을 듣는 사람이었다(12절). 바울은 예수님과 아나니아의 대화(cf. 9:10-16)는 언급하지 않지만, 대신 그가 율법을 매우 잘 지키는 사람이었다는 점을 부각한다. 그의 말을 듣고 있는 사람들이 율법에 대해 대단한 열정을 지닌 만큼 중요한 포인트가 될 것이기 때문이다.

아나니아는 바울이 다시 앞을 볼 수 있게 해 주었다(13절). 앞을 보지 못하던 바울의 삶이 드디어 예수님을 만나서 보게 되었다. 하나님이 아나니아를 통해 바울에게 말씀하셨다는 것도 9장이 언급하지 않은 새로운 정보다. 아나니아는 '우리 조상들의 하나님'과 '그 의인'에 대해 말하는데(14절), 둘 다 구약적인 표현으로 유대인들이 친숙하게 느끼는 말이다: '우리 조상들의 하나님'(cf. 창 43:23; 출 3:13, 15, 16; 4:5; 신 1:11, 21; 4:1; 6:3; 12:1), '그 의인'(cf. 삼하 23:3; 사 32:1; 53:11; 슥 9:9).

바울을 택하신 이는 이스라엘 조상들의 하나님이시며, 그분이 바울에게 자기 뜻을 알게 하셨다(14a절). 바울이 다메섹으로 오는 길에 만난

'그 의인'(예수님)을 보게 하시고, 그분의 음성을 듣게 하신 분도 하나님이시다(14b절). 바울의 회심은 온전히 하나님이 하신 일이다. 하나님은 바울이 주님을 위해 모든 사람 앞에서 그가 보고 들은 것에 대한 증인이 되라는 소명을 주셨다(15절; cf. 눅 24:48; 행 9:15; 22:20; 26:26). 바울은 자기가 예수님을 만나서 보고 들은 것을 그대로 증언하기만 하면 된다. 자의적으로 새로운 메시지를 만들 필요가 없다.

하나님의 소명을 전해 준 '율법에 따라 경건한 사람으로 모든 유대인에게 칭찬을 듣는' 아나니아가 바울에게 세례를 주어 죄를 씻게 했다(16절). 아나니아는 회심은 주의 이름을 부르는 것(예수님을 구주로 영접하는 것)과 세례를 받아 죄를 씻어 내는 일이라며 바울에게 주의 이름을 부를 것과 세례받을 것을 권면했다. 이렇게 하여 바울이 회심해 하나님의 종과 예수님에 대한 증인이 된 것이다.

이 말씀은 회심은 하나님이 우리를 찾아오실 때 가능한 일이지, 우리가 스스로 얻는 것이 아니라고 한다. 그리스도인을 모두 잡아들여 처벌하겠다고 날뛰던 바울이 스스로 예수님을 찾아가 회개하고 구원에 이를 가능성은 없다. 예수님이 살기로 가득한 그를 찾아오셨기 때문에 그가 회개하고 새사람이 되었다. 그러므로 우리가 구도자들을 위해 기도할 때 그들이 마음을 열고 주님께 나아가는 것이 아니라, 하나님이 그들을 찾아와 만나 주시기를 기도해야 한다.

우리가 구원에 이르게 되는 것은 분명 하나님의 찾아오심으로 이뤄지지만, 이 과정에서 하나님은 자기 종들을 사용하신다. 하나님은 아나니아를 통해 바울로 보게 하시고, 소명을 주시고, 또한 세례도 베푸셨다. 우리도 항상 기도하며 하나님이 우리를 들어 쓰시는 일을 기대해야 한다. 하나님의 나라는 하나님과 사람들의 네트워크를 통해 확장된다.

VII. 로마(21:17-28:31)
  A. 예루살렘(21:17-23:35)
    3. 자신을 변호함(21:37-22:29)

(4) 성전 비전(22:17-21)

¹⁷ 후에 내가 예루살렘으로 돌아와서 성전에서 기도할 때에 황홀한 중에 ¹⁸ 보매 주께서 내게 말씀하시되 속히 예루살렘에서 나가라 그들은 네가 내게 대하여 증언하는 말을 듣지 아니하리라 하시거늘 ¹⁹ 내가 말하기를 주님 내가 주를 믿는 사람들을 가두고 또 각 회당에서 때리고 ²⁰ 또 주의 증인 스데반이 피를 흘릴 때에 내가 곁에 서서 찬성하고 그 죽이는 사람들의 옷을 지킨 줄 그들도 아나이다 ²¹ 나더러 또 이르시되 떠나가라 내가 너를 멀리 이방인에게로 보내리라 하셨느니라

바울은 다메섹으로 가는 길에 예수님을 만나 회심한 후 예루살렘 성전을 방문했다. 아마도 3년 동안 다메섹과 아라비아에서 전도한 다음일 것이다(Longenecker, Schnabel, cf. 9:20-29; 갈 1:17-18). 그는 주후 33/34년에 있었던 일을 회고한다. 바울이 이 스피치를 할 때가 주후 57년 오순절 시즌이었으니 24년 전의 일이다.

바울이 회심한 후 성전을 찾아가 기도한 것과 이번에 성전에서 기도하다가 폭도에게 잡힌 것은 그가 무리의 주장처럼 성전을 비방하는 자가 아님을 암시한다. 성전을 비방하는 자가 예루살렘을 방문할 때마다 성전을 방문할 이유가 없기 때문이다. 또한 성전에 들어가려면 율법에 따라 정결해야 한다. 그러므로 바울은 그들이 주장하는 것처럼 율법을 비방하는 사람도 아니다(cf. 21:28). 이방인을 데리고 성전에 출입한 것은 더더욱 아니다. 그들이 거짓으로 죄를 만들어 바울에게 뒤집어씌운 것이다.

바울이 성전에서 기도할 때 하나님이 황홀한(환상) 중에 말씀하셨다. 그를 찾아와 말씀하신 분이 하나님이라고 하는 이들도 있고(Jervell), 예수님이라고 하는 이들도 있다(Bock, Wall). 두 분 중 누가 말씀하셨는지는 그다지 중요하지 않지만, 예수님이 말씀하신 것으로 보인다. 사도행전에서 바울에게 말씀하시는 이는 주로 예수님이시다. 솔로몬 행각 앞에서 그리스도인들이 드린 예배에 참석했다가 있었던 일로 보인다 (cf. 3:11; 5:12). 9장은 이 환상에 대해 언급하지 않는다. 바울이 새로운 정보를 제공하고 있다.

예수님은 바울에게 속히 예루살렘을 떠나라고 하셨다(18a절). '속히 나가라'(σπεῦσον καὶ ἔξελθε)는 두 개의 부정 과거(aorist) 명령형 동사다. 신속하게 이 도시를 떠나라는 명령이다. 게다가 '빨리'(τάχος)라는 말을 더하신다. 시간을 지체하지 말고 최대한 빨리 도시를 벗어나라고 하신 것이다.

예수님은 왜 바울이 신속하게 떠나야 하는지 그 이유를 말씀하신다. 아무리 예루살렘에 사는 사람들, 곧 유대인에게 예수님에 대해 증언해도 그들이 절대 듣지 않을 것이기 때문이다. 그들은 그리스도의 복음이 무엇인지 듣고 생각해 보기도 전에 마음을 굳게 닫았다. 그러므로 바울이 유대인에게 복음을 전파하는 것은 시간만 낭비하는 것이다. 그들은 도무지 들을 생각이 없기 때문이다. 복음서에서 예수님이 자주 인용하시던 이사야 6:9이 생각난다: "너희가 듣기는 들어도 깨닫지 못할 것이요 보기는 보아도 알지 못하리라"(마 13:14; 막 4:12; cf. 행 28:26.)

바울은 자신이 주님을 만나기 전에 교회와 그리스도인을 핍박하던 유대인 중 하나였던 만큼 유대인을 효과적으로 전도할 수 있을 것이라고 주님께 말씀드렸다(19-20절). 그는 얼마 전(3년 전)만 해도 그리스도인들을 가두고 각 회당에서 때렸다(19절). 기독교에 대한 분이 풀리지 않은 바울은 이것으로 모자라 대제사장들과 장로들이 써 준 편지를 가지고 그리스도인들을 잡아들이겠다며 다메섹까지 원정도 갔다(9:1-2).

심지어 바울은 주의 증인 스데반이 순교할 때 그 자리에 있었고, 그가 죽는 것이 당연하다며 그를 죽이는 일에 찬성했으며, 스데반을 죽

이려고 돌팔매질하는 사람들의 옷을 보관해 주었다(20절). 예루살렘 성
도 모두 이 사실을 알고 있다(20:18). 또한 예루살렘에 사는 모든 유대
인 역시 잘 알고 있다. 그러므로 바울은 자기가 어떻게 교회를 핍박하
던 자에서 교회를 세우는 자가 되었는지 간증하면 이유 없이 무조건
기독교를 핍박하는 유대인들을 효과적으로 전도할 수 있으리라 확신
했다.

바울은 좋게 말하면 순진하고, 나쁘게 말하면 단순(naive)하다. 유대
인들은 하나님에 대한 진리를 중요하게 여겨서 기독교를 핍박한 것이
아니다. 그들은 기독교가 선포하는 복음의 진실 여부에는 관심 없다.
단지 자신들이 수백 년 동안 고수해 온 유대교로는 부족하다는 말이
싫을 뿐이다. 성경을 찾아보거나 깊이 생각해 보지도 않고서 단지 십
자가에 못 박힌 메시아는 있을 수 없는 일이라고 단정한다. 그러므로
그들은 처음부터 바울의 어리석은 열정을 이용하려 했을 뿐, 그가 예
수님을 만나 진리를 찾은 것에 대해서는 관심이 없다.

예수님은 바울의 말을 듣고 나서도 떠나라고 하셨다(21a절). 예수님
은 바울을 멀리 이방인에게 보내실 것이다(cf. 13:46; 18:6; 롬 11:13; 갈
2:2, 7). 하나님은 처음부터 이방인의 구원을 계획하셨다. 예수님도 이
방인을 그분의 양으로 삼으실 것을 말씀하셨다(요 10:16). 이방인 구원
은 유대인들이 복음을 거부했기 때문에 빚어진 결과가 아니다. 설령
유대인들이 복음을 잘 받아들였다 해도 일어날 일이었다.

예수님은 지금 바울에게 각자의 사명에 대해 말씀하고 계신다. 예수
님은 유대인 전도도 포기하지 않으실 것이지만, 그 일은 베드로와 야
고보와 예루살렘 교인들이 하면 된다. 반면에 바울은 이방인 선교를
위해 부르셨다. 그러므로 바울이 이방인들을 전도하러 가는 것은 하나
님이 유대인을 포기하셨다는 뜻이 아니다. 그 일은 다른 사람들에게
맡기실 것이다.

누가는 9:29-30에서 예루살렘 형제들이 유대인들이 바울을 죽이려

한다는 음모를 알아채고 그를 배에 태워 그의 고향인 다소로 보냈다고 한다. 바울은 그때 일을 회고하며 예수님이 성전에서 기도하는 그에게 사전에 경고하셨다고 한다. 바울은 회심한 지 3년 만에 처음으로 예루살렘을 방문했을 때 15일 동안 머물렀다고 한다(갈 1:18). 예루살렘을 떠난 바울은 이때 일루리곤(Illyricum)까지 가서 전도했다(Longenecker, cf. 롬 15:19).

이 말씀은 이방인이 구원을 얻어 하나님의 백성이 되는 것은 복음에 대한 유대인의 반응과 상관없이 하나님이 처음부터 계획하신 일이며, 사도 중에 바울이 이 일에 대한 적임자로 세움받았다고 한다. 설령 유대인들이 복음에 긍정적으로 반응했다고 해도 하나님은 이방인 역시 구원하셨을 것이다. 반면에 유대인이라 해도 예수님을 부인하는 사람은 하나님의 백성이 될 수 없다.

하나님은 사람들에게 각자 다른 소명을 주신다. 바울은 자기가 경험한 일을 간증으로 삼아 유대인을 전도하고자 했지만, 예수님이 허락하지 않으셨다. 유대인 전도는 다른 사람들이 할 것이다. 바울은 하나님이 그에게 주신 소명에 따라 이방인을 대상으로 선교해야 한다. 교회 안에서도 각자 역할이 있다. 우리는 성도들이 각자의 역할을 찾아 행하도록 도와야 한다. 많은 기도와 성령의 인도하심이 필요하다.

VII. 로마(21:17-28:31)
  A. 예루살렘(21:17-23:35)
    3. 자신을 변호함(21:37-22:29)

(5) 심문 시도(22:22-29)

22 이 말하는 것까지 그들이 듣다가 소리 질러 이르되 이러한 자는 세상에서 없애 버리자 살려 둘 자가 아니라 하여 23 떠들며 옷을 벗어 던지고 티끌을 공중에 날리니 24 천부장이 바울을 영내로 데려가라 명하고 그들이 무슨

일로 그에 대하여 떠드는지 알고자 하여 채찍질하며 심문하라 한대 ^{25} 가죽줄로 바울을 매니 바울이 곁에 서 있는 백부장더러 이르되 너희가 로마 시민 된 자를 죄도 정하지 아니하고 채찍질할 수 있느냐 하니 ^{26} 백부장이 듣고 가서 천부장에게 전하여 이르되 어찌하려 하느냐 이는 로마 시민이라 하니 ^{27} 천부장이 와서 바울에게 말하되 네가 로마 시민이냐 내게 말하라 이르되 그러하다 ^{28} 천부장이 대답하되 나는 돈을 많이 들여 이 시민권을 얻었노라 바울이 이르되 나는 나면서부터라 하니 ^{29} 심문하려던 사람들이 곧 그에게서 물러가고 천부장도 그가 로마 시민인 줄 알고 또 그 결박한 것 때문에 두려워하니라

바울이 그를 죽이려고 모인 무리에게 하고자 하는 말은 자신도 한때 그들과 같은 생각으로 기독교를 핍박했지만, 부활하신 메시아 예수님을 만나고 난 후 달라졌다는 것이다. 그러나 폭도는 그의 말을 더는 들으려 하지 않고 그를 죽여야 한다고 소리를 지른다(22절). 그들은 왜 이런 반응을 보이는가? 예수님이 바울에게 속히 예루살렘을 떠나 이방인에게 가서 복음을 증거하라고 하셨다는 것은 이제부터는 예루살렘 성전이나 율법을 통해 하나님의 백성이 되는 것이 아니라는 선언이다. 예수님의 복음을 통해 직접 주의 백성이 된다는 것을 의미한다. 즉, 이방인이 하나님의 자녀가 되려면 더는 유대교로 개종할 필요가 없다고 한 것이다(Longenecker).

선지자들은 이미 하나님의 말씀이 예루살렘을 떠나 이방인에게 갈 날에 대해 예언했다: "많은 백성이 가며 이르기를 오라 우리가 여호와의 산에 오르며 야곱의 하나님의 전에 이르자 그가 그의 길을 우리에게 가르치실 것이라 우리가 그 길로 행하리라 하리니 이는 율법이 시온에서부터 나올 것이요 여호와의 말씀이 예루살렘에서부터 나올 것임이니라"(사 2:3; cf. 미 4:2). 그러므로 이 폭도는 바울이 이 말씀을 성취하기 위해 하나님의 말씀을 들고 이방인에게 가는 것을 인정하지 않

는다. 또한 하나님의 구원을 자신들의 전유물이라고 생각했던 만큼 하나님이 이방인도 구원하신다는 것과 자신들이 하나님의 말씀을 거부했기 때문에 일이 이렇게 되었다는 사실을 인정할 수 없다. 이미 이사야가 하나님의 말씀을 가지고 예루살렘을 떠나는 사람들을 통해 이러한 날이 올 것을 경고했는데도 말이다: "야곱 족속아 오라 우리가 여호와의 빛에 행하자"(사 2:5). 하나님의 말씀은 더는 유대인만의 소유물이 아니다. 온 세상에 사는 모든 사람을 위한 것이다.

바울을 죽이겠다고 소리치는 무리가 옷을 벗어 던지고 티끌을 공중에 날렸다(23절). 그들은 스데반을 죽일 때도 옷을 벗어서 바울의 발 앞에 두었다(7:58). 이번에는 예전에 그들이 옷을 맡겼던 사람을 죽이겠다고 한다. 공중에 티끌을 날리는 것은 망언에 대한 반응이다(Barrett, Fernando). 바울은 옛적에 예수님이 고향 나사렛에서 사람들에게 배척받았던 것과 비슷한 일을 경험하고 있다(cf. 눅 4:24-30). 또한 바울은 이미 비시디아 안디옥에서 이런 일을 경험한 적이 있다(cf. 13:48-50). 복음은 때때로 복음을 거부하는 사람들에게, 특히 하나님을 가장 잘 안다는 유대인들에게 과잉 반응을 불러일으키기도 한다.

상황의 심각성을 깨달은 천부장이 부하들에게 바울을 영내로 데려가라고 했다(24a절). 폭도로부터 보호하기 위해서다. 또한 그는 바울을 심문해서 정확히 무슨 일이 벌어지고 있는지 알고 싶다. 천부장은 바울이 반역을 일으켜 수많은 사람을 죽게 한 이집트 사람인 줄 알았다. 만일 바울이 그 사람이 아니라면, 도대체 무엇 때문에 유대인들이 이처럼 분노한단 말인가? 유대인들에게도 물어보았지만, 그들은 정확하게 설명하지 못했다(cf. 21:34). 그러므로 천부장도 답답하다.

또한 천부장은 부하들에게 바울을 채찍질하며 심문하라고 했다(24b절). 그는 처음에 바울을 반란을 주도한 이집트 사람으로 착각했다(21:38). 그러나 바울은 자신이 다소에서 태어난 다소 시민이라고 했다(22:39). 그러므로 천부장은 바울이 다소에서 태어난 유대인인 것을 안다. 하지만 로마 시민권을 가졌을 것으로는 상상도 하지 못하고, 물어보지도 않았다. 그는 한 번 더 바울에 대해 착각하고 있다. 치안을 담당하는 자가 자신이 검거한 자가 정확히 누구인지 알아보지도 않고 스스로 착각한 대로 행동하는 것은 참으로 잘못된 일이다.

천부장의 지시를 받은 백부장이 바울에게 채찍질하려고 그를 가죽 줄로 묶기 시작했다. 아마도 그들이 바울에게 채찍질을 하려고 했던 장소는 '갑바타'(Gabbatha)로 불리는 바닥에 돌이 깔린 공간이었을 것이다(Williams). 안토니아 요새의 뜰 중앙에 있었으며, 예수님이 채찍질을 당하신 곳이다. 바울은 그의 주인이신 예수님이 채찍질을 당하신 곳에서 채찍질을 당하게 되었다.

로마 사람들은 두 종류의 채찍질을 구분해서 했는데, 하나는 경고성으로 가볍게 하는 채찍질이고, 다른 하나는 매우 혹독하고 잔인해서 맞은 사람이 죽거나 평생 장애를 얻기도 했다(Le Cornu & Shulam). 바울은 첫 번째 유형인 가벼운 채찍질을 당했다가 빌립보 당국자들에게 항의한 적이 있다(16:37).

로마 군인들이 이번에 바울에게 행하려고 하는 채찍질은 가죽 띠에 쇳조각이나 뼛조각을 박은 채찍으로 내리치는 것인데, 이런 채찍에 맞으면 살점이 뜯기고 심지어 내장까지 보이기도 했다. 잘못한 것 없는 바울이 평생 장애를 얻거나 죽을 수도 있는 채찍질을 당하는 것은 옳지 않다. 게다가 로마 시민에게 채찍질하는 것은 불법이었다(Barrett). 고대 로마의 정치가이자 철학자였던 키케로(Cicero)는 "로마 시민을 묶는 것은 죄이며, 채찍질하는 것은 혐오스러운 일이며, 죽이는 것은 살인이다"라고 말했다(Sherwin-White). 유일한 예외는 정당한 재판과 절차에 따라 매질당할 만한 죄를 지었을 때다(Williams).

바울은 군인들이 팔을 가죽 줄로 묶자 옆에 있는 백부장에게 로마 시민을 죄도 정하지 않고 채찍질하는 것은 옳지 않다고 말했다(25절). 백부장은 그제야 바울이 로마 시민일 수도 있다는 생각을 하게 되었다.

그는 곧바로 천부장에게 바울이 로마 시민이라고 보고했고(26절), 놀란 천부장이 바울이 있는 곳으로 뛰어 내려왔다.

천부장은 바울에게 로마 시민이냐고 물었고, 바울은 그렇다고 대답했다(27절). 바울은 어떻게 자신이 로마 시민이라는 사실을 증명했을까? 로마 시민에게는 반으로 접을 수 있는 작은 목판으로 만들어진 출생증명서(birth certificate)가 있었다(Sherwin-White, Williams). 그러나 대부분 이 증명서를 집에 두고 다녔다. 지니고 다니다가 잃어버리면 대체할 방법이 없었기 때문이다. 그러므로 바울도 평상시에 출생증명서를 지니고 다니지 않았을 것이다. 그러나 이번에는 자기가 로마로 가게될 것이라는 확신이 있어 사람을 보내 다소에서 이 증서를 가져오게했을 수 있다.

혹은 말로써 자신이 로마 시민이라고 밝혔을 수 있다. 대부분 출생증명서를 집에 두고 다녔지만 사람들이 거짓말할 가능성은 거의 없었다. 로마 시민이 아니면서 시민인 척하면 사형에 처했기 때문이다(Witherington). 그러므로 누구든지 이런 일로 로마 시민이라고 거짓말할 가능성은 없었다(Bock).

바울은 자신이 로마 시민이라는 사실을 왜 이때까지 밝히지 않았을까? 유대인들은 그가 이방인처럼 행동하는 것에 대해 분노하고 있다(Bock, Witherington). 그러므로 유대인이 있는 곳에서 자신이 로마 시민이라는 것을 밝히면 '그러면 그렇지!' 하면서 그의 말을 들으려 하지도 않았을 것이다. 그러므로 바울은 유대인이 없는 상황에서 조용히 자신이 로마 시민임을 밝히고 있다. 게다가 이번에 밝히지 않으면 채찍에 맞아 죽을 수도 있다.

바울이 로마 시민이라는 사실을 알게 된 천부장은 자기는 돈을 많이 들여 시민권을 얻었다고 한다(28a절). 많은 돈으로 로마 권력자를 매수해 시민권을 획득했다는 뜻이다. 당시에는 매우 흔한 일이었다(Bruce, Sherwin-White). 반면에 바울은 자기는 나면서부터 로마 시민이었다고 한다(28b절). 로마 시민권에도 지위가 있는데, 태어날 때부터 시민이었던 바울이 많은 돈을 주고 시민권을 산 천부장보다 월등히 높았다(Bock, Longenecker). 이제부터는 천부장이 바울을 함부로 대할 수 없다.

　바울의 조상들은 언제 로마 시민이 되었을까? 그가 다소 출신인 것을 고려해 주전 171년 로마에 의해 다소가 '헬라 도시'로 지명되었을 때 도시의 엘리트들에게 로마 시민권을 부여한 것이라고 하는 이도 있고(Ramsay), 폼페이(Pompey)가 주전 60년대에 유대인 포로들을 다소에 정착시킬 때 그들에게 시민권을 준 것이라 하는 이도 있다(Cadbury). 그러나 로마는 이러한 정황에서 누구에게도 시민권을 부여하지 않았다(Longenecker). 아마도 바울의 조상 중 누군가가 로마 제국에 혁혁한 공을 세운 것에 대한 대가였을 것이다(Longenecker).

　군인들은 로마 시민인 바울을 곧바로 풀어주었다. 천부장도 바울이 로마 시민인 줄 알고 그를 결박한 것 때문에 두려워했다. 바울이 문제를 제기하면 큰 낭패를 볼 수 있기 때문이다. 이렇게 해서 바울은 로마 군인들의 보호를 받을 뿐 심문은 받지 않게 되었다.

　이 말씀은 역사와 전통에 사로잡혀 진리를 부인하는 자가 되지 말라고 한다. 유대인들은 바울의 증언을 아예 들으려 하지 않았다. 자신들의 역사와 전통만이 옳고 나머지는 다 잘못되었다고 생각했기 때문이다. 그러나 이런 생각은 교만이다. 결국 그들은 교만 때문에 망하게 된 것이다.

　우리도 삶과 신앙에서 이런 교만을 부리지 않는지 되돌아보아야 한다. 사람이 하나님을 사랑하고 경배하는 일에는 다양한 방법이 있다. 또한 기도하는 데도 여러 가지 방법이 있다. 내 방식만 옳고 다른 사람들은 모두 틀렸다고 생각하는 것은 교만이며 독선이다. 하나님을 경배하고 기도한다는 원칙을 훼손하지 않으면서도 방법은 다양할 수 있다는 것을 인정해야 한다.

　누구에게 부당하고 불법적인 대우를 받을 때는 문제를 제기해야 한다. 로마 시민인 바울이 침묵하고 있었다면 불법적인 채찍질로 인해 죽을 수도 있었다. 우리는 이런 것을 순교라 하지 않는다. 하나님은 로마 시민권을 사용해 바울을 보호하셨다.

> VII. 로마(21:17-28:31)
> 　A. 예루살렘(21:17-23:35)

4. 공회 앞에 섬(22:30-23:11)

³⁰ 이튿날 천부장은 유대인들이 무슨 일로 그를 고발하는지 진상을 알고자 하여 그 결박을 풀고 명하여 제사장들과 온 공회를 모으고 바울을 데리고 내려가서 그들 앞에 세우니라 ²³:¹ 바울이 공회를 주목하여 이르되 여러분 형제들아 오늘까지 나는 범사에 양심을 따라 하나님을 섬겼노라 하거늘 ² 대제사장 아나니아가 바울 곁에 서 있는 사람들에게 그 입을 치라 명하니 ³ 바울이 이르되 회칠한 담이여 하나님이 너를 치시리로다 네가 나를 율법대로 심판한다고 앉아서 율법을 어기고 나를 치라 하느냐 하니 ⁴ 곁에 선 사람들이 말하되 하나님의 대제사장을 네가 욕하느냐 ⁵ 바울이 이르되 형제들아 나는 그가 대제사장인 줄 알지 못하였노라 기록하였으되

　　　　너의 백성의 관리를 비방하지 말라 하였느니라

하더라 ⁶ 바울이 그 중 일부는 사두개인이요 다른 일부는 바리새인인 줄 알고 공회에서 외쳐 이르되 여러분 형제들아 나는 바리새인이요 또 바리새인의 아들이라 죽은 자의 소망 곧 부활로 말미암아 내가 심문을 받노라 ⁷ 그 말을 한즉 바리새인과 사두개인 사이에 다툼이 생겨 무리가 나누어지니 ⁸ 이는 사두개인은 부활도 없고 천사도 없고 영도 없다 하고 바리새인은 다 있다 함이라 ⁹ 크게 떠들새 바리새인 편에서 몇 서기관이 일어나 다투어 이르되 우리가 이 사람을 보니 악한 것이 없도다 혹 영이나 혹 천사가 그에게 말하였으면 어찌 하겠느냐 하여 ¹⁰ 큰 분쟁이 생기니 천부장은 바울이 그들에게 찢겨질까 하여 군인을 명하여 내려가 무리 가운데서 빼앗아 가지고 영내

로 들어가라 하니라 [11] 그 날 밤에 주께서 바울 곁에 서서 이르시되 담대하라 네가 예루살렘에서 나의 일을 증언한 것 같이 로마에서도 증언하여야 하리라 하시니라

이 이야기는 기독교에 대해 다음 세 가지를 확인해 준다(Longenecker): (1)기독교의 '부활'은 죽은 사람의 부활에 대한 유대교의 교리에 근거하고 있다(6절). (2)바울이 제시하는 이슈는 유대교가 내부적으로 많은 논의와 논쟁을 통해 합의해야 할 문제다(7-10절). (3)복음이 이방인들에게 선포되는 것은 하나님의 명령에 따른 것이다(11절).

천부장은 유대인들이 왜 바울을 죽이려 하는지 알고 싶다. 그는 다음 날 제사장들과 온 공회(산헤드린)를 모으고 바울의 결박을 풀어 그들 앞에 세웠다(22:30). 예전에 베드로와 요한이 공회 앞에서 그리스도의 복음을 변호한 적이 있다(cf. 4장). 이번에는 바울이 같은 자리에 섰다.

어떤 이들은 천부장이 공회를 소집하는 것에 문제를 제기한다(Jervell). 있을 수 없는 일이라는 것이다. 그러나 도시의 치안을 책임지는 사람으로서 이번처럼 소요가 일어난 경우 천부장이 공회를 소집할 수 있다(Longenecker). 게다가 이 모임은 공식적인 공회가 아니다(Schnabel). 천부장은 바울을 재판하고 최종 판결하는 일을 산헤드린에 넘기는 것이 아니다. 단지 바울에 대한 그들의 의견과 판단을 수렴하고자 한다. 로마 시민을 그들에게 넘기는 것은 불법이기 때문이다(Schnabel). 비록 천부장이 공회를 소집하기는 했지만, 이방인이기 때문에 심의에 참여하지는 않았다(Longenecker).

바울은 공회로 모인 사람들을 '형제들'(ἀδελφοί)이라 부르며 스피치를 시작한다(23:1a절). 당시 유대교의 최고 의결 기관인 예루살렘 '공회'(συνέδριον)는 71명으로 구성되었으며 대제사장, 사두개인, 바리새인, 서기관, 장로 등이 참여했다. 그런 만큼 다소 위축될 수도 있지만, 바울은 그들을 '형제들'이라 부름으로써 자신 또한 그들 중 하나라는

사실을 확인하며 당당하게 말을 시작한다.

바울은 이날까지 평생 범사에 양심을 따라 하나님을 섬겼다고 한다 (1b절; cf. 20:18-20, 26-27; 24:16; 롬 15:19; 빌 3:6). 한 시인의 표현을 빌리자면 '하늘을 우러러 한 점 부끄러움 없는 삶'을 살아왔다는 것이다. 바울은 '양심'에 거리낌 없이 살았다는 말을 자주 한다(롬 2:15; 9:1; 13:5; 고전 8:7, 10, 12; 10:25-29; 고후 1:12; 4:2; 5:11; 딤전 1:5, 19; 딤후 4:7). 그가 교만해서 이런 말을 하는 것이 아니다. 우리도 이렇게 살기 위해 노력하다가 죽음을 앞두고 지난날을 돌아보며 바울처럼 고백할 수 있으면 좋겠다.

듣고 있던 대제사장 아나니아가 바울 곁에 서 있는 사람들에게 그의 입을 치라고 명령했다(2절). 그 누구도 바울이 말하는 것처럼 하나님을 섬길 수 없다는 생각에 사로잡혀 이런 조치를 취했을 수 있다. 그렇다면 아나니아는 자신이 살지 못한 삶을 바울이 살았다고 하는 것에 대해 분노하고 있는 것이다. 혹은 만일 천부장이 공회를 진행하는 대제사장 아나니아에게 바울이 다소에서 태어난 로마 시민이라는 사실을 귀띔해 주었다면, 이방인 나라에서 태어나 이방인 나라에서 대충 살던 자가 감히 양심에 따라 하나님을 섬겼다는 가증스러운 말을 한다고 생각했을 수 있다. 예루살렘에 사는 유대인들의 디아스포라 유대인에 대한 편견을 반영한 것이다(cf. Schnabel).

유대인의 전승은 오직 하나님의 명예를 지키기 위해 유대인을 때릴 수 있다고 한다(Le Cornu & Shulam). 그러므로 이유야 어찌 되었든 유대 백성에게 하나님을 대표하고, 하나님 앞에서 유대 백성을 대표한다는 자가 바울의 말을 들어보지도 않고 이런 조치를 취하는 것은 많이 잘못되었다. 그는 마치 자신이 하나님인 것처럼 굴고 있다.

바울은 '형제들'에게 이런 대접을 받고서 가만히 당하고만 있을 사람이 아니다. 그는 이렇게 어이없는 명령을 내리는 대제사장 아나니아를 향해 '회칠한 담'이라며, 하나님이 그를 치실 것이라고 한다(3a절). 예수님은 외식하는 서기관들과 바리새인들을 '회칠한 무덤'에 비교하시며 그들이 겉으로는 아름답게 보이지만 속에는 죽은 사람들의 뼈와 모든 가증한 것이 가득하다고 비난하셨다(마 23:27; cf. 겔 13:10-16). 바울도 같은 의미에서 대제사장을 가리켜 '회칠한 담'이라고 한다. 겉으로 보기에는 말끔하고 단정한 담 같지만, 실제로는 부정하고 더러운 것으로 가득한 자라는 것이다.

바울이 대제사장을 이처럼 냉혹하게 정죄하는 이유는 분명하다. 그는 바울이 율법을 어겼는지 심의하겠다며 공회에 참석했다. 그런데 심의해야 할 사람의 말을 들어 보기도 전에 벌써 정죄하며 이처럼 무례한 명령을 내렸다(3b절). 설령 바울을 때리더라도 그의 말을 다 듣고 공회가 함께 심의한 다음에 때려야지, 심의는 고사하고 바울이 말을 하기도 전에 이런 조치를 취하는 것은 그 자체로 율법을 어기는 행위다: "너희는 재판할 때에 불의를 행하지 말며 가난한 자의 편을 들지 말며 세력 있는 자라고 두둔하지 말고 공의로 사람을 재판할지며"(레 19:15).

율법을 가장 잘 지켜야 할 대제사장이 할 일이 아니다. 이 자는 로마 시민인 바울을 죄목도 정하지 않고 채찍질하려 했던 천부장과 별반 다를 바 없다. 유대교를 대표한다는 자가 이렇다. 당시 유대교가 얼마나 썩었는지 어느 정도 가늠할 수 있다. 기독교가 유대교의 한 교파(sect)로 남지 않고 완전히 독립된 종교로 나온 것이 충분히 이해된다. 종교개혁 때도 개혁자들은 썩어 빠진 가톨릭을 떠났다. 교회나 교단이 개혁이 불가능할 정도로 썩으면 차라리 떠나는 것이 낫다. 또한 우리가 몸담고 있는 교회가 이 지경이 되지 않도록 계속 기도하며 성찰해야 한다.

"하나님이 너를 치시리로다"라는 바울의 말을 예언으로 해석해야 하는지 혹은 저주로 해석해야 하는지 다소 논란이 있다(cf. Bock, Longenecker, Schnabel). 그러나 별 차이는 없다. 한 가지 확실한 것은 이 저주(예언)가 불과 10년 사이에 실현되었다는 사실이다. 요세푸스에 따

르면 유대인들이 로마에 반역했을 때(Jewish War, 주후 66-73년) 사람들이
대제사장 아나니아를 로마에 충성한 매국노로 낙인찍고 그의 집을 불
태웠다. 아나니아는 헤롯의 궁으로 도피했다가 그곳에서 살해당했다
(cf. Fitzmyer, Longenecker).

또한 요세푸스는 아나니아를 심성이 썩었고, 욕심이 많고, 성격이
급하고, 폭력적인 사람으로 묘사했다(cf. Fernando). 한마디로 매우 무식
하고 무례한 자였으며, 대제사장이 되면 안 될 사람이었다. 이런 사람
이 유대교를 대표하는 지도자였으니, 그 당시 유대교가 얼마나 썩었는
지 어느 정도 상상이 간다.

곁에 서 있던 사람들이 하나님의 대제사장을 욕한다며 바울을 나무
랐다(4절). 그가 욕하는 자가 대제사장이라는 사실을 알기나 하고 함
부로 말하느냐는 뜻이다. 바울은 그가 대제사장인 줄 알지 못했다며,
만일 알았으면 욕하지 않았을 것이라고 한다(5a절). 율법이 백성의 관
리를 비방하지 말라고 하는데, 만일 알았더라면 어떻게 율법을 어기
고 욕을 했겠냐는 뜻이다. 그가 인용하는 말씀은 출애굽기 22:28의 일
부다: "너는 재판장을 모독하지 말며 백성의 지도자를 저주하지 말지
니라."

바울은 아나니아가 대제사장인 줄 몰랐을까, 혹은 알면서도 이렇
게 말한 것일까? 학자들의 의견은 둘로 나누어져 있다. 어떤 이들
은 바울의 시력이 나빠 잘 보지 못했기 때문에 빚어진 일이라고 한다
(Longenecker, cf. 갈 4:13-15). 혹은 아나니아가 대제사장이 된 것은 이 일
이 있기 10년 전인 주후 48년이었기 때문에 바울이 그를 알지 못해서
일어난 일이라 한다(Bruce, Fitzmyer). 혹은 아나니아가 대제사장이든 아
니든 개의치 않고 율법에서 비롯된 원칙을 말한 것이라 하는 이들도
있다(Larkin, Polhill).

바울이 아나니아가 대제사장인 줄 알면서도 반어조로(ironic) 말하는
것이라 하는 이들도 있다(Marshall, Williams). 그렇다면 '대제사장이라는

자가 감히 이런 주문을 할 수 있다니!'라는 의미가 된다(cf. 출 22:28). 아나니아가 대제사장처럼 행동하지 않는다고 비난하는 것이다(Johnson). 즉, 대제사장의 품위에 걸맞지 않다는 말이다. 나중에 바울이 공회의 재판을 받느니 차라리 로마에 가서 재판받겠다고 한 것(25:8-11)도 이 썩어 빠진 종교 지도자들보다는 세상 법정에서 시시비비를 가리겠다는 뜻이다. 참으로 슬픈 일이 벌어지고 있다. 그러나 오늘날에도 이런 일이 여러 교단과 교회에서 허다하지 않은가? 목회자들은 각성해야 한다.

바울은 아나니아가 대제사장이라는 말에 사과하지 않는다. 아마도 그가 대제사장이라는 것을 처음부터 알았을 것이다. 예루살렘 공회가 열리면 대제사장이 특별한 의자에 앉아서 모임을 이끌었기 때문이다.

바울은 71명으로 구성된 예루살렘 공회가 어떤 사람들로 구성되었는지 잘 알고 있었다. 부활에 대해 첨예하게 대립하는 바리새인과 사두개인도 많이 있는 그룹이다(6a절). 사두개인은 구약 중에서도 모세 오경만 하나님의 말씀으로 인정했다. 그들은 오경이 부활에 대해 가르치지 않는다며 부활을 믿지 않았다. 반면에 구약 전체를 하나님의 말씀으로 여기는 바리새인은 죽은 사람이 부활한다고 믿었다. 그러므로 기독교의 부활에 대한 교리는 바리새인의 것과 비슷하다.

바울은 자신이 바리새인이며, 바리새인의 아들이라고 한다(6b절). 바리새인 교육을 받았으며, '뼛속까지' 바리새인이라는 뜻이다. 그러면서 자기가 공회의 심의에 회부된 것은 죽은 자의 소망, 곧 부활을 가르쳤기 때문이라고 한다(6c절). 바울이 부활을 이슈로 꺼낸 것은 바리새인과 사두개인이 첨예하게 다른 입장을 고수하기 때문일 수도 있지만, 죽은 자들로부터 살아나신 예수님의 부활과 장차 있을 성도들의 부활이 기독교의 가장 핵심 교리이기 때문이다.

바울은 기독교의 핵심인 부활을 공회 앞에서 말함으로써 공회가 지난 수십(수백) 년 동안 논의하고 논쟁했지만 여전히 입장을 정리하지 못하고 있는 부활로 인해 자신이 핍박받고 공회의 심의를 받는 것이 부당하다고 한다. 그가 부활 이슈를 꺼내자 공회는 더는 바울의 말을 들으려 하지 않고 자기들끼리 다투고 싸우기 시작했다(7절). 당연하다. 부활을 믿는 바리새인 입장에서는 만일 바울이 부활을 믿고 가르친다는 이유로 재판받아야 한다면 자기들도 재판에 회부되어야 한다는 뜻이기 때문이다.

사두개인은 부활도 없고 천사도 없고 영도 없다고 한다(8a절). 반면에 바리새인은 부활과 천사와 영을 믿는다(8b절). 사두개인이 부활을 믿지 않는 것은 맞다(마 22:23; 눅 20:27). 그러나 천사와 영을 부인하는 것은 아니다. 사두개인들은 오경만 하나님의 말씀으로 인정했는데, 오경이 천사와 영을 언급하기 때문이다. 그러므로 학자들은 최소한 여섯 가지의 다양한 해석을 내놓았다(cf. Bock). 가장 설득력 있는 해석은 사두개인은 하나님이 천사와 영을 통해 사람에게 계시하시지 않는다고 주장한다는 것이다. 바리새인이 그들과 다투면서 혹 영이나 혹 천사가 바울에게 말했으면 어찌하겠느냐고 하기 때문이다(9b절). 바리새인은 바울이 악하지 않다고(죄를 짓지 않았다고) 한다(9a절). 그들은 바울이 제기한 부활은 공회가 잘잘못을 가릴 이슈가 아니라고 하는 것이다.

공회로 모인 곳이 큰 분쟁으로 시끄러워졌다(10a절). 조금 떨어진 곳에서 지켜보던 천부장은 바울이 그들에게 해를 입을까 봐 군인들에게 내려가 그를 데리고 영내로 들어가라고 명령했다(10절). 다시 성전 뜰의 북서쪽에 있는 안토니아 요새로 데려가라는 뜻이다. '찢기다'(διασπάω)는 신약에서 한 번 더 사용되는데, 귀신 들린 자가 그를 묶고 있는 쇠사슬을 끊는 일을 묘사한다(막 5:4). 칠십인역(LXX)에서는 삼손이 달려드는 사자의 입을 찢은 일을 묘사하는 데 사용되었다(삿 14:6). 누가는 이날 공회원들이 바울을 중간에 두고 매우 심하게 다투고 싸웠다는 것을 이 단어로 묘사한다.

그날 밤에 예수님이 바울을 찾아오셨다(11a절). 주님은 바울에게 담대하라고 하시면서 그가 예루살렘에서 예수님에 대해 증언한 것 같이 로마에서도 증언할 것이라고 하셨다(11b절). 예수님이 바울이 예루살렘 공회 앞에서 한 일을 두고 잘했다며 칭찬하신다(Schnabel). 지난 이틀 동안 바울과 예루살렘은 참으로 큰 혼란을 겪었다. 예수님은 이런 혼란 속에서도 하나님의 계획이 차질 없이 실현되고 있다며 바울을 위로하시는 것이다.

바울은 언젠가는 로마로 가기를 희망했는데(19:21), 드디어 하나님이 그가 로마로 갈 것이라고 말씀하셨다. 바울이 희망한 것을 예수님이 확인해 주신 것이다. 아마도 이날 예수님이 바울을 찾아와 그가 로마로 갈 것이라고 말씀하신 것이 나중에 바울이 썩어 빠진 예루살렘 지도자들에게 재판받느니 차라리 로마로 가서 황제에게 재판받겠다고 말하는 이유가 되었을 것이다(25:8-11). 또한 바울이 로마에서 재판이 지연되어도 차분하게 여유를 갖고 대처하는 것도 이날 예수님이 그에게 로마로 갈 것이라고 말씀하셨기 때문일 것이다(Bruce).

이 말씀은 기독교의 핵심인 부활은 유대교 교리를 자연스럽게 연장해 나가는 것이라고 한다. 특히 부활을 믿었던 바리새인이라면 기독교를 믿지 않을 이유가 없다. 그러므로 그들이 기독교를 거부하고 유대교에 남은 것은 그들의 책임이다. 그들 스스로 잘못된 선택과 결정을 했기 때문이다.

바울은 자신이 믿는 것을 공회원들이 알아들을 수 있게 확실하고 정확하게 증언했다. 우리도 우리가 무엇을 믿고 있는지 정확하게 정리해 마음에 품을 필요가 있다. 언제, 어디서, 어떤 상황에서 우리의 신앙을 증언하게 될지 알 수 없으므로 항상 준비해 두는 것이 좋다.

우리는 대제사장 아나니아를 통해 당시 유대교가 얼마나 부패했는지 어느 정도 짐작할 수 있다. 온 유대교를 대표한다는 자가 인격적으로 결함이 많으며, 또한 스스로 율법을 어기고 폭력을 행사하려 들기 때문이다. 또한 그는 마치 자신이 하나님이나 되는 것처럼 행동한다. 안타까운 것은 그의 모습에서 한국 교회를 대표하는 연합회 회장들과 총회장들의 모습을 보는 듯하다는 사실이다. 한국 교회의 회개와 개혁을 위해 기도하자. 한국 교회가 개혁되어야 하나님이 촛대를 옮기지 않으실 것이다.

VII. 로마(21:17-28:31)
  A. 예루살렘(21:17-23:35)

5. 암살 음모가 드러남(23:12-22)

¹² 날이 새매 유대인들이 당을 지어 맹세하되 바울을 죽이기 전에는 먹지도 아니하고 마시지도 아니하겠다 하고 ¹³ 이같이 동맹한 자가 사십여 명이더라 ¹⁴ 대제사장들과 장로들에게 가서 말하되 우리가 바울을 죽이기 전에는 아무 것도 먹지 않기로 굳게 맹세하였으니 ¹⁵ 이제 너희는 그의 사실을 더 자세히 물어보려는 척하면서 공회와 함께 천부장에게 청하여 바울을 너희에게로 데리고 내려오게 하라 우리는 그가 가까이 오기 전에 죽이기로 준비하였노라 하더니 ¹⁶ 바울의 생질이 그들이 매복하여 있다 함을 듣고 와서 영내에 들어가 바울에게 알린지라 ¹⁷ 바울이 한 백부장을 청하여 이르되 이 청년을 천부장에게로 인도하라 그에게 무슨 할 말이 있다 하니 ¹⁸ 천부장에게로 데리고 가서 이르되 죄수 바울이 나를 불러 이 청년이 당신께 할 말이 있다 하여 데리고 가기를 청하더이다 하매 ¹⁹ 천부장이 그의 손을 잡고 물러가서 조용히 묻되 내게 할 말이 무엇이냐 ²⁰ 대답하되 유대인들이 공모하기를 그들이 바울에 대하여 더 자세한 것을 묻기 위함이라 하고 내일 그를 데리고 공회로 내려오기를 당신께 청하자 하였으니 ²¹ 당신은 그들의 청함을 따르지 마옵소서 그들 중에서 바울을 죽이기 전에는 먹지도 않고 마시지도 않기로 맹세한 자 사십여 명이 그를 죽이려고 숨어서 지금 다 준비하고 당신의 허락만 기다리나이다 하니 ²² 이에 천부장이 청년을 보내며 경계하되 이 일을 내게 알렸다고 아무에게도 이르지 말라 하고

바울이 유대인들의 암살 음모에 시달리는 것은 이번이 처음이 아니다(cf. 9:23-25, 29-30; 20:3). 그럼에도 불구하고 이번 암살 음모는 매우 생생하고 자세하게 묘사되어 있다. 바울은 이번 일로 인해 예루살렘을 떠나면 다시는 돌아오지 못하게 된다. 어릴 때 다소에서 유학하러 온 이후 이때까지 사랑했던 예루살렘을 이렇게 떠나야 하는 것이 참으로 안타깝다.

바울이 예수님의 환상을 본 밤이 지나고 아침이 되었다. 바울이 로마 군대의 영내에서 보호받고 있기는 하지만, 유대인들의 위협에서 빠져나온 것은 아니다. 공회가 부활에 대한 바리새인과 사두개인의 갈등으로 인해 바울을 어찌하지 못할 것이라는 생각이 들자 어떤 사람들이 자기 손으로 그를 죽이겠다고 나섰다. 유대인 40여 명이 자기 손으로 바울을 죽이기 전까지 먹지도 아니하고 마시지도 않겠다고 맹세하며 동맹을 맺었다(12-13절). 이들은 유대교 광신자이며(Wall), 그중에는 성전에서 바울을 모함하고 폭동을 일으킨 아시아계 유대인들도 포함되어 있을 것이다(cf. 21:27).

'맹세하다'(ἀναθεματίζω)는 서원한 일을 이루지 못하면 스스로 저주를 받겠다는 선언이다(BDAG). 어떤 일을 앞두고 가장 강력한 의지를 드러내는 표현이다. 바울이 가이사랴로 이송된 이후 이 사람들은 어떻게 되었을까? 그들이 맹세한 대로 스스로 굶어 죽었을까? 그러지 않았을 것이다. 유대인들은 맹세한 것을 실현할 수 없는 상황이 되면 맹세의 책임에서 풀려난다는 전통을 만들어 놓았다(Bruce, Longenecker). 참으로 편리한 규정이다! 그러나 성경적인 기준에 따르면 그들은 하나님의 이름으로 허위 맹세하는 죄를 짓고 있다. 예수님은 하늘로도 땅으로도 맹세하지 말라고 하셨다(마 5: 33-37). 주님은 유대인들이 맹세 제도를 악용하는 것을 잘 아셨다.

이 유대교 광신자들이 바울을 죽이려면 산헤드린의 도움이 필요하다. 그러므로 그들은 대제사장들과 장로들을 찾아가 음모에 가담시켰다(14-15절). 바울을 죽이려면 그를 로마 군인들이 지키고 있는 안토니아 요새에서 끌어내야 한다. 그들이 요새를 습격해서 바울을 죽이는 것은 불가능하기 때문이다. 그러므로 공회에 바울에 대해 알아볼 것이 있으니 그를 공회가 모이는 곳으로 보내 달라고 천부장에게 공식적으로 요청하라고 했다. 그러면 군인들이 바울을 에스코트해 가는 길에 매복해 있다가 공회에 도착하기 전에 그를 덮쳐 죽이겠다는 것이다. 가장 손쉬운 방법은 바울의 이송을 지켜보는 무리 중에 섞여 있다가 순식간에 덮치는 것이다(Schnabel). 일단 그들이 바울을 죽이고 나면 공회는 그가 공회가 모이는 장소로 가는 길에 죽어 만나지도 못했으므로 자신들은 이 일과 상관이 없다고 주장할 수 있다. 대제사장들과 장로들이 그들의 계획에 동조하고 음모에 가담했다.

이런 일을 꾸미는 광신자들도 악하지만, 그들을 막지 않고 오히려 부추긴 대제사장들과 장로들은 더 악하다. 어찌 유대교 지도자들이 십계명을 위반하면서까지 죄 없는 사람을 죽이려 하는 음모에 가담하는가? 이 자들이 과연 하나님을 두려워하는 종교 지도자가 맞는지 의심하지 않을 수 없을 정도다. 이 종교 지도자들은 거짓과 속임수로 바울을 로마 사람들의 보호에서 빼내 죽이려고 한다. 그들은 바울이 말한 것처럼 '회칠한 담'이다(23:3).

바울의 생질이 그들의 음모를 알게 되었다(16a절). '생질'(ὁ υἱὸς τῆς ἀδελφῆς)을 직역하면 '누이의 아들'이다. 누가가 바울의 가족에 대해 정보를 주는 것은 이번이 처음이다. 이 누이는 결혼해 예루살렘에 살고 있었다. 아마도 바울이 예루살렘으로 유학 와서 바리새파 스승 가말리엘에게 배울 때 이 누이의 집에서 머문 것으로 보인다(Longenecker, Schnabel, cf. 22:3).

바울의 조카가 어떻게 이 정보를 입수하게 되었는지는 알 수 없다. 하나님이 바울을 보호하기 위해 하신 일이라고 할 수밖에 없다. 예수님은 바울이 로마에 가서 증언할 것이라고 하셨다(23:11). 그러므로 음모에 가담한 사람들과 종교 지도자들은 지금 하나님의 계획을 무산시키려고 이 악한 짓을 하고 있다! 그들은 결코 성공할 수 없다! 하나님은 바울에게 하신 말씀을 실현하기 위해서라도 이 일에 개입해 이 음모자들을 막으셔야 한다.

학자들은 "모든 것을 해로 여김은 내 주 그리스도 예수를 아는 지식이 가장 고상하기 때문이라 내가 그를 위하여 모든 것을 잃어버리고 배설물로 여김은"(빌 3:8)이라는 말씀을 근거로 바울이 [부자] 아버지에게도 버림받았을 것이라고 한다(Longenecker, Schnabel). 그러나 가족 중일부는 아직도 그를 가족으로 생각하고 사랑한다. 그중에는 바울의 누이와 조카도 포함되어 있다. 누이와 조카가 그리스도인이었는지 아닌지는 알 수 없으며 중요하지도 않다. 그들은 바울을 사랑한다. 그러므로 알면서도 죽게 내버려 둘 수 없다. 신앙 여부에 상관없이 가족이라면 당연히 해야 할 일을 하고 있다.

조카는 곧바로 삼촌 바울을 찾아가 유대인들의 음모를 알렸다(16b절). 만일 사전에 손을 쓰지 않으면 바울은 죽은 목숨이다. 이 음모에 수십 명이 가담했기 때문에 실패할 확률이 거의 없다. 바울은 곧바로 백부장에게 자기 생질이 천부장에게 전할 말이 있으니 그에게 데려다 달라고 부탁했다. 어떤 이들은 참으로 혼란스러운 상황에서 생질이 바울을 면회한 것과 그가 백부장에게 부탁하는 것이 비현실적이라고 하지만(Gaventa), 바울은 현재 로마 시민이라는 특권을 누리는 사람이다. 게다가 천부장도 수십 명의 공회원보다는 바울의 말을 더 신뢰하는 상황이다(Bock). 따라서 충분히 가능한 일들이다.

바울이 백부장에게 직접 말하지 않고 생질과 천부장을 만나게 해 달라는 것은 로마 군대에도 부패가 심각했기 때문이다(Rapske). 어느 단계에서 누구를 통해 정보가 흘러 나가 유대인들에게 들어갈지 모르는 상황이다. 그러므로 자기 생질을 '이 청년'이라고 부르며 백부장에게 그를 천부장에게 데려가 달라고 부탁한다. '청년'은 10대부터 30대 말까지를 아우르는 말이다(Schnabel). 학자 중에는 그를 10대로(Williams) 혹은 20대로 보는 사람이 많다(Wall, Witherington).

백부장은 천부장에게 가서 죄수 바울이 이 청년이 천부장에게 할 말이 있다고 하기에 데려왔다고 했다(18절). '죄수'(δέσμιος)는 바울이 공식적으로는 로마 군인이 관리하는 감옥에 죄인으로 갇혀 있다는 뜻이다. 그러나 사실은 로마 시민인 바울이 무지막지한 유대인들로부터 보호받고 있는 상황이다.

천부장도 로마 시민인 바울의 일이 참으로 민감한 사안이므로 신중하게 대해야 한다는 것을 안다. 그러므로 어떠한 비밀도 새어 나가지 않도록 아무도 없고 누구도 엿들을 수 없는 곳으로 청년을 데려가 말하라고 했다(19절). 바울의 생질은 천부장에게 유대인들이 꾸미고 있는 음모를 자세하게 알려 주었다(20-21절). 그러면서 내일 그들이 바울을 한 번 더 심문하고자 하니 이틀 전 공회가 모였던 장소로 다시 보내라고 하면 절대로 그 요청을 수락하지 말라고 했다(21a절). 수락하면 그들이 매복해 있다가 바울을 죽일 것이기 때문이다. 생질이 천부장에게 그들의 청을 거부하라는 것은 그들의 청을 허락하지 않는 것만이 삼촌 바울을 살리는 유일한 방법이라고 생각하기 때문이다. 그러나 천부장이 공회의 청을 한두 번은 거절할 수 있겠지만, 무작정 계속 거절할 수는 없다. 그러므로 천부장은 바울이 유대인들의 손에서 반영구적으로 벗어날 계획을 세울 것이다.

천부장은 정보를 제공한 청년을 보내며 이 일을 자기에게 알렸다는 것을 아무에게도 말하지 말라고 했다(22절). 천부장도 상황의 엄중함을 인지했고, 예루살렘성 안에 있는 사람이라면 누구도 믿을 수 없다는 뜻이다. 당연히 바울의 조카는 누구에게도 말하지 않을 것이다. 삼촌의 생명이 달린 비밀이기 때문이다.

바울이 불쌍하다. 그가 그토록 사랑하는 유대인들은 그를 믿지 않는다. 반면에 유대인의 원수라 할 수 있는 로마 사람은 그를 믿는다. 옛적에 예레미야가 이런 경험을 했다. 그때도 그의 고향 아나돗 사람들은 그를 죽이려 했지만(cf. 렘 11:21), 바벨론 왕 느부갓네살은 그를 보살펴 주었다(cf. 렘 39:11-14).

이 말씀은 하나님의 섭리에 대해 많은 생각을 하게 한다. 하나님이 사역하시는 방법이나 우리를 보호하시는 방법이 항상 뚜렷하게 드러나지는 않는다. 때로는 우리가 도저히 알 수 없는 가려진 곳에서 움직이기도 하신다.

스데반이 순교할 때는 하나님의 보호하심이 그를 살리지는 않았다. 반면에 이번 이야기에서는 하나님의 보호하심이 바울을 살린다. 바울이 죽지 않고 살아서 로마로 가야 하기 때문이다(23:11). 바울은 로마에 가서 로마 제국의 높은 사람들을 상대할 것이며, 그들을 전도할 것이다. 만일 그가 죄인으로 이송되지 않고 자유인으로 로마에 갔다면 가능성이 별로 없는 일들이다.

또한 이틀 전만 해도 바울을 죄인 다루듯 채찍으로 치려 했던 천부장이 어느새 바울을 자기 생명처럼 보호하는 사람이 되었다. 유대 사람들은 바울을 죽이려 하지만, 이 로마 사람은 그를 보호한다. 하나님의 섭리는 참으로 묘하다.

VII. 로마(21:17-28:31)
  A. 예루살렘(21:17-23:35)

6. 벨릭스 총독(23:23-35)

[23] 백부장 둘을 불러 이르되 밤 제 삼 시에 가이사랴까지 갈 보병 이백 명과 기병 칠십 명과 창병 이백 명을 준비하라 하고 [24] 또 바울을 태워 총독 벨릭스에게로 무사히 보내기 위하여 짐승을 준비하라 명하며 [25] 또 이 아래와 같이 편지하니 일렀으되 [26] 글라우디오 루시아는 총독 벨릭스 각하께 문안하나이다 [27] 이 사람이 유대인들에게 잡혀 죽게 된 것을 내가 로마 사람인 줄 들

어 알고 군대를 거느리고 가서 구원하여다가 [28] 유대인들이 무슨 일로 그를 고발하는지 알고자 하여 그들의 공회로 데리고 내려갔더니 [29] 고발하는 것이 그들의 율법 문제에 관한 것뿐이요 한 가지도 죽이거나 결박할 사유가 없음을 발견하였나이다 [30] 그러나 이 사람을 해하려는 간계가 있다고 누가 내게 알려 주기로 곧 당신께로 보내며 또 고발하는 사람들도 당신 앞에서 그에 대하여 말하라 하였나이다 하였더라 [31] 보병이 명을 받은 대로 밤에 바울을 데리고 안디바드리에 이르러 [32] 이튿날 기병으로 바울을 호송하게 하고 영내로 돌아가니라 [33] 그들이 가이사랴에 들어가서 편지를 총독에게 드리고 바울을 그 앞에 세우니 [34] 총독이 읽고 바울더러 어느 영지 사람이냐 물어 길리기아 사람인 줄 알고 [35] 이르되 너를 고발하는 사람들이 오거든 네 말을 들으리라 하고 헤롯 궁에 그를 지키라 명하니라

천부장은 곧바로 유대인 음모자들로부터 바울을 보호할 작전을 세웠다. 그는 백부장 둘을 불러 제삼시(밤 9시)에 가이사랴로 갈 보병 200명과 기병 70명, 창병 200명 등 총 470명을 대기시키라고 했다. 어떤 이들은 지나치게 많은 병력이 동원되고 있다며 누가가 수를 과장하고 있다고 한다(Haenchen). 그러나 그렇지 않다. 천부장은 이 사안을 매우 심각하게 받아들이고 있다. 무슨 짓을 할지 모르는 유대인 40명과 공회가 합세했고, 청년(바울의 조카)이 이 정보를 입수한 후 얼마나 더 많은 사람이 음모에 가담했을지 알 수 없다. 게다가 바울을 처음 만난 날에도 그를 죽이려고 폭동이 일었다.

또한 당시 가이사랴까지 가는 길에는 유대인 열성파들(Zealots)이 곳곳에서 활동하고 있었다(Williams, Witherington). 그러므로 천부장은 신속하게, 또한 최대한 많은 군대를 동원해 바울을 보호하고자 한다. 혹시라도 바울의 이송 작전 정보가 새어 나가면 얼마나 큰 무리가 매복해 있다가 습격할지 모른다(Rapske). 게다가 바울은 로마 시민이기 때문에 천부장은 반드시 그의 생명을 지켜 내야 한다.

가이사랴는 바울이 소아시아에서 예루살렘으로 돌아올 때 배에서 내린 곳이며, 빌립이 지난 20여 년간 정착해 산 곳이다(cf. 21:8-15). 유대를 다스리는 총독은 가이사랴에 머물며 매년 절기 때 몇 차례 예루살렘을 방문했다. 총독이 거느리는 로마 군대가 주둔하는 곳이므로 바울을 안전하게 보호할 수 있다. 또한 예루살렘은 유대인의 도시이지만, 가이사랴는 온갖 이방인이 모여 사는 곳이기 때문에 유대인들이 살인 음모를 꾸미는 일이 그만큼 어려워진다.

천부장은 바울을 태워 총독 벨릭스에게 무사히 보내기 위해 짐승을 준비하게 했다(24절). '짐승'(κτῆνος)은 말과 나귀 등 사람이 탈 수 있는 동물을 뜻한다(BDAG). 바울을 말에 태워 보내면 군인들이 더 신속하게 이동할 수 있고, 더 쉽게 보호할 수 있다. 게다가 바울은 폭도에게 심하게 맞았기 때문에(21:32) 회복될 때까지는 먼 길을 걸어가는 것이 쉽지 않았을 것이다.

천부장은 가이사랴에 있는 총독에게 편지를 써서 군인들 편에 보냈다(25절). 이 편지는 로마의 공식 언어인 라틴어로 쓰였겠지만, 통용어인 헬라어로 쓰였을 가능성도 있다(Le Cornu & Shulam). 누가는 천부장의 이름이 '글라우디오 루시아'(Κλαύδιος Λυσίας)라는 것을 처음으로 밝힌다(26a절). '글라우디오'(Κλαύδιος)는 그가 로마 시민이 되었을 때 갖게 된 이름이다(Bock).

천부장의 편지를 받을 유대 총독은 벨릭스다(26b절). '벨릭스'(Φῆλιξ, Felix)는 주후 52-59년 유대의 총독이었다(Bock). 그는 요즘 말로 하면 '흙수저'였으며(cf. Fernando) 세 명의 왕족 여인을 아내로 맞았다. 이때는 세 번째 아내와 살고 있었으며, 그녀의 이름은 드루실라(Drusilla)로 분봉 왕 헤롯 아그립바(Herod Agrippa I)의 딸이었다(cf. 12장). 잠시 후 25-26장에서 만나게 될 헤롯 아그립바는 2세다. 사도행전은 헤롯 아그립바 1세를 간단히 '헤롯'이라고 부르는데, 그는 하나님 앞에서 교만을 떨다가 벌레에 먹혀 죽은 사람이다(12:20-23).

벨릭스는 매우 잔인하고 포악한 사람이었으며 폭력을 자주 사용했다. 로마 역사가 타키투스(Publius Cornelius Tacitus, 주후 56-120년)는 그를 '노예의 사고방식으로 왕의 권력을 휘두른 자'라고 혹평했다(cf. Fernando). 그가 주후 59년에 총독직에서 해임되어 로마로 소환된 것도 기회만 생기면 유대인들을 지나친 폭력으로 억압한 탓에 유대인들의 반발이 날이 갈수록 거세졌기 때문이다.

천부장은 바울이 로마 시민인 줄 모르고 그를 채찍질하려 했던 일은 말하지 않는다. 대신 바울이 처음부터 로마 사람이라는 것을 인지하고 그를 죽이려는 유대인들에게서 구했다고 한다! 로마 시민인 줄 모르고 때릴 뻔한 일에 대해서는 문책당하지 않고, 폭도에게 맞아 죽게 된 로마 시민을 구한 공을 세우기 위해 거짓말하고 있다!

천부장은 바울이 무슨 죄를 저질렀기에 맞아 죽을 뻔했는지 도무지 알 수 없어 유대인들의 최고 의결 기관인 공회(산헤드린)에도 데려가 '대질 심문'도 해 보았다(28절). 천부장은 공회가 바울에 대해 고발한 것은 유대인들의 율법에 관한 것일 뿐, 로마법에 따르면 바울은 한 가지도 죽이거나 결박할 사유가 없다는 결론을 내렸다(29절).

누가는 지속적으로 바울이 죄가 없다는 사실을 강조한다(cf. 24:19-20; 25:25; 26:31; 28:18). 외부인으로서 객관적으로 볼 때 바울이 대표하는 기독교가 외치는 '하나님 나라'는 로마 제국에 절대 위협이 되지 않는다는 사실을 드러내기 위해서다. 아가야주 총독이었던 갈리오도 고린도에서 바울에게 아무 죄가 없다며 유대인들의 고소를 기각했다(18:15).

문제는 유대인들이다. 그들은 바울에게 어떠한 죄도 없다는 로마의 판결을 받아들이지 않고 계속 그를 죽이려 한다. 이번에도 그를 해하려 하는 유대인들의 음모에 대한 첩보를 입수했다(30a절). 그러므로 천부장은 바울을 계속 예루살렘에 두면 그의 안전을 보장할 수 없으며, 언제 또 폭동이 일어날지 모르는 상황이기에 그를 총독에게 보낸다고 한다. 또한 바울을 고발하는 사람들도 가이사랴로 보낼 것이니 총독이 적절하게 조치를 취해 달라고 한다(30b절).

보병들은 이날 밤 바울을 호위해 안디바드리까지 갔다(31절). '안디바드리'('Αντιπατρίς, Antipatris)는 예루살렘에서 60㎞ 떨어져 있는 곳이었다 (Schnabel). 바울이 예루살렘 유대인들의 음모에서 확실하게 벗어났다고 할 수 있는 거리다.

헤롯 대왕(Herod the Great)이 자기 아버지 안티파테르(Antipater)를 기념하기 위해 세운 도시였다. 그러나 정확한 위치는 알 수 없다 (Longenecker). 안디바드리에서 가이사랴까지는 50㎞ 거리였다(Schnabel). 그러므로 안디바드리는 예루살렘과 가이사랴의 중간 지점이라 할 수 있다. 유대인과 사마리아인이 섞여 살았으며, 안디바드리에서 가이사 랴까지는 주로 이방인이 거주했다(Le Cornu & Shulam). 그러므로 안디바드리를 지나면 바울은 유대인들로부터 안전하다.

보병이 하룻밤 사이에 60㎞를 행군하는 것은 매우 어려운 일이다. 당시 군인들은 하루에 20-30㎞를 행군할 수 있었다(Le Cornu & Shulam). 그러므로 32절의 '이튿날'(τῇ δὲ ἐπαύριον)은 예루살렘을 출발한 다음 날이 아닌, 그다음 날로 해석해야 한다(Schnabel). 바울을 호위하는 보병들이 밤 9시에 예루살렘을 출발해 그다음 날에도 온종일 걸어서 안디바드리에 도착한 것이다. 그리고 그다음 날 그를 기병에게 인계하고 다시 예루살렘으로 돌아갔다(32절).

바울을 인계받은 기병들은 그를 호송해 안디바드리에서 북쪽으로 50㎞ 떨어진 가이사랴까지 갔다. 그리고 그곳에 도착해 천부장의 편지와 함께 바울을 총독 벨릭스에게 인계했다(33절).

총독은 천부장 루시아가 보낸 편지를 읽은 후 바울에게 어느 영지 사람이냐고 물었고, 바울은 길리기아의 다소 사람이라고 했다(34절). 벨릭스가 바울에게 어느 도시 사람이냐고 묻는 것은 그에 대한 소송을 자신이 재판할 것인지, 혹은 그가 속한 도시로 보내 그곳에서 재판하게 할 것인지 결정해야 하기 때문이다. 로마 사람들은 범죄가 행해진 곳(유대)에서 하는 재판을 '포룸 델릭티'(forum delicti)라 했고, 범죄자가 속한 도시에서 하는 재판을 '포룸 도미킬리'(forum domicilii)라 했다(Sherwin-White). 바울은 벨릭스의 관할 밖에 있는 타지 사람이기 때문에 벨릭스 자신이 직접 재판할 것인지, 아니면 그를 길리기아로 보내 재판받게 할 것인지 결정해야 한다.

벨릭스가 가만히 보니 바울을 길리기아로 보내 재판받게 하기에는 별일이 아니다. 이런 사안을 길리기아까지 보내면 그곳 총독이 화를 낼 것이 뻔하다(Le Cornu & Shulam). 그러므로 자신이 직접 재판하겠으니 바울을 고발하는 사람들이 예루살렘에서 내려올 때까지 헤롯 궁에서 그를 지키라고 명령했다(35절). 헤롯 궁은 헤롯 대왕(Herod the Great)이 건축한 것으로 로마 총독의 관저로 사용되고 있었다. 바울은 이곳에서 2년간 지내게 된다. 벨릭스를 포함한 로마 사람들이 그를 관리하는 간수이자 보호자가 되었다(Bock).

이 말씀은 복음에 대한 사람들의 반응이 참으로 다양하다고 한다. 유대인들처럼 완강하게 거부하는 사람들이 있는가 하면, 바울처럼 생명을 걸고 전파하는 사람들이 있다. 또한 로마 군인들처럼 자신이 해야 할 일을 할 뿐 복음에는 어떠한 관심도 주지 않는 사람들도 있다. 중요한 것은 자기 일만 충실하게 하는 로마 군인들이 복음을 전하는 바울을 복음을 거부하는 유대인들로부터 보호한다는 것이다. 복음에 대해 중립을 고수하는 사람들도 거부와 영접 둘 중 하나를 선택해야 한다면 복음을 영접할 것이다.

복음은 세상 권세를 위협하는 위험한 종교가 아니다. 복음은 이 땅에 없는 '하나님 나라'에 관한 것이기 때문이다. 하나님 나라는 그리스도인이 이 땅에 사는 동안 각자 자신의 삶에서 실현하고자 하는 선하고 아름다운 나라다. 하나님이 다스리시는 보이지 않는 나라다. 그러므로 아무리 기독교적인 국가라 해도 이 땅에 물리적으로 존재하는 국가는 하나님 나라가 될 수 없다.

천부장 루시아는 좋은 사람이지만, 거짓말을 했다. 자기의 과오는 완전히 감추고, 세운 공을 과대 포장했다. 거짓말하는 것은 당연하며, 살아남기 위해서는 반드시 그렇게 해야 한다고 생각하는 것은 세상 사람들의 방식이다. 다행히 우리는 거짓을 말하지 않아도 된다. 하나님께 솔직하게 고백하고 이웃에게 용서를 구하며 진실한 삶을 살 수 있으니 얼마나 좋은가! 자신과 이웃을 속이지 않아도 된다는 사실 하나만으로도 그리스도인의 삶은 가치가 있다.

B. 가이사랴(24:1-26:32)

천부장 루시아의 지혜롭고 신속한 작전으로 바울이 무사히 예루살렘을 빠져나와 가이사랴에서 재판을 기다리고 있다. 앞으로 그는 이곳에서 2년을 보낼 것이다. 이 기간에 유대 총독이 벨릭스에서 베스도로 바뀐다. 그런 만큼 법적인 절차도 늦어진다.

바울은 더 빨리 로마로 가고 싶었을 것이다. 예수님이 그가 로마에 갈 것이라고 말씀하셨기 때문이다(23:11). 바울이 가이사랴에서 재판받으며 보낸 2년을 회고하는 본 텍스트는 다음과 같이 구분된다.

A. 벨릭스 앞에서 자신을 변호함(24:1-27)
B. 베스도 앞에서 가이사에게 상소함(25:1-12)
C. 아그립바와 버니게 앞에 섬(25:13-26:32)

1. 벨릭스 앞에서 자신을 변호함(24:1-27)

로마 총독 앞에서 바울의 재판이 시작되었다. 그가 상징하는 기독교가 유대인이 아닌 제삼자에게 재판받는 것이라 할 수 있다. 이 재판이 진행되는 순서와 절차는 당시 로마 재판 양식을 그대로 따르고 있다(Sherwin-White). 이 같은 재판은 공개적으로 진행되었으며, 누구든지 참관할 수 있었다(Witherington).

벨릭스도 판결하기가 쉽지 않은 소송이다. 만일 어떤 범죄 행위에 관한 재판이라면 쉽게 판결할 수 있겠지만, 이는 유대인과 그들의 종교에 관한 이슈다. 벨릭스가 가만히 들어보니 천부장 루시아의 말대로 바울은 처벌을 받을 만한 죄를 짓지 않았다.

그렇다고 바울에게 무죄를 선고하면 유대인들이 폭동을 일으킬 것 같다. 그러므로 벨릭스는 재판을 휴정하고 2년 동안 시간을 끌었다. 그 사이 유대를 다스리는 총독이 바뀌었다. 벨릭스는 바울에게 매우 우호적이었는데, 그의 후임인 베스도는 유대인들의 비위를 맞추느라 바울을 어느 정도 비뚤어진 시각으로 바라본다.

누가는 이 소송에 대해 회고하면서 원고인 유대인들(1-9절)과 피고인 바울(10-21절) 그리고 재판관 벨릭스(22-27절)에게 거의 동일한 공간을 할애한다. 유대인들의 음흉함과 부패한 로마 총독 벨릭스의 잔인함과 폭력성에도 불구하고 바울의 변호를 통해 (1)기독교가 정치적 난동과 전혀 상관이 없으며, (2)유대인들의 기독교에 대한 핍박이 예수 그리스도의 삶과 사역이 유대교의 소망을 실현한다는 주장에서 비롯된 것이라는 사실을 강조하기 위해서다(Longenecker). 본 텍스트는 다음과 같이 구분된다.

A. 원고 유대인들의 고소(24:1-9)

B. 피고 바울의 변호(24:10-21)
C. 재판관 벨릭스의 휴정(24:22-27)

VII. 로마(21:17-28:31)
  B. 가이사랴(24:1-26:32)
    1. 벨릭스 앞에서 자신을 변호함(24:1-27)

(1) 원고 유대인들의 고소(24:1-9)

¹ 닷새 후에 대제사장 아나니아가 어떤 장로들과 한 변호사 더둘로와 함께 내려와서 총독 앞에서 바울을 고발하니라 ² 바울을 부르매 더둘로가 고발하여 이르되 ³ 벨릭스 각하여 우리가 당신을 힘입어 태평을 누리고 또 이 민족이 당신의 선견으로 말미암아 여러 가지로 개선된 것을 우리가 어느 모양으로나 어느 곳에서나 크게 감사하나이다 ⁴ 당신을 더 괴롭게 아니하려 하여 우리가 대강 여짜옵나니 관용하여 들으시기를 원하나이다 ⁵ 우리가 보니 이 사람은 전염병 같은 자라 천하에 흩어진 유대인을 다 소요하게 하는 자요 나사렛 이단의 우두머리라 ⁶ 그가 또 성전을 더럽게 하려 하므로 우리가 잡았사오니 (6하반-8상반 없음) ⁸ 당신이 친히 그를 심문하시면 우리가 고발하는 이 모든 일을 아실 수 있나이다 하니 ⁹ 유대인들도 이에 참가하여 이 말이 옳다 주장하니라

닷새 후 대제사장 아나니아가 몇몇 장로와 더둘로라 하는 변호사와 함께 가이사랴로 내려왔다(1a절). '닷새'가 정확히 어느 시점을 뜻하는지 확실하지 않다. 11절에서 바울은 자신이 예루살렘에 예배하러 올라간 지 12일밖에 되지 않았다고 한다. 이 기간을 바울이 예루살렘에 가서 야고보와 장로들을 만나고 난 후 일주일 결례를 치른 기간에 폭도에게 잡혔다가 가이사랴로 이송되어 재판이 시작된 때까지의 시간을 더한 것이라고 해석하는 이들이 있다(Longenecker, cf. Marshall). 닷새

는 바울이 폭도에게서 구조된 때부터 재판이 시작될 때까지의 시간이라는 것이다. 그러나 바울은 폭도로부터 구조된 다음에도 이틀을 예루살렘에서 머물렀다. 또한 가이사랴까지 최소 이틀이 걸려 왔다. 게다가 대제사장 일행이 가이사랴까지 오는 시간도 고려해야 한다. 그러므로 시간이 부족하다. 바울이 군인들의 호의를 받으며 가이사랴에 도착한 후 5일이 지나 대제사장 일행이 내려왔다는 뜻이다.

대제사장이 데려온 장로들은 모두 사두개인이었을 것이다(Wall). 바울을 심문하기 위해 공회가 열렸을 때 바울이 자신은 부활을 가르친다는 이유로 재판받고 있다고 말하자 바리새인들이 그를 지지하며 바울을 재판하는 것 자체가 문제라고 했다(cf. 23:6-10). 그러므로 이번 재판에 전혀 도움이 되지 않을 것 같은 바리새인은 사두개인만 데려왔다.

'변호사'(ῥήτωρ)는 '웅변가, 옹호자'라는 뜻을 지닌다(BDAG). '더둘로'(Τέρτυλλος, Tertullus)는 대제사장 아나니아가 소송을 맡아 달라고 부탁한 언변이 좋은 헬라파 유대인이었을 것이다(Longenecker). 그는 유대교에 익숙하고, 로마 사람들의 정서도 잘 아는 사람이었다.

유대교 지도자들이 변호사를 동반한 것은 자신들이 불리하다는 것을 알았기 때문이다(Rapske). 로마 시민인 바울을 상대로 로마 총독 앞에서 소송을 진행하는 것이 그들에게는 매우 부담되었을 것이다. 게다가 소송이 진행되는 장소가 예루살렘도 아니고 가이사랴이니 말이다. 그들은 예루살렘에서 가이사랴까지 110㎞를 왔다. 걸어서 나흘, 말을 타면 이틀 걸리는 길이다(Schnabel).

이들은 바울을 살해하려는 열성파들의 음모에 가담한 유대교 지도자들이다(cf. 23:14-15). 세상에서 하나님을 가장 경외해야 할 자들이 하나님의 율법이 금하는 불법적 살인을 저지르려고 했다가 실패하자 이번에는 로마 법정의 힘을 빌려 바울을 죽이겠다고 여기까지 찾아왔다. 양심의 가책을 느끼지 않고 온갖 불법을 행하고 심지어 살인도 서슴지 않는 자들이 유대교를 대표한다니 참으로 안타까운 일이다.

그들이 총독 앞에서 정식으로 바울을 고발했다(1b절). 고소가 접수되었으니 로마 총독이 판사 역할을 하는 정식 재판이 열리게 되었다(2절). 아마도 고소장이 접수된 날 곧바로 재판이 진행된 것이 아니라, 대제사장 일행이 며칠 쉬면서 소송을 준비할 수 있도록 며칠 지나서 재판이 시작되었을 것이다(Schnabel).

드디어 재판이 시작되자 더둘로가 총독을 치켜세우는 말로 고소를 시작했다. 유대인들은 벨릭스 총독으로 인해 태평을 누리고 있으며 여러 가지로 개선된(발전된) 사회에서 살게 된 것에 크게 감사한다고 했다(3절). 이때 유대에는 수많은 반란이 있었다. 벨릭스가 지나치게 폭력적으로 통치하자 유대인들이 거세게 반발했기 때문이다(Fernando, Longenecker). 그럼에도 불구하고 그가 이렇게 말하는 것은 바울을 처벌함으로써 자신들에게 평안을 달라고 하기 위해서다(Gaventa, Wall).

더둘로는 재판장으로 앉아 있는 벨릭스 총독을 괴롭게 하지 않기 위해 대강 말하겠으니 들어 달라고 한다(4절). '대강'(συντόμως)은 짧다는 뜻이다(새번역, 공동, ESV, NAS, NIV). 그리고 '들어 달라'(ἀκοῦσαί)는 제시할 물증이 별로 없으므로 자기 말을 잘 들어야 고소 내용을 알 수 있다는 뜻이다(Bock). 더둘로도 바울에 대한 유대교 지도자들의 고발이 이렇다 할 증거나 명분이 없다는 사실을 안다(Wall).

더둘로는 바울을 전염병 같은 자라고 한다(5a절). '전염병'(λοιμός)은 역병을 뜻하며, '공공의 적'(public enemy)을 비유적으로 표현하는 말이다(Schnabel). 바울이 어디서든 소요와 문제를 일으키는 요주의 인물이라는 뜻이다.

또한 더둘로는 바울을 천하에 흩어진 유대인을 다 소요하게 하는 자며, 나사렛 이단의 우두머리라고 한다(5b절). 그는 바울로 인해 소요가 일어났다는 말을 바울을 죽이려 했던 아시아계 유대인들에게 들었을 것이다(cf. 17:6-7; 19:40; 23:7, 10). 그러나 이미 그 지역 통치자인 갈리오가 문제가 없다고 판결했다(cf. 18:12-16). 또한 소요 사태는 바울이 일으킨 것이 아니라 유대인들이 이방인들을 충동해 일으켰다. 유대인 광신도들이 날뛰어서 빚어진 일이다. 그럼에도 불구하고 더둘로가 이렇게 말하는 것은 총독 벨릭스가 어렵게 유지하고 있는 유대의 평안이 바울로 인해 위협받고 있다는 것을 강조하기 위해서다.

바울이 나사렛 이단의 우두머리라는 것은 유대인들의 종교적인 이슈이므로 로마 법정은 이에 관여하지 않았다. '이단'(αἵρεσις)은 다른 교파에서 구분되는 교리를 지닌 그룹(당파)을 뜻한다(cf. BDAG). 사두개파(5:17), 바리새파(15:5; 26:5), 기독교(24:14; 28:22)에 모두 사용되는 가치 중립적인 단어다. 오늘날 우리가 '이단'(heretic)이라 하는 것과 다른 의미로 사용되고 있다. 더둘로는 기독교를 나사렛 이단이라며 아직도 유대교의 일부로 간주한다(Bock). 종교적 이슈는 유대인들이 스스로 알아서 해결할 문제다.

다만 나사렛 이단의 대표자가 예수님이라는 사실이 문제가 될 수 있다. 로마 총독 빌라도가 27년 전에 예수님을 십자가에 못 박았다(Schnabel). 그러므로 벨릭스의 선임자인 빌라도가 처형한 사람을 전파하는 것은 그가 죄 없는 사람을 죽였다며 로마 법정의 권위에 문제를 제기하는 것으로 보일 수 있다.

더둘로는 바울이 전염병같이 위험한 자라고 하지만, 이러한 사실을 입증할 증인이나 증거는 제시하지 못한다. 그러므로 재판관인 벨릭스의 감성에 호소하는 전략을 쓰고 있다. 그러나 벨릭스가 바울을 선처하는 것을 보면(cf. 24:22-27) 설득된 것으로 보이지는 않는다.

더둘로는 바울이 성전을 더럽게 하려 해서 그를 잡았다고 한다(6절). 유대인들이 바울에 대해 내세울 수 있는 가장 큰 죄목은 성전을 침해했다는 것이다. 로마 사람들이 공회에 성전을 침해한 사람을 처형할 권한을 주었기 때문이다. 로마 사람들이 유대인들에게 허락한 유일한 사형 권한이다.

문제는 바울이 성전을 침해할 때 현행범으로 잡아야 했는데, 그렇게

하지 못했다. 아시아에서 온 유대인들은 바울이 이방인들을 데리고 성
전에 출입함으로써 더럽혔다며 그를 붙잡았는데, 그때도 바울은 혼자
있었다. 또한 '잡다'(κρατέω)는 정당한 법 집행자(로마 군인, 성전 경비원
등)가 범죄자의 신병을 확보하는 것인데(TDNT), 바울은 폭도에게 끌려
가 맞았지 정당한 절차에 따라 연행되지 않았다. 이 사람은 폭도의 무
자비한 행동을 미화하고 있다.

바울이 성전을 더럽게 한 일을 증언할 증인이 있다면 분명 가이사랴
로 데려왔을 텐데 이들은 아무도 데려오지 않았다. 그러므로 바울이
성전을 더럽혔다고 하지 못하고, 그가 '성전을 더럽게 하려고 하므로'
잡았다고 한다. 율법은 거짓 증언을 금한다. 그런데도 이런 일을 하고
있는 것을 보면 대제사장과 장로들은 참으로 하나님을 두려워하지 않
는 나쁜 인간들이다. 썩어 빠진 종교 지도자들의 실태를 보는 것 같아
씁쓸하다.

개역개정은 6절 하반에서 8절 상반까지가 없다고 표기한다. 일부 사
본은 이 자리에 "6b 그래서 우리의 율법대로 재판하려고 했으나, 7 천부
장 루시아가 와서 그를 우리 손에서 강제로 빼앗아 갔나이다. 8a 그리
고는 그를 고발하는 사람들에게 각하께 가라고 명하였나이다"라는 말
을 삽입한다. 로마 군인들이 개입해 폭도에게서 바울을 살린 것과 그
후 바울을 고소하기 위해 유대인들이 가이사랴까지 오게 된 경위를 설
명하는 내용이다. 그러나 중요한 사본 대부분에는 이런 말이 없다. 또
한 이야기 진행에 필요한 것도 아니다. 그러므로 많은 번역본이 개역
개정처럼 삽입구가 오리지널이 아니라며 삭제했다.

더둘로는 재판장인 벨릭스에게 직접 바울을 심문해 보면 자신들이
고발하는 이 모든 일이 사실임을 확인할 수 있다고 한다(8절). 그와 함
께 온 대제사장 아나니아와 장로들이 옳다며 그를 거들었다(9절). 죄
없는 사람을 죽이려고 종교 지도자들이 율법을 어기면서까지 거짓 증
언을 하고 있다. 율법은 이런 자들을 그들의 증언으로 인해 피고가 받

게 될 형벌과 똑같은 형벌로 처단하라고 한다. 누구보다도 신앙의 연륜을 지녔다는 자들이 잘하는 짓이다!

유대인들의 변호사 더둘로가 주장한 것을 정리해 보면 (1)바울은 전염병 같은 자며, (2)소요를 일으키는 자며, (3)이단 우두머리이며, (4)성전을 더럽게 하려다 잡힌 자다. 그러나 그가 제시하는 유일한 물증은 바울이 성전에 나타난 것뿐이다. 결국 바울이 유대인들의 평온을 위협하고 있으니, 유대인들의 평온을 유지하는 임무를 맡은 벨릭스 총독이 책임지고 그를 처벌하라는 것이 고소의 요지다. 그는 로마인 총독 앞에서 로마 시민을 고소하면서 바울이 '로마의 평화'(Pax Romana)를 위협한다는 말은 하지 못한다! 그러므로 벨릭스가 유대인들에게서 뇌물을 받고 편파적으로 판결하지 않는 한, 결과는 불 보듯 뻔하다!

이 말씀은 기독교 지도자들에게 유대교 지도자들처럼 추하게 되지 말라고 권면한다. 생명의 근원이시고 모든 생명을 사랑하시는 여호와 하나님을 가장 잘 알고 그분을 대표한다는 유대교 대제사장이 장로들을 거느리고 먼 길을 와서는 바울을 죽음으로 몰아가기 위해 그렇게 소중하게 여기는 율법을 어기면서 법정에서 거짓 증언을 한다! 최고 지도자들이 이 꼴이니 유대교가 얼마나 총체적으로 썩었는지 알 수 있다.

지도자들이 이처럼 타락해 하나님을 두려워하지 않고 유대교의 핵심 가치도 모른다. 그들은 율법을 위반하면서까지 누구를 죽이려 한다. 왜 이렇게 변질된 것일까? 소명을 권력으로 생각했기 때문이다. 하나님은 권력을 휘두르라고 누구를 부르시지 않는다. 소명은 섬김의 자리다. 어느 순간 섬김이 지배로 변하면 이 사람들처럼 된다. 사역자들이여, 제발 각성하자. 하나님이 왜 우리를 지도자로 부르셨는지 깊이 생각해 보고 반성하자.

(2) 피고 바울의 변호(24:10-21)

¹⁰ 총독이 바울에게 머리로 표시하여 말하라 하니 그가 대답하되 당신이 여러 해 전부터 이 민족의 재판장 된 것을 내가 알고 내 사건에 대하여 기꺼이 변명하나이다 ¹¹ 당신이 아실 수 있는 바와 같이 내가 예루살렘에 예배하러 올라간 지 열이틀밖에 안 되었고 ¹² 그들은 내가 성전에서 누구와 변론하는 것이나 회당 또는 시중에서 무리를 소동하게 하는 것을 보지 못하였으니 ¹³ 이제 나를 고발하는 모든 일에 대하여 그들이 능히 당신 앞에 내세울 것이 없나이다 ¹⁴ 그러나 이것을 당신께 고백하리이다 나는 그들이 이단이라 하는 도를 따라 조상의 하나님을 섬기고 율법과 선지자들의 글에 기록된 것을 다 믿으며 ¹⁵ 그들이 기다리는 바 하나님께 향한 소망을 나도 가졌으니 곧 의인과 악인의 부활이 있으리라 함이니이다 ¹⁶ 이것으로 말미암아 나도 하나님과 사람에 대하여 항상 양심에 거리낌이 없기를 힘쓰나이다 ¹⁷ 여러 해 만에 내가 내 민족을 구제할 것과 제물을 가지고 와서 ¹⁸ 드리는 중에 내가 결례를 행하였고 모임도 없고 소동도 없이 성전에 있는 것을 그들이 보았나이다 그러나 아시아로부터 온 어떤 유대인들이 있었으니 ¹⁹ 그들이 만일 나를 반대할 사건이 있으면 마땅히 당신 앞에 와서 고발하였을 것이요 ²⁰ 그렇지 않으면 이 사람들이 내가 공회 앞에 섰을 때에 무슨 옳지 않은 것을 보았는가 말하라 하소서 ²¹ 오직 내가 그들 가운데 서서 외치기를 내가 죽은 자의 부활에 대하여 오늘 너희 앞에 심문을 받는다고 한 이 한 소리만 있을 따름이니이다 하니

더둘로의 고소가 끝나자 총독이 바울에게 변론하라며 머리로 지시했다(10a절). 바울은 총독 벨릭스가 이 소송의 정당한 재판장이라는 사실을 먼저 인정했다(10b절). 바울은 벨릭스가 여러 해 전에 유대 민족의

재판장이 되었다는 것을 인지하고 있다. 벨릭스는 주후 52년에 유대 총독으로 부임했다. 이 재판이 열리고 있는 때는 주후 57년 5월이므로 그는 지난 5년 동안 유대인들을 다스려 왔다(Schnabel). 또한 그는 유대 총독으로 부임하기 전 몇 년 동안 사마리아의 총독이었다. 그러므로 지난 8-9년 동안 이 지역에 있으면서 유대인과 유대교에 대해 상당히 많이 알게 되었다. 또한 아내 드루실라(Drusilla)는 아그립바 1세의 딸이 며, 이 지역에서 태어났다. 그러므로 드루실라는 벨릭스에게 유대교와 유대인에 대해 많은 정보를 주었을 것이다(Dunn). 그런 점에서 벨릭스 총독은 이 재판에 대한 적임자라 할 수 있다.

바울은 자기 사건에 대한 변명을 시작했다(10b절). '변명하다' (ἀπολογέομαι)의 명사형이 이미 22:1에서 사용되었으며, '변호하다'라는 의미를 지닌다(cf. 눅 12:11-12; 21:14; 행 19:33; 25:8; 26:1-2, 24). 법정에 서 유대인들의 고소가 허위라는 것을 변론할 계획이다.

바울은 자신이 예루살렘에 도착한 지 12일밖에 되지 않았다고 한다 (11절). 그러나 어느 기간을 두고 12일이라고 하는지 확실하지 않다. 그 러므로 학자들은 여러 가지 해석을 내놓았다. 첫째, 폭도가 바울을 붙 잡은 때부터 가이사랴에서 재판이 열리기까지의 시간이다(Longenecker). 둘째, 단순히 21:27이 언급하는 7일에 24:1이 언급하는 5일을 더한 것 이다(Conzelmann, Fitzmyer, Marshall). 셋째, 바울이 예루살렘에 도착한 때 부터 폭도에게 잡힌 때까지의 시간이다(Barrett, Cadbury, Schnabel). 넷째, 바울이 예루살렘에 도착한 날로부터 군인들의 호의를 받아 가이사랴 에 도착한 날까지다(Bruce, Haenchen, Witherington).

바울은 최소한 9일을 예루살렘에서 보냈고, 예루살렘에서 가이사랴 까지 말을 타고 오면 이틀, 걸어서 오면 나흘이 걸린다는 점을 고려할 때 네 번째 주장이 가장 설득력 있어 보인다. 대제사장 일행이 이곳까 지 와서 벨릭스에게 고소장을 제출하고 정식 재판이 시작되려면 어느 정도 시간이 걸리는데, 첫 번째 주장은 12일로 이 모든 일을 설명하기에 부족한 감이 든다. 세 번째 주장은 바울이 예루살렘에 도착하자마자 정결 예식을 시작했다가 7일째 되는 날 폭도에게 잡혔다는 사실을 설명하기에는 나머지 5일 동안 예루살렘에서 무엇을 했는지 잘 설명할 수 없다.

바울이 예루살렘에 겨우 12일을 머물렀다면, 이는 유대교에 대한 소요를 준비하기에는 턱없이 부족한 시간이다(Haenchen, Schnabel). 바울은 이를 통해 고소인들이 주장하는 내용이 허무맹랑함을 암시한다. 바울은 예루살렘에서 있었던 일들에 대해서는 말하지만, 더둘로가 그를 가리켜 세계 곳곳에 있는 유대인을 소요하게 하는 전염병 같은 자라고 한 것(24:5)에 대해서는 아무런 반박도 하지 않는다. 벨릭스는 유대 총독으로서 자기가 다스리는 지역에서 일어난 일에 대해서만 판결할 수 있기 때문이다. 또한 아시아와 그리스에서 있었던 일은 바울에게 전혀 도움이 되지 않는다. 그러므로 이 소송에서 언급할 필요가 없다.

바울은 고소인들이 그가 예루살렘에 머문 12일 동안 누구와 변론하거나 소동하게 하는 것을 보지 못했다고 단언한다(12절). 그런 일을 한 적이 없기 때문이다. 그는 경건한 마음으로 조용히 성전을 드나들며 일주일 동안 정결 예식을 치르고 있었으므로 성전이나 예루살렘 시내에서 누구를 만나 논쟁을 벌이거나 사람들로 소동하게 할 수 없었다. 더욱이 그는 오순절을 예루살렘에서 지내고 싶어 유럽에서 먼 길을 왔다. 먼 길 온 일이 헛되지 않게 하기 위해 그는 자기 일만 하고 있었다.

고소인들은 자신의 주장을 뒷받침할 증거를 법정에 제출하지 못했다(13절). 앞으로도 못할 것이다. 바울은 예루살렘에 머무는 동안 불법을 행한 적도, 불법을 행할 계획도 세운 적이 없었기 때문이다. 그는 처음 7일을 결례를 준수하느라고 경건하게 보냈다. 7일째 되는 날 잡혀서 2일을 더 머물다가 가이사랴로 이송되었다. 고소인들은 법원에 제출할 증거도 없으면서 황당하고 억지스러운 주장을 펼치고 있다. 그들은 유대교의 이름으로 이런 짓을 하고 있다.

고소인들의 주장에 어떠한 근거도 없다고 반박한 바울은 벨릭스에게 고백할 것이 있다고 한다(14a절). 바울이 이때까지 자신을 고소한 내용이 모두 사실무근이라고 부인하다가 갑자기 고백할 것이 있다는 자세를 취하는 것을 두고 '숨이 막힐 듯한 방향 전환'(breathtaking turn)이라고 하는 이가 있다(Johnson). 겉으로는 마치 죄를 고백할 것 같은데 전혀 그렇지 않은 기가 막힌 전략이라는 것이다(cf. Gaventa).

바울은 고소인들이 주장하는 것처럼 그들이 이단이라 하는 '도'(기독교)를 자신이 따르고 있음을 사실로 인정한다(14b절). '도'는 로마 제국에서 불법이 아니다. 또한 이미 24:5에서 언급한 것처럼 유대교의 '이단'(cult)은 맞지만, '이단'(heretic)은 아니다. 도를 따르는 바울도 유대인들과 같은 조상을 두었고, 유대인들이 조상의 하나님을 섬기는 것처럼 여호와 하나님을 섬긴다(14c절). 또한 유대인들이 율법과 선지자들의 글에 기록된 것을 다 믿는 것처럼, 바울 역시 구약을 모두 믿는다(14d절).

또한 바울은 유대인들이 하나님께 향한 소망으로 의인과 악인의 부활이 [종말에] 실현되기를 기다리는데, 자신도 의인과 악인의 부활이 있다는 것을 믿는다고 말한다(15절; cf. 단 12:2-3; 마 25:31-34; 눅 10:12; 요 5:28-29; 행 10:42; 17:31; 23:6; 롬 2:5; 고후 5:10; 계 20:12-15). 부활은 예수님이 어떤 분인지 드러내는 것이기 때문에 기독교에서 가장 중요한 교리다(cf. 2:24, 32; 3:15; 4:10; 10:40; 13:30; 17:3). 바울은 그가 따르는 '도'는 유대교와 전혀 다른, 혹은 전혀 새로운 신을 믿는 것이 아니라고 한다. 기독교가 제시하는 새 소망은 옛 언약(구약)에 바탕을 두었기 때문이다(Bock, cf. 13:15; 22:3; 28:17, 23). 단지 새로운 '도'(the Way)를 통해 하나님께 나아가 예배하는 것이다.

바울은 '도'를 따라 조상의 하나님(유대교의 하나님)을 섬기고 구약(율법과 선지자들)과 의인과 악인의 부활을 믿고 가르치는 일에 있어서, 하나님과 사람 앞에 어떠한 양심의 거리낌(가책)도 없도록 힘쓴다(16절; cf. 20:20, 27, 33; 23:1). '힘쓰다'(ἀσκέω)는 운동선수가 대회를 준비하며 엄격하게 훈련하는(rigorous training) 것을 뜻한다(Wall). 바울은 유대인의 신앙에 따라 하나님과 사람들 앞에서 신실하게 살려고 한 죄밖에 없다.

바울이 이번에 여러 해 만에 예루살렘을 찾은 것은 사람들을 소요하게 하거나 성전을 더럽히기 위해서가 아니라, 자기 민족을 구제할 것과 제물을 가지고 와서 드리기 위해서다(17절). 그가 앞서 예루살렘을 방문한 것이 주후 51년(18:22)이었고, 이때가 57년이었으니(21:17) 약 5-6년이 지난 시점이다(Bock, Schnabel). 그는 성전에서 오순절을 지내기 위해 제물을 가지고 왔다(cf. 20:16).

바울은 예루살렘 교회의 주류를 이루는 유대인 성도들을 위해 구제헌금을 이방인 교회에서 모아 왔다(cf. 갈 2:10; 롬 15:25-28; 고전 16:1-4; 고후 8-9장). 그리스도 안에 있는 부활의 소망과 메시아를 믿는 유대인 성도를 돕는 것이니 곧 그의 민족인 유대인을 돕는 것이나 마찬가지다(Bock). 그는 아직도 자기 민족을 사랑하고 아낀다.

당시 디아스포라 유대인들은 예루살렘에 도착하면 성전에 들어가기 전에 일주일 동안 결례를 행했다(cf. 21:26). 바울도 이 규칙에 따라 일주일 동안 결례를 행했다(18a절). 그는 율법을 잘 지키는 유대인이었다. 이 기간에 그는 모임을 가지거나 가르치지도 않았으며, 소동도 일으키지 않았다(18b절). 누구를 데리고 성전에 가지도 않았다. 바울은 오직 결례를 행하기 위해 성전을 왕래했고, 그가 이렇게 한 것을 그들(그의 결례를 담당한 제사장들)이 보았다(18b절). 그러므로 만일 바울이 성전에서 딴짓을 한 것으로 의심된다면 이 제사장들에게 사실 여부를 확인하면 된다.

드디어 일주일 동안 진행된 정결 예식이 마무리되는 날 바울이 성전을 찾아가 예물을 드리며 하나님을 예배할 때, 아시아에서 온 유대인 몇 명이 그에게 누명을 씌워 성전에서 끌어내고 폭도와 함께 그를 때리는 일이 벌어졌다(18c절; 21:27-36). 바울은 이 무자비한 유대인들의 이유 없는 폭력에 희생된 피해자다. 만일 아시아에서 온 유대인들의 주장이 타당하다면 그들이 당연히 이 소송에 참석해 벨릭스에게 바울을 고발해야 한다(19절). 그러나 그들은 오지 않았다.

로마 법정은 소송을 중간에 포기하는 사람들에게 큰 벌금을 물렸으며(Longenecker), 어떠한 증거도 없이 소송한 것으로 간주했다(Sherwin-White). 소송을 제기할 근거가 약하거나 증거가 없어서 중간에 포기한 것으로 생각했기 때문이다(Barrett).

만일 바울이 예루살렘 공회 앞에서 재판받았다면, 아시아에서 온 유대인들은 분명히 공회원들과 모의해 위증했을 것이다. 그러나 가이사랴까지 와서 로마 총독 앞에서 로마 시민을 상대로 위증하는 것은 생명이 위태로운 일이다. 그러므로 그들은 조용히 아시아로 돌아갔을 것이다.

지금까지의 내용을 정리하자면 바울은 세 가지로 고소자들을 반박하고 있다. 첫째, 더둘로와 대제사장과 장로들의 증언은 믿을 수 없다. 사건이 일어났을 때 그 자리에 있지 않았기 때문이다. 둘째, 만일 그를 고발할 자들이 있다면 아시아에서 온 유대인들인데, 그들은 이 자리에 없다. 셋째, 더둘로는 고소 내용을 입증할 만한 어떠한 증거물도 제시하지 못했다.

그러므로 대제사장과 장로들이 바울을 고소할 유일한 근거는 그가 공회 앞에서 증언한 일뿐이다(20절). 그러나 대제사장과 장로들이 더둘로를 통해 총독에게 바울을 고발할 때, 공회에서 있었던 일에 대해서는 일체 언급하지 않았다(cf. 24:5-9). 바울이 공회 앞에서 어떠한 불법적인 행동이나 발언도 하지 않았고, 그들 역시 바울에게 죄가 있다고 판결하지 않았기 때문이다. 오히려 공회가 바울 앞에서 크게 싸웠다. 얼마나 심하게 싸우는지 천부장이 '고래 싸움에 낀 바울의 등이 터질까봐' 군인들을 투입해 그를 구조해야 했다(cf. 23:9-10). 천부장 루시아가 그 자리에 있었으므로 이 일에 대해 증언할 수 있다(23:29).

공회 앞에 선 바울은 자신이 죽은 자의 부활을 가르쳤다는 이유로 그들 앞에서 심문받는다는 말을 했을 뿐이다(21절; cf. 23:6-10). 이 말 외에는 유대인들이 고소의 근거로 삼을 만한 것이 하나도 없다. 바울이 부활에 대해 말하자, 공회원들은 자기들끼리 싸우기 시작했다. 부활을 믿는 바리새인들은 바울을 지지하며 그가 재판받을 이유가 없다고 했다. 한편 부활을 믿지 않은 사두개인들은 반대 입장에서 바리새인들과 다투었다!

바울은 자신의 변호를 부활로 시작해서 부활로 마무리한다. 부활은 바리새인 출신인 그에게 매우 중요한 교리였다. 또한 부활은 기독교의 가장 중요한 교리이자 진리다. 그리스도께서 부활하지 않으셨다면, 우리가 믿는 모든 것이 거짓이다.

> 그리스도께서 만일 다시 살아나지 못하셨으면 우리가 전파하는 것도 헛 것이요 또 너희 믿음도 헛것이며 또 우리가 하나님의 거짓 증인으로 발견 되리니 우리가 하나님이 그리스도를 다시 살리셨다고 증언하였음이라 만 일 죽은 자가 다시 살아나는 일이 없으면 하나님이 그리스도를 다시 살리 지 아니하셨으리라(고전 15:14-15).

이 말씀은 하나님이 죄 없는 사람을 해하려는 자들을 반드시 심판하 실 것이라고 한다. 하나님을 가장 잘 알고 경외한다는 종교 지도자라 해도 예외가 될 수 없다. 죄를 만들어 죄 없는 사람에게 뒤집어씌우는 과정에서 그들이 입으로 가장 귀하다고 말하는 하나님의 말씀을 스스 로 어겼기 때문이다. 이날 바울을 죽이겠다고 가이사랴까지 내려온 대 제사장과 장로들은 세상 말로 '개털'이 되었다!

우리가 소망하는 부활이 얼마나 소중하고 귀한 것인지 생각하게 된 다. 만일 예수님이 부활하지 않으셨다면, 십자가 죽음은 별 의미가 없 게 된다. 바울은 그리스도의 부활을 이방인뿐 아니라 자기 민족인 유 대인에게도 수많은 죽을 고비를 넘기면서 전했다. 부활을 빼면 기독교

는 허구에 불과하다. 우리에게 부활에 대한 믿음과 확신을 주신 하나
님께 감사하며 살아야 한다. 또한 부활을 내세에 대한 소망으로 마음
에 품고 살아야 한다.

> Ⅶ. 로마(21:17-28:31)
> B. 가이사랴(24:1-26:32)
>   1. 벨릭스 앞에서 자신을 변호함(24:1-27)

(3) 재판관 벨릭스의 휴정(24:22-27)

²² 벨릭스가 이 도에 관한 것을 더 자세히 아는 고로 연기하여 이르되 천부
장 루시아가 내려오거든 너희 일을 처결하리라 하고 ²³ 백부장에게 명하여
바울을 지키되 자유를 주고 그의 친구들이 그를 돌보아 주는 것을 금하지
말라 하니라 ²⁴ 수일 후에 벨릭스가 그 아내 유대 여자 드루실라와 함께 와
서 바울을 불러 그리스도 예수 믿는 도를 듣거늘 ²⁵ 바울이 의와 절제와 장
차 오는 심판을 강론하니 벨릭스가 두려워하여 대답하되 지금은 가라 내가
틈이 있으면 너를 부르리라 하고 ²⁶ 동시에 또 바울에게서 돈을 받을까 바라
는 고로 더 자주 불러 같이 이야기하더라 ²⁷ 이태가 지난 후 보르기오 베스
도가 벨릭스의 소임을 이어받으니 벨릭스가 유대인의 마음을 얻고자 하여
바울을 구류하여 두니라

원고와 피고의 말을 들은 총독 벨릭스에게는 세 가지 옵션이 있다.
첫째, 더둘로가 주장한 죄를 모두 인정하고 바울을 사형에 처하는 것
이다. 그러나 증거와 물증이 아예 없다. 또한 그가 다스리는 유대와 예
루살렘에는 수만 명의 그리스도인이 있다(cf. 21:8-9, 20). 만일 바울이
처형당하면 그들이 폭동을 일으킬 수도 있다. 게다가 바울은 로마 시
민이다. 총독이 로마 시민을 처형하는 것은 매우 이례적인 일이며, 로
마에 있는 정치인들이 가만히 있을 것 같지 않다.

둘째, 고소인들이 바울이 죄를 지었다는 말만 할 뿐 어떠한 물증도 제출하지 못했으므로 무죄를 선고하고 그를 풀어 주는 것이다. 그러나 이 사안은 대제사장이 장로들을 거느리고 가이사랴까지 직접 찾아와 바울을 고발할 만큼 유대인들에게 매우 중요했다. 상황을 고려할 때 바울에게 무죄를 선고하고 풀어 주면 분명 유대인들이 곳곳에서 폭동을 일으킬 것이다. 며칠 전에 예루살렘에서 유대인 폭도가 바울을 붙잡아 때린 일이 이 소송의 발단이다. 또한 그의 선임자인 쿠마누스(Ventidius Cumanus)가 총독직에서 파면되어 귀양 간 것도 유대인 지도자들과 원만한 관계를 유지하지 못했기 때문이다(Rapske). 그러므로 바울이 무죄라는 것을 알지만, 그렇게 판결하려면 매우 큰 정치적인 부담을 감수해야 한다.

셋째, 원고에게 증인과 물증이 더 필요하니 준비하라며 휴정하는 것이다. 바울에게 죄가 없다는 것은 알지만, 유대인들의 반발을 고려해 시간을 끄는 것이다. 벨릭스는 이 옵션을 택한다. 그러나 무작정 로마 시민을 잡아 둘 수는 없다. 그러므로 '바울이 성전을 더럽히려고 하는 것'을 사전에 알고 그를 붙잡았다는 주장을 수용한 것이다(24:6). 바울을 붙잡아 둘 유일한 죄목이기 때문이다(Schnabel).

벨릭스가 휴정을 결정한 또 다른 이유는 그가 '이 도'(기독교)에 대해 상당히 많이 알고 있기 때문이었다(22a절). 그는 지난 8-9년 동안 사마리아와 유대 총독으로 지내면서 기독교에 대해 상당히 많은 이야기를 들었다. 기독교와 유대교가 종종 갈등을 빚기 때문이다. 그가 아는 바로는 기독교가 폭력적이거나 어디서 소요 사태를 일으킨다는 얘기를 들어보지 못했다. 그러므로 바울이 전염병 같은 자라서 가는 곳마다 소요를 일으킨다는 대제사장 일행의 주장은 설득력 없는 정치적 프레임이라는 것을 알고 있다.

대제사장 일행은 그의 신속한 판결을 기대하며 먼 길을 왔다. 그러므로 벨릭스가 휴정을 선포하려면 명분이 필요하다. 그러므로 그는 천부장 루시아가 가이사랴로 내려오면 그의 말을 듣고 판결하겠다고 한 다(22b절). 이 소송에 연루되지 않은 중립적인 증인에게 듣고 결정을 내 리겠다는 뜻이다.

벨릭스의 휴정 결정은 시간을 끌기 위해서인 것이 확실하다. 루시아 는 이미 바울에게 죄가 없다고 했다(23:28-29). 루시아가 언제 가이사 랴를 다녀갔는지 언급되지 않지만, 벨릭스도 바울이 예루살렘 공회 앞 에서 증언했을 때 공회원들이 부활에 대해 서로 다투었다는 사실을 알 고 있었을 것이다. 또한 자신은 이 종교적 이슈에 대해 판결할 수 없다 는 것을 안다. 그러므로 현재 최선책은 시간을 끄는 것이다.

바울은 백부장에게 명령해 바울을 직접 지키게 했다(23a절). 더 낮은 부하들을 시키지 않은 것은 바울이 이 '도'의 리더이며, 로마 시민이라 는 것을 의식한 배려다. 그는 바울에게 상당한 자유도 주었다. 그를 돌 보기 위해 면회하러 오는 친구들이 있거든 막지 말라고 했다(23b절). 음식과 옷과 서적 등을 금하지 말라는 뜻이기도 하다(Rapske). 바울은 일반 감옥에서 죄수들이 받는 대우보다 월등히 좋은 예우를 받고 있 다. 이때 바울은 옷이 찢기고, 몸에 상처도 있었을 것이다(cf. 21:30-32; 22:24-25).

며칠 후 벨릭스가 아내 드루실라와 함께 와서 바울을 불러 예수를 믿 는 도(기독교)에 대해 들었다(24절). '드루실라'(Δρούσιλλα, Drusilla)는 분봉 왕 헤롯 아그립바(Herod Agrippa I)의 딸이자 아그립바 2세의 누이였으며 유대인이었다. 그러므로 드루실라도 기독교에 대해 들은 바가 많았을 것이다. 드루실라는 주후 38년에 태어났으며, 이때 아직 20세가 되지 않았다(Schnabel). 벨릭스는 그녀의 두 번째 남편이었으며, 벨릭스의 권 유로 14살 때 결혼한 첫 남편과 이혼했다(Josephus). 드루실라는 벨릭스 의 세 번째 아내였다.

벨릭스와 드루실라는 기독교에 대해 상당히 많이 알고 있었지만(cf. 22절), 그들은 '기독교의 우두머리'(24:5)인 바울에게 직접 듣고 싶었다.

로마 총독과 유대 귀족이 함께 바울을 청해 기독교에 대해 들었다는 것은 복음이 유대와 로마의 최상류층에도 전파되었음을 의미한다. 만일 바울이 예루살렘에서 폭도들에게 잡혀 이곳까지 오지 않았다면 없었을 일이다. 하나님의 섭리는 참으로 오묘하다.

바울은 복음과 기독교에 대해 설명한 다음, 의와 절제와 장차 오는 하나님의 심판에 대해 강론했다(25a절). '의'(δικαιοσύνη)는 법적인 의로움(정의)이 아니라 각 개인의 도덕적인 기준과 책임을 뜻한다(Bock, Longenecker, Schnabel). '절제'(ἐγκράτεια)는 사람이 자기 자신을 조정하거나(self-control) 다스리는 것을 뜻한다(BDAG). '절제'는 벨릭스와 드루실라처럼 문란한 삶을 사는 자들이 반드시 들어야 할 권면이다(Bruce). 로마 사람들은 절제를 각 사람이 스스로 하는 것이라 했고, 유대인들은 하나님의 능력을 얻어 하는 것이라 했는데, 바울은 성령이 성도의 삶에서 하시는 일이라고 한다(Schnabel, cf. 갈 5:23).

'의'와 '절제'는 예수 그리스도를 영접한 사람들이 그리스도에 대한 믿음을 살아 내는 가장 기본적인 방법이다. 그러나 절제하며 도덕적으로 사는 것은 결코 쉽지 않은 일이다. 이때 하나의 인센티브가 될 수 있는 것이 장차 오는 하나님의 심판이다(cf. 10:42; 17:29-30). 최종 심판이 다가오고 있다는 사실을 의식하면 지금 당장 눈에 보이고 듣는 것이 전부가 아니라는 생각이 들어 자제하게 되고 근신하게 된다. 죄를 덜 지을 수 있다는 것이다. 다가오는 최종 심판은 유대인인 드루실라에게는 익숙한 주제이지만, 로마인인 벨릭스에게는 다소 생소한 개념이었을 것이다(Larkin).

죄인인 벨릭스가 바울의 강론을 듣고 나니 두려워졌다(25b절). 아마도 바울이 의와 절제와 심판 등 복음이 요구하는 도덕성을 설명하면서 그의 잘못된 결혼 생활도 지적한 것으로 보인다(Bock). 이 두려움이 그리스도 예수를 영접하는 일로 이어졌더라면 얼마나 좋았을까! 세례 요한은 분봉 왕 헤롯의 결혼을 비난했다가 감옥에 갇힌 후 끝내 처형되었다(마 14:3-12). 바울은 벨릭스와 드루실라의 얼굴을 직접 보며 말했다. 바울은 요즘 말로 '간이 배 밖으로 나와 있는 사람'이다.

바울의 메시지를 두려워한 벨릭스는 나중에 틈이 나면 다시 부르겠다며 바울과의 만남을 마무리했다(25c절). 그는 기독교에 대해 더 알고 싶기도 하지만, 바울에게 돈을 받을까 해서 그를 자주 불러 이야기했다(26절). 바울이 그에게 의와 절제와 심판에 대해 가르친 것이 별 효력을 발휘하지 못했다! 돈을 받을까 했다는 것은 뇌물 수수를 뜻한다(cf. 8:18). 로마는 뇌물 수수를 법으로 금했지만, 권력자들과 원로원의 원로들까지 자주 뇌물을 수수했다(Bruce).

벨릭스는 무엇을 근거로 바울이 그에게 뇌물을 줄 수 있다고 생각했을까? 총독인 그가 생각하는 뇌물은 한두 푼이 아니라 상당히 큰 금액이었을 텐데 말이다. 바울은 자신이 예루살렘 방문한 목적이 자기 민족에게 구제 헌금을 전달하고 성전에서 제물을 드리기 위해서라고 했다(24:17). 바울은 태어날 때부터 로마 시민이었기 때문에 집안이 상당한 재산을 축적했을 것이고, 구제 헌금도 작은 액수가 아닐 것이므로 상당한 돈을 동원할 수 있는 사람이라고 생각한 것이다.

만일 바울이 벨릭스에게 뇌물을 주었다면 그가 바울을 풀어 주었을까? 그렇지는 않았을 것으로 생각된다. 그는 유대인을 대표하는 대제사장과 장로들의 정치적 영향력을 의식해야 하기 때문이다. 바울이 그에게 뇌물을 상납하지 않은 것은 의로운 일이다. 또한 정황을 고려할 때 뇌물 상납은 그에게 자유를 안겨 줄 수 없었다.

바울이 감금된 지 2년이 지났다(27절). 보르기오 베스도가 벨릭스를 이어 유대 총독이 되었다. '베스도'(Πόρκιος Φῆστος, Porcius Festus)는 주후 59-60년에 총독이 되었으며, 그에 대해 알려진 바는 별로 없다(Bock). 그는 총독으로 군림하던 중 숨졌으며, 주후 62년에 악한 알비누스 (Lucceius Albinus)가 그의 뒤를 이어 총독이 되었다(Longenecker).

유대 총독에서 해임된 벨릭스는 로마로 압송되었다. 당시 바울의 재판이 진행되고 있는 가이사랴에서 유대인과 헬라인 사이에 다툼이 벌어졌다. 그들은 서로 가이사랴가 자기 도시라며 다투었다. 웃기는 일이다! 로마가 이 도시를 다스리고 있으므로, 로마 것인데 말이다. 벨릭스는 군대를 동원해 그들을 진압하면서 유대인 여럿을 죽이고 그들의 재산을 몰수했다. 그러자 분노한 유대인 지도자들이 로마에 가서 벨릭스가 유대 통치를 잘 못해 반역이 끊이지 않는다고 했다. 당시 로마 황제였던 네로(Nero, 주후 54-68년)는 벨릭스를 불러들여 큰 벌을 내릴 생각이었다. 그러나 황제와 매우 친했던 벨릭스의 친형 '팔라스'(Pallas)의 개입으로 벌을 받지는 않았다(Schnabel).

벨릭스가 총독으로서 한 마지막 일은 바울을 계속 감금하는 일이었다(27b절). 충분히 이해가 가는 일이다. 그는 유대를 잘못 다스렸다고 로마로 소환되는 중이다. 유대인 지도자들의 증언에 따라 큰 벌을 받을 수도 있다. 그러므로 최대한 그들을 자극하는 일을 자제해야 한다. 만일 그가 바울을 풀어 주면, 유대인들이 곳곳에서 폭동을 일으킬 수 있다. 유대인 지도자들은 로마에 가서 그를 더 심하게 비난할 것이고, 그렇게 되면 그의 친형 팔라스도 더는 그를 구할 수 없을 것이다. 그러므로 그는 바울에게 잘못이 없다는 것을 알지만, 감옥에 두고 떠날 수밖에 없다. 예수님이 이미 제자들과 바울에게 예언하신 대로다(눅 21:12-15; 행 9:15-16).

어떤 이들은 바울이 가이사랴에 2년간 감금되어 있는 동안 누가가 이 도시에 머물며 요한복음과 사도행전을 집필하기 위한 자료를 수집하고 기초적인 연구를 했을 것이라고 한다(Witherington). 당시 가이사랴는 예루살렘에서 그다지 멀지 않으며, 아직 예수님과 사도들과 초대 교회에 대해 증언할 여러 증인을 접할 수 있는 곳이다. 빌립도 이 도시에 살고 있다. 그러므로 구체적인 증거는 없지만, 충분한 설득력을 지닌 추론이다.

이 말씀은 우리가 영접한 그리스도의 복음을 삶 속에서 살아 내는 것은 의와 절제를 실천하는 일이라고 한다. 그리스도인들은 도덕적으로 흠 없이 살고자 노력해야 하며, 자기 삶을 절제하고 통제해야 한다. 우리가 평생 '성화'(sanctification)를 추구하는 일에 있어서 의와 절제는 절대 포기할 수 없는 요소다.

또한 다가오는 종말을 마음에 품고 살아야 한다. 그날이 되면 예수님이 직접 세상을 심판하시고, 또한 우리도 심판하실 것이다. 하나님이 모든 권세를 예수님에게 넘기셨기 때문이다. 다행히 믿는 자들은 '진노하시는 심판'보다는 '위로하시는 심판'을 받게 될 것이다. 그날을 소망으로 삼으며 오늘 이 순간 조금 더 건강하고 건전하게 살도록 노력하자.

벨릭스는 우리가 세상에서 흔히 만나는 사람, 곧 뇌물을 좋아하는 사람이다. 얼마나 뇌물이 만연한 세상이면 일명 '김영란법'이라는 것이 생겼겠는가! 예전에는 관공서에서 일을 보려면 '급행료'를 내야 했다. 이것도 일종의 뇌물이었다.

교계와 교회 안에서는 뇌물이 오가면 안 된다. 하지만 안타깝게도 현실은 그렇지 않다. 아직도 뇌물이 오가는 거래가 이뤄지고 있다. 우리는 경건하고 거룩하게 살아야 한다. 경건과 거룩은 뇌물을 멀리하지 않고는 실현할 수 없다.

> VII. 로마(21:17-28:31)
>   B. 가이사랴(24:1-26:32)

2. 베스도 앞에서 가이사에게 상소함(25:1-12)

¹ 베스도가 부임한 지 삼 일 후에 가이사랴에서 예루살렘으로 올라가니 ² 대제사장들과 유대인 중 높은 사람들이 바울을 고소할새 ³ 베스도의 호의로 바울을 예루살렘으로 옮기기를 청하니 이는 길에 매복하였다가 그를 죽이고자 함이더라 ⁴ 베스도가 대답하여 바울이 가이사랴에 구류된 것과 자기도 멀

지 않아 떠나갈 것을 말하고 [5] 또 이르되 너희 중 유력한 자들은 나와 함께 내려가서 그 사람에게 만일 옳지 아니한 일이 있거든 고발하라 하니라 [6] 베스도가 그들 가운데서 팔 일 혹은 십 일을 지낸 후 가이사랴로 내려가서 이튿날 재판 자리에 앉고 바울을 데려오라 명하니 [7] 그가 나오매 예루살렘에서 내려온 유대인들이 둘러서서 여러 가지 중대한 사건으로 고발하되 능히 증거를 대지 못한지라 [8] 바울이 변명하여 이르되 유대인의 율법이나 성전이나 가이사에게나 내가 도무지 죄를 범하지 아니하였노라 하니 [9] 베스도가 유대인의 마음을 얻고자 하여 바울더러 묻되 네가 예루살렘에 올라가서 이 사건에 대하여 내 앞에서 심문을 받으려느냐 [10] 바울이 이르되 내가 가이사의 재판 자리 앞에 섰으니 마땅히 거기서 심문을 받을 것이라 당신도 잘 아시는 바와 같이 내가 유대인들에게 불의를 행한 일이 없나이다 [11] 만일 내가 불의를 행하여 무슨 죽을 죄를 지었으면 죽기를 사양하지 아니할 것이나 만일 이 사람들이 나를 고발하는 것이 다 사실이 아니면 아무도 나를 그들에게 내줄 수 없나이다 내가 가이사께 상소하노라 한대 [12] 베스도가 배석자들과 상의하고 이르되 네가 가이사에게 상소하였으니 가이사에게 갈 것이라 하니라

바울이 로마 군인들의 호의를 받으며 야밤에 예루살렘을 탈출해 가이사랴로 내려온 지 2년이 지났다. 바울이 무죄인 줄 알면서도 유대인들의 눈치만 보느라 그를 풀어 주지 않고 뇌물을 바랐던 벨릭스는 유대인 지도자들의 항의와 고소로 인해 로마로 소환되었다. 베스도가 새로운 총독으로 부임했다. 벨릭스가 왜 로마로 소환되었는지 잘 알고 있는 베스도 유대인들의 눈치를 보기에 급급하다. 벨릭스가 유대인들의 마음을 얻고자 한 것처럼(24:27), 베스도도 유대인들의 마음을 얻고자 노력한다(9절; cf. 3절).

상황이 바울에게 매우 불리하고 돌아가고 있다. 총독들은 바울이 로마 시민이기 때문에 무리해서 그를 처형할 수 없다. 게다가 그들은 바

울에게 죄가 없다는 것을 안다. 그러나 유대인들의 반발을 우려해 풀어 줄 수도 없다. 만일 풀어 주면 대제사장과 장로들이 곳곳에서 폭동이 일어나도록 일을 꾸밀 것이기 때문이다. 바울은 베스도 역시 공정하게 재판하지 않을 것을 알기에 가이사에게 상소한다(11절). 로마로가서 가이사에게 재판받겠다는 것이다.

바울의 상소는 사도행전 마지막 섹션(21:17-28:31)의 절정이다. 이제부터는 그가 로마로 가는 이야기만 남았다. 복음이 어떻게 제국의 수도 로마까지 가게 되었는지를 바울의 삶과 사역을 통해서 묘사하는 사도행전도 막바지에 다다랐다. 끝내 바울은 스페인 선교를 위해 그토록가고 싶어하던 로마로 갈 것이다(19:21; cf. 롬 15:23-33). 예수님도 그가로마로 갈 것이라고 말씀하셨다(23:11). 그러나 바울이 기대했던 방법과 목적, 곧 선교사로 로마에 가서 그곳을 근거지로 삼아 스페인 선교를 하기 위해 가는 것은 아니다.

베스도는 총독으로 부임한 지 사흘 후에 예루살렘을 방문했다(1절). 유대는 수리아주(州)의 일부였으며, 바울이 머무는 가이사랴가 행정 수도였다(Schnabel). 그러나 예루살렘은 유대인의 정치와 종교 수도다. 선임자였던 벨릭스가 유대인들의 정치적 권력에 휘둘려 해임된 만큼 그는 되도록 빨리 예루살렘으로 올라가 유대인들과 화평할 방안을 모색해야 한다. 유대인들은 매우 폭력적이었던 벨릭스보다 베스도를 선호했다(Longenecker).

베스도가 유대인 지도자들을 만나니 그들이 한결같이 바울을 고발하느라 목소리를 높였다(2절). 2년이 지났는데도 대제사장들과 유대인 지도자들이 떼를 지어 바울을 물어뜯겠다고 야단법석이다. 그들은 아직도 유대교와 경쟁하는 나사렛 이단의 우두머리 바울을 없애 버려야 한다고 생각한다. 유대교 지도자들이 2년이 지나도 바울을 이처럼 위협적인 존재로 생각해 주니 한편으로는 고맙기도 하다!

지난 2년 사이에 유대교의 대제사장이 바뀌었다. 로마 사람들은 아나니아를 파면하고 이스마엘(Ishmael ben Phiabi)을 새 대제사장으로 세웠다(Bock, Longenecker). 요세푸스에 따르면 유대교 지도층에서 매우 심한 권력 다툼이 있었다(cf. Fitzmyer, Schnabel). 비록 아나니아가 해임되었지만, 그는 여전히 여러 유대교 지도자에게 지대한 영향력을 행사했다. 그러므로 누가도 이러한 상황을 고려해 '그 대제사장들'(οἱ ἀρχιερεῖς)이라고 표기한다(Longenecker).

유대교 지도자들은 가장 거룩하고 의롭게 살며 사람들에게 모범을 보여야 하는데, 이 자들은 위증하고 살인 음모에 가담하면서도 양심의 가책을 느끼지 않는다. 오히려 이러한 죄를 '하나님과 하나님 나라를 위한 것'이라며 합리화한다! 양심에 화인을 맞은 자들이다. 유대교는 썩을 대로 썩어 낡고 터진 가죽 부대처럼 되었다. 새 포도주인 그리스도의 복음은 새 가죽 부대(교회)에 담아야 한다는 예수님 말씀이 새롭게 들린다(눅 5:37-39; cf. 마 9:17; 막 2:22). 예수님은 유대교에 익숙한 자들은 복음을 영접하려 하지 않을 것이라고 하셨다(눅 5:39).

대제사장들과 유대교 지도층 사람들은 베스도에게 가이사랴에 있는 바울을 예루살렘으로 데려와 재판받게 해 달라고 한다(3a절). 그들도 이런 일은 총독이 특별한 아량을 베풀어야 가능한 일이라는 것을 안다. 그러므로 베스도에게 호의를 베풀어 바울을 예루살렘에서 재판할 수 있도록 해 달라고 한다. '호의'(χάρις)는 '선처, 은혜'를 뜻하며, 하나님이 우리에게 베푸시는 은혜도 이 단어로 표현한다(cf. BDAG). '청하다'(αἰτούμενοι)는 현재형 분사다. 그들은 베스도에게 바울을 예루살렘으로 보내라며 지속적인 압력을 가한 것이다(Williams).

이 종교 지도자들은 바울이 예루살렘으로 와도 증거와 물증 등을 근거로 공정한 재판을 할 생각이 전혀 없다. 그들에게는 바울의 죄를 증명할 증거나 물증이 없다. 그러므로 바울이 예루살렘으로 이송되는 길에 매복해 있다가 그를 죽일 계획이다(3b절; cf. 23:12-22). 바울이 감금되어 있는 가이사랴에서 예루살렘까지는 110㎞나 되니 중간에 매복할 만한 곳이 수두룩하다.

설령 매복에 실패해 바울이 무사히 예루살렘에 도착해도 문제 없다. 베스도가 그들의 요구를 들어주어 그를 예루살렘까지 보냈으니, 더 거세게 압력을 가해 바울을 산헤드린의 재판을 받게 하게 해 달라고 하면 된다. 공회의 재판은 바울이 성전을 더럽혔다는 죄에 대해서만 판결한다. 위증자 몇 명 세워서 거짓 증언을 하게 해 바울을 처형할 계획을 모두 짜 두었을 것이다. 바울이 예루살렘으로 오기만 하면 유대교 지도자들이 그를 죽일 수 있는 방법이 여러 가지니 바울은 절대 살아서 예루살렘을 떠나지 못한다.

베스도는 그들에게 바울이 가이사랴에 구류되어 있다는 사실을 확인해 주었다(4a절). 새로 부임한 총독으로서 선임자에게 들은 게 있고, 부하들에게 보고 받은 것이 있어서 자기도 바울에 대해 알고 있다는 것이다. 베스도는 며칠 후 총독의 관저가 있고 바울이 수감되어 있는 가이사랴로 돌아갈 계획이니 바울에 대한 재판을 재개하고 싶으면 이 소송을 위해 유력한 자 몇 명을 가이사랴로 보내 바울을 고발하라고 했다(4b-5절). '유력한 자들'(δυνατοί)은 바울의 죄를 증명할 능력이 있는 지도자들, 혹은 그들이 믿고 보낼 대리인을 뜻한다.

유대 총독인 베스도에게는 유대인들의 청을 들어 바울을 예루살렘으로 보낼 권한이 있다(Bock, Longenecker, Wall). 그러나 총독은 오히려 그들에게 가이사랴로 변호사들을 보내라고 한다. 이미 피고인이 가이사랴에 있고, 자신도 그곳에 관저를 두었으므로 그곳에서 재판하는 것이 합리적이라는 것이다. 대신 그들이 사람을 보내면 2년을 끌어 온 재판을 재개해 신속하게 판결하겠다는 것을 암시한다. 바울을 예루살렘으로 보내지 않겠다는 베스도의 결정이 바울을 살렸다.

베스도는 예루살렘에서 열흘 정도 머문 후 가이사랴로 내려갔다(6a절). 유대인 지도자들도 고소인단을 보냈기 때문에 이튿날 바울이 감옥에서 끌려 나와 재판정에 섰다(6b절). 유대인들을 대표해 바울을 고발하러 온 사람들은 여러 가지 중대한 사건(심각한 죄목)으로 그를 고발했다(7a절). 유대인들이 2년 전 벨릭스 총독 앞에서 바울을 고발한 때와 별반 달라진 것은 없다(cf. 24:5-6). 그때나 지금이나 이들의 문제는 그들의 주장을 뒷받침할 증거를 아무것도 내놓지 못한다는 사실이다(7b절).

변론에 나선 바울은 고소인들이 주장하는 모든 죄를 부인했다. 그는 유대인의 율법(cf. 24:14-16)이나 성전(21:28; 24:18-19)이나 가이사에게 어떠한 죄도 짓지 않았다고 증언했다(8절). 로마 제국에 위협이 되는 일을 한 적이 없다는 뜻이다(Le Cornu & Shulam). 바울은 자신을 가리켜 좋은 유대인이고 착한 로마 시민이라 한다(Fitzmyer).

재판은 2년 전처럼 다시 교착 상태(stalemate)에 빠졌다. 죄를 주장하는 유대인들은 입증할 증거와 물증을 제출하지 못하고, 바울은 자신이 죄를 범한 적이 없다고 주장하기 때문이다. 이번에는 어떤 식으로든 판결하려고 했던 베스도가 난감하다. 만일 바울에게 불리한 판결을 내려 그를 신속하게 처형하면 유대인들이 흡족해 할 것이다. 그러나 바울은 로마 시민이다. 그러므로 이러한 판결은 엄청난 '뒤탈'로 이어질 수 있다. 더욱이 자기가 다스리는 지역에서만 수만 명에 달하는 그리스도인이 이 재판을 지켜보고 있다. 조금이라도 이상한 판결이 나오면 그들은 로마에 항의하고 여러 곳에서 폭동을 일으킬 수 있다.

고심 끝에 베스도는 바울에게 예루살렘으로 가서 재판받을 생각이 있는지 물었다(9절). 겉으로는 "네가 이 죄들에 대해 떳떳하다면 예루살렘으로 가서 재판을 받으라"라는 취지로 읽힐 수 있는 제안이다. 그러나 그는 유대인들의 마음을 얻고자 이런 제안을 했다(9a절; cf. 24:27; 25:3, 9). 그는 '유대인들의 평안'을 위해 바울을 죽일 생각이다. 베스도는 바울이 어떻게 해서 2년 전에 가이사랴로 이송되었는지 보고받았을 것이다. 그럼에도 불구하고 이렇게 제안하는 것은 로마 시민이라 함부로 처리할 수 없는 바울을 유대인들의 손에 죽게 함으로써 사건을 마무리하겠다는 뜻이다.

베스도는 자신도 바울과 함께 예루살렘으로 올라가고, 그곳에서 열릴 재판도 직접 진행하겠다고 한다. 그런데 여기서 '내 앞'(ἐπ' ἐμοῦ)이라는 애매하고 특이한 표현을 사용한다(cf. Bock, Marshall). 이런 경우에는 보통 다른 표현(ἐναντίον μου)을 쓴다(cf. 눅 20:26; 행 8:32). 그러므로 일부 학자는 그가 직접 재판하지 않고 산헤드린에 재판권을 넘길 속셈으로 이런 말을 하는 것이라 한다. 예루살렘에서 재판이 진행된다면, 베스도는 손을 떼야 한다. 유대교에 관한 죄목에 대해서는 로마 총독이 재판할 수 없기 때문이다. 그는 바울을 죽어도 되는 사람 정도로 생각한다. 다만, 바울이 로마 시민이라는 사실이 마음에 걸릴 뿐이다.

바울은 베스도가 절대 공정하게 재판할 자가 아니라는 것을 직감했다. 예루살렘으로 장소를 옮겨 자기 앞에서 재판받으라는 것도 수상하다. 그러므로 바울은 이때까지 자신이 가이사를 대신해 그를 재판한 총독들에게 재판을 받아왔으므로 가이사의 법정에서 황제에게 재판받은 것과 다름없으며, 앞으로도 황제에게 재판받겠다고 한다(10a절). 더욱이 자신은 유대인들에게 죄를 지은 일이 없으며, 이 같은 사실은 총독인 베스도도 잘 알고 있지 않느냐고 한다(10b절; cf. 25:25). 바울은 억지로 유대인들의 죄목에 대해 재판받게 하려는 베스도의 처사를 비난하고 있다(Wall).

바울은 만일 베스도가 바울이 유대인의 법을 어겼기 때문에 예루살렘으로 가야 한다고 생각한다면, 베스도에게는 자신을 예루살렘으로 보낼 권한이 없다고 한다. 유대교에 대한 이슈는 총독이 관여하거나 판결할 수 있는 영역 밖의 일이기 때문이다. 바울이 이때까지 가이사랴에 갇혀 있었던 것은 로마법을 어겼다는 유대인들의 주장 때문이지, 유대교와 연관된 이슈 때문이 아니다. 이런 상황에서 유대인들의 재판을 받을 만한 일을 하지 않은 사람에게 예루살렘으로 가서 그들의 법을 어긴 것에 대해 재판받으라는 것은 한마디로 '자다가 봉창 두드리는 소리'다.

바울은 원통함과 분노를 삭이며 만일 자신이 죽을죄를 지었다면 얼마든지 죗값을 치를 의향이 있다고 한다(11a절). 그러나 이 악한 유대인 지도자들이 고발하는 것이 다 사실이 아니라면 아무도 자신을 유대인들에게 내어줄 수 없다고 한다(11b절). 오히려 그들을 무고죄로 처벌해야 할 상황이다. 성경은 누가 위증하면 그 위증으로 인해 내려질 수 있는 벌로 그 위증자를 처단하라고 한다(신 19:18-19). 거짓 증언으로 바울을 죽이려 하는 이 종교 지도자들은 모두 사형을 받아야 마땅하다!

총독인 베스도가 자신을 예루살렘으로 보낼 수 없다는 원칙을 말한 바울은 베스도를 믿지 않는다. 지금 베스도는 유대인들의 마음을 사려고 혈안이 되어 있다. 그러므로 법과 원칙이 어떻든 베스도는 바울을 예루살렘으로 보낼 것이다. 그렇게 되면 바울은 로마에 가지 못하고 예루살렘에서 죽어야 한다. 바울에게는 선택의 여지가 없다. 그러므로 그는 가이사에게 상소한다(11c절). 로마로 가서 황제에게 직접 재판받겠다는 것이다. 법이 보장하는 로마 시민의 상소(provocation ad Caesarem) 권리를 행사한 것이다(cf. Bruce, Longenecker).

바울이 로마에 가서 황제에게 재판받겠다고 상소한 것은 베스도의 무능함을 비난하는 것이기도 하다(Bock). 베스도도 바울에게 죄가 없다는 것을 안다. 그러므로 이번에는 무죄를 선고하고 바울을 풀어 주어야 한다. 그러나 바울이 예루살렘으로 가면 유대인들의 손에 죽게 될 것을 뻔히 알면서 그를 그곳으로 보내려고 한다.

또한 '나사렛 이단의 우두머리' 바울이 예루살렘 재판을 거부하고 로마에 가서 황제의 재판을 받겠다고 상소한 것은 기독교가 유대교와 관계를 완전히 단절하고 이제부터 국가의 보호를 받겠다고 선언한 일이라 할 수 있다(Bock, Pesch). 하나님의 평화와 사랑을 상징하던 예루살렘이 어느새 죄 없는 사람을 죽이려 하는 악인들의 소굴이 되었다. 결코 놀랄 만한 새로운 일은 아니다. 옛적에 이사야는 예루살렘에 대해 이렇게 증언했다: "신실하던 성읍이 어찌하여 창기가 되었는고 정의가 거기에 충만하였고 공의가 그 가운데에 거하였더니 이제는 살인자들 뿐이로다"(사 1:21). 또한 예수님은 바울이 로마에 갈 것이라고 하셨다 (23:11). 이제는 주님의 때가 되었다. 바울은 더는 가이사랴에 머물 수 없다. 로마로 가야 한다.

베스도가 배석자들과 상의한 후 판결하기를 바울이 황제에게 상소 했으니 황제에게 갈 것이라고 했다(12절). 베스도와 배석자들은 바울 을 로마로 보낼지, 계속 가이사랴에 둘 것인지 상의한 것이 아니다. 로마 시민이 상소하면 로마로 가는 것이 로마법이 보장하는 권리다. 그들은 두 가지를 논의했다(cf. Longenecker, Schnabel). 첫째, 바울에 대한 고소가 과연 베스도가 재판할 권리를 가진 권역 안에 있는가 하는 것이다. 그의 권역 안에 있어야 바울을 로마로 보낼 수 있기 때문이다. 둘째, 바울을 무죄로 판결함으로써 이 사건을 종결할 수 있는가 하는 것이다. 이것은 총독이 가진 권한이다. 문제는 유대인들이다. 바울을 놓아주면 유대인들이 반발하여 곳곳에서 폭동을 일으킬 것이다. 그러므로 그들은 바울을 로마로 보내는 것이 지난 2년 동안 지속된 교착 상태 (stalemate)를 해결하는 가장 좋은 방법이라고 생각했다. 게다가 바울 스스로 로마에 가겠다고 하니 고마운 일이다. 이제부터 바울은 로마 황제의 골칫거리지 베스도가 고민할 사람이 아니다.

이 말씀은 모든 권력은 썩는다고 한다. 총독 베스도는 유대인들의 환심을 사기 위해 죄 없는 바울을 예루살렘으로 보내 죽게 하려고 한다. 바울이 죄를 짓지 않았다는 것을 뻔히 알면서도 말이다. 대부분 권력자는 다른 권력의 눈치를 보며 판결하지, 옳고 그름을 그다지 중요하게 여기지 않는다. 오죽하면 '무전유죄 유전무죄'라는 말이 있겠는가!

종교 권력을 행사하는 자들은 다른가? 아니다. 대제사장들과 유대교에서 높은 자리에 있는 사람들은 죄 없는 바울을 죽이지 못해 안달이 나 있다. 세상 권력이든, 종교 권력이든 모두 썩는다. 또한 절대적인 권력일수록 절대적으로 썩는다. 그러므로 사역자들은 권력을 멀리

해야 한다. 권력을 사용해 좋은 일을 하는 것보다, 권력의 다스림을 받아 악한 일을 하게 될 확률이 훨씬 더 높기 때문이다.

교회가 교회를 상대로 혹은 성도들이 목회자들을 상대로 세상 법정에 고발하는 것은 안타까운 일이다. 오죽했으면 이런 일을 할까 하는 생각이 들기도 한다. 그러나 고소자들은 고소하더라도 본인들이 원하는 판결, 혹은 공정한 판결이 나오지 않을 것을 의식하고 소송해야 한다. 또한 그리스도인이 세상 법정에서 서로를 고발하는 것은 절대 좋은 일이 아니다. 하나님을 욕되게 하는 일이기 때문이다. 그러므로 바울은 세상 법정에서 서로를 고발하려거든 차라리 손해를 보라고 한다(고전 6:6-7).

Ⅶ. 로마(21:17-28:31)
　B. 가이사랴(24:1-26:32)

3. 아그립바와 버니게 앞에 섬(25:13-26:32)

바울이 이번에는 새로 부임한 총독에게 문안하려고 가이사랴로 내려온 아그립바왕과 버니게와 총독 앞에서 자신을 변호한다. 누가는 이 섹션에서 바울이 예루살렘에서 폭도에게 잡힌 이후 그가 처한 상황에 대해 매우 자세하게 기록한다. 바울의 이 스피치는 그의 변호 중 가장 자세하고 체계적이다. 또한 사도행전에 기록된 주요 스피치 중 마지막 것이다(Bock). 이번에도 바울의 스피치를 들은 사람 모두 바울에게 죄가 없다고 한다. 본 텍스트는 다음과 같이 구분된다.

　A. 베스도가 아그립바와 바울에 대해 논의함(25:13-22)
　B. 베스도가 바울이 처한 상황에 대해 보고함(25:23-27)
　C. 바울이 자신을 변호함(26:1-23)
　D. 베스도와 아그립바의 반응(26:24-32)

(1) 베스도가 아그립바와 바울에 대해 논의함(25:13-22)

¹³ 수일 후에 아그립바 왕과 버니게가 베스도에게 문안하러 가이사랴에 와서 ¹⁴ 여러 날을 있더니 베스도가 바울의 일로 왕에게 고하여 이르되 벨릭스가 한 사람을 구류하여 두었는데 ¹⁵ 내가 예루살렘에 있을 때에 유대인의 대제 사장들과 장로들이 그를 고소하여 정죄하기를 청하기에 ¹⁶ 내가 대답하되 무릇 피고가 원고들 앞에서 고소 사건에 대하여 변명할 기회가 있기 전에 내주는 것은 로마 사람의 법이 아니라 하였노라 ¹⁷ 그러므로 그들이 나와 함께 여기 오매 내가 지체하지 아니하고 이튿날 재판 자리에 앉아 명하여 그 사람을 데려왔으나 ¹⁸ 원고들이 서서 내가 짐작하던 것 같은 악행의 혐의는 하나도 제시하지 아니하고 ¹⁹ 오직 자기들의 종교와 또는 예수라 하는 이가 죽은 것을 살아 있다고 바울이 주장하는 그 일에 관한 문제로 고발하는 것뿐이라 ²⁰ 내가 이 일에 대하여 어떻게 심리할는지 몰라서 바울에게 묻되 예루살렘에 올라가서 이 일에 심문을 받으려느냐 한즉 ²¹ 바울은 황제의 판결을 받도록 자기를 지켜 주기를 호소하므로 내가 그를 가이사에게 보내기까지 지켜 두라 명하였노라 하니 ²² 아그립바가 베스도에게 이르되 나도 이 사람의 말을 듣고자 하노라 베스도가 이르되 내일 들으시리이다 하더라

바울이 베스도에게 예루살렘으로 올라가 유대인들에게 재판받느니 차라리 로마로 가서 황제에게 재판받겠다며 가이사에게 상소한 지 여러 날이 지났다(13a절). 아그립바가 새로 부임한 로마 총독에게 문안하려고 그가 사는 가이사랴 빌립보(Caesarea Philippi)를 떠나 베스도의 관저가 있는 가이사랴에 왔다(1b절, cf. Schnabel). '아그립바'(Herod Agrippa II, 주후 27-93년)의 다른 이름은 율리우스(Marcus Julius Agrippa)였으며(Bock, Longenecker), 총독 베스도의 선임자였던 벨릭스의 아내 드루실라(cf.

24:24)의 오빠였다.

그의 증조할아버지 헤롯 대왕(Herod the Great)은 예수님의 탄생을 시기해 베들레헴 지역에서 태어난 모든 어린아이를 죽인 자다. 그의 아버지 아그립바(Herod Agrippa I)는 성경에서 '헤롯왕'으로만 알려져 있으며, 하나님 앞에서 교만하게 굴다가 벌레에 먹혀 죽은 사람이다(12:23). 아그립바가 베스도를 찾아왔을 때 그는 레바논과 동쪽, 갈릴리 호수 동쪽 지역 일부를 다스리고 있었다(Longenecker).

아그립바는 유대를 다스리지 않았지만, 로마 사람들은 그에게 대제사장을 임명할 권리를 주었다(Josephus). 그의 피에 유대인의 피가 섞여 있으며, 그가 유대교에 대해 상당한 관심과 견해를 지녔기 때문이다. 바울도 그가 유대교와 유대인들의 모든 풍속과 문제를 알고 있다고 한다(26:3). 그러므로 로마 총독들은 유대인의 종교적 이슈에 대해 항상 그와 상의하며 조언을 구했다(Bruce).

아그립바와 함께 온 버니게(Julia Bernice)는 그의 누이다. 버니게는 삼촌 헤롯(Herod of Chalcis)과 결혼했다가 그가 주후 48년에 죽자 가이사랴 빌립보에 있는 오빠 아그립바의 궁에서 살았다(Schnabel). 두 사람 다 방탕한 생활을 했으며, 요세푸스에 따르면 둘의 근친상간에 대한 소문이 자자했다고 한다(Gaventa, Wall, cf. Fernando). 버니게는 루머를 잠재우기 위해 길리기아의 폴레몬왕(King Polemon of Cilicia)과 주후 63년에 결혼했지만 얼마 지나지 않아 이혼했다(Barrett).

버니게는 로마의 티투스 장군(Titus Vespasianus)이 유대인들의 반란(Jewish War, 주후 66-73년)을 제압하기 위해 가나안으로 원정 왔을 때 그의 정부(mistress)가 되었다. 티투스가 로마의 황제로 취임할 때는 유대인에 대한 로마인들의 반감으로 인해 그녀를 버렸다(Wall). 훗날 버니게가 다시 로마로 그를 찾아갔지만, 티투스는 그녀를 만나 주지도 않았다(Longenecker).

바울이 그들 앞에서 자신을 변호한 때는 주후 59년 여름이었다

(Schnabel). 그 당시 아그립바는 32세, 그의 누이 버니게는 31세였으며 (Sherwin-White), 바울은 이때 60세 정도 되었다(Le Cornu & Shulam).

아그립바와 버니게가 인사차 왔다가 곧바로 떠나지 않고 여러 날을 가이사랴에서 지내자(14a절), 베스도가 바울에 관한 이야기를 꺼냈다 (14b절). 유대교에 대해 훨씬 더 많이 아는 아그립바에게 조언을 구한 것이다. 베스도는 이방인이고, 아그립바와 버니게는 타락한 유대인이 다. 만일 누가 누구를 심판해야 한다면 바울이 그들을 심판해야 한다. 세상이 뒤집혔다(Bock).

바울은 베스도의 선임 벨릭스 때부터 감금되어 있는 사람이며, 베스 도가 부임한 후 예루살렘에 갔더니 대제사장들과 장로들이 그를 고발 할 뿐 아니라 정죄하기를 청했다(16절). '정죄'(καταδίκη)는 신약에서 단 한 차례 사용되는 단어이며, 재판관이 피고에게 유죄를 선포하며 형벌 내리는 것을 뜻한다(BDAG). 하루라도 빨리 바울을 죽이고 싶어 하는 종교 지도자들이 새로운 총독이 부임하자마자 신속하고 공정한 판결 을 내리라고 한 것이 아니라, 바울은 죄인이니 곧바로 죽이라고 압력 을 가한 것이다. 유대교의 '영적 거장들'이 억울한 피에 굶주린 살인마 로 타락했다!

유대교 지도자들의 압력에도 불구하고 베스도는 자신이 지향하는 로 마 사람들의 법은 피고와 원고가 법정에서 정당하게 다투어 본 다음 에 재판관이 판결하게 하는 것이라며 그들의 일방적인 요구가 옳지 않 다고 했다(16절). 하나님을 모르는 권세인 로마 제국의 법이 스스로 하 나님의 백성이라 자부하는 유대인의 몰상식하고 잔인한 종교 지도자 들로부터 죄 없는 바울을 지켜야 한다는 상황이 상당히 아이러니하다 (Bock).

베스도가 그들의 청을 들어주지 않자 유대교 지도자들은 그가 가이 사랴로 내려올 때 대표단을 파견했다(17a절). 법정에서 바울을 고소하 기 위해서다. 베스도 선임인 벨릭스 총독 때부터 2년 이상 끌어 온 소송을 이번에는 어떤 식으로든 신속하게 판결해야 한다고 생각해 가이사랴에 도착한 이튿날 재판을 열었다(17b절; cf. 24:22).

재판은 베스도가 기대했던 것과 전혀 다른 방향으로 흘렀다. 그가 예루살렘에 방문했을 때 유대교 지도자들은 바울이 반드시 죽어야 하는 사람이라고 했다. 그런 만큼 원고들이 바울의 죄와 혐의를 입증할 만한 고소와 확실한 증거를 제시하기를 기대했는데, 전혀 딴판이었다. 대제사장들과 장로들이 예루살렘에서 보낸 대표단은 바울이 죽을죄를 지었다는 말만 할 뿐 그가 로마법을 어겼다는 것과 이를 입증할 만한 어떠한 증거도 제시하지 못했다(18절). 2년 전 천부장 루시아가 벨릭스에게 보낸 편지에서 한 말이 생각난다(23:29). 유대교 지도자들의 주장과 달리 바울은 죄를 짓지 않았다.

베스도는 바울이 재판받게 된 이유가 유대교와 유대교 지도자들은 예수라 하는 이가 죽었다고 하는 반면, 바울은 그가 살아 있다고 주장하는 것임을 깨닫게 되었다(19절). 유대교에 대해서는 별로 아는 바가 없는 베스도에게 예수님의 부활은 새로운 영역이다. 로마 사람들은 부활을 믿지 않았기 때문이다. 게다가 로마 총독들은 종교적인 이슈를 영역 밖의 일로 여겨 아예 재판하지 않았다.

유대교 지도자들은 바울을 처형해야 한다고 하는데, 베스도가 볼 때 바울은 죽을 만한 죄를 짓지 않았다. 문제는 유대인들을 다스리기 위해 파견된 사람으로서 유대인을 대표하는 지도자들의 주장을 무시하고 바울에게 무죄를 선고할 수도 없다는 것이다. 그들이 분명 사람들을 동원해 폭동을 일으킬 것이기 때문이다.

베스도는 어떻게 해야 하는지 난감했다(20a절). 유대교 지도자들을 의식한 그는 예루살렘에서 유대인들의 음모로 인해 생명에 위협을 받아 군인 수백 명의 보호를 받으며 가이사랴로 이송되어 온 바울에게 예루살렘으로 돌아가서 재판을 받으면 어떻겠냐고 물었다(20b절). 참으로 상식을 벗어난 어이없는 일이다!

바울은 참으로 기가 막혔다. 또한 이 사람에게 공정한 판결을 기대하는 것은 어렵겠다고 생각했다. 게다가 베스도는 언제든 강제로 그를 예루살렘으로 보낼 수 있다. 베스도는 분명 자신이 재판을 주관할 것이며, 수많은 군인이 바울을 보호할 것이라고 했다. 그러나 그는 죄가 없다고 확신하는 사람을 그곳에 보내는 것 자체가 벌써 틀린 생각이라는 것을 잘 안다. 이런 사람은 언제든지 유대인들의 환심을 사기 위해 바울을 그들의 손에 넘겨 죽게 하고도 남을 사람이다.

결국 바울은 베스도가 자신을 예루살렘으로 보내지 못하도록 로마 시민이 지닌 권리를 사용하기로 했다. 로마 황제에게 재판받겠으니 로마로 보내 달라고 상소한 것이다(21a절). '보내다'(ἀναπέμπω)는 소송을 상위 법원으로 보내는 것을 뜻하는 전문 용어다(Barrett, Fitzmyer, cf. BDAG). 이제부터는 베스도가 바울에 대해 할 수 있는 일이 아무것도 없다. 다만 그를 잘 지키고(보호하고) 있다가 적절한 때에 배에 태워 로마로 보내는 것이 그가 할 수 있는 유일한 일이다(21b절).

바울에 대한 이야기를 들은 아그립바가 직접 바울의 말을 듣고자 했다(22a절). '하노라'(ἐβουλόμην)는 미완료형으로, 그동안 계속 원하고 있었다는 뜻이다(Schnabel). 아그립바는 예루살렘 성전과 대제사장을 관리하는 사람으로서 바울에 대해 들은 것이 있으며, 기회가 되면 그에게 직접 듣고 싶었다. 정확히 뭐가 문제인지 생각해보기 위해서다.

베스도는 아그립바에게 다음 날 직접 듣게 될 것이라고 했다(22b절). 사실 베스도는 로마 황제 네로에게 바울을 보내며 죄목을 뭐라고 해야 하는지, 황제에게 무엇을 알려야 하는지 고민하고 있었다(cf. 25:25). 자기 생각에 바울은 죄를 짓지 않았기 때문이다. 그는 유대교에 대해 자기보다 해박한 아그립바가 바울의 말을 들어본 다음 큰 도움을 줄 것으로 기대한다.

이 말씀은 유대교가 기독교에 대해 제기한 문제들은 모두 시기와 질투에서 비롯된 것이지 기독교가 불법적인 일을 저질렀기 때문이 아니라고 한다. 베스도가 총독으로 취임한 후 예루살렘에 올라갔을 때 유대교 지도자들은 '나사렛 이단의 우두머리'(기독교) 바울을 처형하라며 그에게 큰 압력을 행사했다. 그럴 수 없다며 거절한 베스도는 정식 재판을 통해 사건을 심의한 결과 바울이 어떠한 죄도 짓지 않았다는 것을 알게 되었다.

바울은 자신을 예루살렘으로 보내려는 베스도의 제안에 항의하며 황제에게 재판받겠으니 로마로 보내 달라고 했다. 그러자 베스도에게 고민이 생겼다. 그를 로마로 보내면서 황제에게 보내는 서신에 그가 행한 범죄와 상소 근거를 써야 하는데, 쓸 것이 없기 때문이다. 바울이 대표하는 기독교는 아무것도 잘못한 것이 없기 때문이다.

유대교 지도자들은 날로 번성하는 기독교에 위기감과 질투심을 느껴 죄 없는 사람을 죽이라고 한다. 거짓 정의와 경건으로 위장한 자들의 본 모습을 보고 있다. 그들은 양의 탈을 쓴 늑대다. 예수님이 왜 그들을 그렇게 비난하셨는지 이해가 간다.

(2) 베스도가 바울이 처한 상황에 대해 보고함(25:23-27)

²³ 이튿날 아그립바와 버니게가 크게 위엄을 갖추고 와서 천부장들과 시중의 높은 사람들과 함께 접견 장소에 들어오고 베스도의 명으로 바울을 데려오니 ²⁴ 베스도가 말하되 아그립바 왕과 여기 같이 있는 여러분이여 당신들이 보는 이 사람은 유대의 모든 무리가 크게 외치되 살려 두지 못할 사람이라고 하여 예루살렘에서와 여기서도 내게 청원하였으나 ²⁵ 내가 살피건대 죽일 죄를 범한 일이 없더이다 그러나 그가 황제에게 상소한 고로 보내기로 결정하였나이다 ²⁶ 그에 대하여 황제께 확실한 사실을 아뢸 것이 없으므로 심문

한 후 상소할 자료가 있을까 하여 당신들 앞 특히 아그립바 왕 당신 앞에 그를 내세웠나이다 ²⁷ 그 죄목도 밝히지 아니하고 죄수를 보내는 것이 무리한 일인 줄 아나이다 하였더라

이튿날 아그립바와 버니게가 크게 위엄을 갖추고 천부장들과 시중의 높은 사람들과 함께 접견 장소로 왔다(23a절). '위엄'(φαντασίας)은 이곳에만 사용되는 단어이며, 왕이 개최한 공식 행사에 도시의 유명 인사와 로마군 장교와 귀족들이 모두 예복을 갖추어 입고 참석한 모습이다(Bock). 당시 베스도는 천부장 다섯을 거느리고 있었다(Longenecker). '접견 장소'(ἀκροατήριον)는 이 많은 사람을 수용할 수 있는 강당(auditorium)이다(BDAG). 엄숙한 재판정이 아니며, 왕과 이 많은 사람이 바울의 스피치를 들으려고 모였다.

사람들이 자리하자 베스도가 바울을 데려오게 했다(23b절). 비록 바울은 황제에게 상소한 죄인이지만, 이날만큼은 법정에서 심문받으러 끌려 나온 것이 아니라 수많은 귀족과 상류층 사람에게 복음을 선포하기 위해 그들 앞에 섰다. 예수님이 바울에 대해 예언하신 "이 사람은 내 이름을 이방인과 임금들과 이스라엘 자손들에게 전하기 위하여 택한 나의 그릇이라"(9:15, cf. 눅 21:12)라는 말씀이 성취되는 순간이다. 바울이 예루살렘 성전에서 폭도에게 잡히지 않았다면 있을 수 없는 일이 일어나고 있다. 하나님의 섭리는 참으로 오묘하다.

베스도는 아그립바와 모인 모든 사람에게 유대인들과 바울의 갈등에 대해 간략하게 요약해 보고했다(24절). 유대인들은 바울은 살려 두면 안 되는 사람이라며 예루살렘뿐 아니라 가이사랴에서도 그를 처형하라고 청원했다. 그러나 베스도가 아무리 살펴보아도 바울은 죽일 죄를 범한 일이 없다(25a절). 그러나 바울이 황제에게 재판받겠다고 상소했기 때문에 그를 로마로 보낼 계획이다(25b절). '황제'(σεβαστός)는 황제에게 경의를 표하는 호칭이다. 영어권에서 판사를 'your honor', 왕을

'your majesty'로 부르는 것과 비슷하다.

문제는 베스도가 황제에게 바울에 대해 보고할 것이 전혀 없다는 사실이다(26-27절). 죄인이 황제에게 상소했기 때문에 그를 로마로 보내기는 해야 하는데, 그의 죄목과 상소에 대해 보고할 만한 것이 아무것도 없다. 베스도가 상소장에 쓸 게 없다는 것은 바울이 무죄라는 것을 의미한다. 그런 바울이 로마의 법에 보호받기를 원한다!

베스도는 이번에 유대교에 대해 잘 아는 아그립바가 바울의 말을 들어 본 후 도움 주기를 기대한다. 죄목도 밝히지 못하고 죄수를 로마로 보내는 것은 무리한 일이기 때문이다(27절).

이 말씀은 하나님의 역사가 때로는 우리의 모든 상상력을 뛰어넘는다고 한다. 예수님은 분명 바울에 대해 "이 사람은 내 이름을 이방인과 임금들과 이스라엘 자손들에게 전하기 위하여 택한 나의 그릇이라"(9:15)라고 하셨다. 그러나 이러한 상황에서 아그립바와 버니게와 로마군 장교들과 그 외 귀족들과 왕족들에게 복음을 선포하게 될 줄 누가 상상이나 할 수 있었겠는가!

게다가 이 일은 바울이 폭도에게 잡히고 그를 죽이려는 음모가 드러나 가이사랴로 이송되었기 때문에 가능했다. 모든 것이 합력해 선을 이룬다는 말씀이 새삼 새롭게 들린다(롬 8:28). 하나님이 삶을 인도하시고 주관하시면 우리 삶에서 나쁘다고 버릴 일마저도 없다!

VII. 로마(21:17-28:31)
  B. 가이사랴(24:1-26:32)
    3. 아그립바와 버니게 앞에 섬(25:13-26:32)

---

(3) 바울이 자신을 변호함(26:1-23)

¹ 아그립바가 바울에게 이르되 너를 위하여 말하기를 네게 허락하노라 하니 이에 바울이 손을 들어 변명하되 ² 아그립바 왕이여 유대인이 고발하는 모

든 일을 오늘 당신 앞에서 변명하게 된 것을 다행히 여기나이다 [3] 특히 당신이 유대인의 모든 풍속과 문제를 아심이니이다 그러므로 내 말을 너그러이 들으시기를 바라나이다 [4] 내가 처음부터 내 민족과 더불어 예루살렘에서 젊었을 때 생활한 상황을 유대인이 다 아는 바라 [5] 일찍부터 나를 알았으니 그들이 증언하려 하면 내가 우리 종교의 가장 엄한 파를 따라 바리새인의 생활을 하였다고 할 것이라 [6] 이제도 여기 서서 심문 받는 것은 하나님이 우리 조상에게 약속하신 것을 바라는 까닭이니 [7] 이 약속은 우리 열두 지파가 밤낮으로 간절히 하나님을 받들어 섬김으로 얻기를 바라는 바인데 아그립바 왕이여 이 소망으로 말미암아 내가 유대인들에게 고소를 당하는 것이니이다 [8] 당신들은 하나님이 죽은 사람을 살리심을 어찌하여 못 믿을 것으로 여기나이까 [9] 나도 나사렛 예수의 이름을 대적하여 많은 일을 행하여야 될 줄 스스로 생각하고 [10] 예루살렘에서 이런 일을 행하여 대제사장들에게서 권한을 받아 가지고 많은 성도를 옥에 가두며 또 죽일 때에 내가 찬성 투표를 하였고 [11] 또 모든 회당에서 여러 번 형벌하여 강제로 모독하는 말을 하게 하고 그들에 대하여 심히 격분하여 외국 성에까지 가서 박해하였고 [12] 그 일로 대제사장들의 권한과 위임을 받고 다메섹으로 갔나이다 [13] 왕이여 정오가 되어 길에서 보니 하늘로부터 해보다 더 밝은 빛이 나와 내 동행들을 둘러 비추는지라 [14] 우리가 다 땅에 엎드러지매 내가 소리를 들으니 히브리 말로 이르되 사울아 사울아 네가 어찌하여 나를 박해하느냐 가시채를 뒷발질하기가 네게 고생이니라 [15] 내가 대답하되 주님 누구시니이까 주께서 이르시되 나는 네가 박해하는 예수라 [16] 일어나 너의 발로 서라 내가 네게 나타난 것은 곧 네가 나를 본 일과 장차 내가 네게 나타날 일에 너로 종과 증인을 삼으려 함이니 [17] 이스라엘과 이방인들에게서 내가 너를 구원하여 그들에게 보내어 [18] 그 눈을 뜨게 하여 어둠에서 빛으로, 사탄의 권세에서 하나님께로 돌아오게 하고 죄 사함과 나를 믿어 거룩하게 된 무리 가운데서 기업을 얻게 하리라 하더이다 [19] 아그립바 왕이여 그러므로 하늘에서 보이신 것을 내가 거스르지 아니하고 [20] 먼저 다메섹과 예루살렘에 있는 사람과 유대 온 땅과 이방인에게까지 회개하고 하나님께로 돌아와서 회개에 합당한 일을 하라 전하므로 [21] 유대인들이 성전에서 나를 잡아 죽이고자 하였으나 [22] 하나님의 도우심을 받아 내가 오늘까지 서서 높고 낮은 사람 앞에서 증언하는 것은 선지자들과 모세가 반드시 되리라고 말한 것밖에 없으니 [23] 곧 그리스도가 고난을 받으실 것과 죽은 자 가운데서 먼저 다시 살아나사 이스라엘과 이방인들에게 빛을 전하시리라 함이니이다 하니라

사도행전에는 바울이 자신을 변호하는 스피치가 다섯 개 기록되어 있는데, 본문은 그중 가장 긴 스피치다. 그의 스피치를 듣기 위해 모여든 사람들이 마치 '작은 로마 제국'을 대표하는 듯하다(Wall). 아그립바와 버니게는 왕족을, 베스도와 천부장들은 교육을 많이 받은 그리스-로마 상류층을, 그 외 함께 모인 사람들은 도시를 대표하는 유명 인사를 대표한다. 이들은 유대인과 이방인을 대표하기도 한다. 그러나 바울은 이미 몇 차례 자기를 변호하는 스피치를 했기 때문에 새로운 내용은 별로 없다. 그러므로 그의 스피치를 자세하게 분석하지 않고 전반적인 내용만 정리하고자 한다.

바울이 예루살렘으로 올라가 유대인들 앞에서 재판받으라는 베스도의 제안을 거부하고 차라리 로마로 가서 황제에게 재판받겠다며 상소한 일이 사도행전의 절정이라면, 이 스피치는 그가 애초에 재판받게 된 이유에 대해 회고한다. 바울의 스피치는 당시 로마 사람들이 자신의 입장을 변호할 때 사용하던 양식을 따르고 있다(cf. Bock, Keener, Longenecker, Schnabel, Wall, Winter): (1)서론(exordium): 왕에게 말할 기회를 얻은 것에 대해 감사(introductory address to the king)(2-3절), (2)사건 보고(narratio): 무슨 일이 있었는가에 대한 회고(the narration of the events)(4-18절), (3)내용 확인(confirmatio): 사건의 핵심을 정리(19-20절), (4)부인(refutatio): 잘못하지 않았다는 주장(21절), (5)결론적 호소(peroratio): 상황을 공정하게 살펴 달라는 부탁(22-23절).

총독 베스도로부터 유대인들이 바울을 고발한 일에 대한 정황을 보고받은 아그립바가 바울에게 말하기를 허락했다(1a절). 왕 앞에 선 바울은 아그립바가 먼저 허락해야만 말할 수 있다. '허락하노라'(ἐπιτρέπεταί)는 바울에게 마음에 있는 모든 말을 해 보라는 긍정적인 허락이다(Wall, cf. Witherington). 바울은 말을 시작하기 전에 손을 들었다(1b절). 말을 시작하기 전에 손을 드는 것은 자기 말에 집중해 달라는 제스처이지만(cf. 21:40), 이곳에서는 예우를 갖추어 왕에게 인사하는 행위다(Bruce).

이어서 바울은 변론을 시작했다. '변명하다'(ἀπολογέομαι)는 사람이 자신을 변호하는 것을 의미한다(BDAG). 그러나 바울의 변론은 자신의 억울함을 증명하는 법적인 변론이 아니다(Wall). 총독은 이미 그가 죄가 없다는 것을 여러 차례 인정했다. 또한 유대 땅에서의 재판은 이미 상소로 마무리되었다. 법적인 변론은 로마에 가서 하게 될 것이다. 이 변론은 바울이 자기의 믿음을 종교적으로 설명하는 것이라 할 수 있다(Bock). 그는 이번 기회를 자기 삶과 사역을 왕족과 귀족들에게 설명하는 기회로 삼은 것이다.

바울은 자신이 로마로 이송되기 전에 아그립바왕 앞에서 유대인들이 그를 고발한 일에 대해 설명할 기회를 얻게 된 것에 대해 매우 다행으로 여긴다고 했다(2절). 아그립바는 유대인의 모든 풍속과 문제를 알고 있기 때문이다(3a절). 요세푸스에 따르면 아그립바는 독실한 유대교인이었다(Bock). 바울도 그가 유대인과 유대교에 대해 전문적인 지식을 지닌 사람이라는 사실을 안다.

바울은 예루살렘에서 유대인 폭도에게 잡혀 감금된 후 지난 2년 동안 아그립바처럼 유대교에 대해 잘 아는 사람(들)에게 변호할 기회가 오기를 간절히 소망했다(Longenecker). 그는 아그립바가 왕이라는 사실이 아니라 그가 유대교에 대해 전문적인 지식을 가지고 있다는 사실을 기뻐한다. 바울이 하고자 하는 말에 대해 예루살렘 공회(산헤드린)보다 아그립바가 훨씬 더 공정하고 합리적으로 판단할 것으로 기대하기 때문이다(Bock).

4-18절은 바울의 가장 길고 자세한 간증이라 할 수 있다. 그래서 이 섹션을 읽으면 마치 바울의 이력서를 보고 있는 듯한 느낌이 든다는 이들도 있다(Le Cornu & Shulam). 바울은 자신의 삶과 부르심을 다음과 같은 순서로 회고한다: (1)유년 시절을 유대교에서 보냄(4-8절), (2)유대교를 위한 열정(9-11절), (3)기독교로 회심함(12-15절), (4)예수님이 그를 유대인들과 이방인들에게 보내심(16-18절).

바울은 어릴 때부터 자기 민족 유대인들과 더불어 예루살렘에서 생활했다(4a절). 그는 자신이 다소(Tarsus)에서 태어나 예루살렘으로 옮겨와 살았다는 말을 하지 않는다. 그가 강조하고자 하는 것은 자신의 유대인 뿌리이며, 어린 시절에 예루살렘으로 유학하러 와서 유년 시절을 예루살렘에서 보낸 만큼 굳이 디아스포라 유대인 출신이라는 말을 할 필요가 없으며 밝힐 이유도 없다. 바울은 평생 유대인으로 살았다(cf. 갈 1:13-14). 그가 어릴 때부터 예루살렘에서 유대인으로 살았다는 것은 그를 아는 유대인이라면 모두 아는 사실이다(4b절).

또한 바울을 어릴 때부터 곁에서 지켜본 사람들은 그가 유대교의 가장 엄한 종파를 따라 바리새인으로 생활했다는 것도 확인해 줄 것이다(5절; cf. 22:3; 23:6; 빌 3:4-6). 바울은 유대교를 '우리 종교'(τῆς ἡμετέρας θρησκείας)라고 부름으로써 자신이 아직도 유대교를 자기 종교로 생각하고 있음을 보여 주며 아그립바와 공감대를 형성하고자 한다(cf. 5, 6, 7절). 바리새인들은 유대교의 여러 종파 중 가장 엄한 종파(τὴν ἀκριβεστάτην αἵρεσιν), 곧 율법을 수호하고 준수하는 일에 가장 열정적인 '파'(αἵρεσις, sect)다.

2년 전 벨릭스 총독이 주관한 재판에서 유대교의 대제사장들과 장로들을 대표해 바울을 고소했던 변호사 더둘로는 그를 '나사렛 종파'[이단](τῶν Ναζωραίων αἱρέσεως)의 우두머리라고 했다(24:5). 더둘로도 기독교를 유대교와 다른 새로운 종교로 생각하지 않고 유대교의 한 '파'(αἵρεσις)라고 한 것이다. 바울은 바리새인들이 유대교의 정당한 '파' 인 것처럼 자신이 전파하고 있는 '나사렛파'도 유대교의 정당한 '파'라 고 한다(Wall).

바울은 지난 2년 동안 감옥살이를 하다가 아그립바 앞에 서서 자신 을 변호하게 된 것은 하나님이 '우리'(유대인) 조상들에게 '약속하신 것' 이 실현되기를 바랐기 때문이라고 한다(6절). 그는 여느 유대인처럼 하 나님의 약속이 반드시 실현된다는 것을 믿었다. 또한 하나님의 '이 약 속'이 실현되는 것은 자신만 바란 것이 아니라, 이스라엘의 열두 지파 가 밤낮으로 간절히 하나님을 받들어 섬김을 통해 얻고자 했던 것이라 고 한다(7a절). 바울이 전파하는 기독교는 새로운 종교가 아니며, 그 뿌 리가 유대인의 조상으로 거슬러 올라가는 매우 오래된 종교다.

그런데 유대인들은 그들이 그토록 실현되기를 간절히 바라던 것이 실현되었다고 하는 바울을 고소했다(7b절). 바울은 유대인들이 간절히 소망한 것을 전하다가 유대인들로부터 암살 음모와 고발을 당한 것이 다(Longenecker). 참으로 상식에 맞지 않은 어이없는 일이 벌어졌다.

하나님이 조상들에게 '약속하신 것'은 다름 아닌 부활이다(cf. 8절). 부 활은 기독교가 새로 주창한 개념이 아니다. 이미 오래전부터 바리새인 들은 부활이 있다고 했다. 부활을 믿는 데서 기독교와 바리새파는 공 감대를 형성한다. 그러므로 부활을 믿는 바리새파가 유대교의 일부라 면 기독교 역시 유대교의 일부로 간주할 수 있는데도 유대교는 기독교 를 거부했다. 결국 바울은 유대교가 기독교를 거부하는 것은 그들이 부활을 믿지 않기 때문이라고 한다: "당신들은 하나님이 죽은 사람을 살리심을 어찌하여 못 믿을 것으로 여기나이까?"(8절).

그동안 아그립바를 상대로 단수형을 사용하던 바울이 8절에서는 '당 신들'이라며 복수형으로 바꾸어 말한다. 유대인뿐 아니라 세상 모든 사 람이 부활을 믿지 않는다는 것을 강조하기 위해서다. 로마 사람 등 이방인들에게는 부활이라는 개념이 낯설다. 그러므로 이방인이 가장 많이 변해야 한다. 유대인은 부활의 소망을 얻기 위해 하나님을 예배했다. 그들은 부활을 소망하면서도 부활은 종말에 있을 일이므로 현실에서는 있을 수 없는 일이라며 부활의 현실적 실현을 부인했다. 한편, 바리새인은 부활이 있다고 확신했고 현실에서도 일어날 수 있다고 믿었다. 그러므로 그들은 예수 그리스도가 그들의 죄를 사하기 위해 부활하셨다는 사실을 믿으면 된다. 부활에 있어서 세상 모든 사람이 관점을 교정해야 한다. 바울은 이 부활을 전파하다가 핍박을 받아 감옥에 감금된 상태다.

바울은 처음부터 그리스도의 부활을 전파한 사람이 아니다. 그는 오히려 부활하신 예수님을 부인하고 그를 따르는 성도들을 박해했다(9-11절). 바울도 한때 그를 고발하고 죽이려 하는 유대인들처럼 생각하고 행동한 것이다. 바울은 나사렛 예수의 이름을 대적해 많은 일을 해야 하는 것으로 생각했다(9절). 누가 가르쳐 주어서 그런 것이 아니라, 기독교는 잘못된 종파이므로 없애 버리는 것이 하나님의 뜻이라고 생각했기 때문이다.

바울은 예루살렘에서 그리스도인을 박해하기 위해 대제사장들에게서 권한을 받았다(10a절). 그들이 준 권한으로 많은 그리스도인을 옥에 가두고, 또 죽일 때에 찬성투표를 했다(10b절). 어떤 이들은 바울이 투표했다는 것을 그가 예루살렘 공회(산헤드린)의 멤버였다는 의미로 해석한다(Jeremias, Witherington). 그러나 그가 그리스도인을 잡아들이던 주후 30-31년에는 나이가 고작 30대였다. 산헤드린 회원이 되기에는 너무 어리다(Schnabel).

아마도 유대인들이 스데반을 죽인 것 같은 만행을 저지를 때마다 바울도 가담했다는 것을 이렇게 표현하는 것으로 보인다. 스데반의 순교가 그리스도인의 유일한 죽음은 아니다. 그때 많은 그리스도인이 순교했다(Dunn, Schnabel, Wall). 누가가 사도행전에서 스데반의 이야기만 기록했을 뿐이다.

바울은 여러 회당에서 그리스도인을 잡아들여 사람들 앞에 세우고는 예수님을 모독하는 말을 강제로 하게 했다(11a절). 이때는 아직도 그리스도인들이 회당에 출입하고 있을 때였다(Fernando). 바울은 그리스도인에게 예수님이 구세주라는 사실을 부인하는 말과 예수님을 저주하는 말을 하도록 강요했다.

이런 짓을 하고도 분이 풀리지 않은 바울은 심히 격분해 외국 성까지 가서 박해했다(11b절). '외국 성'(τὰς ἔξω πόλεις)은 복수형이다. 사도행전은 그가 다메섹으로 간 일만 언급하지만(cf. 9:2; 22:5), 바울은 유대와 사마리아와 수리아 등을 두루 돌며 이런 만행을 일삼는 자였다(cf. Schnabel).

대제사장들과 장로들 등 유대교 지도자들에게 이용당하는 줄도 모르고 열심으로 그리스도인들을 박해하던 바울은 이들을 잡아들이기 위해 대제사장들이 써 준 편지를 들고 다메섹으로 가다가 기독교로 회심했다(12-15절). 그는 정오에 이러한 경험을 했다고 한다(13절; cf. 22:6). 이 경험이 바울에게 얼마나 중요했는지 거의 30년이 지났는데도 그는 그날 일을 생생하게 기억한다.

누가는 바울의 회심 이야기를 세 번째 기록한다(cf. 9장, 22장). 이번에 제시하는 새 디테일은 다섯 가지다: (1)태양보다 더 밝은 빛이 하늘에서 내려왔다(13절; cf. 9:3; 22:6). (2)바울뿐 아니라 함께한 사람들도 하늘의 빛이 둘러 비추었다(13절; cf. 9:3; 22:6). (3)바울과 일행 모두 땅에 엎드렸다(14절; cf. 9:4; 22:7). (4)하늘에서 들려온 음성은 히브리 말(아람어)로 말씀하셨다(14절). (5)"가시채를 뒷발질하기가 네게 고생이니라"라고 하셨다(14절).

처음 두 회고와 비교할 때 빠진 정보는 아나니아에 관한 것과(cf. 9:10-19; 22:12-16), 그 일로 인해 한동안 앞을 보지 못하게 되었다가 치유된 일이다(cf. 9:8-9, 18-19; 22:11, 13). 바울이 아그립바에게 강조하고자 하는 것은 자신이 예수님을 직접 뵈었고, 예수님께 직접 소명을 받았다는 사실이다. 그러므로 아나니아를 통해 받은 신탁과 그를 통해 시력이 회복된 일은 생략한다.

바울과 일행이 놀라 땅에 엎드리자 하늘에서 히브리 말(아람어)로 말씀하시는 이가 있었다(14a절). 음성의 주인은 바울을 히브리어 이름 '사울'로 부르며 어찌하여 자기를 핍박하느냐고 물으셨다(14b절). 또한 말씀하시는 이는 바울이 가시채를 뒷발질하기가 그에게 고생이라고 하셨다(14c절). '가시채'(κέντρον)는 짐승을 통제하고 원하는 방향으로 이끌기 위해 사용하는 채찍이나 막대기와 비슷한 용도로 사용하는 기구다(BDAG). 그러므로 예수님은 바울에게 왜 하나님의 인도하심과 훈련을 거부하고 저항하느냐며 당시 격언을 사용해 물으신다(cf. Longenecker). 바울이 그리스도인들을 박해하는 것은 절대 하나님의 뜻이 아니며, 하나님이 그를 인도하시고자 하는 길로 가는 것이 아니라고 하신다. 그러므로 바울은 더는 하나님의 인도하심을 거부해서는 안 된다(Bock).

놀란 바울이 누구시냐고 묻자, 주님은 그가 박해하는 예수라고 하셨다(15절). 예수님은 성도들과 함께하시기 때문에 바울이 성도들을 박해한 것은 곧 예수님을 박해한 것과 같다. 고난은 성도들을 하나로 묶어 주는 능력이 있다. 또한 믿음으로 인해 받는 고난은 성도들과 예수님이 하나 되게 한다. 성도들이 어느새 그리스도의 고난에 동참하고 있다.

초대교회는 사도의 자격을 (1)부활하신 주님을 본 경험이 있는 자(cf. 고전 9:1; 15:8; cf. 행 1:22), (2)예수님께 직접 소명을 받은 자(cf. 롬 1:1; 고전 1:1; 갈 1:1; 2:7) 등 두 가지로 정의했다(Fernando). 바울은 다메섹으로 가는 길에 경험한 일로 이 두 가지 조건을 충족시켰다. 여기에 한 가지를 더한다면 '효과적인 사역'이다(Longenecker, cf. 고전 9:2; 고후 12:12; 갈 2:8-9). 바울은 잠시 후 자신의 성공적인 사역을 아그립바에게 설명한다(cf. 19-23절).

예수님은 엎드려 있는 바울에게 일어서라고 하신 후 그를 찾아온 것은 그를 종과 증인으로 삼아 유대인과 이방인에게 보내기 위해서라고 하셨다(16-18절). 예수님은 자신이 바울에게 나타나신 것과 앞으로 그에게 보이실 일들에 대해 종과 증인이 되라고 하셨다(16절). 또한 예수님은 종이자 증인인 바울을 이스라엘과 이방인에게 보내겠다고 하셨다(17절).

바울은 그들에게 가서 눈을 뜨게 하고, 돌아오게 하고, 믿어 기업을 얻게 해야 한다(18절). 그의 소명이 세 개의 부정사(infinitive)로 묘사되고 있다. 첫째, 바울은 그들의 눈을 '뜨게'(ἀνοῖξαι) 함으로써 어둠밖에 볼 수 없었던 눈이 빛을 볼 수 있게 해야 한다. 어둠은 무지와 사탄이 지배하는 곳이다. 빛은 바울이 자주 사용하는 이미지이며(롬 2:19; 13:12; 고후 4:6; 6:14; 엡 5:8; 골 1:12; 살전 5:5), 하나님이 거하시고 다스리시는 곳으로 그곳에는 용서와 구원이 있다. 오직 예수 그리스도를 통해 어둠에서 빛으로 옮겨갈 수 있다(cf. 2:21; 11:17; 13:38-39; 15:9-11; 20:20-21).

둘째, 바울은 그들이 사탄의 권세를 벗어나 하나님께 '돌아오게'(ἐπιστρέψαι) 해야 한다. 눈을 뜨게 하고 돌아오게 하는 것은 믿음을 가장 정확하고 간략하게 표현한 것이다(Polhill). 셋째, 바울은 하나님께 돌아온 사람들이 죄 사함과 예수님을 믿어 거룩하게 된 무리 가운데서 기업을 '얻게'(λαβεῖν) 해야 한다. 거룩하게 된 무리 중에 있다는 것은 하나님과 지속적인 교제가 이루어진다는 뜻이다.

바울은 다메섹으로 가는 길에 만난 예수님이 주신 소명은 하늘에서 (하나님이) 보이신 것이므로 거스르지 않고 순종했다고 한다(19절). 바울은 (1)다메섹, (2)예루살렘, (3)유대 온 땅, (4)이방인 순서로 만난 모든 사람에게 회개하고 하나님께 돌아와 회개에 합당한 일을 하라고 전했다(20절).

바울이 받은 소명에 따라 예수 그리스도를 유대인뿐 아니라 이방인에게까지 전한다고 해서, 자신이 태어날 때부터 유대인이라는 사실과 유대인의 전통과 역사를 부인하거나 가볍게 생각한 적은 추호도 없다. 그는 율법을 신실하게 지키는 유대인이었다. 그러므로 유대인들에게 잡힐 때도 성전에서 모세의 율법에 따라 예배를 드리고 있었다(21절; cf. 21:27-25:12).

바울은 예수님께 소명을 받은 이후 이때까지 해 온 28년의 사역(Schnabel)을 되돌아보며 모든 것이 하나님의 도우심으로 가능했다고 고백한다(22a절). '도우심'(ἐπικουρία)은 이곳에만 사용되는 단어다. 그는 여러 차례 죽을 고비를 넘겼는데, 그때마다 하나님이 도우셨다. 그러므로 그는 하나님의 도우심을 의지해 신분이 높은 자들과 낮은 자들에게 동일한 메시지를 선포했다(22a절). 그가 모든 사람에게 전파한 메시지는 새로운 것이 아니라 유대교인도 다 알고 믿는 메시지, 곧 옛 선지자들과 모세가 반드시 되리라고 한 것이다(22b절).

모세와 옛 선지자들이 반드시 되리라고 한 것은 무엇인가? 바로 그리스도가 고난받으시는 것과 죽은 자 가운데서 먼저 다시 살아나셔서 이스라엘과 이방인들에게 빛을 전하시는 것이다(23절). 유대인들은 고난받고 죽는 메시아를 믿지 않았다. 그들이 바울을 핍박한 것도 메시아이신 예수 그리스도가 고난받아 죽었다가 부활하셨다는 것을 전파하기 때문이다. 그러나 바울은 유대인들이 하나님의 말씀이라고 하는 구약에 이미 메시아의 죽음과 부활이 기록되어 있다고 한다(cf. 사 53:1-9). 유대인들이 이러한 사실을 보거나 인정하려 하지 않은 것이 문제다. 그러나 아무리 그들이 부인해도 진리는 바뀌지 않는다. 예수님의 죽음과 부활은 이미 모세와 선지자들을 통해서 예언되었다.

이 말씀은 예수 그리스도의 복음을 영접하기 전과 후의 삶을 되돌아보라고 한다. 바울은 유대교 지도자들의 농간에 놀아나 하나님을 위한 답시고 그리스도인을 핍박하고 잡아 죽이는 자였지만, 예수님을 만난 후 자신이 핍박하던 그리스도의 복음을 온 세상 사람에게 전파하는 사도가 되었다. 인간적으로는 도저히 상상할 수 없는 변화다. 우리는 이러한 극적인 변화를 경험하지 않았다 할지라도, 분명 예수님을 만나기 전과 후의 삶에 차이가 있어야 한다. 차이를 많이 느낄수록 감사할 이유도 많아진다.

바울은 어릴 때부터 하나님 말씀으로 교육받았고 성인이 되어서는 바리새인이 되었다. 바리새인은 당시 유대교인 중 성경을 가장 잘 알았던 이들이다. 바울이 회심한 다음 하나님은 그의 유년 시절 교육과 훈련을 복음 전파하는 일에 쓰셨다. 바울은 그리스도의 복음을 전파하고 예수님의 가르침과 사상을 체계화하는 데 가장 많이 이바지한 사도다. 또한 하나님이 그를 아그립바왕을 비롯한 왕족들과 귀족들 앞에 세워 당당하게 복음을 선포하게 하신 데도 그가 어렸을 때부터 받은 교육과 훈련이 일조했을 것이다. 우리는 평생 말씀을 배우고 하나님의 훈련을 받아야 한다. 하나님은 준비된 만큼 쓰시는 분이다.

복음 앞에서는 모든 사람이 평등하다. 바울을 통해 선포된 복음은 유대인과 이방인, 혹은 신분이 높은 사람과 낮은 사람을 차별하지 않았다. 복음은 누구든지 구원에 이르려면 예수님을 영접해야 한다고 한다. 바울은 유대인과 이방인에게 그리스도의 복음을 전파하도록 부르심을 받았다. 복음이 모든 사람에게 동일하게 선포되었다는 것은 때가 되면 하나님이 모든 사람을 동일한 기준으로 심판하실 것을 암시한다.

유대교와 기독교의 가장 중요한 차이는 부활이다. 기독교는 예수 그리스도의 부활 위에 세워져 있다. 그러므로 만일 우리가 부활을 부인하면 기독교의 모든 것이 무너져 내린다. 반면에 유대인은 부활을 믿지 않는다(cf. 8절). 그러므로 기독교는 유대교에 뿌리를 두고 있지만, 모세와 선지자들이 예언한 부활을 믿지 않는 유대교와는 결코 동일시될 수 없다.

편견과 선입견은 진리와 진실을 보지 못하게 한다. 유대인들은 예수님이 바로 모세와 예언자들이 예언한 그리스도라는 사실을 인정하려 하지 않았다. 자신들의 왜곡된 신학에 사로잡혀 하나님을 보지 못했기 때문이다. 말씀이 그들을 가르치게 해야 했는데, 그들이 말씀의 의미를 편한 대로 왜곡했다. 결국 그들은 자신들이 보고자 한 것만 보다가 메시아를 보지 못했다.

(4) 베스도와 아그립바의 반응(26:24-32)

²⁴ 바울이 이같이 변명하매 베스도가 크게 소리 내어 이르되 바울아 네가 미쳤도다 네 많은 학문이 너를 미치게 한다 하니 ²⁵ 바울이 이르되 베스도 각하여 내가 미친 것이 아니요 참되고 온전한 말을 하나이다 ²⁶ 왕께서는 이 일을 아시기로 내가 왕께 담대히 말하노니 이 일에 하나라도 아시지 못함이 없는 줄 믿나이다 이 일은 한쪽 구석에서 행한 것이 아니니이다 ²⁷ 아그립바 왕이여 선지자를 믿으시나이까 믿으시는 줄 아나이다 ²⁸ 아그립바가 바울에게 이르되 네가 적은 말로 나를 권하여 그리스도인이 되게 하려 하는도다 ²⁹ 바울이 이르되 말이 적으나 많으나 당신뿐만 아니라 오늘 내 말을 듣는 모든 사람도 다 이렇게 결박된 것 외에는 나와 같이 되기를 하나님께 원하나이다 하니라 ³⁰ 왕과 총독과 버니게와 그 함께 앉은 사람들이 다 일어나서 ³¹ 물러가 서로 말하되 이 사람은 사형이나 결박을 당할 만한 행위가 없다 하더라 ³² 이에 아그립바가 베스도에게 이르되 이 사람이 만일 가이사에게 상소하지 아니하였더라면 석방될 수 있을 뻔하였다 하니라

바울이 당당하게 복음을 선포하자 총독 베스도는 그가 많은 학문을 하다가 미쳤다고 말했다(24절). 학문한답시고 아무것이나 배우다 보니 아주 요상하고 해괴망측한 것까지 배웠다는 뜻이다(Bock). 바울이 하는 말은 이성과 지성을 겸비한 베스도에게는 불합리한(absurd) 것일 뿐이다.

베스도는 로마 사람이다. 로마 사람들은 스스로 가장 뛰어난 지성인들이라고 생각했다. 또한 유대인을 좋아하지 않았다. 이런 상황에서 바울이 유대인과 로마 사람을 같은 급으로 취급하고 있으니 싫을 수밖에 없다(Le Cornu & Shulam). 또한 바울의 말을 들어보니 그는 현실세계가 아니라 비현실 세계에 사는 것이 확실하다(Polhill). 고린도전서 1:23-24을 생각나게 한다: "우리는 십자가에 못 박힌 그리스도를 전하니 유대인에게는 거리끼는 것이요 이방인에게는 미련한 것이로되 오직 부르심을 받은 자들에게는 유대인이나 헬라인이나 그리스도는 하나님의 능력이요 하나님의 지혜니라."

로마 사람들은 부활을 믿지 않았을 뿐 아니라 개념 자체가 생소했다. 만일 그가 바울의 말을 사실로 받아들인다면 부활을 부인하는 로마 사람들의 생각과 삶이 잘못되었다는 것을 인정하게 된다(Wall). 그러므로 바울이 예수님의 부활에 대해 말하자 그가 미쳤다고 반응하는 것이 당연한 일인지도 모른다. 게다가 베스도는 유대교 교리가 얼마나 복잡하고 섬세한지 모른다. 생각해 보면 부활은 '하나님께 미친 사람'만이 믿을 수 있는 '이상한 것'이다.

어떻게 생각하면 베스도가 바울의 말로 인해 당혹스러워하는 것이 이해된다. 만일 바울이 그를 상대로 스피치했더라면 지금처럼 하지 않고, 부활에 대해 들어보지 못한 이방인에게 하듯 다르게 설명했을 것이다. 그러나 이 자리는 유대교와 구약에 대해 많은 것을 알고 있는 아그립바에게 증언하는 자리다. 그러므로 바울은 다른 사람들은 어려워하더라도 아그립바는 알아들을 수 있는 말로 자신이 전한 메시지를 설명한다. 아그립바가 아무 말 없이 듣고 있는 것으로 보아 그는 바울의 스피치를 별 어려움 없이 알아듣고 있다. 그러므로 알아듣지 못하는 이방인인 베스도가 바울의 스피치를 중단시키고 있다.

바울은 베스도의 말에 기죽지 않고 더 당당한 태도로 자신은 미친 것이 아니며 지금 자신이 하고 있는 말은 참되고 온전한 말이라고 했다

(25절). '참되고 온전한 말'(ἀληθείας καὶ σωφροσύνης ῥήματα)은 '냉철한 진리'(sobber truth)라는 뜻이다(Bock). 베스도가 믿지 못하겠다고 해도, 혹은 이해가 안 된다며 부인해도 기독교가 선포하는 진리는 바뀌지 않는다. 누가 뭐라 해도 바울이 선포한 기독교 진리는 참되고 온전하다. 또한 세상이 끝나는 날 이 진리를 바탕으로 모든 사람이 심판받을 것이다.

바울은 아그립바를 지명하며 유대교와 구약에 대해 조예가 깊은 그는 로마 사람 베스도와 달리 자신이 하는 말을 모두 이해했을 것으로 확신한다고 말했다(26a절). 또한 그리스도의 부활은 세상의 한쪽 구석에서 행한 것이 아니다. '한쪽 구석에서 행한 것'(ἐστιν ἐν γωνίᾳ πεπραγμένον τοῦτο)은 '은밀하게 행해졌다'는 의미를 지닌 숙어다(Longenecker, cf. BDAG). 그리스도의 부활은 세상 모든 사람이 알도록 줄곧 공개적인 장소에서 선포되었다. 그러므로 바울은 아그립바 왕이 그리스도의 부활에 대해 들은 것이 이번이 처음은 아니라는 것을 확신한다.

아그립바가 자신의 말을 모두 이해했다고 확신한 바울은 그에게 선지자를 믿느냐고 수사학적인 질문(답이 정해진 질문)을 했다(27a절). 바울은 왕이 선지자를 믿는다는 것을 확신한다(27b절). 그의 몸에도 유대인의 피가 흐르고 있기 때문이다.

바울이 아그립바에게 선지자를 믿느냐고 묻는 것은 선지자들의 남긴 선지서들이 그리스도의 죽음과 부활을 예언하고 있기 때문이다. 그러므로 선지서에 익숙한 아그립바가 메시아의 죽음과 부활에 대해 하는 말을 충분히 이해했을 것이라는 기대를 표현한다. 바울은 예수님의 죽음과 부활은 오래전에 선지자들이 남긴 예언을 성취하는 일이며, 인류를 구원하고자 하는 하나님 계획의 일부라고 한다(cf. Fitzmyer).

바울의 질문을 받은 아그립바의 입장이 난처하다. 선지자들은 메시아의 고난과 부활에 대해 예언했고, 바울은 예수님이 바로 선지자들이 예언한 그리스도라며 기독교 복음을 선포하고 있다. 선지자들의 예언과 바울이 선포하는 그리스도의 죽음과 부활 사이에는 대립하거나 모순되는 것이 없다. 그러므로 마음속으로는 바울의 말이 전혀 문제 될것 없다고 확신했을 것이다(Schnabel, Longenecker, cf. 32절).

그러나 그는 유대인을 다스리는 왕이다. 그러므로 바울의 편을 드는 말로 유대인들의 반발을 살 수 없다. 그는 심경을 솔직하게 고백할 수 없는 자리에 있다. 베스도는 바울이 미쳤다고 한다. 유대를 다스리는 왕이 로마 사람이 미쳤다고 하는 사람의 말을 믿을 수는 없다. 게다가 왕은 그리스도인이 되려고 이 자리를 찾은 것도 아니다. 그는 로마에 보낼 상소문을 작성하는 데 애를 먹고 있는 베스도를 돕기 위해 이 자리에 앉아 있다. 그러므로 그는 바울이 적은 말로 자신을 그리스도인이 되게 하려고 전도하고 있다고 한다(28절). '적은 말'(ὀλίγος)은 짧은 시간 내에 하는 짧은 말을 뜻한다(새번역, ESV, NAS, NIV, NRS, cf. Barrett, Marshall).

바울은 자기 말이 적으나 많으나 상관없이 아그립바뿐 아니라 그 자리에서 자기 말을 듣는 모든 사람(왕족, 귀족, 로마 고관, 가이사랴의 유명 인사 등)이 결박 외에는 모두 자기처럼 되기를 하나님께 간절히 구한다고 한다(29절). 그들이 그리스도의 복음을 영접하도록 하나님이 자비 베푸시기를 바란다는 뜻이다(cf. 딤전 2:1-4). 바울은 그리스도인이라는 이유로 감옥에 갇혀 있지만, 복음을 부끄러워하지 않고 오히려 자랑스러워한다. 그리스도의 복음은 왕족들과 귀족들에게도 필요한 것이라 한다.

바울의 증언이 끝나고 왕과 총독과 버니게와 함께 앉은 사람들이 모두 일어났다(30절). 그들은 자리를 떠나면서 서로 바울이 사형이나 결박을 당할 만한 일을 하지 않았다고 했다(31절). 사도행전이 바울에게 죄가 없다고 하는 것은 이번이 다섯 번째다(23:9, 29; 25:19-20, 25). 또한 이번에는 죽임당할 만한 일은 고사하고 심지어 감옥에 가둘 만한 일도 하지 않았다고 한다.

아그립바도 베스도에게 같은 의견을 전달했다. 만일 바울이 가이사에게 상소하지 않았더라면 당장 석방해 주어도 문제가 없었을 것이라고 했다(32절). 황제에게 상소한 것은 취하할 수 없다. 황제의 판결이 필요하다고 판단해 상소한 것이므로, 이제부터는 황제의 판결이 절대적이며 옳다. 한마디로 황제의 명예가 걸린 문제(auctoritas)다(Sherwin-White). 지난 2년 동안 바울이 감옥에 감금된 것은 참으로 억울한 일이며, 법이 제구실하지 못한 결과다.

아그립바에게 이런 말을 들은 베스도는 한 번 더 답답함을 느꼈을 것이다. 그는 아그립바가 로마에 바울과 함께 보낼 상소문을 작성하는 데 도움이 될 줄 알았다. 그러나 전혀 도움이 되지 않는다. 오히려 아그립바도 바울의 소송은 로마로 보낼 만한 가치가 없다고 한다. 죄를 짓지 않았기 때문이다.

이 말씀은 그리스도의 복음은 세상 누구에게도 해를 끼치지 않는 좋은 것이라 한다. 바울은 자랑스럽게 아그립바에게 복음 영접할 것을 권면했다. 또한 세상 모든 사람이 그리스도의 복음을 영접해 자기처럼 그리스도인이 되기를 바란다고 했다. 바울은 복음을 영접해 그리스도인이 된 것을 참으로 자랑스럽게 생각한다. 그리스도인이 된 다음에 누리게 된 축복이 참으로 많기 때문이다. 아그립바도 권면하는 그를 책망하기보다는 바울을 아무런 죄를 짓지 않았으므로 당장 풀어 주어도 되는 사람으로 생각한다. 복음은 모든 사람에게 하나님의 축복이 임하게 하는 좋은 것이다.

그러나 복음은 아무나 원한다고 해서 영접할 수 있는 것이 아니다. 베스도가 말한 것처럼 '미친 사람'만이 복음을 영접할 수 있다. 우리는 '하나님께 미쳤기에' 하나님이 그리스도의 복음을 통해 그분의 자녀로 삼으셨다. 아무나 원한다고 해서 그리스도인이 될 수 있는 것이 절대 아니다. 그러므로 하나님의 은혜로 그리스도인이 된 우리는 하나님의 구원하심에 항상 감사하며 살아야 한다.

C. 멀고 먼 로마로 가는 길(27:1-28:16)

가이사랴 감옥에서 2년을 보낸 바울의 옥중 생활이 끝나고 로마 군인들의 손에 이끌려 로마로 이송된다. 그가 총독 베스도의 권면대로 예루살렘으로 올라가 유대인 앞에서 재판받느니 차라리 로마에 가서 황제에게 재판받겠다며 상소했기 때문이다. 로마 시민권이 보장하는 특권을 사용한 것이다.

바울은 회심한 후 지난 27년간 제국의 동쪽에서 사역했다. 그러면서 여러 차례 로마로 가고자 했다(19:21; cf. 롬 1:10-13). 로마를 근거지로 삼아 제국의 서쪽에 있는 스페인을 선교하고자 했기 때문이다(cf. 롬 15:22-29). 예수님도 그가 로마에서도 복음을 선포할 것이라고 하셨다(23:11).

이제 드디어 '로마로 가는 꿈'이 이뤄지는 순간이다. 그러나 바울이 원하거나 상상했던 방법을 통해서는 아니다. 그는 죄인이 되어 로마로 가고 있다. 게다가 바울은 배를 타는 것보다 육로를 걸어 다니는 것을 선호했는데(Bruce), 배를 타고 험한 지중해를 건너고 있다.

당시 배로 지중해를 항해하는 일이 얼마나 위험한 일이었는지, 사람들은 오직 신이 보호하는 의인들만 안전하게 항해할 수 있다고 했다(Williams). 이번 여정 중에도 큰 풍랑이 일고, 그가 탄 배가 파손된다. 심지어 바울은 독사에게 물리기도 한다! 그럼에도 불구하고 그가 살아서 로마에 도착한 것은 예수님이 그에게 하신 말씀 때문이다(23:11).

이 여정에서 바울은 선지자 역할을 톡톡히 해 낸다. 그는 선원들에게 경고하고(27:10), 천사에게 들은 말을 배에 탄 사람들에게 전하고(27:21-26), 로마 군인들에게 죄인들을 죽게 방치하지 말라고 지시하고(27:31), 배에 타고 있는 사람들에게 반드시 구조될 것이니 음식을 먹어 힘을 보충해 두라고 예언한다(27:33-34). 그는 로마로 끌려가는 죄인이 아니라, 배에 타고 있는 모든 사람이 죽지 않고 로마에 잘 도착할 수 있도록 안내하는 가이드 역할을 해 낸다.

당시 사람들은 로마를 세상의 중심으로 생각했다. 그러나 사도행전은 로마를 예루살렘에서 출발한 복음이 땅끝까지 전파되는 과정의 중간 정착지 정도로 간주한다. 그러므로 로마로 간 복음은 이곳으로부터 세상 곳곳을 향해 갈 것이다. 본 텍스트는 다음과 같이 구분된다.

A. 가이사랴에서 그레데로(27:1-12)

B. 풍랑을 만남(27:13-38)

C. 배가 부서짐(27:39-44)

D. 멜리데섬(28:1-10)

E. 로마에 도착함(28:11-16)

VII. 로마(21:17-28:31)
  C. 멀고 먼 로마로 가는 길(27:1-28:16)

1. 가이사랴에서 그레데로(27:1-12)

¹ 우리가 배를 타고 이달리야에 가기로 작정되매 바울과 다른 죄수 몇 사람을 아구스도대의 백부장 율리오란 사람에게 맡기니 ² 아시아 해변 각처로 가려 하는 아드라뭇데노 배에 우리가 올라 항해할새 마게도냐의 데살로니가 사람 아리스다고도 함께 하니라 ³ 이튿날 시돈에 대니 율리오가 바울을 친절히 대하여 친구들에게 가서 대접 받기를 허락하더니 ⁴ 또 거기서 우리가 떠나가다가 맞바람을 피하여 구브로 해안을 의지하고 항해하여 ⁵ 길리기아와 밤빌리아 바다를 건너 루기아의 무라 시에 이르러 ⁶ 거기서 백부장이 이달리야로 가려 하는 알렉산드리아 배를 만나 우리를 오르게 하니 ⁷ 배가 더디 가 여러 날 만에 간신히 니도 맞은편에 이르러 풍세가 더 허락하지 아니하므로 살모네 앞을 지나 그레데 해안을 바람막이로 항해하여 ⁸ 간신히 그 연안

을 지나 미항이라는 곳에 이르니 라새아 시에서 가깝더라 [9] 여러 날이 걸려 금식하는 절기가 이미 지났으므로 항해하기가 위태한지라 바울이 그들을 권하여 [10] 말하되 여러분이여 내가 보니 이번 항해가 화물과 배만 아니라 우리 생명에도 타격과 많은 손해를 끼치리라 하되 [11] 백부장이 선장과 선주의 말을 바울의 말보다 더 믿더라 [12] 그 항구가 겨울을 지내기에 불편하므로 거기서 떠나 아무쪼록 뵈닉스에 가서 겨울을 지내자 하는 자가 더 많으니 뵈닉스는 그레데 항구라 한쪽은 서남을, 한쪽은 서북을 향하였더라

바울이 로마로 가기 위해 가이사랴에서 배를 탔다. 원래 계획보다 시간이 지체되어 가을에 로마에 도착하기가 어렵게 되었다. 원래는 '니도'(Cnidus)에서 곧바로 '멜리데'(Malta)로 가야 하는데, 바람이 너무 세서 '그레데섬'(Crete) 남쪽으로 밀려 '미항'(Fair Havens)에 도착했다. 이때까지의 여정은 다음 지도를 참조하라.

다시 '우리' 섹션이 시작된다(27:1-28:16). 사도행전의 '우리' 섹션 중 네 번째이며, 가장 길다(cf. 16:10-17; 20:5-15; 21:1-18). 바울이 예루살

렘에 도착한 이후 처음이다(21:18). 이는 누가가 데살로니가 사람 아리스다고(2절)와 함께 바울을 따라 배를 타고 로마로 가고 있음을 암시한다. 바울의 선교 팀 멤버(실라 등) 중 이 두 사람 외에 누가 더 함께 가고 있는지는 알 수 없다. 누가는 지난 2년 동안 가이사랴에 머물며 누가복음과 사도행전을 집필할 기초 자료를 모은 것으로 보인다(Bruce).

바울은 다른 죄수 몇 명과 함께 로마로 이송되고 있다(1a절). 이 죄수들은 황제의 재판을 앞둔 바울과 달리 각 지역에서 이미 사형을 선고받고 로마의 검투사 경기장에서 검투사들의 손에 죽임당하기 위해 이송 중이다(Schnabel). 죄수들을 로마로 끌고 가는 사람은 '아구스도대'(σπείρης Σεβαστῆς, Augustinian Cohort)의 백부장 율리오('Ιούλιος, Julius)다(1b절). '아구스도대'는 수리아와 유대에 파견된 예비군들이었으며(Schnabel, Witherington, cf. Longenecker), 죄수를 이송하는 일이 이들의 주요 임무였다. 죄수들의 뱃삯과 잠자리는 로마가 거두어들인 세금으로 충당했지만, 음식과 옷은 죄인 스스로 해결해야 했다(Longenecker). '율리오'라는 이름으로 보아 백부장은 로마 시민이었다(Schnabel).

당시 가장 이상적인 항해 여건에서도 가이사랴에서 로마까지는 5주 걸리는 여정이었다(Bruce). 바울은 주후 59년 가을에 가이사랴를 떠났다(Bock). 원래 계획대로라면 겨울이 시작되기 전에 로마에 도착해야 한다. 그러나 중간에 배가 파손되는 등 죽을 고비를 넘기고 이듬해 봄에 도착한다. 옛 자료들에 따르면 9월 14일 이후로는 배가 거의 출항하지 않았으며, 11월 11일부터 이듬해 3월 5일까지는 모든 배의 운항이 중지되었다(Le Cornu & Shulam, Longenecker). 당시 배들이 헤쳐 나가기에는 겨울철의 지중해 파도가 너무나도 험난했기 때문이다.

바울이 가이사랴에서 탄 배는 아시아 해변 각처를 다니는 아드라뭇데노 배였다(2a절). 아드라뭇데노('Αδραμυττηνός, Adramyttium)는 소아시아의 북서쪽 해안에 있는 무시아(Mysia)의 항구였다. 바울이 2년 전 예루살렘으로 오기 위해 지나온 앗소(Assos)에서 가까우며, 레스보섬

(Lesbos) 건너편에 있는 항구다(cf. 20:13-14). 이 배는 아드라뭇데노를 모항(母港)으로 삼아 이집트의 알렉산드리아(Alexandria)에서 소아시아의 에게해(Aegean Sea) 해안을 따라 곳곳을 들리며 짐과 사람을 실어 나르는 배였다(Schnabel). 망망대해인 지중해를 항해하는 큰 상선은 아니었다.

마게도냐의 데살로니가 사람 아리스다고도 바울과 함께 배에 올랐다(2b절). 아리스다고('Αρίσταρχος, Aristarchus)는 지난 몇 년 동안 바울과 함께했다(cf. 19:29; 20:4). 바울은 그를 '나와 함께 갇힌 동료'(골 4:10), '나의 동역자'(몬 1:24)라고 한다. 아리스다고는 로마에 도착해서도 고향인 데살로니가로 돌아가지 않고 바울과 함께했다. 그의 이름을 언급하는 골로새서와 빌레몬서는 바울이 로마에 도착하고 얼마 지나지 않은 주후 60년대 초에 보낸 편지들이다(Fernando).

바울은 누가와 아리스다고 등 최소한 두 명과 함께 로마로 향하고 있다. 그가 로마 시민이고, 지난 2년 동안 진행된 재판에도 불구하고 아무 죄가 없으며, 또한 여느 범죄자와 다른 기풍을 지닌 것을 고려해 베스도가 허락한 것으로 보인다(Longenecker, Wall).

가이사랴를 떠난 배는 다음 날 시돈에 도착했다(3a절). '시돈'(Σιδών, Sidon)은 바울이 예루살렘으로 올 때 경유했던 두로에서 북쪽으로 40㎞ 떨어진 곳이다(ABD). 유리와 자색 염료가 이 도시의 특산품이었다(Jervell). 가이사랴에서 시돈까지는 110㎞였으며, 항해 여건이 좋으면 하루 만에 갈 수 있는 뱃길이었다(Bock).

시돈에 도착하자 백부장 율리오가 바울이 친구들에게 가서 대접받을 수 있도록 허락했다(3b절). 가이사랴를 떠날 때 총독 베스도가 바울에게 상당한 자유를 주도록 지시한 것으로 보인다. 바울이 찾아가 교제한 친구들은 이 지역 그리스도인이었을 것이다. 주후 31/32년에 스데반이 순교한 이후 예루살렘 그리스도인들이 박해를 피해 뿔뿔이 흩어졌을 때 이곳에 교회가 세워졌다(Schnabel, cf. 11:19; 15:3). 바울은 예루살렘을 향해 가는 도중 이곳에서 그다지 멀지 않은 두로에 배가 정착

해 있는 동안 그리스도인들을 만나 교제했다(21:4). 백부장이 바울에게
자유로운 외출을 허락했지만, 당시 법에 따라 군인 한 명이 항상 그를
따라다녔다(Longenecker).

바울처럼 황제에게 재판을 받기 위해 로마로 이송되는 경우, 그의
뱃삯과 잠자리는 백부장이 [천부장에게서 받은] 지역 세금으로 충당했
지만, 먹고 입는 것은 바울 스스로 해결해야 했다. 그러므로 시돈의 그
리스도인들이 바울 일행이 로마까지 가는 동안 먹고 입을 것을 제공한
것으로 보인다(Rapske).

배는 시돈을 출발한 후 맞바람을 피하기 위해 구브로(Cyprus) 해안을
의지해 항해했다(4절). 밤빌리아와 길리기아 해안을 따라 항해한 것이
다. 이 지역은 여름이면 서풍과 서북풍이 불었기 때문에 배들은 바람
을 피하기 위해 구브로의 동쪽과 북쪽으로 항해했다(Bock, Fernando). 바
울이 2년 전에 소아시아에서 예루살렘으로 갈 때는 바람을 최대한 효
과적으로 사용하기 위해 반대 방향에서 항해해 구브로섬을 지나갔다
(21:1-3). 그때는 바다라(Patara)에서 두로까지 5일 정도 걸렸을 것이다
(Longenecker, cf. 21:1). 반대 방향으로 가는 이번 여정은 맞바람으로 인
해 훨씬 더 오래 걸렸다.

드디어 배가 길리기아(Cilicia)와 밤빌리아(Pamphylia) 바다를 건너 루
기아의 무라에 도착했다(5절). 길리기아와 밤빌리아는 오늘날 튀르키
예(터키)의 남쪽 해안 지역이다. 루기아(Λυκία, Lycia)는 소아시아의 남서
쪽 끝자락 해안에 있는 지역이다. 루기아의 가장 화려한 도시였던 무
라(Μύρα, Myra)는 '안드리아카'(Andriaca)를 항구로 사용했으며, 해안에서
북쪽 내륙으로 4㎞ 떨어져 있었다(Longenecker)

'건너다'(διαπλέω)는 해협이나 틈을 지나간다(sail through a straight or gap)
는 뜻이다(BDAG). 바울이 탄 배는 바람을 최대한 피하기 위해 구브로
섬과 수리아 해안 사이를 항해해 루기아에 도착한 것이다. 일부 사본
은 바울을 실은 배가 시돈을 떠난 후 15일 만에 도착했다는 말을 더한

다(Schnabel, Wall). 바울이 탄 배가 시돈을 떠난 후 800㎞를 항해해 무라에 도착했다(Schnabel). 무라 시는 골로새에서 남동쪽으로 170㎞ 떨어져 있었다(Bock).

일행은 무라에서 이달리야로 가는 알렉산드리아 배로 옮겨 탔다 (6절). 이집트의 알렉산드리아에서 로마까지는 항해 여건이 좋으면 10-13일, 상황이 매우 나쁘면 45일이 걸렸다(Le Cornu & Shulam). 이집트의 알렉산드리아에서 무라까지는 배로 9일 걸렸다(Bock).

알렉산드리아를 출발한 배는 무라에 들렀다가 지중해 서쪽 바다를 항해해 그리스와 로마 등으로 물건을 실어 날랐다. 로마는 필요한 곡식의 3분의 1을 이집트에서 수입했다(Schnabel). 그러므로 알렉산드리아에서 무라를 거쳐 로마로 가는 배는 대부분 곡물을 실어 날랐다(Bock, Fernando). 당시 이런 용도로 사용된 배는 보통 1,200-2,900톤 급이었다(Conzelmann).

가이사랴에서 로마로 가는 정상적인 경로는 구브로와 수리아 해안 사이로 항해해 무라에 도착한 후 로도(Rhodes)와 니도(Cnidus)를 거쳐 이탈리아의 시실리섬(Sicily) 남쪽에 있는 멜리데섬(Malta)으로 항해한 후 시실리섬의 메시나(Messina)를 경유해 로마로 가는 것이다(Schnabel). 항해 시즌의 막바지에 무라를 출발한 배는 이번에도 맞바람 때문에 계획한 대로 항해할 수 없었다.

배는 여러 날 만에 간신히 니도(Κνίδος, Cnidus) 앞바다에 이르렀다(7a절, cf. 새번역, 공동, ESV, NAS, NIV). 무라에서 니도까지는 210㎞이며, 정상적인 항해 여건에서는 이틀 길이었다(Schnabel). 니도는 소아시아의 남서쪽 해안에 있었으며, 에베소에서 남쪽으로 170㎞ 거리에 있었다. 배들이 지중해의 공해(open sea)를 건너기 위해 거쳐야 하는 마지막 항구였다(Longenecker). 그러나 바울 일행을 실은 배는 여러 날 만에 니도 근처까지 왔지만, 배를 항구에 댈 수는 없었다. 아마도 거센 북서풍을 만난 것으로 보인다(Bock).

402

배가 항해해야 하는 정상적인 코스는 니도에서 출발해 그레데섬 (Κρήτη, Crete)을 남쪽으로 두고 서쪽으로 직진해서 그리스의 최남단에 있는 키테라섬(Cythera)으로 가는 것이다(Haenchen, Marshall). 그러나 풍세가 더는 정면으로 항해하는 것을 허락하지 않아 그레데섬의 북동쪽 코너에 있는 '살모네'(Σαλμώνη, Salmone) 앞 바다를 지난 후 섬을 바람막이로 삼아 남쪽 해안을 따라 서쪽으로 항해했다(7b절).

살모네는 니도에서 남서쪽으로 170㎞ 떨어져 있으며, 그레데의 동북쪽 코너에 있다(Schnabel). 그레데는 그리스의 섬 중 가장 크며, 동서로 길이가 250㎞ 남북으로 너비가 60㎞ 정도 되었다(ABD). 배는 그레데섬의 남쪽 해안을 따라 간신히 미항에 도착했다(8a절). '간신히'(μόλις)는 '매우 어렵게'라는 뜻이다. 바울 일행을 태운 큰 상선이 거의 표류하다시피 해 미항에 도착했다는 뜻이다. 바람과 파도가 얼마나 거셌는지 어느 정도 상상이 간다. '미항'(Καλοὺς λιμένας, Fair Havens)을 풀이하면 '좋은 항구들'이라는 뜻이다. 미항은 그레데섬 남쪽 해안의 중앙에 있으며, 오늘날에는 '리메오나스 칼로우스'(Limeonas Kalous)로 불린다 (Longenecker). '라새아'(Λασαία, Lasea)가 가까이 있는 곳이었다(8b절). 라새아는 '마탈라곶'(Cape Matala)에서 8㎞ 떨어져 있었다(Longenecker).

배가 이곳까지 오는 데 예상했던 것보다 훨씬 더 오래 걸렸기 때문에 그사이 금식하는 절기가 이미 지났다(9a절). 가을철 유대교의 '금식하는 절기'(νηστεία)는 '속죄일'(Yom Kippur)이다. 바울이 로마로 가는 이 해(주후 59년)에는 속죄일이 10월 5일이었다(Hemer, Schnabel). 이 절기가 이미 지났다고 하는 것으로 보아 아마도 10월 중순경에 배가 미항에 도착한 것으로 보인다.

당시 자료들에 따르면 9월 14일 이후로는 거의 모든 선박이 지중해를 항해하지 않았다. 이때가 되면 지중해의 파도와 바람이 너무 거세지기 때문이다. 두 달 후인 11월 11일에서 이듬해 3월 5일까지 모든 항로가 끊겼다(Bock, Longenecker, Schnabel). 만일 바울이 9월 초에 가이사랴를 출발했다면, 그는 지금까지 거의 5-6주를 배에서 보냈다.

10월 중순은 항해하기 위태한 때다(9b절). '위태한 때'(ἤδη ἐπισφαλοῦς)는 '이미 위험해졌다'는 뜻이다. 이번 시즌에는 배가 항해할 시기가 이미 지났다. 원래 계획대로라면 바울이 탄 배가 겨울이 오기 전에 로마에 도착해야 하지만, 지금 상황으로는 어딘가에 정박해 겨울을 나고 이듬해 봄이 되면 항해를 이어 가야 한다.

바울은 선원들에게 권했다. '권하다'(παραινέω)는 '강력히 권고하다'라는 의미를 지닌다(BDAG). 바울이 선원들에게 권했다는 것은 그가 로마로 이송되는 죄인이기는 하지만, 배에 탄 사람들이 그를 죄인으로 취급하지 않았다는 뜻이다(Barrett). 상황이 상황인지라 선원들도 깊은 신앙심을 지닌 사람으로 보이는 바울을 통해 이 일에 대한 신(들)의 뜻을 받아보는 것도 좋겠다고 생각했을 것이다.

바울은 배를 탄 경험이 많은 만큼 바다가 얼마나 위험한 곳인지 잘 안다: "세 번 파선하고 일 주야를 깊은 바다에서 지냈으며…바다의 위험…당하고"(고후 11:25-26). 그는 항해를 계속 이어 가는 것은 무모한 일이며, 더 나아가 배와 사람들의 생명에도 타격과 손해를 끼칠 수 있으니 미항에 정박해 겨울을 보내자고 했다(10절).

하지만 선원들의 생각은 달랐다. '미항'은 이름과 달리 배가 겨울을 나기에 적합한 장소가 아니었다(12a절). 미항이 속한 만(灣, bay)은 반이 공해(open sea)였기 때문에 겨울의 혹독한 파도로부터 배를 보호하기가 쉽지 않았다(Bruce). 그러므로 백부장은 바울의 말보다는 미항보다 더 안전한 곳으로 이동해서 겨울을 나자는 선장과 선주의 말을 더 믿었다(11절). '선주'(ναύκληρος)는 배의 주인, 혹은 주인에게 배를 빌려 운영하는 사람을 뜻한다(TDNT, cf. Barrett, Schnabel).

백부장이 평생 뱃일을 해 온 선장과 선주의 말을 듣는 것이 합리적으로 보일 수 있다. 그러나 어차피 선원들의 말을 들을 것이라면, 굳이 왜 바울에게 조언을 구했을까? 선원들의 결정에 신(들)의 복을 빌어 달라는 뜻인가? 베드로는 평생 어부 일을 해 보지 않으신 분의 조언에 따라 그물을 던졌다가 많은 양의 고기를 잡은 적이 있다(눅 5:4-6). 백부장이 하나님과 교통하는 바울의 권면을 받아들였더라면 배가 파손되어 모든 것을 잃고 사람들이 죽을 뻔한 일도 없었을 것이라는 아쉬움이 남는다. 한순간의 판단이 이처럼 큰 피해를 초래할 수도 있다.

선원들은 뵈닉스에서 겨울을 나기로 했다(12b절). '뵈닉스'(Φοῖνιξ, Phoenix)의 정확한 위치는 알려지지 않았다. 대부분 학자는 미항에서 서쪽으로 55㎞ 직진하다가 북쪽으로 방향을 틀어 7㎞를 더 가면 도착하는 항구인 오늘날의 '피네카만'(Phineka Bay)으로 추측한다(Bock, Longenecker, Williams). 이 경로에서 가장 위험한 구간은 미항에서 서쪽으로 7㎞ 지점에 있는 마탈라곶(Cape Matala)을 지나는 구간이다(Bock, Longenecker, Wall). 매우 강한 바람이 자주 부는 곳이기 때문이다. 누가는 뵈닉스 항의 한쪽은 서남을, 한쪽은 서북을 향해 있었다고 한다(12c절). 정상적인 상황에서는 미항에서 뵈닉스까지 하룻길이다(Bock). 그러므로 미항이 겨울을 나기에 적합하지 않다고 생각한 선원들이 뵈닉스까지 가기로 한 것은 무모한 일이 아니다. 북서풍을 막아 주는 그레데섬의 해안에 최대한 가까이 붙어서 이동하면 된다고 생각했을 것이다.

이 말씀은 우리의 삶은 항해하는 것과 비슷하다는 생각을 하게 한다. 순조롭게 항해하며 친절하고 선한 사람들을 만난다. 곳곳에 들러 사랑하는 이들과 좋은 시간을 보내는가 하면, 맞바람에 막혀 도저히 더는 직진할 수 없어 돌아가야 하는 경우도 생긴다. 삶은 항해처럼 항상 평탄하지만은 않다.

항해하는 삶을 살 때 가장 중요한 것은 끊임없이 하나님의 인도하심을 분별하는 일이다. 하나님은 바울의 권면을 통해 배가 미항에서 겨울을 나기를 바라셨지만, 백부장은 항해 전문가들인 선원들의 말을 듣고 뵈닉스로 떠났다가 잠시 후에 배가 파손되고 생명이 위험해지는 상황을 맞이하게 된다. 끊임없이 하나님의 말씀을 묵상하고 기도하면서

405

매 순간 주님의 인도하심을 받아야 한다. 또한 순종으로 하나님의 인
도하심에 감사하며 화답해야 한다.

Ⅶ. 로마(21:17-28:31)
  C. 멀고 먼 로마로 가는 길(27:1-28:16)

2. 풍랑을 만남(27:13-38)

¹³ 남풍이 순하게 불매 그들이 뜻을 이룬 줄 알고 닻을 감아 그레데 해변을
끼고 항해하더니 ¹⁴ 얼마 안 되어 섬 가운데로부터 유라굴로라는 광풍이 크
게 일어나니 ¹⁵ 배가 밀려 바람을 맞추어 갈 수 없어 가는 대로 두고 쫓겨가
다가 ¹⁶ 가우다라는 작은 섬 아래로 지나 간신히 거루를 잡아 ¹⁷ 끌어 올리고
줄을 가지고 선체를 둘러 감고 스르디스에 걸릴까 두려워하여 연장을 내리
고 그냥 쫓겨가더니 ¹⁸ 우리가 풍랑으로 심히 애쓰다가 이튿날 사공들이 짐
을 바다에 풀어 버리고 ¹⁹ 사흘째 되는 날에 배의 기구를 그들의 손으로 내버
리니라 ²⁰ 여러 날 동안 해도 별도 보이지 아니하고 큰 풍랑이 그대로 있으
매 구원의 여망마저 없어졌더라 ²¹ 여러 사람이 오래 먹지 못하였으매 바울
이 가운데 서서 말하되 여러분이여 내 말을 듣고 그레데에서 떠나지 아니하
여 이 타격과 손상을 면하였더라면 좋을 뻔하였느니라 ²² 내가 너희를 권하
노니 이제는 안심하라 너희 중 아무도 생명에는 아무런 손상이 없겠고 오직
배뿐이리라 ²³ 내가 속한 바 곧 내가 섬기는 하나님의 사자가 어제 밤에 내
곁에 서서 말하되 ²⁴ 바울아 두려워하지 말라 네가 가이사 앞에 서야 하겠고
또 하나님께서 너와 함께 항해하는 자를 다 네게 주셨다 하였으니 ²⁵ 그러므
로 여러분이여 안심하라 나는 내게 말씀하신 그대로 되리라고 하나님을 믿
노라 ²⁶ 그런즉 우리가 반드시 한 섬에 걸리리라 하더라 ²⁷ 열나흘째 되는 날
밤에 우리가 아드리아 바다에서 이리 저리 쫓겨가다가 자정쯤 되어 사공들
이 어느 육지에 가까워지는 줄을 짐작하고 ²⁸ 물을 재어 보니 스무 길이 되
고 조금 가다가 다시 재니 열다섯 길이라 ²⁹ 암초에 걸릴까 하여 고물로 닻

넷을 내리고 날이 새기를 고대하니라 ³⁰ 사공들이 도망하고자 하여 이물에서 닻을 내리는 체하고 거룻배를 바다에 내려 놓거늘 ³¹ 바울이 백부장과 군인들에게 이르되 이 사람들이 배에 있지 아니하면 너희가 구원을 얻지 못하리라 하니 ³² 이에 군인들이 거룻줄을 끊어 떼어 버리니라 ³³ 날이 새어 가매 바울이 여러 사람에게 음식 먹기를 권하여 이르되 너희가 기다리고 기다리며 먹지 못하고 주린 지가 오늘까지 열나흘인즉 ³⁴ 음식 먹기를 권하노니 이것이 너희의 구원을 위하는 것이요 너희 중 머리카락 하나도 잃을 자가 없으리라 하고 ³⁵ 떡을 가져다가 모든 사람 앞에서 하나님께 축사하고 떼어 먹기를 시작하매 ³⁶ 그들도 다 안심하고 받아 먹으니 ³⁷ 배에 있는 우리의 수는 전부 이백칠십육 명이더라 ³⁸ 배부르게 먹고 밀을 바다에 버려 배를 가볍게 하였더니

바울이 미항에서 겨울을 나는 것이 좋을 것이라고 했지만, 선원들은 뵈닉스 항으로 가서 겨울을 나고자 했다. 백부장은 선원들의 뜻을 더 좋게 생각해 길을 떠났다. 처음에는 순한 남풍이 불어와 그레데섬 남쪽 해안을 따라 뵈닉스 항까지 순탄하게 갈 줄 알았다(13절).

하지만 미항을 떠난 지 얼마 되지 않아 섬 가운데로부터 유라굴로라는 광풍이 크게 일어났다(14절). 당시 이 지역에 부는 남풍은 순식간에 매우 강한 북동풍으로 바뀌는 일이 자주 있었고, 이것을 '그리게일'(gregale)이라고 불렀다(Hemer, cf. Schnabel). '유라굴로'(εὐρακύλων, Euraquilo)는 헬라어와 라틴어에서 온 합성어다(Longenecker). 헬라어로 '동풍'을 뜻하는 단어(euros)와 라틴어로 '북풍'을 뜻하는 단어(aquilo)를 조합한 것이다. 이 북동풍은 그레데섬의 해발 1,300m에 달하는 '이다산'(Mount Ida)에서 시작되며(Bock, Schnabel) 폭우와 천둥을 동반했다(Longenecker). 일반 명사(northeaster)로(ESV, NRS), 혹은 고유 명사로(새번역, 공동, NAS, NRS) 번역되기도 한다. '광풍'(τυφωνικός)은 오늘날 '태풍'(typhoon)이 유래한 단어다.

태풍이 워낙 거세다 보니 선원들이 바람에 맞추어 배를 항해할 수 없었다(15a절). 결국 바람이 배를 끌고 가는 대로 가게 되었다(15b절). 배가 순식간에 그레데섬 해안에서 떨어져 나와 바람 부는 대로 지중해에서 표류하게 된 것이다.

광풍에 밀려가던 배가 '가우다'(Καῦδα, Cauda)라는 작은 섬 아래로 지나가게 되었다(16a절). 가우다는 길이가 6㎞밖에 되지 않는 작은 섬이며, 광풍이 불기 시작한 마탈라곶(Cape Matala, 미항에서 서쪽으로 7㎞ 떨어져 있음)에서 남서쪽으로 55㎞ 서남쪽으로 떨어져 있다(Schnabel). 일부 사본은 이 섬의 이름을 '글라우다'(Clauda)로 표기하기도 하며(cf. NAS), 오늘날 '고조'(Gozzo)로 불리는 섬이다(Longenecker, Polhill). 이 섬의 아래쪽으로 밀려 가면서 섬이 어느 정도 바람막이가 되어 준 덕분에 간신히 거루를 잡았다(새번역). '거루'(σκάφη)는 큰 배가 끌고 다니는 돛이 없는 작은 배를 말한다. 오늘날의 '구명보트'다(cf. NIV). 아마도 배에 딸려 오던 구명보트에 물이 차서 조치를 취한 것으로 보인다.

선원들은 거루를 끌어 올린 후 줄을 가지고 선체를 둘러 감았다(17a절). 선체를 둘러 감았다는 것이 배 아래로 밧줄을 내려 옆으로 휘감은 것인지, 혹은 다른 조치를 취한 것인지 정확히 알 수는 없지만, 물이 배 안으로 새어 들어오지 않고 또 배가 흔들려 부서지지 않도록 조치를 취한 것이다(cf. Bock, Longenecker, Schnabel).

선원들의 가장 큰 걱정은 배가 스르디스에 걸리는 것이었다(17b절). '스르디스'(Σύρτις, Syrtis)는 북아프리카 리비아 근해에 있는 두 개의 얕은 만(gulf)으로 구성된 '모래톱' 지역이다(cf. 새번역, 공동). 오늘날에는 '시데라만'(Gulf of Sidera)이라 하며, 미항에서 650㎞ 떨어진 곳이다(Schnabel). 당시 얼마나 많은 배가 이곳에서 난파되었는지 '배들의 공동묘지'로 알려져 있었다(Le Cornu & Shulam). 선원들은 매우 강력한 태풍에 휩쓸려 가면서, 이러다가 미항의 남서쪽(반대쪽)에 있는 모래톱에 걸릴 것을 걱정한 것이다. 그러나 이 배가 서쪽에 있는 멜리데로 밀려간 것으로 보아(cf. 28:1) 스르디스 근처로는 가지 않은 것으로 보인다.

배가 스르디스에 걸릴까 봐 두려웠던 선원들은 배가 최대한 빨리 밀려가도록 배의 연장을 버렸다(17c절). '연장'(σκεῦος)은 배에 대해 전문가가 아닌 누가가 선원들이 배의 무게를 줄이기 위해 바다에 버리는 것을 정확히 뭐라고 부르는지 몰라서 이렇게 표현한 것이다(Bruce). 번역본들은 이를 가리켜 배의 표류를 막고 뱃머리가 맞바람을 받게 하는 돛, 곧 베로 만든 원뿔 모양의 '해묘'(海錨, sea anchor, NAS, NIV, NRS)라고 번역한다. 혹은 배 뒤쪽에 적절한 길이의 로프로 묶어 두는 떠다니는 앵커로, 배가 파도에 요동칠 때마다 최대한의 저항을 제공해 배를 안정시키는 기구라고 하기도 한다(Bruce). 정확히 무엇인지는 알 수 없지만, 배의 무게를 가볍게 하기 위해 바다에 던진(끊어 낸) 것으로 보아 상당히 무거운 도구였다.

태풍에 밀려가기 시작한 이튿날이 되었다(18절). 선원들이 폭풍의 영향에서 빠져나가려고 안간힘을 썼지만 뜻대로 되지 않았다. 결국 배의 무게를 줄이기 위해 바다에 많은 짐을 버렸다. 상당한 양의 밀이 남아 있는 것으로 보아(cf. 38절), 모든 짐을 버린 것은 아니다.

표류 사흘째 되는 날에는 선원들이 배의 기구를 버렸다(19절). 이번에도 정확히 무엇인지는 알 수 없지만, 무거운 것임은 확실하다(cf. Barrett). 선원들이 자꾸 배의 무게를 줄이려고 한 것은 바닷물이 배 안으로 스며들었기 때문이다. 당시 배는 나무로 건조되었는데, 이음새 사이로 물이 들어온 것이다.

이후에도 여러 날 동안 큰 바람이 계속 배를 몰고 다녔다(20절). 이 기간에 낮에는 해가 보이지 않았고, 밤에는 별도 보이지 않았다. 선원들은 해와 달과 별을 보아야 현재 위치와 가는 방향을 알 수 있는데, 어디에 있는지 또 어디로 가는지 전혀 알지 못한 채 태풍에 끌려다닌 것이다. 상황이 얼마나 절망적이었는지 누가는 "구원의 여망마저 없어졌더라"라고 한다. 구조에 대한 소망도 사치품이 되었다.

409

배가 태풍에 요동치는 상황이라 여러 사람이 오랫동안 먹지 못했다 (21a절). 뱃멀미와 곧 죽을 것이라는 생각이 그들을 사로잡은 까닭에 먹고 싶은 것도 없고, 먹어야 한다는 욕구도 전혀 없었던 것이다. 바울이 나서서 그들에게 말했다. 그는 먼저 자기 말대로 미항을 떠나지 않았더라면 이런 피해를 겪지 않아 좋을 뻔했다고 했다(21b절). 바울은 그들이 자기 말을 듣지 않아 일이 이렇게 된 것이라며 비난하고자 이런 말을 하는 것이 아니다. 그는 신뢰성을 확보함으로써 지금부터 하는 말을 그들이 귀담아들어 주기를 바라는 마음에 이렇게 말한 것이다(Bock, Pervo, Schnabel).

바울은 그들에게 이제 모두 안심하라고 권한다(22a절). 배에 탄 사람 중에 죽는 사람은 아무도 없을 것이고, 오직 배만 잃게 될 것이기 때문이다(22b절). 그는 자신이 '기적을 행하는 '자(miracle worker)로서 그들의 생명을 구할 것이라고 하는 것이 아니다. 하나님의 종으로서 하나님이 그들을 죽지 않게 하실 것이라고 한다(Conzelmann).

바울은 그들이 죽지 않고 배만 파손될 것을 어떻게 아는가? 자기가 속한 바 곧 그가 섬기는 하나님의 사자가 전날 밤에 그를 찾아왔다고 한다(23절). 바울은 하나님을 '내가 속한 바 곧 내가 섬기는 분'이라고 말하며, 자신과 하나님의 관계를 강조한다. 하나님은 지난밤 바울에게 천사를 보내 "바울아 두려워하지 말라 네가 가이사 앞에 서야 하겠고 또 하나님께서 너와 함께 항해하는 자를 다 네게 주셨다"라고 말씀하셨다(24절). 바울을 가이사 앞에 서게 하기 위해서라도(cf. 18:9-10; 23:11) 이 배에 타고 있는 모든 사람을 구원하겠다는 것이다. 다시 말해 이번 태풍으로 인해 아무도 죽지 않을 것이라고 하신 것이다. 바울은 자신의 경험과 지혜를 바탕으로 미항을 떠나면 생명을 잃을 수도 있다고 경고했다(27:10). 이번에는 하나님이 그에게 아무도 죽지 않을 것이라는 말씀을 주셨다.

바울은 모든 것이 하나님이 말씀하신 대로 될 것을 믿는다며 모두 안심하라고 했다(25절). 그러므로 정확히 어떤 섬이 될지는 알 수 없지만, 이 배가 반드시 한 섬에 걸릴 것이라고 했다(26절). 표류하다가 바다에 침몰해 모두 죽는 일은 없을 것이라는 뜻이다. 사실 배가 2주나 표류 하다가 멜리데섬(28:1) 앞에서 좌초되는 것은 '건초 더미에서 바늘 찾 기'(finding a needle in haystack) 정도의 가능성을 지닌 일이다(Bock). 그러나 그들은 하나님의 은혜로 이 불가능해 보이는 가능성을 경험하게 될 것 이다.

표류 14일째 되는 날 밤이 되었다. 배는 아직도 아드리아 바다에서 이리저리 광풍에 쫓겨 다니고 있다(27a절). '아드리아 바다'(Ἀδρίας)는 오늘날 이탈리아와 발칸반도 사이에 있는 '아드리아해'(Adriatic Sea)가 아니다(Longenecker). 오늘날의 아드리아해보다 범위가 훨씬 더 넓었으 며 이오니아해(Ionian Sea)와 지중해 북동 지역을 포함했다(Barrett, Bruce, Polhill). 본문에서는 그리스의 그레데섬과 이탈리아의 시실리아섬(Cicily) 사이의 넓은 바다를 뜻한다(Longenecker, Schnabel). 그들은 뵈닉스로 가다 가 바람에 휩쓸려 지나쳤던 가우다(cf. 16절)에서 880km 이상 표류해서 이곳까지 왔다(Schnabel, cf. Bock). 미항에서는 900km 이상 온 것이다.

자정쯤 되어 선원들이 배가 어느 육지에 가까워지고 있는 것을 직감 했다(27b절). 물 깊이를 재어 보니 스무 길이 되었고, 조금 더 가다가 다시 재어 보니 열다섯 길이 되었다(28절). 한 '길'(ὀργυιά, fathom)은 두 팔을 벌린 만큼의 길이다(BDAG). 한 '길'을 1.85m로 계산하기 때문에 스무 길은 37m, 열다섯 길은 28m다. 바다 깊이를 재어 본 두 시점의 차이가 얼마나 되는지 알 수는 없지만, 배는 확실히 섬(육지)을 향해 밀 려 가고 있다.

바다가 낮아지고 있음을 의식한 선원들은 배가 암초에 걸릴까 봐 고 물에 닻 넷을 내린 후 날이 새기를 기다렸다(29절). '고물'(πρύμνα)은 배 의 뒷부분을 의미한다. 배가 더는 앞으로 가지 못하도록 뒤쪽에서 닻 네 개를 내려 배를 고정시킨 것이다.

모든 사람이 조용히 날이 밝기를 기다린 것은 아니었다. 선원들은 배에서 도망가려고 닻을 내리는 척하면서 가우다섬을 지나날 때 갑판에 올려 둔 거룻배를 바다에 내려놓았다(30절). 여차하면 몰래 배를 빠져나가 도망칠 생각이다. 어떤 이들은 밤중에 섬이 근처에 있는 것이 확실한지도 모르면서 선원들이 이런 짓을 하는 것을 믿을 수 없다며 사실이 아니라 누가가 만들어 낸 이야기라고 한다(Haenchen). 그러나 사람이 극도로 절박해지면 판단력이 잘 서지 않는다(Marshall). 그들이 배를 버리고 도망하려고 한 것은 충분히 있을 만한 일이다(Longenecker, Schnabel).

선원들의 동태를 파악한 바울이 백부장과 군인들에게 선원들이 나머지 사람들과 배에 있지 않으면 구원을 얻을 수 없다고 말했다(31절). 배가 다시 표류를 시작할 수도 있고, 날이 밝은 후 섬에 다다르려면 반드시 선원들이 필요한데 만일 그들이 도망가면 낭패라는 것이다. 어느새 바울이 상황을 지휘하고 있다.

군인들은 배에 있는 모든 사람이 함께 죽고 함께 살아야 한다는 각오로 선원들이 바다에 내려놓은 거룻배를 묶고 있는 줄을 끊었다(32절). 거룻배는 아무도 태우지 못한 채 바다에 떠내려갔다. 백부장과 군인들은 철저하게 바울과 그의 판단력을 신뢰하고 있다.

날이 밝아 올 때쯤 바울이 사람들을 모아 놓고 음식을 먹으라고 권했다(33a절). 하나님은 분명 그들의 머리카락 하나도 잃지 않게 하실 것이다(34절). 그러나 날이 밝으면 모든 사람이 살기 위해 힘을 합해서 노동해야 한다. 그런데 지난 14일 동안 표류하면서 음식을 거의 먹지 못해 기진맥진한 사람이 수두룩했다(33b절). 이제 살기 위해 마지막으로 힘을 쓰려면 먹어야 한다.

바울은 시범을 보였다. 그는 떡을 가져다가 모든 사람 앞에서 하나님께 축사하고 떼어 먹기 시작했다(35절). 뱃멀미 때문에 식욕이 없더라도 자기처럼 감사하며 먹으라는 것이다. 어떤 이들은 바울이 애찬식을 진행하고 있다고 하지만, 배 위에 있는 모든 사람이 그리스도인인 것은 아니므로 그럴 가능성은 없다(cf. Bock, Schnabel). 그는 사람들에게 음식을 먹으라며 그들 앞에서 먹는 모습을 보이고 있다.

바울이 먹는 것을 보고 그들도 안심하고 받아먹었다(36절). 영적인 권위를 지닌 바울이 먹는 것을 보니 그의 하나님(신)이 이날 그들을 구원해 주실 것이라는 믿음이 생기기 시작한 것이다. 먹는 것은 때로는 육체만 회복시키는 것이 아니라, 영혼도 치료한다. 배에 있는 사람들의 수를 세어 보니 전부 276명이었다(37절). 당시 곡물을 실어 나르는 상선에 이 정도 수의 사람이 타고 있는 것은 흔한 일이었다(Hemer). 요세푸스는 한 배에 600명이 타고 지중해를 건너다가 풍랑을 만나 겨우 70명이 살아남고 나머지는 모두 죽었다는 말을 남겼다(cf. Jervell, Longenecker).

배에 있는 276명은 모두 배부르게 음식을 먹고 난 후 배에 있던 밀을 모두 바다에 버렸다(38절). 그들이 밀을 쉽게 바다에 버리는 것으로 보아, 이 배는 일정한 크기의 자루에 담은 밀을 수송하고 있었던 것으로 보인다. 이 배가 알렉산드리아를 떠나 로마로 가는 이유는 밀을 운반하기 위해서였는데, 그 밀을 버려야 살 수 있다는 것이 참으로 아쉽고 허무하다는 생각이 든다. 우리는 무엇을 위해 살고 있는지 되돌아보게 한다.

밀을 바다에 버리는 것은 배를 최대한 가볍게 하기 위한 조치였다. 그들은 바울이 왜 그들에게 음식을 권했는지 비로소 깨달았을 것이다. 잠시 후에는 바다를 헤엄쳐 건너야 한다. 기력이 있어야 할 수 있는 일이다.

이 말씀은 어떠한 상황에서도 끝까지 소망을 버리지 말라고 한다. 태풍에 밀려 2주 동안 표류하던 사람들은 구조될 가능성이 없다며 죽음을 기다렸다(20절). 바울은 하나님이 그들을 모두 구원하실 것이라며 계속 삶에 대한 소망과 믿음을 불어넣어 주었다. 시간은 그들이 모두 살 것이라고 한 바울이 옳았다는 사실을 보여 주었다. 우리는 어떠한 상황에 처하더라도 생명의 근원이신 하나님을 바라며 포기하지 않아야 한다. 우리는 우리 자신을 포기해도, 하나님은 절대로 우리를 포기하지 않으시기 때문이다.

함께 배를 탄 276명이 바울 덕분에 살았다. 하나님은 바울이 로마에 가서 가이사 앞에서 증언하기를 원하셨기 때문에 그를 풍랑 속에서 죽게 내버려 두실 수 없었다. 하나님은 바울을 구하면서 다른 사람들도 함께 구하셨다. 때로는 누구와 함께 있는지가 우리를 살리기도 한다. 항상 경건하고 거룩하여 하나님이 들어 쓰시는 사람들 주변에 머물도록 노력해야 한다.

바울이 탄 배는 알렉산드리아에서 밀을 가득 싣고 로마로 가고 있었다. 풍랑을 만나 좌초 위기에 처한 사람들은 배를 가볍게 하기 위해 싣고 있던 밀을 모두 바다에 버렸다. 버려야 살 수 있기 때문이었다. 우리 삶에서 무엇이 이 배의 밀과 같은지 생각해 보자. 그리고 버려야 한다면 과감하게 버리자. 그래야 살 수 있다.

VII. 로마(21:17-28:31)
　C. 멀고 먼 로마로 가는 길(27:1-28:16)

3. 배가 부서짐(27:39-44)

39 날이 새매 어느 땅인지 알지 못하나 경사진 해안으로 된 항만이 눈에 띄거늘 배를 거기에 들여다 댈 수 있는가 의논한 후 40 닻을 끊어 바다에 버리는 동시에 키를 풀어 늦추고 돛을 달고 바람에 맞추어 해안을 향하여 들어가다가 41 두 물이 합하여 흐르는 곳을 만나 배를 걸매 이물은 부딪쳐 움직일 수 없이 붙고 고물은 큰 물결에 깨어져 가니 42 군인들은 죄수가 헤엄쳐서 도망할까 하여 그들을 죽이는 것이 좋다 하였으나 43 백부장이 바울을 구원하려 하여 그들의 뜻을 막고 헤엄칠 줄 아는 사람들을 명하여 물에 뛰어내

려 먼저 육지에 나가게 하고 ⁴⁴ 그 남은 사람들은 널조각 혹은 배 물건에 의지하여 나가게 하니 마침내 사람들이 다 상륙하여 구조되니라

드디어 날이 새어 주변을 살피니, 어느 땅인지 알 수는 없지만 경사진 해안으로 된 항만이 눈에 띄었다(39a절). 선원들이 지역을 알아볼 수 없다는 것은 평소에 다니던 뱃길에서 벗어난 낯선 곳이라는 뜻이다. 확실하지는 않지만, 학자들은 이 항만을 오늘날 '성바울만'(St. Paul's Bay)으로 불리는 곳으로 본다(Williams, cf. Polhill). '성바울만'은 멜리데섬(Malta)의 북서쪽에 있다.

선원들은 눈에 띈 항만으로 배를 몰고 가 댈 수 있는지 의논했다(39b절). 쉽게 접근할 수 있는 항만이 아니기에 신중을 기했다는 뜻이다. 선원들은 시도해 보기로 하고, 닻을 끊어 바다에 버리는 동시에 키를 풀어 늦추고 돛을 달아 바람을 타고서 해안으로 들어갔다(40절). 그들이 가진 모든 기술과 민첩함을 발휘해 배를 움직이고 있다.

그러나 두 물이 합쳐 흐르는 곳에서 배가 좌초되었다(41a절). 모래톱에 걸렸을 수도 있지만, 암초에 걸린 것으로 보인다. 이물(배의 앞부분)은 더는 움직일 수 없고, 들이닥치는 큰 파도에 고물(배 뒷부분)이 부서지기 시작했다(41b절). 파도가 배의 뒤쪽에서 몰아치고 있다는 뜻이다.

군인들은 이송하던 죄수들이 헤엄쳐 도망할까 봐 모두 죽이자고 했다(42절). 만일 죄인들이 군인들의 손을 벗어나면, 죄인들을 놓친 군인들이 혹독한 대가를 치르게 되기 때문이다(cf. 12:19; 16:27). 그러나 백부장인 율리오(cf. 27:1)는 바울을 살리고자 부하들의 제안을 거부하고 그들 중 헤엄칠 줄 아는 사람들에게 명령해 먼저 헤엄쳐서 육지로 가라고 했다(43절). 그들이 육지에 도착하자 죄수들을 포함한 나머지 사람이 바다로 뛰어내려 육지로 헤엄쳐 갔다. 어떤 이들은 널조각이나 배의 물건 중 물에 뜨는 것을 의지해 육지로 나갔다. 마침내 한 사람도 죽지 않고 모두 상륙해 구조되었다(44절). 바울의 예언이 그대로 성취

된 것이다(cf. 27:22, 34).

이 말씀은 하나님의 뜻이 이루어지려면 사람들이 맡은 일을 성실하게 행해야 한다고 한다. 하나님은 바울을 통해 배에 타고 있는 사람을 모두 살리겠다고 하셨다. 배에 있던 사람들도 심사숙고하고 최대한 민첩하게 움직이며 할 수 있는 최선을 다했다. 비록 배는 파손되었지만, 하나님이 말씀하신 대로 모두 다 살았다. 하나님의 뜻과 인간의 최선이 빚어낸 놀라운 결과였다.

바울은 배에 있는 사람을 모두 살렸다. 이번에는 백부장이 그를 살리기 위해 부하들의 제안을 거부했다. 백부장의 지혜는 바울뿐 아니라 모든 죄수도 살렸다. 우리의 삶은 이렇게 서로에게 사랑의 빚을 지며 살 때 아름답고 모두가 행복하다. 우리에게는 합법적으로 죄인들을 모두 죽이려 한 군인들의 원칙 준수보다, 백부장처럼 모두를 살리는 지혜가 필요하다.

VII. 로마(21:17-28:31)
   C. 멀고 먼 로마로 가는 길(27:1-28:16)

4. 멜리데섬(28:1-10)

[1] 우리가 구조된 후에 안즉 그 섬은 멜리데라 하더라 [2] 비가 오고 날이 차매 원주민들이 우리에게 특별한 동정을 하여 불을 피워 우리를 다 영접하더라 [3] 바울이 나무 한 묶음을 거두어 불에 넣으니 뜨거움으로 말미암아 독사가 나와 그 손을 물고 있는지라 [4] 원주민들이 이 짐승이 그 손에 매달려 있음을 보고 서로 말하되 진실로 이 사람은 살인한 자로다 바다에서는 구조를 받았으나 공의가 그를 살지 못하게 함이로다 하더니 [5] 바울이 그 짐승을 불에 떨어 버리매 조금도 상함이 없더라 [6] 그들은 그가 붓든지 혹은 갑자기 쓰러져 죽을 줄로 기다렸다가 오래 기다려도 그에게 아무 이상이 없음을 보고 돌이켜 생각하여 말하되 그를 신이라 하더라 [7] 이 섬에서 가장 높은 사람 보블리

오라 하는 이가 그 근처에 토지가 있는지라 그가 우리를 영접하여 사흘이나 친절히 머물게 하더니 ⁸ 보블리오의 부친이 열병과 이질에 걸려 누워 있거늘 바울이 들어가서 기도하고 그에게 안수하여 낫게 하매 ⁹ 이러므로 섬 가운데 다른 병든 사람들이 와서 고침을 받고 ¹⁰ 후한 예로 우리를 대접하고 떠날 때에 우리 쓸 것을 배에 실었더라

바울 일행이 14일 동안 망망대해를 표류하다가 구조된 곳은 멜리데라는 섬이었다(1절). 그들은 이곳에서 3개월을 보내고 수라구사와 레기온을 거쳐 보디올에 이른다. 보디올에서 로마까지는 걸어간다. 이 여정은 다음 지도를 참조하라.

'멜리데'(Μελίτη, Malta)는 이탈리아의 '시실리아섬'(Sicily)에서 남쪽으로 100㎞ 지점에 있다(Bock, Longenecker). 날씨가 좋으면 이곳에서 시실리아의 '수라구사'(Syracuse) 항구(cf. 28:12)까지 배로 하룻길이다(Schnabel). 그러나 바울 일행은 이곳에서 3개월을 머문다(cf. 28:11). 그가 탔던 배는 미항을 출발해 뵈닉스까지 60㎞를 항해한 후 그곳에서 겨울을 날

계획이었다. 그러나 2주 동안 표류하며 880㎞를 왔다! 살다 보면 우리가 계획한 대로 일이 풀리지 않을 때가 참 많다.

멜리데는 너비 30㎞, 폭 13㎞ 정도 되는 작은 섬이다(Williams). 오늘날에는 부유한 사람들의 휴양지다. 선원들이 두려워했던 북아프리카의 스르디스에서는 300㎞ 떨어져 있다(Longenecker, Schnabel). 섬의 원주민들은 '베니게'(Phoenicia)에서 온 사람들이었으며(cf. 11:19; 15:3; 21:2), '멜리데'는 그들의 언어(Punic)로 '피난처'(refuge)라는 의미를 지녔다(Marshall). 바울 일행이 처한 상황에 매우 적절한 이름이라 할 수 있다. 멜리데는 로마로 가는 배가 경유하는 주요 항구였다. 그러나 선원들이 알아보지 못한 것을 보면 큰 배가 드나들던 항구에서 상당히 벗어난 곳에서 조난당한 것을 알 수 있다.

파손된 배에서 헤엄쳐 나오느라 모두 온몸이 흠뻑 젖었는데, 날씨도 도와주지 않았다. 가을비가 내리고 날씨도 차가웠다(2a절). 다행히 원주민들이 불을 피워 주고 그들에게 특별한 동정을 베풀며 환영해 주었다(2b절). '원주민'(βάρβαρος)이라는 단어에서 오늘날 '미개인, 야만인'을 뜻하는 영어 단어(barbarian)가 나왔다. 그러나 당시에는 헬라어나 라틴어를 구사하지 못하는 사람을 뜻했다(Johnson, Wall). 멜리데섬의 원주민들은 베니게에서 온 사람들이기 때문에 그들이 헬라어나 라틴어를 하지 못한 것은 당연한 일이다. '특별한 동정'(φιλανθρωπία)은 신약에서 단 두 차례 사용되는 단어이며, 아무 조건이 없이 베푸는 자비를 의미한다(BDAG, cf. 딛 3:4). 이 단어에서 영어 단어 '독지가, 자선가'(philanthropist)가 유래했다. 조난당한 사람들을 불쌍히 여겨 긍휼을 베푸는 것은 당연한 일이지만, 이 원주민들은 더욱더 각별히 그들을 대했다.

바울이 원주민들이 피워 준 불에 나무 한 묶음을 넣다가 독사에게 물렸다(3절). 독사가 나무 묶음에 숨어 있다가 바울의 손을 물었는데, 곧바로 입을 벌려 손을 놓아주지 않고 계속 물고 있었다. 원주민들은 독사(짐승)가 그의 손에 매달려 있는 것을 보고 바울이 살인자가 분명하다고 생각했다(4a절). 그가 풍랑에서는 구사일생으로 구조받았지만, 공의가 그를 살지 못하게 한다고 생각한 것이다(4b절).

'공의'(ἡ δίκη)는 그리스 신화에서 '제우스'(Zeus)와 '테미스'(Themis) 사이에서 태어난 '정의의 여신'(Goddess Justice)이다(Bock, Longenecker, Schnabel). 원주민들은 바울이 살인자이기 때문에 정의의 여신이 독사를 보내 그를 심판한 것으로 생각한 것이다. 그들은 바울이 험한 바다는 피해도 독사는 피하지 못한 것을 다소 아이러니하게 생각했을 것이다.

멜리데섬에는 더는 독사가 없다(Barrett, Le Cornu & Shulam). 그러므로 학자들은 바울이 독사에 물린 일에 대해 여러 가지 추측을 내놓았다(cf. Bock, Fitzmyer, Schnabel). 멜리데는 작은 섬에 많은 사람이 사는 섬이었으며, 당시에는 푸르렀던 섬의 주요 숲도 모두 사라졌다. 그러므로 그때는 독사가 있었지만, 지금은 멸종해서 더는 없다고 생각하는 것이 가장 합리적이다(Bruce, Fernando, Hemer, Longenecker, Ramsay). 아일랜드(Ireland)에도 옛적에 독사가 있었지만, 지금은 멸종했다(Bruce).

바울은 그의 손을 물고 있는 뱀을 불에 털어 버렸다(5a절). 뱀이 물고 있던 곳을 보니 별문제 없었다(5b절). 예수님의 말씀을 생각나게 한다: "내가 너희에게 뱀과 전갈을 밟으며 원수의 모든 능력을 제어할 권능을 주었으니 너희를 해칠 자가 결코 없으리라"(눅 10:19; cf. 막 16:17-18). 하나님의 뜻에 따라 바울이 로마에 가는 것(27:24)을 한 마리 독사가 막을 수는 없다! 그러나 원주민들은 바울이 붓거나 혹은 갑자기 쓰러져 죽을 줄 알고 기다렸다(6a절). '붓다'(πίμπρημι)는 이곳에만 사용되는 단어며, 의학 용어다(Bock).

원주민들의 기대와 달리 시간이 지나도 바울은 붓거나 쓰러져 죽지 않았다. 바울이 멀쩡하자, 원주민들은 그가 신이라고 생각했다(6b절). 풍랑을 만나도 살고, 독사에 물려도 사는 것을 보니 신이 아니고는 불가능한 일이라고 생각한 것이다. 바울은 몇 시간 만에 살인자에서 신으로 '신분 세탁'을 했다!

멜리데섬에서 가장 높은 사람 보블리오라 하는 이가 있었다(7a절). '가장 높은 사람'(τῷ πρώτῳ τῆς νήσου)을 직역하면 '섬에서 첫 번째'라는 뜻이다. '보블리오'(Πόπλιος, Publius)는 로마 이름이다. 로마에서 파견된 사람은 아니고, 멜리데섬을 다스리는 우두머리였을 것이다(cf. Bock, Williams). 바울은 어디를 가든 지역 지도자들과 좋은 관계를 맺는다(Johnson, cf. 13:7; 17:19; 19:31).

보블리오는 자기 땅에 조난당한 사람들을 사흘이나 친절히 머물게 했다(7b절). 식사와 잠자리를 제공한 것이다. 이후에는 로마 군인들과 백부장이 무리가 머물 곳과 음식을 주민들로부터 징발(requisition)했을 것이다(Rapske, Schnabel).

보블리오의 아버지가 열병과 이질에 걸려 누워 있었다(8a절). '이질'(δυσεντέριον)은 이곳에만 사용되는 단어다. 멜리데에서는 이질이 주로 염소 우유에 있는 세균으로 인해 발생했으며, 경우에 따라 몇 달 혹은 몇 년간 지속되었다(Larkin, Longenecker). 바울이 환자를 위해 기도하고 안수하니 병이 나았다(8b절; cf. 막 5:23; 6:5; 8:23, 25; 16:18; 행 9:12, 17; 약 5:13-14). 사도행전에서 기도하고 안수해 병을 낫게 하는 것은 이곳이 유일하다. 구약이나 랍비 문헌에는 사례가 없는 치료 방법이다(Fitzmyer, Le Cornu & Shulam).

예루살렘에서 유대인들에게 잡혀 지난 2년간 가이사랴 감옥에 갇혀 있었지만, 아직도 자기가 기도하고 안수하면 병자가 낫는다는 사실이 바울에게 큰 위로와 힘이 되었을 것이다(Longenecker). 바울이 보블리오의 아버지를 낫게 하자 소문이 순식간에 퍼져 나갔고, 섬사람 중 온갖 병을 앓는 사람들이 그를 찾아와 고침을 받았다(9절). 바울은 죄인 신분으로 로마에 끌려가고 있지만, 성령은 아직도 그의 기도를 들으시고 병자들을 치료하셨다. 바울은 먼저 하나님께 기도하고 난 후 안수함으로써 자신은 사람을 낫게 하는 신이 아니라 하나님께 기도해서 낫게 하는 하나님의 종에 불과하다는 것을 드러냈다(cf. 10:25-26; 14:11-15).

멜리데 사람들은 바울 일행을 후하게 대접하고, 떠날 때도 그들이 쓸 것을 배에 실어 주었다(10절). 바울로 인해 276명 모두 어느 정도 편안하게 겨울을 난 것이다. 치유에 대한 감사의 표시이며, 또한 바울이 이 섬에 복음을 전파한 결과이기도 하다(Wall). 바울의 성향을 보면 그는 조용히 병자들을 치료하는 일만 하며 지난 3개월을 보내지는 않았을 것이다. 분명 복음을 전했을 것이고, 영접한 사람들은 그가 얼마나 귀한 예수님의 종인지 깨달았을 것이다. 그러므로 그들은 로마로 가는 바울을 최대한 예우를 다해 섬겼다.

이 말씀은 세상 사람들의 생각은 경험한 것으로만 결정된다고 한다. 멜리데 사람들은 독사가 바울을 물자 그를 살인자라고 생각했다가, 그들의 예상과 달리 바울이 죽지 않자 그를 신으로 생각했다! 사람들은 자신의 경험만을 토대로 모든 것을 해석하기 때문이다. 우리는 보고 경험한 것이 아니라 하나님의 말씀과 가르침으로 해석해야 한다. 그래야 실수하지 않으며, 현상적인 것에 대해 올바르게 생각할 수 있다.

멜리데 사람들은 조난당한 사람들을 동정하다가 바울을 통해 병이 낫고 치료되는 경험을 했다. 선을 베푼 것이 더 큰 선이 되어 돌아온 것이다. 우리도 누구에게든 상관없이 선과 온정을 베풀어야 한다. 우리가 남들에게 선을 베푸는 것은 하나님의 자비하심을 닮아 가는 것이며, 몇 배가 되어 우리에게 돌아올 수도 있기 때문이다.

하나님의 섭리는 사람의 상상력을 초월한다는 것이 다시 한번 입증되었다. 만일 바울이 탄 배가 태풍에 휩쓸려 멜리데로 가지 않았더라면, 이 섬에 하나님의 치유와 복음이 전파되는 일은 없었을 것이다. 바울 일행은 죽을 고비를 넘겼지만, 하나님은 이 일을 통해서도 영광을 받으셨다. 바울도 상상할 수 없던 일이 벌어졌다.

> VII. 로마(21:17-28:31)
>   C. 멀고 먼 로마로 가는 길(27:1-28:16)

5. 로마에 도착함(28:11-16)

¹¹ 석 달 후에 우리가 그 섬에서 겨울을 난 알렉산드리아 배를 타고 떠나니 그 배의 머리 장식은 디오스구로라 ¹² 수라구사에 대고 사흘을 있다가 ¹³ 거기서 둘러가서 레기온에 이르러 하루를 지낸 후 남풍이 일어나므로 이튿날 보디올에 이르러 ¹⁴ 거기서 형제들을 만나 그들의 청함을 받아 이레를 함께 머무니라 그래서 우리는 이와 같이 로마로 가니라 ¹⁵ 그 곳 형제들이 우리 소식을 듣고 압비오 광장과 트레이스 타베르네까지 맞으러 오니 바울이 그들을 보고 하나님께 감사하고 담대한 마음을 얻으니라 ¹⁶ 우리가 로마에 들어가니 바울에게는 자기를 지키는 한 군인과 함께 따로 있게 허락하더라

바울 일행은 멜리데섬에 도착하고 3개월 후 이 섬에서 겨울을 난 알렉산드리아 배를 타고 로마를 향해 떠났다(11a절). 주후 60년 2월 8일에 있었던 일이다(Hemer). 고대 문헌들에 따르면 이날은 항해가 가능한 가장 빠른 날이라고 한다(Longenecker). 그럼에도 불구하고 상당히 이른 편이다(Hemer, cf. Witherington). 지중해는 최소 3월 초는 되어야 선원들이 어느 정도 마음을 놓고 항해할 수 있었기 때문이다.

이 여정의 관건은 시실리아섬까지 공해(open sea) 100km를 안전하게 항해하는 것이다. 이후로는 배가 해안을 끼고 항해하기 때문에 강풍으로부터 어느 정도 보호받을 수 있었다. 멜리데에서 로마까지는 330km 거리였다(Bock). 이 배도 알렉산드리아에서 곡물을 싣고 로마로 가는 도중 멜리데에서 겨울을 난 것이었다.

배의 머리가 '디오스구로'(Διόσκουροι)로 장식되어 있었다고 하는데, '제우스'(Zeus)와 스파르타의 여왕(Spartan queen) '레다'(Leda) 사이에 태어난 쌍둥이 신이다. 그들의 이름은 '캐스토르'(Castor)와 '폴룩스'(Pollux)였으며, 항해사들의 수호신으로 알려져 있었다. 특별히 이집트에서 인

기가 많은 신이었다(Haenchen). 별자리 중 '쌍둥이자리'(Gemini)가 이 신
들과 연관 있다(Bruce). 그러므로 번역본들은 '디오스구로'를 '쌍둥이 신
들'(twin gods, ESV), '쌍둥이 형제'(Twin Brothers, NAS, NRS), '쌍둥이 신들
인 캐스토르와 폴룩스'(twin gods Castor and Pollux, NIV) 등 다양하게 번
역해 표기한다. 사람들을 구원하신 이는 바울이 섬기는 하나님인데(cf.
27:23-26, 34), 하나님을 모르는 사람들은 무능한 우상이 자신을 구원하
는 것처럼 생각한다.

멜리데를 떠난 배가 수라구사에 정박해 사흘간 있었다(12절). '수라구
사'(Συράκουσαι, Syracuse)는 시실리아섬의 동쪽에 있는 항구다. 멜리데섬
에서 100㎞ 북쪽에 있는 곳이다(Le Cornu & Shulam). 아마도 짐을 내리
고 싣느라 배가 이 항구에 사흘간 머문 것으로 보인다.

사흘 후 배는 수라구사를 떠나 레기온에 도착했다(13a절). '레기
온'('Ρήγιον, Rhegium)은 사람의 발 모양을 한 이탈리아 본토의 발끝 부분
에 있어 '이탈리아의 발가락'(the toe of Italy)으로 불리기도 한다(BDAG).
수라구사에서 120㎞ 떨어진 곳이다(Schnabel). 누가가 수라구사를 떠난
배가 레기온까지 '둘러 갔다'(περιελόντες)라고 하는 것은 바람 방향이 좋
지 않아 다소 힘들게 갔다는 것을 암시한다(Bock).

남풍이 일자 배가 레기온을 출발했고, 이튿날 보디올에 도착했다(13b
절). '보디올'(Ποτίολοι, Puteoli)은 레기온에서 북쪽으로 325㎞ 떨어진 곳
이다(Schnabel). 바람이 도와주었기에 이 먼 길을 이틀 만에 항해했다.
보디올은 오늘날 '포주오리'(Pozzuoli)로 불리며, 로마에서 240㎞ 남동쪽
에 있다. 아름다운 항구로 유명한 '나폴리'(Naples) 바로 옆에 있는 '네아
폴리스'(Neapolis)의 항구였다(Longenecker, Schnabel). 로마로 곡물을 실어
나르던 배들은 대부분 보디올에서 여정을 마쳤다. 이곳에서 로마까지
는 걸어서 열흘 거리였다(Schnabel).

로마로 가는 바울 일행도 보디올에서 배에서 내렸다. 바울 일행은
보디올에서 형제들을 만나 그들의 요청으로 함께 일주일을 보냈다(14a

절). 누가가 언급하지는 않지만 백부장 율리오가 시돈에서 바울이 그리스도인들 만나는 것을 허락했던 것처럼 이번에도 허락했기 때문에 가능했다(cf. 27:3). 아마도 어떠한 이유로든 율리오도 로마로 향하기 전에 나폴리에서 일주일을 머물러야 했을 것이다(Longenecker). 앞으로 그들은 로마까지 210㎞를 걸어가야 하는데, 이곳에서 형제들의 자비로운 도움으로 열흘 여정의 마지막 채비를 할 수 있었다(Schnabel).

보디올 형제들과 일주일 동안 함께 지낸 바울 일행이 로마로 향했다(14b절). 보디올에서 로마로 올라가는 길의 이름은 '아피아 도로'(Via Appia)였는데, 고대 사회에서 명성이 자자하던 로마 제국의 길 중에서도 가장 오래되고 가장 곧고 가장 잘 다듬어진 길로 유명했다(Longenecker). 바울은 이제 더는 멀미나 풍랑을 걱정하지 않아도 된다.

바울이 이탈리아에 도착했다는 소식이 '그곳'(로마) 형제들에게 전해졌다(15a절). 아마도 바울이 보디올에서 형제들과 머무는 동안 보디올 형제들이 로마 형제들에게 기별했을 것이다. 3년 전 바울이 고린도에서 보낸 편지(로마서)로만 사도를 만나 본 로마 성도들이 그가 왔다는 소식을 듣고 얼마나 기뻐했을까!

로마 교회는 두 그룹을 보내 바울을 열렬히 환영했다. 한 그룹은 압비오 광장으로 나와 그를 환영했다(15a절). '압비오 광장'(Ἀππίου φόρου, Forum[Market] of Appius)은 로마에서 남동쪽으로 62㎞ 떨어져 있었다(Schnabel). 다른 그룹은 트레이스 타베르네로 와서 그를 맞이했다(15b절). '트레이스 타베르네'(Τριῶν ταβερνῶν, Three Taverns[Inns])는 로마에서 50㎞ 떨어진 곳이다(Longenecker). 이 이름을 지닌 여관들을 중심으로 형성된 지역이었다(Keener).

바울은 그들을 보고 하나님께 감사하고 담대한 마음을 얻었다(15c절). 로마 성도들이 이처럼 열렬히 바울을 환영한 것은 그가 3년 전에 보낸 편지(로마서)를 읽고 마음에 새겼음을 암시한다. 바울이 로마로 오기 전에 이탈리아 곳곳에 그가 알지 못하는 '선교 동역자들'에 의해 그리스도의 교회가 세워져 있었다는 사실이 그를 기쁘게 했다. 복음이 땅끝을 향해 계속 전진하고 있다! 또한 유대인과 이방인에게 견디기 힘든 박해를 당하면서도 끝까지 복음을 전파하다가 이제는 죄인이 되어 로마로 끌려온 것도 의미 있는 일이라는 것을 깨닫는 순간이었다. 바울은 마중 나온 로마 형제들을 만나 평생에 가장 행복한 시간을 보냈다.

'우리'(바울 일행)는 마중 나온 로마 형제들과 함께 드디어 로마에 입성했다(16a절). 누가의 마지막 '우리' 섹션이 끝나고 있다. 구사일생으로 구조된 멜리데섬에서 로마까지 3주가 걸렸다(Bock). 지난가을에 가이샤라를 떠난 지 4개월 만에 드디어 로마에 도착했다. 바울이 그렇게 염원했던 꿈이 이루어지는 순간이다! 또한 2년 반 전에 예루살렘에서 폭도에게 폭행당하고 감옥에 갇혔을 때 예수님이 그를 찾아와 로마로 갈 것이라고 하신 말씀이 성취되는 순간이다(23:11). 그러나 참으로 파란만장한 성취라 할 수 있다.

로마에 도착한 후 바울은 그를 지키는 한 군인과 함께 따로 지내는 것이 허락되었다(16b절). 보통 군인 두 명이 죄인을 감시했는데(Bock) 한 명으로 제한한 것은 그가 위험하지 않고 도주할 위험도 없다는 것을 인정한 조치다. 하지만 무엇보다도 바울이 고발된 죄명과 증거가 명확하지 않기 때문이다(Schnabel). 바울은 자기 돈으로 집을 빌려 거했다(cf. 28:30). 아마도 로마 성도들이 그의 집세와 생활비를 대부분 지원해 주었을 것이다. 또한 소아시아 교회들, 특히 빌립보 교회도 바울을 계속 후원하고 있었다. 바울의 로마 생활은 시위대(궁을 지키는 자)와 그밖의 모든 사람 사이에 이야깃거리가 되었다(빌 1:13).

이 말씀은 주님 안에서 형제자매들을 만나는 것은 한없는 기쁨이라고 한다. 보디올에 도착한 바울 일행은 그곳 형제들을 만나 일주일 동안 함께 머물며 교제했다. 바울은 압비오 광장과 트레이스 타베르네까지 그를 맞으러 나온 로마 성도들을 보고 참으로 감사하고 담대한 마음을 얻었다. 보디올과 로마에 있는 성도들은 바울 평생에 처음 만난 사람들이다. 그러나 그리스도 안에 있는 사람들은 모두 형제고 자매다. 매우 특별한 사랑과 정으로 연결되어 있다. 그러므로 처음 만나도 서먹서먹하지 않고 오랜 친구를 만난 것처럼 반갑고 기쁘다. 서로 아낌없이 사랑하고 미련 없이 섬기는 것이 기독교다.

하나님의 말씀은 반드시 이루어진다. 예수님은 예루살렘 감옥에 갇혀 있는 바울을 찾아와 그가 로마에 갈 것이라고 하셨다(23:11). 우여곡절이 있어 죽을 고비를 여러 번 넘겼지만, 바울은 주님의 말씀대로 드디어 로마에 입성했다. 하나님의 말씀은 반드시 실현된다. 그러므로 초조해하지 않고 믿고 기다리는 것도 경건 훈련이다.

> VII. 로마(21:17-28:31)

D. 로마에 복음을 전파함(28:17-31)

로마에 도착한 바울은 이곳에서 2년을 보낸다. 이 기간에 '전도자 바울'이 가만히 있을 리 없다. 그는 어디를 가든지 먼저 자기 백성인 유대인에게, 그다음 이방인에게 복음을 전파했다. 로마도 예외는 아니다. 그는 먼저 유대인 지도자들을 초청해 그리스도의 복음을 전했고, 그다음 이방인에게 복음을 전했다. 이 섹션은 다음과 같이 구분된다.

A. 유대인들에게 전도함(28:17-29)
B. 셋집에서 2년 동안 가르침(28:30-31)

1. 유대인들에게 전도함(28:17-29)

¹⁷ 사흘 후에 바울이 유대인 중 높은 사람들을 청하여 그들이 모인 후에 이르되 여러분 형제들아 내가 이스라엘 백성이나 우리 조상의 관습을 배척한 일이 없는데 예루살렘에서 로마인의 손에 죄수로 내준 바 되었으니 ¹⁸ 로마인은 나를 심문하여 죽일 죄목이 없으므로 석방하려 하였으나 ¹⁹ 유대인들이 반대하기로 내가 마지 못하여 가이사에게 상소함이요 내 민족을 고발하려는 것이 아니니라 ²⁰ 이러므로 너희를 보고 함께 이야기하려고 청하였으니 이스라엘의 소망으로 말미암아 내가 이 쇠사슬에 매인 바 되었노라 ²¹ 그들이 이르되 우리가 유대에서 네게 대한 편지도 받은 일이 없고 또 형제 중 누가 와서 네게 대하여 좋지 못한 것을 전하든지 이야기한 일도 없느니라 ²² 이에 우리가 너의 사상이 어떠한가 듣고자 하니 이 파에 대하여는 어디서든지 반대를 받는 줄 알기 때문이라 하더라 ²³ 그들이 날짜를 정하고 그가 유숙하는 집에 많이 오니 바울이 아침부터 저녁까지 강론하여 하나님의 나라를 증언하고 모세의 율법과 선지자의 말을 가지고 예수에 대하여 권하더라 ²⁴ 그 말을 믿는 사람도 있고 믿지 아니하는 사람도 있어 ²⁵ 서로 맞지 아니하여 흩어질 때에 바울이 한 말로 이르되 성령이 선지자 이사야를 통하여 너희 조상들에게 말씀하신 것이 옳도다 ²⁶ 일렀으되

이 백성에게 가서 말하기를

너희가 듣기는 들어도 도무지 깨닫지 못하며

보기는 보아도 도무지 알지 못하는도다

²⁷ 이 백성들의 마음이 우둔하여져서

그 귀로는 둔하게 듣고 그 눈은 감았으니

이는 눈으로 보고 귀로 듣고 마음으로 깨달아 돌아오면

내가 고쳐 줄까 함이라 하였으니

²⁸ 그런즉 하나님의 이 구원이 이방인에게로 보내어진 줄 알라 그들은 그것

을 들으리라 하더라 [29] (없음)

어떤 이들은 로마가 예루살렘에서 가장 먼 곳이므로 바울이 로마에 도착한 일을 계기로 복음이 '땅끝'까지 전파된 것이라 한다(Wall, cf. 2:5-11). 그러나 복음이 '땅끝'까지 가기 위해 로마 제국의 중심인 로마를 중간 지점으로 삼은 것으로 생각해야 한다. 게다가 바울이 로마에 도착하기 훨씬 전에 복음이 이곳에 전파되었고, 교회(들)도 이미 세워져 있었다. 바울이 로마에 도착한 것은 사도행전의 전개에서 매우 중요한 일이지만, 복음이 그를 통해 로마에 전파된 것은 아니다.

바울은 어디를 가든 새로 방문한 곳에서 제일 먼저 회당을 찾아간다(cf. 롬 1:16). 이번에도 바울이 유대인 중 높은 사람들을 만난 첫 모임은 로마에 있는 한 회당에서 이루어졌으며(cf. 17-22절), 두 번째 모임(cf. 23-28절)은 바울이 머무는 숙소에서 진행된 것으로 보인다(Bock). 바울이 로마에 사는 유대인들을 만난 일을 회고하는 본 텍스트는 유대인들이 한 번 더 복음을 부인한 것을 강조한다(Polhill). 사도행전은 그들에게 복음을 영접할 기회가 여러 차례 있었음에도 계속 부인했다며, 이제는 유대인도 이방인과 다름없이 그들 중 복음을 영접하는 이들만 하나님의 백성이 된다고 한다. 아브라함의 후손이라면 누구든지 하나님의 백성이 되는 시대는 끝났다는 것이다.

바울은 로마에 도착한 후 사흘째 되는 날에 유대인 중 높은 사람들을 청하여 모임을 가졌다(17a절). '높은 사람들'(πρώτους)을 직역하면 '첫 번째들, 일등들'이며, 로마에 사는 유대인들의 우두머리(아마도 회당장들)를 뜻한다. 당시 로마 인구는 100만 명 정도로 추정되며, 그중 유대인은 2-5만 명 정도 되었다(Larkin, Polhill, Witherington). 대부분 유대인은 외국인이 주로 사는 '티베리움 지역'(Trans Tiberium)에서 살았고, 이 지역의 월세는 로마 사람들이 사는 다른 지역보다 네 배나 비쌌다(Le Cornu & Shulam). 로마에는 최소 10여 개의 회당이 있었고(Barrett, Fitzmyer), 도시에 사는 모든 유대인의 연합체는 없었으며, 각 회당을 중심으로 서로 독립된 그룹으로 살았다(Polhill, cf. Bock).

요세푸스는 로마 사람들이 유대인을 별로 좋아하지 않았다고 한다(cf. Johnson). 글라우디오(Claudius) 황제는 주후 49년에 유대인들을 로마에서 추방했다(Fitzmyer, Johnson, Longenecker). 유대인과 기독교인이 갈등을 빚으며 도시를 소란스럽게 했기 때문이다. 바울이 10년 전에 고린도에서 만난 브리스길라와 아굴라도 이때 로마에서 추방되었다(18:1-2). 그들은 글라우디오 황제가 죽자 많은 유대인이 그랬던 것처럼 로마로 돌아와 이곳 교회를 보살피고 있었다(cf. 롬 16:3).

바울은 모인 지도자들을 '형제들'(ἀδελφοί)이라고 부르며 자신도 유대인이요 그들 중 하나라는 사실을 강조한다. 그는 이스라엘 백성이나 '우리 조상의 관습'을 배척한 일이 없다고 한다(17b절; cf. 22:3; 23:6; 24:12-21; 25:8; 26:4-8). 자신은 유대인으로 태어났으며, 평생 유대인으로 살아왔다는 것이다. 유대인들이 바울에 대해 문제 삼은 것은 그가 다른 유대인들처럼 살지 않았다는 것인데, 바울은 이러한 주장이 억지라고 한다(cf. 고전 9-10장; 갈 1:1-4:6).

바울이 율법을 철저하게 지키고, 이스라엘 백성과 조상의 관습을 배척한 일이 없는데도 예루살렘 유대인들은 그를 로마 사람의 손에 죄수로 내주었다(17c절; cf. 21:11, 31-33). 로마법으로 판단할 때 바울이 어떠한 죄도 짓지 않았다는 사실을 인정한 로마 사람들은 그를 죽일 죄목이 없어 석방해 주려고 했다(18절; cf. 24:2-21; 25:6-12; 26:2-29).

바울을 고발한 유대교 지도자들은 로마 총독들이 그를 석방하려는 것을 강력하게 반대했다(19a절). 총독들은 폭동을 두려워해 유대교 지도자들의 눈치만 살폈다. 심지어 유대인들에게 호의를 베풀기 위해 가이사랴에 수감된 바울을 예루살렘으로 보내 재판하려 했다(25:9; cf. 25:2-3). 바울은 예루살렘에서 로마 군인들의 호의를 받으며 야밤에 탈출한 경험이 있다(23장). 그러므로 그는 만일 자기가 다시 예루살렘으로 가게 되면 그곳에서 유대인들의 손에 살해될 것을 직감했다. 그러므로 예루살렘에서 살해되는 것을 피하기 위해 마지못해 가이사에게 상소해 로마로 오게 되었다(19b절). 그가 가이사에게 상소했다고 해서 유대인들을 고발하려는 것은 아니다(19c절). 이는 유대인들의 손에 죽지 않고 살 수 있는 유일한 방법이었다.

바울이 로마에 사는 유대교 지도자들을 청한 것은 그가 유대인이나 조상들의 관습을 배반해서가 아니라, 그들이 그토록 갈망하던 '이스라엘의 소망'(부활, cf. 23:6; 24:15; 26:6-8)으로 말미암아 쇠사슬에 매인 바 되었다는 사실을 설명하기 위해서다(20절). 유대교 지도자들이 바울에게 잘못된 가르침을 전파한다며 압력을 가하고 있지, 바울이 유대교나 유대인들에게 잘못되었다고 하는 것이 아니다. 그는 오히려 유대인들이 간절히 바라던 일이 실현되었다고 한 것뿐이다.

바울이 로마에서 상당한 자유를 누렸지만, 그의 신분은 아직도 죄인이다. 하루 24시간 그를 감시하는 군인이 있다. 또한 그가 '이 쇠사슬'에 매인 바 되었다며 자신을 묶고 있는 쇠사슬을 가리키는 것은 그의 팔 하나가 쇠사슬로 군인의 팔에 함께 묶여 있다는 것을 암시한다(Bruce, Fernando, Johnson). 바울은 감옥에 갇힌 삶에 대해 여러 차례 말한다(빌 1:7, 13; 골 4:18; 엡 6:20; 딤후 1:16; 2:9; 몬 1:10, 13).

유대교 지도자들은 유대로부터 바울에 관한 편지를 받은 적이 없고, 누가 바울에 대해 좋지 못한 것을 전하거나 이야기한 일도 없다고 한다(21절). 그들은 이미 바울에 대한 부정적인 말을 여러 차례 들었을 것이다. 그러므로 그들이 이렇게 말하는 것은 '공식적인 편지나 비판'을 접한 적이 없다고 하는 것이다.

예루살렘에서 대제사장과 장로 등 바울을 죽이려는 자들의 공식적인 편지가 아직 로마에 도착하지 않은 것은 충분히 설명할 수 있다. 바울은 가이사랴에서 가이사에게 항소한 다음 얼마 되지 않아 가을철의 마지막 배를 탔다. 봄이 되어 지중해 항로가 다시 열리려면 아직도 한 달

정도 지나야 한다. 그러므로 예루살렘 지도자들이 로마에 있는 회당 지도자들에게 편지를 보냈다고 해도 앞으로 한두 달은 더 지나야 이곳에 도착할 것이다. 혹은 유대 땅에서 진행된 재판에서 로마 총독들을 설득하지 못한 만큼(cf. 24:27; 25:3, 9), 로마에서 재판을 계속하는 것이 그들에게 큰 부담이 되어 아예 재판을 포기했을 수도 있다. 로마 사람들은 누구를 고소했다가 재판에 진 사람에게 큰 벌을 내렸다(Bruce, Hemer).

지도자들은 기독교가 어디를 가든 유대인들의 반대를 받고 있다는 것을 안다며, 바울이 전하는 기독교를 직접 듣고자 했다(22절). 그들은 기독교를 '파'(αἵρεσις)라고 하는데, 이 단어는 기독교인이라는 의미로 (24:5, 14), 또한 바리새인과 사두개인을 칭할 때 사용되었다(5:17; 15:5; 26:5). 유대인 중에는 아직도 기독교가 유대교의 한 종파(sect)라고 생각한 사람이 많았던 것이다.

기독교가 처음 로마에 전파되었을 때 회당을 중심으로 활동하다 보니, 반대하는 유대인들과 갈등을 빚다가 황제 글라우디오에 의해 로마에서 추방되었다. 황제가 죽은 다음에는 그리스도인들이 다시 로마로 돌아왔고, 이후로는 교회와 회당이 각자의 길을 갔다. 이 과정을 지나면서 로마 교회는 유대인 중심이 아니라 이방인 중심으로 바뀌었다. 그러므로 유대교 지도자들은 유대인들이 곳곳에서 기독교를 반대하고 있는 것은 알지만, 정확히 기독교가 무엇을 가르치는지에 대해 바울에게 직접 듣고 싶어 한다.

지도자들은 날짜를 정해 더 많은 사람을 데리고 바울이 머무는 집으로 찾아왔다(23a절). 바울은 아침부터 저녁까지 성경을 강론하며 하나님 나라를 증언했다(23b절). '하나님 나라'(τὴν βασιλείαν τοῦ θεοῦ)는 예수님이 선포하신 모든 메시지에 대한 총체적인 표현이므로 주님을 믿는 기독교가 전파하는 메시지를 칭하는 말이기도 하다(Schnabel, cf. 눅 4:43; 6:20; 7:28; 8:1; 9:11; 10:9-10; 11:20; 12:31-32; 13:29; 16:16; 17:20-

21; 18:16-17, 25, 29; 19:11; 21:31; 22:30; 23:42). 그러므로 '하나님 나라'의 핵심은 구약의 메시아에 관한 모든 말씀과 예언이 예수님의 죽음과 부활을 통해 성취되었다는 사실이다.

그러므로 바울은 '모세의 율법과 선지자의 말'(구약 전체를 뜻함)을 가지고 예수님에 대해 그들에게 권했다(24c절). 유대인이 가장 중요하게 여기는 하나님의 말씀인 구약으로 예수님이 바로 그들이 그토록 기다리고 소망하던 그리스도이심을 증언한 것이다. 바울이 온종일 구약 말씀을 강론하며 예수님이 메시아라는 사실을 설명했지만, 믿는 사람은 그리 많지 않았다(24절). 이 사람들은 메시아에 대해 상당한 편견을 가지고 있었기 때문에, 그들의 죄를 위해 고난받아 십자가에서 죽으시고 사흘 후에 부활하신 메시아가 그다지 매력적이지 않았다.

바울은 그들이 흩어질 때 이사야 6:9-10을 인용하며 그들이 왜 메시아 예수를 믿지 못하는지 증언했다. 재미있는 것은 바울이 유대인들과 거리감을 둔다는 사실이다. 처음에 바울은 그들을 '형제들'이라고 부르며 자신이 그들 중 하나임을 강조했다(17절). 그러나 헤어질 때는 더는 '우리 조상'이라 하지 않고 '너희 조상들'(τοὺς πατέρας ὑμῶν)이라 한다. 그는 예수님을 영접하지 않은 유대인은 이방인과 별반 다를 바 없다고 생각한다.

이사야 6:9-10은 신약에서 자주 인용되는 말씀이다(cf. 마 13:13-15; 막 4:12; 눅 8:10; 요 12:39-40; 롬 11:8). 하나님이 메시아를 알아보지 못하도록 그들의 눈을 어둡게 하시고, 그들의 귀가 듣지 못하게 하시고, 그들의 마음이 깨닫지 못하게 하셨기 때문이다(26-27절). 마리아와 요셉이 아기 예수님을 품에 안고 성전을 찾았을 때 시므온은 예수님이 "이스라엘 중 많은 사람을 패하거나 흥하게 하며 비방을 받는 표적이 되기 위하여 세움을 받았다"라고 했다(눅 2:34). 시므온의 예언이 한 번 더 성취된 것이다. 유대인들이 나눠지는 것은 바울과 사도들의 사역에 대한 반응이기도 하다(Johnson, cf. 2:12-13; 4:1-4; 5:12-17; 6:8-14; 9:21-25;

13:42-45; 14:1-2; 17:1-5; 18:4, 12-17; 19:8-10).

유대인들은 그리스도의 복음을 통한 하나님의 구원을 거부했다. 그러므로 그들이 거부한 구원은 이방인에게 보내질 것이다(28a절). 복음이 이방인에게 전파되면 그들은 들을 것이다(28b절). 이방인들은 유대인과 달리 그리스도의 복음을 영접해 하나님의 구원에 이를 것이라는 뜻이다.

어떤 이들은 사도행전이 복음이 이방인에게 가는 것으로 끝나는 것은 이방인이 이스라엘을 대신해 하나님의 백성이 되었다는 것을 의미한다고 한다(Jervell). 그러나 본문 그 어디에도 복음이 유대인을 배제한다는 말은 없다. 단지 그들이 거부한 복음이 이방인에게 가는 것을 말할 뿐이다. 그러므로 가장 합리적인 해석은 앞으로도 복음이 이방인뿐아니라 유대인에게도 계속 전파될 것이라는 해석이다. 그들 중에는 복음을 영접해 그리스도인이 되는 이들이 있는가 하면, 끝까지 거부하는이들도 있을 것이다. 영접하는 이들은 그리스도를 통해 하나님의 구원을 얻게 될 것이고, 거부하는 이들은 그리스도를 통한 구원을 얻지 못할 것이다. 복음 앞에서는 이방인이나 유대인이나 다를 바가 없다. 모든 사람이 오직 예수님을 믿음으로 구원을 얻을 수 있기 때문이다.

일부 사본은 29절을 "그가 이 말을 마칠 때에 유대인들이 서로 큰 쟁론을 하며 물러가더라"(Καὶ ταῦτα αὐτοῦ εἰπόντος, ἀπῆλθον οἱ Ἰουδαῖοι, πολλὴν ἔχοντες ἐν ἑαυτοῖς συζήτησιν)라고 기록한다. 유대인들이 바울의 말에 어떻게 반응했는지를 설명하는 문장이다. 그러나 대부분의 주요 사본은 이 말을 포함하지 않는다. 그러므로 많은 번역본이 개역개정처럼 이 구절을 '없음'으로 처리한다. 본문을 이해하는 데 기여하는 바가 없으며, 주요 사본에 없는 말이므로 '없음'으로 처리하는 것이 바람직하다.

이 말씀은 사람이 스스로 복음을 영접하는 것은 불가능한 일이라 한다. 유대인들은 고난받는 메시아에 대해 누누이 예언한 구약을 누구보다도 잘 아는 사람들이다. 그러나 바울이 온종일 말씀을 강론하면서 모세의 율법과 선지자의 예언을 가지고 예수님에 대해 증언했지만, 복음 영접하기를 거부했다. 하나님이 그들의 눈과 귀를 막고, 마음을 둔하게 하셨기 때문이다. 이와는 대조적으로 하나님은 우리에게 들을 귀를 주시고, 보는 눈을 주시고, 깨닫는 마음을 주셔서 예수님을 구주로 영접하게 하셨다. 우리가 구원에 이른 것은 전적으로 하나님의 은혜다. 그러므로 우리는 우리의 구원을 이루신 하나님께 항상 감사하며 살아야 한다.

> VII. 로마(21:17-28:31)
>   D. 로마에 복음을 전파함(28:17-31)

2. 셋집에서 2년 동안 가르침(28:30-31)

³⁰ 바울이 온 이태를 자기 셋집에 머물면서 자기에게 오는 사람을 다 영접하고 ³¹ 하나님의 나라를 전파하며 주 예수 그리스도에 관한 모든 것을 담대하게 거침없이 가르치더라

바울은 로마에서 재판을 기다리며 2년을 머물렀다(30절). 그는 예수 그리스도의 복음을 전파한다는 이유로 가이사랴와 로마에서 감옥살이를 4년이나 했다. 로마에 머무는 동안에는 감옥에 감금되지 않고 자기 셋집에 머물면서 누구든 찾아오는 사람을 영접할 수 있었다(30b절). '자기 셋집'(ἰδίῳ μισθώματι)은 자기 돈(at his own expense)으로 사용료를 부담하는 집을 뜻한다(Bruce, Marshall, Wall, cf. ESV, NRS). 아마도 그가 곳곳에 세운 교회들이 헌금을 보냈겠지만, 로마 성도들(특히 브리스길라와 아굴라)과 아시아(특히 빌립보) 성도들의 물질적 후원이 큰 비중을 차지했을 것이다.

바울은 누구든지 찾아오는 사람을 환영했으며, 그들에게 하나님 나라를 전파하며 주 예수 그리스도에 관한 모든 것을 담대하게, 또한 거침없이 가르쳤다. '담대하게'(παρρησίας)는 숨기는 것 없고, 지나치는 것도 없이 있는 그대로 말한다는 뜻이다(Schnabel). '거침없이'(ἀκωλύτως)는 감시하는 군인의 눈치를 보지 않고 마치 자유인인 것처럼 복음을 전파했다는 뜻이다(Schnabel). 로마에 도착하자마자 그는 유대인에게 먼저 복음을 전했다(23절). 그들이 거부하자 이후로는 이방인을 전도의 대상으로 삼아 더 담대하고 거침없이 하나님 나라를 전파했다.

'하나님 나라'(τὴν βασιλείαν τοῦ θεοῦ)는 23절에서처럼 예수님이 선포하신 모든 메시지를 총체적으로 요약한 표현이며, 주님을 믿는 기독교가 전파하는 메시지 전체를 칭하는 말이기도 하다(Schnabel, cf. 눅 4:43; 6:20; 7:28; 8:1; 9:11; 10:9-10; 11:20; 12:31-32; 13:29; 16:16; 17:20-21; 18:16-17, 25, 29; 19:11; 21:31; 22:30; 23:42). '하나님 나라'의 핵심은 구약의 메시아에 관한 모든 말씀과 예언이 예수님의 죽음과 부활을 통해 성취되었다는 사실이다.

바울은 재판을 기다리며 보낸 2년 사이에 옥중 서신으로 알려진 빌립보서, 에베소서, 골로새서, 빌레몬서를 저작한 것으로 보인다(Fernando, Schnabel). 이 2년의 기다림이 끝난 후에 바울이 황제에게 재판받았을 수도 있지만, 누가가 결과에 대해 어떠한 말도 하지 않는 것으로 보아 이때도 재판 결과가 나오지 않은 것으로 보인다(Longenecker, cf. Hemer).

초대교회 교부들은 바울이 2년 후인 주후 63년에 감옥에서 풀려나 스페인 선교를 다녀왔고(cf. 롬 15:24, 28), 아시아 교회들도 돌아보았다고 한다(cf. Bock, Longenecker, Schnabel). 이후 주후 67년에 다시 수감되었다(cf. 딤후 4:6-18). 바울은 이때는 순교할 때라 생각해 어떠한 변론도 하지 않고 네로(Nero) 황제에 의해 베드로와 비슷한 시점에 처형당했다고 한다.

누가는 왜 이러한 디테일에 대해 침묵하며 책을 미완성 작품처럼 마무리하는 것일까? 누가가 바울을 사도행전에서 가장 중요한 복음 전도자로 보는 것은 맞지만, 이 책은 복음이 어떻게 로마까지 가게 되었는지에 관한 것이지 바울의 전기(傳記, biography)가 아니기 때문이다. 그러므로 사도행전은 바울이 로마에 머물며 복음을 전파한 일로 마무리된다.

사도행전이 왠지 완성되지 않은 것 같은 느낌을 주며 끝나는 것도 저자인 누가의 의도를 반영한 것으로 보인다. 이제부터 복음은 로마를 떠나 땅끝을 향해 가야 한다. 기독교 교회는 지난 2000년 동안 그리스도의 복음을 땅끝까지 전파하는 일을 해 왔다. 땅끝을 향한 복음 전파는 아직도 진행형이다. 그러므로 누가는 어느 시대든 그 시대의 교회가 복음이 땅끝으로 전파되는 이야기의 일부를 써 내려가기를 기대한다. 우리 모두 사도행전 29장을 써 내려가기를 바라는 것이다. 교회는 예수님이 다시 오실 때까지 계속 29장을 써 내려가야 한다.

이 말씀은 하나님이 주신 말씀은 반드시 이루어진다고 한다. 예수님은 예루살렘 감옥에 갇혀 있는 바울을 찾아오셔서 그가 로마로 가서 자기에 대해 증언할 것이라고 하셨다(23:11). 우여곡절이 많았지만, 바울은 결국 로마에서 예수 그리스도에 대해 담대하고 거침없이 전파하고 있다. 하나님이 바울에게 주신 말씀이 성취된 것이다. 하나님이 우리에게 주신 말씀이 실현되는 일이 우리가 생각한 것보다 지연될 수는 있지만, 하나님의 때가 되면 반드시 이루어질 것이다. 그러므로 초조함을 버리고 하나님을 바라는 것도 믿음의 중요한 부분이다.

우리는 오늘 어떻게 사도행전 29장을 써 내려가고 있는지 생각해 보아야 한다. 복음은 끊임없이 땅끝을 향해 가야 한다. 우리의 '땅끝'은 어디(누구)인가? 미전도 종족일 수도 있지만, 우리가 가장 사랑하는 가족일 수도 있다. 우리는 그들이 예수 그리스도의 복음을 영접하고 하나님의 백성이 되도록 기도하고 있는가? 그들의 회심을 위해 무엇을 하고 있는가? 각자에게 맡겨진 사도행전 29장을 아름답게 써 내려가자.